NIXON

# 尼克松传

武晔岚 著

吉林出版集团股份有限公司

**图书在版编目（CIP）数据**

尼克松传 / 武晔岚著 . —长春：吉林出版集团
有限责任公司，2011.7
　　ISBN　978-7-5463-5793-5

　　Ⅰ.①尼…　Ⅱ.①武…　Ⅲ.①尼克松，
R. M.（1913～1994）—传记　Ⅳ.①K837.127＝5

中国版本图书馆 CIP 数据核字（2011）第 130725 号

**尼克松传**

著　　　者：武晔岚
出版统筹：博文天下
责任编辑：崔文辉　张晓华
封面设计：盛世博悦
版式设计：边学成
开　　　本：710 mm×1000 mm　1/16
字　　　数：261 千字
印　　　张：21.25
版　　　次：2011 年 8 月第 1 版
印　　　次：2020 年 8 月第 3 次印刷

出　　版：吉林出版集团股份有限公司
地　　址：长春市人民大街 4646 号（130021）
电　　话：总编办：010－63109269
　　　　　发行科：010－85725399
印　　刷：三河市燕春印务有限公司

ISBN　978-7-5463-5793-5　　　　定价：59.80 元

# 目 录

## 第一章

### 杂货店主的儿子 （1913—1940）

少年时代的教育使尼克松成了一个演说家。在西方，身为伟大的领袖，演讲是必备的才能。能进行鼓动性的演说，标志着此人的智慧、知识、口才、思想都已达到了很高水准。绝妙的演说包括吟诗、歌唱、哭诉、诅咒、发誓、谴责，乃至骂街、粗口，并将它们精巧地综合到一起，领袖们无一不会借助演说的无穷力量。有趣的是，口才了得的尼克松，平日里竟是沉默寡言的，甚至得到了"阴郁的鹅"的绰号。

## 第二章

### 迈进华盛顿 （1941—1952）

夜幕已经降临。钱伯斯径直把他们领到一块南瓜田里。他冲着满脸狐疑的调查员诡秘一笑，揭开一个南瓜蒂，随即从南瓜里摸出三个很小的金属微型胶卷筒。看到这一幕，随行的调查员被惊得目瞪口呆。钱伯斯平静地解释道："我担心我不在家时，还会有什么别的传票和搜查令来，所以，我把这些东西藏在这里。好了，现在我交给你们，就放心了。"

## 第三章
### 最忙碌的副总统（1953—1960）

　　石块，成百上千的石块，穿破空气"嗖嗖"地击打在尼克松车队的车窗上，车窗玻璃碎了，碎片不停地击打在车内人的身上、脸上，同时外面不停地有人推晃车子，试图把它推翻在地，然后点燃。尼克松的随身护卫们快气疯了，舍伍德"哗啦"一声拔出左轮手枪，红着眼睛骂道："让我干掉几个狗娘养的！"尼克松赶紧拦住他的胳膊，因为他知道，向这群失去理智的暴徒开枪，无异于火上浇油。

## 第四章
### 重为平民时期（1961—1968）

　　尼克松沿着长长的走廊飞快地走向参议院中央大厅。空旷的建筑物里回荡着孤独清脆的脚步声，伴随着他在这里无数次演讲时的号召声、呐喊声、责难声……重重叠叠地交织在一起。他快步走上可以俯视国会西草坪的阳台，远处是白雪皑皑的山丘，华盛顿纪念碑高耸着矗立在星光下，林肯纪念堂静默着坐落在远处。尼克松喘着气，眼睛里闪烁着泪光，他喃喃自语："我还能回到这里来吗？"

# 第五章

## 笑傲政坛（1969—1972）

在中国的一周里，尼克松享受了中方的热情招待，他品尝了中国美食、美酒，登上了长城，参观了故宫，观看了《红色娘子军》和体操、乒乓球表演，游览了杭州西湖和上海。而基辛格则在夜以继日地与中方代表讨论、起草上海公报的内容。

尼克松这次访华的最大成果，就是经过艰苦谈判才达成的联合公报。

## 第六章
### 折戟水门 (1972—1974)

录音带内容被曝光之后，尼克松身边的助手们都惊呆了。黑格、圣克莱尔、律师们和白宫的办事人员们……这些一年多来积极地为他奔走、忙碌的人们发现，自己信任的总统竟然是个骗子！他们一直相信他满口的自我辩白之辞，对他的表演深信不疑，但是他却从一开始就在撒谎。他欺骗了他的顾问们、助手们，以及他的家庭和整个美国！

## 第七章
### 不屈的晚景 (1974—1994)

"不管你被打倒多少次，都要从地上爬起来，即使伤痕累累、满面鲜血。倘若你还想活下去，就必须站起来，继续搏斗！如果你还有所信仰、有所追求，如果在生活和事业中还有什么你愿为之拼搏的目标，那么最大的考验就是在你遭受挫折、身处逆境之时。记住！当你被人打倒在地，你必须站起来，重新开始战斗！"

# RICHARD MILHOUS NIXON

# 引　子

在美国的历届总统之中，尼克松的家庭出身是最为低微的，同时，他的从政经历与成就也是最受争议的。

他诞生于加州的柑橘农场，成长于街边的杂货铺，他给人的第一印象总是那么羞涩和矜持，本来他可以成为一个普普通通的农场主、小商人或是律师，但好胜不屈的天性却决定了他不会自甘平庸，这个倔强的大鼻子年轻人选择了一条最为艰难曲折、险象环生的道路：从政。

尼克松的一生，是充满了矛盾的一生，如同他在早年求学时期获得的绰号"阴郁的鹅"一般：他擅长演讲、辩才极佳，具有一种狂热的煽动力，但是平素里他却是一个沉默寡言、严肃缄默的家伙；他终生厌恶共产主义，年轻时以"反共斗士"的姿态迈入政坛，以驱逐共产党人为己任，凭借办理"希斯案件"时的出色表现而声名鹊起、全国瞩目，但是他却能认清大势，在中美两国长期的尴尬对峙局面中，悄然打开了一条对话与共存的道路，并凭借一己之力填平了两国之间长达几十年的敌对鸿沟，成为中美建交之路上当之无愧的开路先锋，同时也为他自己的外交生涯上写下了最引以为自豪的一笔，也正因为如此，在美国公众口中被百般揶揄的尼克松，却成为了中国人民的好朋友。

他在继约翰逊总统之后入主白宫时，曾明确承诺立刻对越南停火，但是却试图"取得体面的和平"，继续增兵，导致对越战争扩大，民怨沸腾，从而为他日后的失败埋下了一颗地雷；他终生致力于追求公平、公正和民主，但是却在事业如日中天的时候，被一个设在水门饭店里的小小的窃听器搞得灰头土脸、惨淡下台；他与夫人帕特的感情总是被人们认为是始终如一、不离不弃的范例，然而这对政坛佳偶光环背后的生活到底如何，恐

# RICHARD MILHOUS NIXON

怕帕特自己比谁都清楚。这位早年幻想波希米亚式流浪生活的女人，不得不穿着保守的套装，伴随尼克松迎接着一切光怪陆离的政治风雨，但她也会偶尔失控，她会站在白宫辉煌的套间里跺着脚对尼克松尖叫：你毁了我的一生！……

这个世界上的每个人，都拥有供自己表演的舞台。翻开本书的你，现在就与我们一起揭开著名政治明星尼克松面前那厚厚的帷幕，去后台看看他真实的生活吧。

# RICHARD MILHOUS NIXON
# 第一章
## 杂货店主的儿子
## （1913—1940）

少年时代的教育使尼克松成了一个演说家。在西方，身为伟大的领袖，演讲是必备的才能。能进行鼓动性的演说，标志着此人的智慧、知识、口才、思想都已达到了很高水准。绝妙的演说包括吟诗、歌唱、哭诉、诅咒、发誓、谴责，乃至骂街、粗口，并将它们精巧地综合到一起，领袖们无一不会借助演说的无穷力量。有趣的是，口才了得的尼克松，平日里竟是沉默寡言的，甚至得到了"阴郁的鹅"的绰号。

# 1 平凡的亲人们
RICHARD MILHOUS NIXON

1913 年 1 月 9 日的夜里，美国加利福尼亚州正赶上寒潮，天寒地冻。在距离洛杉矶 30 英里处的约巴林达镇一所普通的民房里，弗朗西斯·安东尼·尼克松正在为迎接他第二个孩子的出生而跑前跑后地忙碌着，他把家里的几个壁炉都烧上了旺火，烤得整个小木屋暖烘烘的。

随着一声尖锐的啼哭，婴儿呱呱坠地。那天为产妇汉娜接生的护士还记得，这个婴儿不够壮实，体重只有 11 磅，有一双棕色的大眼睛和柔软的褐色头发。听着孩子的啼哭声，汉娜松了一口气，露出了幸福的笑容。孩子的外祖母米尔豪斯太太高兴极了，迷信的老太太认定这个大嗓门的小外孙一定是个有出息的孩子。正是出于这样美好的愿望，汉娜与丈夫一合计，决定以早期英国国王的名字给这个儿子取名为"理查德"。但是她无论如何也想不到，这个可爱的婴儿最后会成为整个国家最有权力的人，同时也是一位在美国历史乃至世界历史上都举足轻重、争议不断的人物，这个婴孩就是：理查德·米尔豪斯·尼克松。

作为尼克松家族的一员，理查德像他的父辈们一样，身体里流淌着爱尔兰人的血液。尼克松家族在北美的历史可以追溯到殖民时代。1753 年，尼克松的先祖詹姆斯·尼克松从爱尔兰远涉重洋，来到特拉华州的勃兰地毕汉德兰定居。时光荏苒，这个家族的子孙后辈四处迁徙，先后定居过特拉华、宾夕法尼亚和俄亥俄等州。在尼克松家族中，曾有人先后参加过美国独立战争和南北战争。其中一位曾追随华盛顿将军渡过特拉华河，在整个战争中参加了 12 次战役；还有另外一位在内战时期死于葛底斯堡战役。

尼克松的父亲弗朗西斯·安东尼·尼克松（人们习惯叫他弗兰克），于 1878 年 12 月 3 日出生在俄亥俄的一个农庄里。弗兰克 8 岁那年，他的母亲死于肺病。之后，贫困的一家人移居俄亥俄州东部，在那里，弗兰克度过了艰难的童年时光。

弗兰克那时每天要步行几英里去学校读书，他的身材又瘦又小，总是穿得破破烂烂的，加上还是个外来户，因此他经常会受到那些调皮捣蛋的孩子们的欺侮。但是，弗兰克那天生激烈的爱尔兰人的性子才不会让自己甘于受辱，他握紧了自己的拳头，时刻准备回击。很快，他就有了一个"好斗的弗兰克"的绰号。

几年之后，弗兰克家仍旧一贫如洗，刚刚读完小学六年级，他就不得不辍学了。之后他开始寻找各种工作机会，他种过土豆、替人赶过牛车、当过木匠、玻璃制造工和油漆工，他还剪过羊毛、安装过电话，曾经在俄亥俄州首府哥伦布市开过敞门的有轨电车……最后，出于健康原因，他决定离开寒冷的俄亥俄，移居到阳光明媚、温暖舒适的加利福尼亚。1907年，弗兰克在太平洋有轨电车公司谋到一份电车司机的工作，开车往返于洛杉矶和惠蒂尔之间。1908年，在惠蒂尔的一个情人节社交集会上，弗兰克遇到了汉娜·米尔豪斯，后来两人相爱、完婚、定居、生子，从此就没有再离开过加利福尼亚。

弗兰克身上那鲜明的好斗乐观的爱尔兰人性格，在儿子理查德身上留下了深深的烙印。弗兰克热爱辩论、固执己见、严守纪律，他的大嗓门在周围地区非常有名，为了避免家庭内的争吵，他的妻子汉娜以及儿子们都尽量避免在他情绪不好的时候招惹他，但是这也使得尼克松成年以后，对于人与人之间的争吵产生了根深蒂固的厌恶。

弗兰克在俄亥俄州首府哥伦布市当有轨电车司机的时候，就曾经为了员工的冬天取暖待遇问题与公司进行过激烈的斗争。原来，当时的有轨电车车厢在冬天的时候是用烧火的炉膛来取暖的，所以车厢里面相当的暖和。但是司机所站立的驾驶车间却是大门敞开、四面透风的，在凛冽的寒风中，弗兰克的手脚都生了冻疮。他开始先是就此问题向公司申诉，受到冷遇之后便组织司机和售票员联合进行了强烈的抗议行动，结果终于让州立法机关通过了一项"将司机驾驶间封闭起来并安装取暖设备"的法案。

除了辩论方面的才能，对尼克松影响最深的，就是弗兰克对政治的热爱。他一生都在与大利益集团和政治机器进行斗争，他身上对于政治的激进色彩没有因为年龄的衰老而褪色过，尼克松的家庭常常举行声调激昂的政治辩论会，这种会议的声调随着弗兰克与日俱增的耳聋而不断上扬。弗兰克早年是一个强硬的共和党人，但是到了1924年，他的思想开始具有了民粹主义的色彩，并对保守的共和党纲领失去了兴趣，最后脱离了共和党。之后他成为威斯康星州进步党参议员、"好斗的鲍勃"罗伯特·拉夫赖特的拥护者，他热烈拥护汤森计划（一项旨在保护年老退休人员的退休薪金权益的计划）。

在老爷子的人生观中，还有一点强烈地影响着尼克松的人生，那就是对劳动的尊重。他一直教育儿子们，不能盲目服从《圣经》中劝导人们听从上帝而生活的教条，否则就会助长懒惰思想。辛劳终生的弗兰克最喜欢引用的一句话就是《圣经》中的："你必须流汗辛苦，才能得以食物果腹。"为了秉行自己的信条，他甚至不允许患肺病的大儿子进当时最好的肺病医院，而是接受家人的辅助和疗养，否则就认为接受了别人无偿的施舍。

后来，尼克松走入政坛之后，还定期把《国会纪录》邮寄给自己的父亲。老弗兰克不仅认真阅读，而且还经常写一些意见给儿子，供其参考。尼克松竞选美国副总统期间，弗兰克给他一直阅读的报纸《俄亥俄州报》寄去一封信支持儿子，信中说："这个孩子是我抚养大的五个孩子之一，我认为他们是全美国最好的孩子。如果你们愿意帮助他，我就承认《俄亥俄州报》还能干点有意义的事情。"在尼克松的政治生涯中，父亲从未间断过给儿子输送源源不断的力量。

弗兰克虽然是一个好斗、喜爱辩论的人，但是在家人身上，他仍然扮演着一个温情脉脉的角色。1947 年，当时已经成为华盛顿众议员的尼克松要跟随赫脱委员会访问欧洲，弗兰克和汉娜来到华盛顿为他送行，但是这时弗兰克双耳已经几乎完全失聪了，没有助听器，他什么也听不见。尼克松知道自己的父母热爱音乐剧，就弄到了几张在当时非常著名的歌剧《俄克拉荷马》的门票，而且选的是最好的位置。整个演出过程中，弗兰克夫妇完全沉浸在音乐剧的氛围之中，他们跟着观众一起大笑、鼓掌。但是随后尼克松才发现，父亲把助听器遗忘在旅店的房间里了，然而为了不影响儿子的情绪，他看了整整一晚的无声剧。

尼克松的母亲汉娜来自于米尔豪斯这个古老的家族。汉娜的祖先中曾有人于 1690 年从英国威尔士来到特拉华，但是真正意义上第一个来到美国的米尔豪斯家族的人，则是于 1729 年离开爱尔兰的基尔台郡，最后来到宾夕法尼亚的切斯特县。

米尔豪斯家族的一个重要特征就是，他们都是虔诚的贵格会信徒。贵格会也叫"公谊会"，是基督教中的一个派别，因这个教派的教徒彼此称呼"朋友"，所以又名"教友会"。在 18 世纪，贵格会在爱尔兰受到排挤。

# RICHARD MILHOUS NIXON

为了追求宗教自由，许多教徒不得不离开故土，拖家带口移民到北美新大陆。从此许多家族在这里落地生根，开始了他们绵延不绝的故事。尼克松和米尔豪斯这两个家族的成员，大多是农民，家族历史上也出过牧师、教师和商人。他们随着美国疆土的西移而跋涉迁徙，最后来到加利福尼亚，从此世代定居此地，其中的一支就在弗兰克和汉娜这一代融合了。

尼克松的母亲汉娜·米尔豪斯是一位勤劳、虔诚、善良而伟大的女性。她于 1885 年 3 月 7 日生于印第安纳州南部一个普通的小镇，生活在一个拥有 9 个孩子的大家庭。汉娜的父亲在她 12 岁的时候决定迁居加利福尼亚的惠蒂尔（一座由贵格会教徒创建的小城，得名于一位善良的老诗人约翰·格林利夫·惠蒂尔）。这是一次浩浩荡荡的旅程，家庭的所有财物都被满满当当地装进一节火车皮中。

1897 年，在举家移居惠蒂尔之后，汉娜的父亲创办了一家苗圃，并开垦了一片桔园，一家人以此为生。汉娜自幼喜爱文学和历史，她在惠蒂尔学院接受了高等教育，主修拉丁文、希腊语和德语。1908 年，她刚刚大学二年级。就在那年的情人节集会上，一个长着一头浓密深色头发的年轻人吸引了她的注意力，这个年轻人乐观而热情，经常发出开朗的大笑声，他就是尼克松的父亲弗兰克。温柔、博学的汉娜也让弗兰克怦然心动，于是两个年轻人相爱了。由于汉娜当时还在念书，而弗兰克也没有贵格会的宗教信仰，所以汉娜的家人并不赞成两人交往。但是压力抵挡不住两人的熊熊爱火，他们在结识 4 个月之后，就结婚了。

汉娜一生为尼克松家族生育了 5 个儿子，她依次以早期英国国王的名字来给儿子们命名：生于 1909 年的哈罗德；生于 1913 年的理查德；生于 1914 年的弗朗西斯·唐纳德；生于 1918 年的阿瑟和生于 1930 年的爱德华。尼克松是五兄弟中的老二。

汉娜是一个温柔、克制的人，非常喜爱独处。她的心中充满了对家庭和生活的热爱，但是从不鲜明地表露自己的情绪，并且也很少让别人了解她的内心感情。她是一个虔诚的贵格会教徒，每天都严格要求孩子们在饭前默默祈祷，而且每天晚上就寝之前，还进入密室进行祷告。

这一点深深地影响了尼克松的性格，他在辞职之后接受记者采访时就说过，他自己"为人冷淡，性格孤独，不易接近，别的人或许可以直抒胸臆，而他不能。"尼克松说他自己是个拘礼的人。他的朋友们，包括非常亲密的好朋友，都对他以礼相待。他们总是称他"总统先生"，而从不叫他"理查德"或他的昵称"迪克"。他在工作时总是穿着正装打着领带，诸如写讲稿、看书、口授文件和做其他事情时都是正装、领带样样不缺，即便是独自一人时也是如此。他从不想和谁过分亲密，甚至对最要好的朋友也不例外。他会尽量地控制自己的不良情绪表露出来，他认为自己的烦恼应该藏在心里。

在尼克松的老家惠蒂尔，认识汉娜的人都认为她是一个坚忍、不平凡的女人。尼克松的表姐杰斯敏曾在给他的信中这样描述汉娜："我不认为汉娜是'圣徒'。我认为圣徒都有一条通往上帝的特别途径，因而使他们具有一种平凡人所不可能拥有的坚毅精神；汉娜是不平凡的，但是她完全依靠的却是她的好心肠所带来的力量和慈爱，以及她身上的那种不屈不挠的性格……"

汉娜以自己虔诚的宗教信仰和爱感染着家人，但是从来不是满嘴的宗教教义。在尼克松波澜曲折的政治生涯中，她总是默默地在背后支持着自己的儿子。每当尼克松遭到攻击、面对挑战的时候，汉娜总是用他们贵格会教徒特有的方式对他说："任何时候我都会想到你，我的孩子。"意思其实是"我会为你祈祷，我的孩子"。这是一种独特的、克制的表达方式，在尼克松听来，别有一种意味深长的体会。后来，尼克松当选为美国副总统的时候，她还通过艾森豪威尔将军转交给尼克松一封感情深挚的便条，当然，这是后话。

汉娜的家族——米尔豪斯家族是惠蒂尔地区最古老的家族之一。汉娜的祖母伊丽莎白·普赖斯·米尔豪斯是一个著名的女巡回传教士，她活了96岁。1923年，她去世时，尼克松已经10岁了，所以他还能清楚地记得外曾祖母的许多事情。尼克松的表姐杰斯敏·韦斯特曾经写过一本名为《友好的劝说》的小说，书中的女主人公伊莱扎·科普·伯德韦尔就是以外曾祖母和她的一位祖先为原型的。

汉娜的母亲，尼克松的外祖母阿拉米拉·伯奇·米尔豪斯是一位长寿而乐观的老人，她活了94岁。在所有的孙辈之中，阿拉米拉对尼克松最为另眼相看，她经常在尼克松的生日等特殊日期里写一些诗歌送给外孙。这位老妇人终生反对种族歧视和宗教偏见，她还曾经送给尼克松一本甘地传，因为她非常认同甘地的和平改革与非暴力不合作的抵抗精神。

尼克松13岁生日的时候收到了一份来自外祖母的珍贵礼物，一幅用镜框装裱好的林肯像，画像之下是老太太亲笔摘抄的诗歌：

> 伟人的一生常提醒我们／要使自己一生崇高庄严／在去世时／
> 在时间的沙滩上／留下我们的足迹

这后来成为尼克松终生爱惜的收藏，一直被挂在他的床头。

尼克松的亲人们，正是以这种朴素、执着、无私的感情，一直在他漫长的、起伏不定的政治生命中，源源不断地供给他以宝贵的给养，给他以战斗的勇气和永不放弃、决不妥协的坚强决心。可以说，在尼克松的一生中，家人是他永远也不会失去的坚强后盾。

## 2 艰辛的童年
### RICHARD MILHOUS NIXON

与其他美国总统的童年经历相比，尼克松的童年可以说是最为艰辛的。尼克松出生的约巴林达镇，当时只是个200多人的小镇，但是对于那些在这里出生的孩子们来讲，却是一个乐趣无穷的幸福乐园，8岁前的尼克松就一直住在这里。约巴林达充满了田园诗意。春天，这里的空气中漂浮着浓郁的桔花香；夏天，这里能闻到从东太平洋吹来的凉爽宜人的海风；秋天，约巴林达阳光灿烂、秋高气爽，熟透了的柑桔、庄稼把大地染成一片金黄；冬天，除了偶尔的寒潮以外，气候温和、风霜无虞。除了四季宜人的气候，这里还有许多可以激发孩子们想象力的景象：西边有朦朦胧胧的太平洋，北面是绵延的圣贝纳迪诺山脉。小镇附近的山脚下还有一间令人望而生畏、带来无穷传闻的"凶宅"。而最让尼克松怀念的，是一条距离他家大约一英里的铁路，幼年的尼克松总是在这条铁路的附近游荡玩耍，消磨时光。

小学时期的尼克松简直对这条铁路发狂一样地着迷，他和弟弟唐纳德常常在这条铁路旁边玩耍，他们扮演火车司机和列车员，玩着开火车的游戏。在整个童年里，他都做着"铁路梦"，而且他当时最大的志愿是做一名火车司机，这样他就能周游各地，看看自己的祖国和世界是什么样子。白天，他常常看着火车头蒸汽机里冒出来的浓烟发呆。晚上，他常常会在火车的汽笛鸣叫声中醒来，并经常梦见他乘着火车到了遥远的地方。约巴林达镇一天仅有一次驶过的火车。火车每次缓缓通过十字路口时响起的汽笛声，令小尼克松神往不已。

孩提时代的尼克松被亲友亲昵地称为"迪克"。迪克是理查德的昵称，也是一种只有最亲近的人才能称呼的爱称。在尼克松从政的后半生中，除了他的爱妻帕特和几个最信任的朋友以外，世界上再没有别人能用这个字眼来称呼他了。

尼克松幼年时曾经有过一次可怕的经历，几乎要了他的命。这件事在他的头上留下了一个终生不褪的疤痕。当时尼克松只有 3 岁，一天汉娜带着他和唐纳德驾着一辆轻便马车，汉娜把还在吃奶的唐纳德抱在膝盖上，而尼克松则由邻居家的一个女孩子抱着。在飞快的行驶中，拉车的马突然飞速地转了一个弯，邻居家的女孩一下失手，尼克松被甩下了马车，直接摔在了地面上。汉娜拼命地勒住了马，跳下车寻找儿子。此时，尼克松却奇迹般地爬了起来，追着马车跑。尽管小尼克松表现得非常勇敢，但是脑门上的那个大口子还是让汉娜吓掉了魂，她抱着哗哗流血的尼克松赶往医院。然而最近的医院却在 25 英里以外，当马车把他们母子送到医院时，尼克松的血几乎都流干了。这个意外事件让尼克松大受惊吓，并且不得不终生保持着往脑后梳头发的发型，以掩盖住那次意外留下的伤疤。

尼克松 4 岁的时候，还经历过一次让全家人惊心动魄的肺炎。在那个缺医少药的年代，这个瘦小的孩子能从死神的手中挣脱出来，不能不说是一个奇迹。而他的大哥与小弟就没有这么幸运了，分别因肺结核和结核性脑膜炎而离开人世，给家人带来了无法磨灭的创伤。年幼的尼克松两次从生命的边缘挣扎过来，也许正应了那一句"大难不死，必有后福"的民间吉语吧。

尼克松一家人在约巴林达镇的生活虽然艰苦，但却不乏快乐。弗兰克是个生性勤劳的人，一直努力从事任何他能找到的工作。除了弗兰克零零散散的工作之外，他们家还有一块菜园、几棵果树和一头奶牛，可以给家人提供足够食用的蔬菜、水果和奶制品。

尼克松 6 岁的时候，开始在约巴林达的小学校里读书。尼克松的一年级读得很轻松，这是因为他的母亲早已在家里教他念过一些书，这种领先教育使他后来干脆跳过了二年级的学习。

# RICHARD MILHOUS NIXON

　　家庭的艰辛让年幼的尼克松必须承担一些劳动，而他每每在做完家庭作业和家务劳动后，就会坐在壁炉旁或厨房的桌子边，如饥似渴地阅读他能得到的每一本书或杂志。尼克松的父母订阅了《洛杉矶时报》、《星期六晚邮报》和《妇女家庭杂志》；除此之外，每当尼克松前往住在附近的惠蒂尔城的奥利弗姨妈家时，都会借阅他们订的《国家地理杂志》，这是他最喜爱的一本杂志。

　　1922年，尼克松8岁。这一年，他的父亲弗兰克卖掉了他们在约巴林达镇的房子和柑桔农场，迁到了附近的惠蒂尔城。虽然弗兰克只是一个在油田里打杂的工人，但是却有着不凡的远见卓识。那时的汽车还很少，而且在那个地区只铺了一条公路，但是弗兰克早就看出这种"不用马拉的车"一定是未来交通方式的发展方向，它的时代很快就会到来。于是弗兰克冒险借了5 000美元，买下了在惠蒂尔和拉哈布拉的公路旁边的一些土地，这是两个在兴旺中发展的市镇。随后弗兰克把这块土地清理干净，装上了一只油槽和一台抽油机，在这八英里的地段上开设了第一个加油站。

　　加油站的收入证明，弗兰克的这个举动具有非同一般的商业眼光，他紧接着又在加油站旁开了一家杂货兼食品店。于是，弗兰克为过路的汽车加油，而汉娜则在食品店的小柜台上专门出售自制的馅饼和蛋糕。汉娜最拿手的是蛋白蛋糕。她的诀窍是，必须在露天清晨的新鲜空气中调好料，然后送进烤箱，这样做出的蛋糕才是最好的。所以她每天都坚持在天亮前的寒气里，站在厨房门外用一只大木勺用力地搅打着蛋糊。

　　尼克松家的这座杂货食品店是一个名副其实的"家庭店"，全家人都得在店铺里工作，每天他们都要招待顾客、记账、盘货、订货、往货架上上货。晚上，还得整理和打扫店铺，并且喷洒杀蝇药剂。

　　分配给尼克松的工作，是采购新鲜水果和蔬菜。为此他每天早晨4点钟就起床，这样才能赶在5点钟以前到达位于洛杉矶第七街的菜市场。在那里，尼克松要挑选最好的水果和蔬菜，尽力同农民和批发商讨价还价，然后把货物装上马车，再赶着马车回到惠蒂尔，接着把这些货物洗净、分级，最后送进店铺陈列好，然后在8点钟的时候，去学校上课。这种生活虽然辛苦但是大家都能够其乐融融，原因在于家人之间深厚的亲情，以及把所有人都紧密地包容在一起的虔诚的宗教信仰。

　　尼克松12岁那年，父母把他送到了林赛——尼克松一个姨妈简的家

9

中，让他跟简学习钢琴技巧。半年后，就把他接回了家。见到久违的亲人，让这个男孩兴奋不已。而尼克松的家人也格外高兴，他的小弟弟阿瑟甚至打破了平日的拘谨，轻轻跑过来亲吻了尼克松的面颊。一家人都沉浸在久别重逢的快乐之中，完全没有想到可怕的病魔正在一步步接近这个正在兴旺起来的家庭。

尼克松家的杂货店发展很快，按当时的发展速度，他们本可生活得相当富裕，但是意外的疾病开始袭击这个家庭。他的小弟弟阿瑟与大哥哈罗德相继病倒了。

在那个医疗水平相对落后的年代，得了结核性脑膜炎的阿瑟无疑是被判了死刑。1925 年，7 岁的阿瑟还只是一个活泼好动、调皮可爱的孩子，但是他却不得不在家人的陪伴下面对死神了。

一开始，阿瑟还只是头痛，家人都以为他只是患了一般的流行感冒，休息休息就好了。可是阿瑟的病情很快就恶化了，为了进一步判断病因，只能进行一系列的化验了。在经过包括抽脊髓等几种痛苦的化验之后，结果出来了，医生们面面相觑，摇头叹息。得知阿瑟的病情真相之后，弗兰克第一次在家人面前流下了眼泪，他搂抱着汉娜哽咽着说道："恐怕我们的小宝贝要死了。"

小阿瑟的死最令人揪心。有一天夜晚，阿瑟把母亲汉娜叫到他的房间里去。他小小的身体躺在床上，紧紧地搂着母亲的手臂，做了一次入睡前的祷告。他闭上双眼，背诵着一段古老的祈祷文："要是我在醒来前死去，我祈求上帝拯救我的灵魂。"听到这里，汉娜无声地流着眼泪。两天后，小阿瑟离开了人世。

阿瑟的死给家人带来了心碎般的、突然性的打击，他在死去前两天，还兴高采烈地吃着哥哥们给他带来的他最爱吃的西红柿肉汁烤面包呢！失去了儿子，父亲弗兰克一直迷信地认为，这是神明对他不知节制地赚钱而施加的惩罚。原来，由于加油站和杂货店的生意兴隆，客源不断，所以忽视了"圣息日"的教诲，他们在周日也一如既往地开门营业，从而激怒了上帝，给他们带来了这样大的惩罚。所以自从阿瑟去世之后，弗兰克的加油站和家庭店再也没有在星期天开门营业过。

小弟弟的去世，令年幼的尼克松第一次如此强烈、如此近距离地面对死亡。在他的一生中，每当他感到疲劳、烦恼，甚至准备放弃的时候，阿瑟那有着一双发光的眼睛和卷曲头发的形象就会出现在他的眼前，鼓励他面对人生。

而罹患结核病多年的哈罗德则是家人长久以来的心痛。哈罗德是家中的长子，也是父母和弟弟们眼中的骄傲，他是一个面貌清秀、金发碧眼的漂亮大男孩。在那个结核病无法治愈的年代，尼克松的母亲汉娜以她深沉的性格和信念，鼓励着病重的儿子和绝望的家人。汉娜为了给哈罗德治病，带着儿子移居到了一个干燥、洁净的山谷疗养。为了支付昂贵的疗养费用，汉娜不得不同时照料 3 个长期卧床的病人。她任劳任怨地做着所有看护与护士都做的工作：烹饪、缝纫、浆洗、给病人擦洗身体和涂抹酒精……后来，尼克松在一次感人至深的演讲中提及此事，在他母亲的心目中，那 3 个病人已经与自己的儿子没有两样，后来得知他们一一去世的消息之后，汉娜表现出了同样的伤痛。

为了弥补家人分离给汉娜带来的痛苦，每年圣诞节和春假期间，弗兰克总是带着尼克松和唐纳德到普雷斯科特陪伴汉娜。在那里，尼克松到处打零工以贴补家用，他当过游泳池的看门人，在鸡鸭店里拔鸡毛和做炸鸡，还有两次在当地一个叫做"狡猾的古尔奇·罗迪渥"的游乐场当揽客员，招揽生意。

在缠绵病榻许多年之后，有一天，哈罗德忽然要求尼克松陪伴他到附近的一个商业区去。可能是每天看着母亲站在晨雾中搅打鸡蛋液太辛苦了，所以哈罗德支撑着瘦弱的病体，吃力地在货架中选购了一台新式的蛋糕电动搅拌器。在尼克松的帮助下，他们把这台机器精心地包装起来，藏在家中壁橱的顶上。第二天，是汉娜的生日。当天下午，哈罗德把母亲叫到了自己的房间里，紧紧地拥抱了她，对她说："妈妈，当我们在天堂相见之前，这将是我最后一次见到你了。"一个小时之后，哈罗德就辞世了。当晚，沉浸在悲痛中的尼克松把那只蛋糕搅拌器交给母亲，告诉她这是哈罗德给她准备的生日礼物。

经历了这么多的磨难和苦痛，尼克松的性格逐渐成长得坚忍、顽强起来。但是在很多人的心目中，尼克松是一个安静听话的乖孩子，软和得跟布娃娃似的。但事实上，年幼时期的多灾多难已经使得少年的尼克松产生了许多梦想，让他朦胧但强烈地渴望着奇迹的发生。

## 3 一个聪慧好学的孩子
### RICHARD MILHOUS NIXON

尼克松童年时喜爱音乐，常常在客厅的钢琴前一坐就是几个钟头，试图弹出一个完整的曲调。后来在他开始上学后不久，舅父格里菲思·米尔豪斯就开始教他弹奏钢琴以及拉小提琴。

在舅父格里菲思的鼓励下，尼克松的父母决定尝试培养一下他的音乐才能。他的一个叫简的姨妈曾在印第安纳波利斯的大都会音乐学校学习过钢琴，同时还是一位颇有造诣的演奏家和教师。姨妈简一家住在加利福尼亚中部的林赛——这是另一个贵格会教徒的聚居地。尼克松的父母决定让他去林赛住一段时间，专门跟她学习钢琴演奏。1924 年 12 月，经过一次温暖的家族团聚之后，尼克松便和简姨妈、哈罗德·比森姨父，以及他的表兄弟奥尔登、谢尔登一起，回到林赛的家里去。在接下来的 6 个月里，尼克松每天都跟简姨妈学习钢琴，并跟附近埃克塞特的一位老师学小提琴，还要每天同奥尔登和谢尔登步行 1.5 英里去上学。他幼年时所展露出来的音乐天赋说明，如果不是后来他对政治与法律所迸发出来的热情，尼克松可能就成为一名小有成就的音乐家。尼克松有两个未能实现的梦想，就是指挥一个交响乐队和在大教堂里演奏风琴。对他而言，弹钢琴是比写文章和讲演更有效的一种表达自己感情的方式。

除了家庭和学校，尼克松在惠蒂尔的生活就剩下教堂了。尼克松的家庭是一个既严格又宽容的宗教环境。他的家族信奉贵格会的一个支派，强调默祷，有自己的牧师和唱诗班，但没有洗礼和圣餐。尼克松一家对宗教十分虔诚，每逢周日他们全家都会去 4 次教堂。其中 1 次去主日学校，1次是做例行的早礼拜，下午晚些时候去 1 次勉励会，晚上还要做另 1 次礼拜。周三还有一次夜礼拜。他的父母对此还不满足，他们对福音派和复兴派也兴致勃勃，常常带着孩子们到洛杉矶的安吉勒斯教堂或者是卫理公会的三一教堂去听布道。当尼克松八年级毕业时，汉娜送给儿子一本《圣经》，尼克松每天睡觉前都要读上几段经文。在家中，每当进餐时，全家人都要先做默祷。

每个星期尼克松还为教堂里的各种礼拜仪式弹钢琴。惠蒂尔频繁的宗教活动给他在简姨妈那里学到的钢琴造诣提供了用武之地。

虽然幼时受到了如此深厚的宗教浸润，但是尼克松终生都认为信仰和祈祷是一种属于个人和私人的事情。因此无论是在他的求学时代还是之后的从政时期，他在演说时从不引用《圣经》中的词句。甚至在他担任艾森豪威尔时期的副总统时，即在总统的劝说下，他依然认为在演说中提到上帝是一件让他很不舒服的事。

尼克松上小学时，虽然分担到他头上的家务活就已经颇为沉重，但是他却总能挤出每一分钟用来学习和阅读。他念小学期间的每一份成绩单上，都写了满满的"A"，只有书法是唯一得"不及格"的科目。后来，在他上五年级时的地理教师布伦小姐的循循诱导下，尼克松还终身不渝地爱上了地理，《国家地理》杂志成为他终生最喜欢的刊物之一。而在尼克松上中学时，数学又成了他的难题，不过代数老师米亚诺先生和几何老师厄恩伯格小姐又帮助了他，使他的数学也成为成绩最好的科目之一。

尼克松对阅读的热爱是自幼养成的习惯。通过读书，尼克松对法律产生了浓厚的兴趣，这让他放弃了成为火车司机的志愿。爱迪斯姑妈在他10岁生日时送给他一件礼物：一本厚厚的美国史。他几乎翻烂了这本书。由于书中极力赞美的英雄们几乎都是律师出身，所以他对律师这一职业产生了深深的崇拜之情。后来，梯波特杜姆舞弊案的曝光更使他坚定了成为律师的梦想。梯波特杜姆是美国怀俄明州一个产油区，1915年划归海军，1921年转由内政部经营。1922年，梯波特杜姆的油田未经投标就转给了资本家辛克莱。1923年参议院对此进行调查。这个案件牵涉了不少大人物，轰动全国。最后，内政部长被判贪污罪，油田归还美国政府。这件案子让弗兰克购买的油田股票打了水漂，破了他的发财梦。这使他整日恼火地咒骂那些"为非作歹的政客"和"该死的律师"，但这件事却让尼克松更加崇拜律师的力量。

在尼克松的成长过程中，有几个人对他的影响很大。首先要数他的小学七年级教师路易斯·考克斯。路易斯在学校里教体育，他常常教导他的学生要"勇敢奋斗、勤奋工作"，正是他激发了尼克松对历史的兴趣。后来尼克松进入惠蒂尔学院学习时，主修的就是历史。不过，他的亲朋好友都认为，他的父亲弗兰克、母亲汉娜和外祖母才是对尼克松影响最大的人。

弗兰克是一个脾气很坏的人，有着爱尔兰人容易发怒也容易欢笑的怪脾气，长期患有溃疡出血症，最喜欢与人辩论。他常常与自己的儿子哈罗德和唐纳德进行激烈的争辩，有时候他们的大叫大嚷都能让附近的邻居听得清清楚楚。甚至在自家的店铺里，弗兰克也会逮住任何机会，就各种问题同顾客们争吵得不可开交。这种好争论的脾性并不是因为他喜欢跟别人过不去，而是真正地把辩论融入了自己的生活，并成为自己的一种生活方式。

有其父必有其子。尼克松在政坛上出名的辩论口才，就是来自于他这位热爱争辩的父亲。弗兰克时常用车子把尼克松送到辩论会场上去，然后坐在辩论会场后面专心致志地听着。在回家的路上，又喋喋不休地讨论个没完没了。

尼克松上六年级时，他参加了人生的第一次辩论。辩论题目是"买房子住比租房子住更合适"。辩论双方分别是男生阵营对女生队伍，女队为正方，男队为反方。一开始，尼克松对己方的观点毫无信心，觉得他们肯定要输。弗兰克给他出主意，让他不要顾及其他的观点，而是要把自己的火力集中在"分析买房和租房的开销"上。这样他们最后的结论是，虽然住在自己的房子里也许感到更安逸和更踏实，但是就花销而言，租房子更实惠一些，因为维修和设备安装之类的费用不必由自己负担，统统可以算在房东的头上。弗兰克还特地找了个身边的实例来给尼克松算了一笔帐。有了这个有力的论据，男孩们赢了这场辩论。

第二年，尼克松又参加了一场题目为"昆虫害多益少"的辩论。跟上次一样，男女生对战，女生为正方，男生是反方。尼克松又因为没有论据而发愁。父亲依然坚定地站在儿子的身后，为这种孩子间的辩论比赛出谋划策。他建议尼克松去找这方面的专家咨询，并且亲自开车送他到里弗赛德市，找到尼克松的姨父菲利普·廷伯莱克，请他给尼克松提出一些专业的论据。尼克松的这位姨父是一位昆虫学家，在州检察署任职，业余爱好收集蝴蝶标本。在听了尼克松的求助之后，廷伯莱克哈哈大笑，他告诉尼克松，昆虫的好处其实是很多的，比如说，如果没有了蜜蜂和其他昆虫，花粉就无法从这棵树传到那棵树，从这丛花传到那丛花，这样所有的树木花草都会因为无法繁殖而灭绝。这一席话让尼克松豁然开朗，自然地，男孩子们又赢了这场辩论。

通过这两次辩论以及父亲在其中所提供的支持和建议，尼克松学到了一条宝贵的经验：辩论时最好的策略，不是全面打击对方的观点，而是集中火力攻其最弱的一点，让其手足无措。这条幼年时学到的"宝贵经验"使他在进入政坛后的政治辩论中，常常起到出其不意的效果。同时，尼克松还学到了父亲弗兰克永远顽强、随时准备战斗的精神。

尽管尼克松在辩论方面有着天生的潜质和后天的努力，但是他仍然会不时遭到失败的打击。在惠蒂尔中学读初中的时候，他就已经品尝到了政治生涯上第一次失败的苦涩滋味。他当时参加了学生会主席的竞选，但是精心准备的演讲、说辞和活动均以失败而告终，他落选了。大概学校是出于安慰的目的，给了尼克松另外一个职务：学生会管事。他的主要任务就是销售学校足球赛的入场券，同时游说当地的商人，劝他们给学校出版的年鉴捐助赞助费。

1930 年，正值诗人维吉尔的 2000 年诞辰，惠蒂尔高中的拉丁文教师决定改编维吉尔的一部作品《艾尼特》，然后把这部戏搬上舞台，改编后的名字叫做《埃尼阿斯与迪多》。男女主角也定下来了，由尼克松扮演男主角埃尼阿斯，由尼克松后来的女友奥莱尔·弗洛伦斯·韦尔奇扮演埃尼阿斯的爱人迪多。

事实证明，这部戏的内容沉闷无比，观众们看得厌烦难耐，演员们演得心急火燎。而最急不可耐的，恐怕就是尼克松了。负责服装道具的同学把他的鞋的尺码弄错了，结果平时穿 11 号鞋的尼克松不得不在整场演出中咬着牙，把双脚挤在一双 9 号的银色长靴之中。还令尼克松感到尴尬无比的是，由于尼克松与奥莱尔彼此暗恋的特殊关系，导致每当"埃尼阿斯"与"迪多"拥抱的时候，台下都会传来嘘声、尖利的口哨声和哄笑声，导致尼克松恨不得台上能裂开一条大缝，好让他钻进去。

尼克松在整个中学阶段的表现都令他的师长非常满意，他是一个勤奋聪明的学生，擅长演说，曾代表西海岸参加全国演说竞赛；在初中和高中举行的宪法演讲比赛中，尼克松总是能够拔得头筹；高年级时他又担任学校辩论队队长。他学习刻苦努力，成绩优秀，中学毕业考试时，他以全校第一名的成绩圆满完成了这 6 年的学业。

在学业方面，尼克松已经很了不起了。但作为一个未来政治家，青少年时代的学习成绩并不能决定他的一生。很多领袖年轻时并没有受过良好的教育，或者不把学习成绩当回事，也不妨碍他日后成为一个杰出的领袖。对于尼克松来说，少年时代的教育经历对他而言，最重要的意义是使他那时成为了一个演说家！要知道，在西方，要成为一个伟大的领袖，演讲口才是一项必备的基础才能。能够进行杰出的、煽动性的演说，标志着这个人的智慧、知识、口才、思想、表演，都已达到了很高的水准，并能够把它们用语言表达出来。一次绝妙的演说，可能包含了吟诗、唱歌、哭诉、诅咒、哀求、发誓、谴责，甚至是骂街、粗口，并把它们统统精妙地综合到一块！因此，演说的力量是无穷的，以致世上几乎所有的领袖都会借助它的力量。而最有趣的是，口才如此了得、能够进行最火爆激辩的尼克松，平日里竟然是一个沉默寡言的人，以至于从同学们那里获得了一个"阴郁的鹅"的称号。

## 4 大学教育
RICHARD MILHOUS NIXON

　　虽然尼克松在高中时期所取得的成绩极为优秀，然而家境的窘迫却让他在选择究竟到哪所大学就读时，颇为挠头。

　　尼克松读高中时，梦想去东部的大学读书，以他的成绩而言应该是毫无悬念的。他凭借着自己的成绩和演讲、辩论方面的才华，很早就已经获得了加利福尼亚哈佛俱乐部发给全面发展的优秀学生的奖学金，而且对他而言，再争取一个耶鲁大学的奖学金也并非难事。但是，上大学并不是只要有学费就可以的，还必须有交通费和生活费，这两项开支加起来就已经比学费要高很多了。当时正值美国30年代大萧条时期，而尼克松家两个孩子病逝，前前后后所花费的医药费就已经使得一家人捉襟见肘，不能再支付尼克松前往东部求学的开支了。于是尼克松别无选择，只能就近进入了惠蒂尔学院。但是尼克松并没有因此而气馁或者怨天尤人，而是满怀激情地投入到大学生活之中。

　　1930年，尼克松进入惠蒂尔学院，主修历史学。惠蒂尔学院如同惠蒂尔城一样，也是由贵格会创办的，规模很小，但校规非常严格。尼克松却很喜欢这里，因为他把改变今后人生的希望都寄托在大学之中。

　　在大学时，如同在中学一样，尼克松一如既往地刻苦好学。他从中学时就树立了一个牢固的信念：勤能补拙！要想取得优异成绩，就必须专心致志、全力以赴地学习，而不是投机取巧或者靠一点小聪明蒙混过关。在惠蒂尔学院，尼克松第一次遇到了一些天生聪敏的同学，他们中的很多人无需用功便能得到好分数。但是尼克松却严格按规定要求自己，每天都要在图书馆里上晚自习，阅读各种材料，从而跟上选修的各门课程。

勤奋好学的尼克松给人留下了深刻的印象。他每天都疯狂地钻进厚厚的书本，汲取他能获得的任何知识。他偏爱研究美国史，通读了一套10卷本的美国通史，将那位解放了黑奴、带领美国脱离落后的奴隶制度的林肯总统奉为自己心目中的偶像；他还自学了法语，并热爱阅读法国经典的哲学作品。

有人说过，一个人要取得至高成就，几个因素必不可少：良师、益友和机遇。尼克松在惠蒂尔，就遇到了几位给他的人生带来深刻影响和启迪的好老师，其中有几位特别触动了他的思想，甚至改变了他此后的生活。

保罗·史密斯博士可以说是尼克松思想上最早的启蒙者之一，在尼克松的思想方面给予了最大的鼓舞。保罗·史密斯是在威斯康星大学获得博士学位的，师从进步党党员、历史学家格伦·弗兰克。史密斯博士才华横溢、学识渊博，讲课时从不用讲稿。他开设的课程很多，尼克松选修的是由他教授的英美文明、美国宪法、国际关系和法律等课程。史密斯博士对历史和政治的思想观点具有强烈的进步党色彩，在他的熏陶下，尼克松第一次认识到历史并不仅仅是对过去事件的编年记录，它还同时可以成为分析和批判各种问题的工具。而在保罗的心目中，当年的尼克松就是一个非凡的年轻人，他有一种碰到问题就能够抛开表象而直入核心的天赋。

艾伯特·厄普顿先生是一位教英语的教师，同时也是戏剧俱乐部的主任，他是一个坚决的偶像崇拜反对者，在厄普顿先生的心目中，"神圣"的概念是不存在的，他这种反传统的思想给尼克松及其同学们带来了极大的启发。厄普顿先生还向尼克松推荐了列夫·托尔斯泰和其他一些伟大的俄国小说家的著作，并且他认为对于一个大学生来说，如果没有读过这些著作，那么就不能说他已经完成了自身的教育。在尼克松快读完三年级时的那个夏天，他完全沉浸在列夫·托尔斯泰的作品世界中，他最喜爱的是托氏的最后一部作品：《复活》。在他一生中的那段时期，他成为了列夫·托尔斯泰的信徒，深受托氏晚年一些哲理性著作的影响。在托氏的著作中，他为那些被蹂躏的俄国民众所拟订的和平革命计划，以及他对战争的激烈反对，包括他强调的会影响生活各个方面的精神因素等等，所有这些都在尼克松的心中留下了不可磨灭的印象，甚至比他的小说影响还要深远。

还有一位教师给尼克松的宗教信仰带来了非同一般的影响：J. 赫谢尔·科芬博士。尼克松在大学四年级时选修了科芬博士的"基督教复兴的哲学"课程。这门课的别称是"我能信仰什么？"由于通俗易懂，这个名字的知名度反而超过了它的学名。选择该课程的学生以课堂提问为基础，同时每周得写一份以自己提出的问题为基础的自我分析报告。此外，在课程的开始、中间和结束时，学生们都得写一篇文章来阐述"我能信仰什么？"的问题。

尼克松则在选修这门课程时所写的文章中，讲述了他自己的某些看法、疑问和困惑。尼克松出身的贵格会宗教家庭传统，被严格地灌输了一切原教旨主义思想。在他的脑子里，曾毫无疑问地坚信过《圣经》中的每一个字句、每一个奇迹。虽然在进入大学之后，童年时代的想法有许多已经被消灭了，但是还有一些想法令他无法舍弃。他仍然相信上帝是造物主，是一切事物的第一动力。上帝仍以某种形式存在着，并指导着宇宙的命运，宇宙的伟大决非人力所能予以解释。但是这又与他的科学思想产生了抵触，让他感到非常困惑，不知道该如何调和这两种矛盾。终于他决定接受康德提出来的解决办法：人类所知的，只限于他的研究和解释所及；再往前，人类就必须承认上帝的存在。上帝知道那些人类不知道的事情。

尼克松认为，耶稣复活的重要意义在于，耶稣自己过着并教导人们去体验一种完美的生活，所以他死后仍然在人们的心中继续存在和发展。耶稣复活的故事，其实象征着在一生中实现了最高价值的人就能获得永生的观点，而现代人将在耶稣的一生和教导中找到真正的复活。

拥有一个在政治思想上持有民粹主义因素的父亲，接受了保罗·史密斯的进步党的思想，以及受到艾伯特·厄普顿的反偶像崇拜以及科芬博士的基督教人道主义的多重影响，这些都使得尼克松的早期思想带有十分开明的色彩。

与许多聪明的、叛逆的大学生不同的是，尼克松是一个跟随时代发展大流的人，他从未将时间浪费在那些标榜自我、炫耀与众不同的事情之上，而是毫不犹豫地接受了同时代大学生的流行观点。这一点在他对体育活动的热爱上，体现得尤其明显。他非常喜欢体育运动，尤其是篮球和橄榄球，这是因为这种竞技色彩浓厚的运动能激发他的好斗天性，他可以在激烈的体育运动中观察两支队伍或不同的个体之间在技能、纪律和智力上的那种令人激动的较量，并从中获得巨大的成就感以及莫大的鼓舞，同时还可以减轻他拼命学习和工作所带来的巨大压力。但是事实上，尼克松的体育成绩，往往与他从中观察得到的东西成反比。

读大学一年级时，尼克松是波特林斯篮球队的队员，那一年他们战绩"辉煌"：从未赢过一场比赛，而尼克松本人参加篮球赛的唯一收获是一只瓷制假牙。这是因为在一次比赛中，尼克松跳起来接球的时候，他的嘴巴狠狠地撞上了对方——拉维恩学院一个前锋的后肘，中间的一颗门牙给撞断了。

而尼克松热爱的另外一项运动——橄榄球，也让他常常丢脸。尼克松从中学起就是个橄榄球迷，这是众所周知的事情，因为他喜爱这种运动中的精神以及队员间的配合和友谊。橄榄球是一种融合了力量、爆发力、冲撞和奔跑速度为一体的运动，但是尼克松的身体一直都不是那么理想，他出生的时候才 11 磅，而到了他 17 岁的时候，体重刚刚 150 磅，这种在美国小伙子中算是瘦削的身材，并不是玩橄榄球的合适人选。所以虽然在大学四年间他一直勤加练习，但是依然没有什么表现的机会，主要的作用就是来给好球员作陪练的靶子。但是尼克松依然坚持每次比赛都要穿着球衣等候在球场的边上，轮到他上场的时候，往往已经是一场球赛接近尾声的垃圾时间了。为了给大家留下印象，尼克松几乎每次比赛都要玩一次"越位"，也许他把这种脾气一直保留到了他担任美国总统之时。

后来，尼克松在位期间，某次橄榄球大赛时他亲临现场观战，恰好和美国著名的橄榄球教练海斯坐在一起。身为橄榄球铁杆粉丝的尼克松当然很激动，一心想和海斯聊聊橄榄球，但是对方却抓住了这个与美国元首亲近的机会大聊对外政策。结果，尼克松不得不很有风度、很痛苦地让步，压着性子听这个玩球的家伙大谈美国的外交政策，以及如何当总统的教诲。结果，不仅球没有看成，还挨了一顿数落。

在惠蒂尔学院参加橄榄球训练和比赛，让尼克松有了一个机会，他认识了这里的教练、绰号"队长"的华莱士·纽曼。纽曼可以说是除了尼克松父亲弗兰克以外，最令他钦佩同时也受益最多的一个人。

纽曼是一个高大英俊的美洲印第安人，他身材壮硕挺直，面部轮廓分明，一身古铜色的皮肤，从很小的时候，人家就叫他"队长"，纽曼对自己的出身和绰号都非常自豪。1921 年，纽曼曾经是南卡罗莱纳大学的橄榄球明星，后来他来到了惠蒂尔学院，成为这里的体育主教练。

纽曼在队员训练中，对白人和黑人都一视同仁，并不以肤色来作判断。他对球员们的要求极为严格，他教这些小伙子们如何赢球，以及如何对待赢球和失利。他永远鼓舞球员们并让他们相信，只要艰苦训练，经过长时间的练习，他们就能击败任何人。纽曼还教导球员要正确地对待输赢，他不认同"输赢并不重要，只要球打得好就行"的观点，他认为这种观点只是在给自己开脱。他认为，球打得漂亮不漂亮不要紧，但输和赢的差别可太大了；打球的目的就是为了赢球！他常说，如果你能找到一个输了不生气的人，那我也可以找出一个一辈子都赢不了的人来！他认为输了应该生气，不过要生气的是自己，而不是针对敌人。他要手下的小伙子们树立东山再起的信念，同时决不甘心失败，无论被打倒多少次，也要爬起来再战、卷土重来。

纽曼这些运用在球赛中的哲理，给尼克松带来的影响是非常深远的，连他自己也说："与纽曼主教练坐在长凳上使我在生活中学到的东西比我在哲学课上拿到'A'的意义还大。"他使尼克松深刻地体会到，对一个人来说，真正重要的不是他的背景、肤色、种族或是宗教信仰，而是他的性格。

## 5 社团骄子
### RICHARD MILHOUS NIXON

在惠蒂尔学院求学期间，在多位良师的帮助下，尼克松勤奋地学习，得到了当时的一流教育。但是在尼克松的大学生活期间，学习并非是他唯一的或是最重要的部分。尼克松非常热爱课外活动，并积极投身其中，这从他入学的第一天就开始了。

起初，除了一个叫做富兰克林社的社交俱乐部以外，惠蒂尔学院还没有什么联谊会组织或者社团什么的。富兰克林社的成员一般都是一些当地的富家子弟，不少人矜持而傲慢，他们在校园里的社会地位也很高。

当时尼克松的好友之一迪安·特里格斯，是一个转校生，他曾在科罗拉多学院念到了二年级，然后转学进入了惠蒂尔。与科罗拉多学院丰富的社会活动相比，只有一个贵族子弟团体的惠蒂尔学院显然让迪安很不满。迪安是一个民主精神浓厚的学生，他认为惠蒂尔只有这样一个俱乐部非常不符合民主精神，因此他建议好友们一起创办一个新的学生团体，他们管这个新团体叫做"方正"社或"正直人"社。教授英文的艾伯特·厄普顿先生出面作为新社团的发起人。

方正社的创办人公开宣称，要为四"好"——好精力、好体格、好头脑、好心肠而奋斗终身。他们的箴言是 Ecrasons L'infame，这句拉丁文的意思是："铲除丑恶"，为了强调这一点，他们还把社团的徽标设计为一个公野猪头（在西方文化中，公野猪象征着一往无前的勇气和正义）。年轻的尼克松得到了大家的信任，当他还是个一年级新生的时候，就被选为方正社的第一任主席了。最后，方正社的社章和社歌都是由尼克松自己制订、谱写的。

社团的创办方针与富兰克林社是完全不同的。后者以发展社交活动为目的，而方正社则积极吸收那些运动员和半工半读的学生入会，会员大多出身于比较贫穷的家庭。而两者最大的不同可以从学校年鉴的照片上看出来，学校的年鉴一般是为每一位毕业的学生拍摄一张留念的照片，然后合订起来送给毕业生们作为纪念。所以对于毕业生们来讲，拍摄毕业年鉴照片是一个为同学们留下永恒印象的一个机会，因此大家都会用心装扮，以取得最佳的拍摄效果。作为富兰克林社的会员，都整整齐齐地穿着精美的礼服，头发也都梳得一丝不苟；而方正社的成员们则完全反其道而行之，以最朴素、最平常的形象露面，他们穿着敞着领口的衬衫，留着最普通的发型，简简单单地面对镜头。

在惠蒂尔学院里，尼克松还进行过好几次戏剧演出，他通常在其中扮演比较重要的角色，幸运的是，像他高中时期的那次尴尬的经历再也没有发生过了。他曾在布思塔金顿的《幽会处》中扮演一个魂不守舍的英戈尔德比先生；在约翰·德林克沃特的《囊中物》中扮演一个吝啬的旅店老板；他还在描写残酷斗争的独幕剧《煤价》中，扮演一个年老的苏格兰矿工；他后来在乔治·科汉的《小旅店》中又成功地扮演了一个极为古怪的滑稽角色。除了直接上台表演，尼克松还在学院演出的《日本天皇》等剧中担任过舞台监督。

尼克松的演技还是比较让人认可的。比如有一次他排练约翰·德林克沃特的《胜利在望》中一场哭戏，指导他的老师艾伯特·厄普顿先生使尽了浑身解数，也没能让尼克松在排练的时候哭出声来。最后大家都绝望了，心想管他呢，让他上去胡乱抹两把脸、做做抹眼泪的假动作算了。但是到了真正演出的那几天晚上，尼克松简直变成了一个关不紧的水阀门，泪水滔滔不绝，几乎把所有的人都给糊弄了。有趣的是，尼克松的这种戏剧演出的经历，成了后来很多反对他的人的一个有力的武器，大家认为他根本就是一个天生的演员，他在政界的"精彩"表演就是直接来源于他所受到的那些表演训练，让他受益无穷。

尼克松从小师从他父亲的那种辩论才能，在惠蒂尔学院的求学生涯中，也得到了顺利而精彩的施展。尼克松是一个受到公认的辩论高手，他在辩论中思维敏捷、口齿伶俐，能够做到左右逢源、八面玲珑。尼克松把自己的辩论能力发展成为一门艺术，对他来说，他不仅仅通过实践锻炼来获得辩论技巧，同时也让他对日后碰到的需要解决的无数问题提供了准备。

惠蒂尔学院采用了一种有组织的辩论方式，它要求辩论队必须对问题的两方面都进行充分的准备。事实证明，这样的练习对于辩论者的自身锻炼来说，是一种非常有益的方法，可以帮助他们不至于把问题死板看待，并且能够让参与其中的人明白，面对问题和争执的时候要尽量理解对方的观点。通过这种密集的、高强度的辩论训练，尼克松逐渐获得了脱稿发言、自如辩论的能力，这对他往后的政治生涯有着莫大的意义。

经过了很多次的艰苦斯杀和努力学习，尼克松担任了惠蒂尔学院的辩论队队长，一个真正能让他施展才华、崭露头角的职位。那些与尼克松并肩作战的辩手们都对这个巧舌如簧、技艺高超的家伙佩服不已，因为尼克松不光是最大限度地发挥个人的辩论能力，而且他还能在战斗中发扬团体的力量，带领队员们一起走向胜利。他的一个习惯是传小条子给队员们，要么加油打气，如"不要放弃!"，要么提醒指挥，如"在这一点上大大发挥!"、"节约你的火力"或者"采取迎合裁判员的策略，他们是决定胜负者"等等。

大学二年级时，尼克松代表惠蒂尔学院参加了50多次辩论，大部分都取得了胜利，还有一次获得了全国辩论赛的冠军。在大学四年级时，尼克松还获得了加利福尼亚各大学间举办的即席演讲竞赛会的优胜奖。经过这一阶段的辩论锻炼和对很多问题的深入思考，尼克松明确了很多自己在思想方面的观点，这些观点都一直持续到他入主白宫、主持美国政局乃至影响世界格局的那一天。

比如，在一次全国辩论赛中的题目之一是讨论自由贸易和保护贸易的优劣。尼克松对双方的观点均进行了彻底的研究，在参加完辩论之后，他就成为一个自由贸易的支持者，这种立场伴随了他的终生；该辩论赛还有一个辩论题目是，是否应该免除协约国的战争债务。在参加完双方的辩论之后，尼克松最终确信，恢复欧洲的经济比起坚持让他们偿还战争债务来说，要重要得多。还有一个辩论题目是围绕自由经济更有效率还是控制经济更有效率这一问题进行辩论。尼克松认为，尽管当时的美国社会已经达到了罗斯福新政的狂热阶段，但是通过深入辩论和思考这个题目的两方面观点，还是让他最终完全确立了对自由经济的认同。

尼克松是一个非常热衷于政治活动的人，但是对于当时那个大家都彼此非常熟悉、人数很少的惠蒂尔学院来说，学生的政治活动必定是低调的，这让尼克松完全施展不开拳脚。在这里尼克松唯一的一次称得上是政治活动的，要算在他二年级快结束时参与竞选学生会主席的活动。作为方正社的学生会主席候选人，尼克松的对手是富兰克林社的迪克·汤姆森，俩人的私交还挺不错，因此当竞选开始的时候，他们都提不起劲来，更别说要玩什么政治手段来击败对方了。

在此次竞选中，尼克松拿出的竞选论题是"赞成并要求学校在校园内举行舞会"，这在当时是一个颇有争议的问题，因为惠蒂尔学院是一所由当地教会主办的学院，学院的管理者们普遍倾向于风气保守，因此他们都反对学生们成双成对地搂着跳舞。

其实选择这个问题，尼克松本人并没有什么特殊的利害关系，只是纯粹为了获得选票而争取群众的支持，尼克松对跳舞实在是提不起任何兴趣。当时他的女友奥莱尔·弗洛伦斯曾经在一次聚会上软磨硬泡地强迫他学了几步，除此之外，他根本就不会跳舞，也不喜欢跳。

但是不管主观上尼克松的立场如何，他所选择的论点角度的确高明，他说服惠蒂尔学院的评议会说，尽管有那么多的老师和学校管理者反对跳舞，而且这种舞蹈的确涉及到了宗教的原则问题，但是校方这种态度根本不会动摇那些热爱跳舞的大学生们的意愿，他们就是照跳！那么由此即可得出，与其让这些年轻人们偷偷摸摸地到校园外面找那些二流舞厅，还不如在校园里光明正大地举行舞会，这样即方便了学生的娱乐，也方便了学校对他们的监督管理。

尼克松的观点一如既往地清晰、有力，很快就赢得了大多数同学和学校管理层的支持，他在这次竞选中获胜了。为了履行他在竞选过程中的诺言，他在学院代理院长赫伯脱·哈里斯的协助下，同惠蒂尔学院评议会达成了一个妥协方案，由评议会付费租下附近的惠蒂尔妇女俱乐部，然后将其中一间漂亮的舞厅供学生们举行舞会。那年学生们在那个俱乐部中成功地举行了 8 次舞会。面对这样的结果，尼克松当然很高兴，但是他唯一感到痛苦的是，作为学生会主席的尼克松，在这 8 次舞会中，每次都必须出席。为了陪伴这个笨手笨脚的尼克松，他当时的女友奥莱尔·弗洛伦斯以及其他一些女孩们都表现出了极大的耐心，尽管已经尽了最大的努力，但是当与女伴跳舞旋转的时候，他还是踩坏了姑娘们很多双漂亮的新鞋。

尼克松在惠蒂尔学院的唯一一次出游，是在二年级的冬天。惠蒂尔学院辩论队在领队乔·斯威尼的带领下，进行了一次穿越太平洋西北岸的长达 3 500 英里的旅行。为此，尼克松的父亲同意他们使用尼克松家那辆有 7 个座位、使用已有八年的帕卡德汽车。在这次旅行的过程中，他们曾经路过旧金山，那时的旧金山还是一个非常开放的城市。小伙子们兴高采烈、激动不已地偷偷溜进一家开在药房中的黑酒吧，因为当时的禁酒令还没有废除，这次探险经历让他们都产生了一种前所未有的刺激和兴奋感。在全体辩论队员中，只有领队斯威尼曾经对别人说起黑酒吧。尼克松虽然兴奋但还没有失去理智，在烟雾腾腾、黑暗吵闹的酒吧里，他只是点了一杯冰镇的果酒，一边喝着，一边欣赏着给他们倒酒的女招待。

## 6　年轻有为的律师
RICHARD MILHOUS NIXON

四年的大学生活弹指而过，1934 年，尼克松以优异的成绩结束了在惠蒂尔学院的学习生活。当时正值 30 年代的大萧条时期，经济并不是很景气，以尼克松的历史专业来说，毕业后想找到一份吃香的工作简直就是幻想。于是尼克松决定找一所大学继续深造，他选择了法律专业，这样毕业后就能找到一份律师的工作，到时就不愁经济窘迫了。

美国东部有几所著名的"常春藤"大学，历史悠久、名满世界，如耶鲁大学、哈佛大学，其中的法学院是声誉最高、但也是收费最贵的。以尼克松的成绩和素质，这几所高校是不吝伸来橄榄枝的。可是尼克松还是由于家境的原因，放弃了进入这几所学校的打算。

巧的是，北卡罗莱纳州杜勒姆新成立的杜克大学法学院刚刚得到了一笔资助，正在全面招收高材生。事情的经过是这样的：美国烟草业的亿万富翁詹姆斯·布坎南·杜克曾经给监理会学校三一学院捐献了一笔巨额资金，原本的三一学院便以捐助人的名字改名为"杜克大学"。由于这所大学刚刚成立，这次是它的法学院第一次开始招生，而且有25位新生可以获得250美元的奖学金。这对于尼克松来说无异于是天降甘霖，他怀着激动的心情提出了申请，很快就获得了肯定的回复。惠蒂尔学院的院长还专门为他写了一封推荐信，信中说："我相信尼克松有一天可以成为美国一个重要的甚至可能是伟大的领袖。"历史证明这位校长的眼光还是非常精准的。

正在兴头上的尼克松在赢得这一奖学金后，才知道这个法学院还有一个在学生中流传的外号："绞肉机"，因为在第一年的25名学生中，第二年只有12名学生能继续享受奖学金。

但这种激烈的竞争才不会干扰尼克松的好心情呢，好斗的爱尔兰血液又在他的体内熊熊涌动了。1934 年 9 月，他兴高采烈地卷起行囊，吻别了家人和当时的女友奥莱尔，斗志昂扬地迈进人生的新战场。

尽管已经做好了充足的心理准备，但是当尼克松抵达杜勒姆，杜克大学的美景尽收眼底时，那些轩昂壮丽的中世纪风格的建筑和美丽迷人的自然风景还是让他震惊、欣喜若狂。但是尼克松并没有被那些塔尖、城楼、彩色雕花玻璃、几英亩的树林和花园等表象所蒙蔽，他从第一天起就知道自己已经走上了一条必须崇尚竞争的轨道。

杜克大学藏龙卧虎，尼克松所在班有一半以上的学生都是美国大学优等生联谊会会员，个个聪明勤奋，都不是吃干饭的。而且杜克大学已经开始沿用哈佛大学的判例教学法，它要求学生必须熟记数百个不同判例中的事实和法律论点，并且能够随时在课堂上站起来倒背如流，同时还要回答老师突然提出的各种刁钻古怪的问题。尼克松虽然一直以自己超人的记忆力而自豪，但是他却从未面对过如此厚重的一堆需要熟记的资料。

尼克松的牛脾气又发作了，他开始拼命地钻研、读书，每天把大部分的时间都泡在图书馆里。为了节省时间，同时也因为自己住的地方没有暖气和自来水，他把自己的剃须刀藏在法学院图书馆书架上的书本后面，每天早晨，他一起床就冲进图书馆，把刀子找出来，然后就着男盥洗室里豪华的暖气设备和冷热自来水把胡子刮了，胡乱吃点早饭就开始自己一天的学习。学习到下午，他打一会儿手球，然后在体育馆里洗个淋浴，晚上再继续在图书馆里学习。

尼克松这种拼命三郎的劲头早就引起了别人的注意。一天晚上当他还在图书馆读书的时候，一个高年级学生比尔·阿德尔森坐在了他的身旁，两人断断续续地聊着天。尼克松向这位学长抱怨了自己的担忧和疑虑，比尔听完，身子往后一靠，用一种极为笃定的语气告诉尼克松："你放心吧，你具备学习法律的条件——铁屁股。"

尼克松的同学们也一致认为尼克松是一个标准的好学生，他不抽烟、不喝酒（主要是因为没钱），学习刻苦、成绩优异。但是尼克松还是干了件出格的事情：他曾经几次翻爬门窗，溜进法学院教务长的办公室。这件事让同学们知道之后，大家都以为这个平时表现压抑的家伙终于要搞些恶作剧了，到底是往教务长的抽屉里塞乱蹦的青蛙还是蠕动的小虫子呢？大家兴奋地猜测起来。但是一切如常，教务长并没有被什么特殊的东西气到发疯。后来尼克松才坦言，自己只是想溜进去看看自己的成绩单，到底排在多少名次而已。尼克松虽然努力，但是他的情绪并不稳定，在法学院学习的三年中，他无数次大叫大嚷，抱怨学习压力太大了，法律资料"太他妈的多了"！但是发泄归发泄，他仍然会扑到书本上去，成绩也一直名列前茅。

尼克松的认真、勤奋与成绩获得了师长们的肯定。当时法学院的院长霍勒克认为在那些不景气的年岁中，很少有家庭能够供子女上大学，然而尼克松一连三年都取得优异的成绩，证明了他在法学方面具有非凡的能力。

教授国际法的戴维·卡弗斯，以及教授契约法基础理论的朗·富勒博士，是当时对尼克松影响最大的教师，他们在之后的岁月里都给予过尼克松很大的帮助，师生之间情深意笃。戴维·卡弗斯是个热心肠的好老师，他毕业于哈佛大学法学院，经常给予尼克松一些中肯、尖锐的指点。尼克松当时是杜克大学法律刊物《法律和当代问题》季刊的编辑，每当尼克松请教卡弗斯，说他常常不知该如何措辞来表达自己的思想时，卡弗斯就半开玩笑地说他"患了大多数写文章的人的通病——智力便秘！"然后他就告诉尼克松要先放开头脑，不要束缚自己的笔尖，不要要求自己的初稿就能达到法学评论的专业标准。卡弗斯还把尼克松给该刊物写的文章推荐给了当时最高法院的法官罗伯特·杰克逊，一些文章得到了对方的高度赞扬。

朗·富勒博士是尼克松上三年级时结识的教师，当时他去旁听朗讲授的法理学课程。尼克松把朗·富勒誉为美国最卓越的法学家之一，后者后来进入哈佛法学院任教。1960年尼克松竞选总统时，朗·富勒还率领全国范围的"拥护尼克松学者委员会"为尼克松呐喊助威。

由于家境贫寒，而且那250美金的奖学金仅够支付学费，所以尼克松从进入杜克大学的第一天起，就一直坚持勤工俭学。他曾在全国青年管理局得到过一份酬劳微薄的工作，还给图书管理员做过助手，当过校长霍勒克的研究助理，在暑假里为教师们油印资料……靠着这些杂七杂八的收入，尼克松维持着自己清贫的求学生活。大学的头两年，他租了一间学校附近的小屋，月租金5美元。

大学第三年，尼克松和他的三个朋友一起在离校园两英里的杜克森林中，找到了一个十分简陋、可怜得只用隔板做成的小木屋。屋内没有暖气，没有自来水，整个房间里只有两张大铜架床和一只金属炉子。他们晚上入睡前就把废纸塞进炉子，由早晨第一个起床的人点燃。四个人就趁着这么一点微弱的热量，手忙脚乱地穿上衣服。为了省钱，尼克松的早餐常常就是一块银河牌棒棒糖。在这样寒酸的条件下，四个小伙子竟然能带着一种冒险般的情趣而心满意足、兴高采烈地住了很久，而且他们还给这个地方美其名曰：夜莺庄园。

克服了这些客观条件上的困难，尼克松用优秀的成绩保持住了自己的奖学金，他甚至还能抽点时间进行一些政治活动，并被选为学生律师公会的主席。

在法学院里，尼克松在朋友们的眼中是一个沉默寡言、待人友善并且内向羞怯的人，谁都没有想到这样的一个小伙子以后会步入政坛。尼克松所在的班上有一个绰号"政治家"的家伙，他就是来自北卡罗莱纳的巴兹尔·怀特纳，他后来当选为该州的民主党众议员。他曾经评价尼克松说，别人很少能见到迪克笑容满面的样子，他多数时候都板着一张脸，一本正经的。同学们都相信尼克松以后会进入一个大律师事务所，然后处理一些诸如债券、婚姻纠纷什么的，但是决不会涉足政治。

在杜克法学院学习的最后一年，尼克松必须开始考虑毕业后的出路问题了。他原本以为凭自己的成绩，雄心勃勃地想要加入一家了不起的著名律师事务所，应该是件轻而易举的事情，然而事实却给他迎头浇了一盆冷水。

1937 年的美国经济大衰退差不多把政府在经济危机开始以来取得的微弱成绩一扫而光，所以找到一份待遇好的工作是极为困难的。1936 年，趁着圣诞节假期，尼克松跟他的同学兼好友决定去纽约的一些律师事务所去碰碰运气，但是那些律师事务所冷冰冰的拒绝、纽约的寒冷和高昂的物价让他望而却步；尼克松还给联邦调查局的招募提出过申请，但经过了一次面试之后就再也没有得到任何好消息。直到尼克松当上副总统时，他在罗斯福家的宴会上碰到了联邦调查局局长埃德加·胡佛，向他提起了那次当特工的申请。之后胡佛查阅了档案，原来尼克松的申请其实已经被批准。但当他们准备寄通知书时，"上面"削减了下一年的经费。就这样，尼克松差点成为一个联邦调查局的调查员。

尼克松思前想后，决定回惠蒂尔老家开业当律师。1937 年 6 月，为了祝贺尼克松毕业，他的全部家人，包括他 88 岁的外祖母，都乘车来到东部地区，为尼克松的毕业典礼观礼。而最令他们感到骄傲的是，在他们抵达杜勒姆的那一天，校方宣布尼克松以全校第三名的成绩毕业，而且同时被提名为声望极高的全国法科优等生联谊会初级律师会的会员。

尼克松满怀希望地回到老家，但对前途却毫无把握。这是因为如果他要独立开业，就必须首先通过加州的律师资格考试，然而当时距离这次考试只有六个星期的时间了，而通常考生都会用至少两个月的时间复习；更糟的是，这次考试还包括全部的加州州法，可尼克松在杜克法学院根本就没有学过这个。

复习、考试的时光匆匆流过，然而等待考试的结果却是一件颇为痛苦的事情。当时有一种谣传，说如果你被录取的话，将收到一张装在普通信封里的简单通知；而那些没有被录取的人则会收到一只大信封，里面装着申请下次考试所必需的文件。在等候考试结果的那几个漫长的星期里，尼克松全家人都热切地每天检查信箱。

有一天早晨，汉娜流着眼泪，手里拿着一只装满了文件的大信封，从信箱那里走进家门。尼克松一看见大信封，"嘀"地一声脑袋就大了。当时他不愿让母亲看到自己的痛苦，于是就装出一副若无其事的表情，轻松地接过信封，然后走进浴室。他沉重地慢慢地关上门，颤抖着双手撕开信封，心中充满苦涩。但拿出来的东西却让他大吃一惊，感谢上帝，他通过了考试！原来信封里装着的，是许多准备宣誓的安排和其他技术问题的指示。他跑进厨房，向家人宣布了这个好消息。1937年9月，尼克松在旧金山参加了宣誓仪式，成为一名年仅24岁的年轻律师。

在惠蒂尔历史最悠久的温格特—比尤利律师事务所，尼克松谋到了一个职位。如同很多青年律师一样，他最初参与处理的不过是一些财产和离婚的案件。尼克松很不习惯处理离婚案件，那些吵吵嚷嚷的房帏之事让他极不舒服。尽管如此，尼克松还是热爱自己的律师行业，他努力钻研业务，很快就成为这家事务所的首席出庭律师，后来还成为财产权和联邦所得税等方面官司的专家。一年后，尼克松从雇员变成了合伙人，加盟了这个事务所，它的名字改成了温格特—比尤利—尼克松律师事务所。从此，尼克松第一次感到自己不再是弗兰克·尼克松和汉娜·尼克松的儿子，而是"尼克松先生，温格特和比尤利的新合伙人"。

尼克松在律师界站稳了脚跟，有了一定的名望之后，便开始着手扩大自己的事业。尼克松在临近的拉哈布拉镇开设了律师事务所的分所。他早就看准了这个有着4 000人口，但是却缺少律师的地方。开始的时候，场面是相当窘迫的，由于缺少资金租用场地，尼克松只能在当地一家房地产公司里摆了一个地摊一样的台子，就这样开始营业。但是由于他工作努力，很快就赢得了当地民众的信任，被选为当地的检察官。巧的是，与尼克松合伙的律师事务所的经理托姆·比尤利还兼任惠蒂尔地方的检察官，于是他指名要尼克松给他做助理。当时尼克松的主要任务，就是草拟法律条例，然后说服市议会通过。除此之外，他还要在治安法庭上担任城镇的检察官以及法律实施的监督人。

尼克松不仅是一位铁面无私的治安检察官，同时还是一个优秀的处理公司和税务案件的律师。尼克松在法庭上的表现常常给陪审团以深刻的印象。

律师事务顺风顺水的时候，尼克松又开始打起了柑桔贸易的主意。惠蒂尔附近的奥兰治县就是一个柑桔之乡，"奥兰治"的英文名称就是 Orange "柑桔"的意思。奥兰治所出产的柑桔总是供过于求，尼克松便联系当地一些胆大的投资者，集资 1 万美金，尝试着开展鲜榨桔汁并冷冻销售的生意。他们开了一家名为"辛德勒—富瑞斯特公司"，尼克松出面担任总经理。

这个公司的经营想法确实不错，甚至有很多其他行业的公司都开始对此感兴趣，两家船舶公司就联系了尼克松他们，说如果能够在冷藏和包装环节有所改进的话，他们就准备大量购买。好消息让投资商们兴奋不已，但也让尼克松累得够呛。这种柑桔原汁的包装是最困难的环节，因为它们不像那种干燥的桔子精便于保存，很容易变质。既要保证运输，同时还要保持新鲜，这让尼克松挠破了脑袋。他们尝试了当时几乎所有的方法：纸盒、金属罐头甚至是玻璃纸等等，都不能让进货商满意。试验一直没有成效，而公司的正常运转已经开始出现困难了，最后几乎连日常运转都无法维持。为了降低成本，尼克松和同事们亲自挑选柑桔、亲自榨压桔汁，但是都失败了。最后，这家"辛德勒—富瑞斯特公司"在苦苦支撑了一年之后，就不得不关门大吉。而那些投资者的钱自然也都打了水漂，他们咒骂尼克松没有负起责任，为此耿耿于怀，以至于在尼克松的政治竞选中，他们都以拒绝投票的方式来表达当年的不满。

参加一些当地的俱乐部，是当时那些年青律师的流行做法，何况是原本就热爱社团活动的尼克松呢？他开始广泛地参加社团活动，一方面给自己的律师事务所拉生意，一方面还能扩大自己在当地的知名度。他先后加入了拉哈布拉的基温尼斯俱乐部和由青年商人、自由职业者组成的"20—30"俱乐部。1941 年，尼克松被选为"20—30"俱乐部的主席、惠蒂尔学院校友会主席、杜克大学加利福尼亚校友会主席、奥兰治县城市联合会主席，并成为惠蒂尔学院评议会最年轻的成员。

尼克松 29 岁那年，他还差一点当选惠蒂尔学院的院长。原来由于评议会的内部斗争，当时的院长愤然离职。当时所有的学院投资人也决定"在事态稳定之前"停止支付学校的赞助金。这下，惠蒂尔学院就像炸开了锅，以厄普顿为首的青年教师会就把尼克松给推到了台前。投资人对尼克松的表现还算满意，准备选择他担任惠蒂尔学院的院长了。与此同时，镇上还有共和党的领袖建议他去竞选州议员，尼克松对这些机遇都非常感兴趣，正当他要接受这些委任的时候，日本轰炸了珍珠港，美国参战了。

## 7 甜蜜的婚姻
RICHARD MILHOUS NIXON

尼克松的一生中，大概由于宗教信仰和性格含蓄的原因，他曾经只爱过两位女性，一位是他的初恋情人，奥莱尔·弗洛伦斯·韦尔奇；另一位就是后来成为他的妻子以及美国第一夫人的帕特（即塞尔玛·凯瑟琳·瑞安）。有趣的是，这两位女性在尼克松的生命中出现的方式，都是那么地相似，就如同尼克松本人的生活一样，充满了戏剧色彩。

尼克松在惠蒂尔高中以及大学期间，一直深恋着一位名叫奥莱尔·弗洛伦斯·韦尔奇的姑娘，她是惠蒂尔警长的女儿。而奥莱尔一直到他们一起在惠蒂尔大剧院演出戏剧的时候，才认识了小伙子尼克松。当时他们排练的戏剧是高中的拉丁文老师根据维吉尔的一部作品《艾尼特》而改编的《埃尼阿斯与迪多》，由尼克松扮演男主角埃尼阿斯，由奥莱尔扮演埃尼阿斯的爱人迪多。一出戏剧演下来，奥莱尔也开始对尼克松暗生情愫，每当戏剧情节中出现"埃尼阿斯"与"迪多"需要亲热拥抱的场面，俩人都羞涩局促、手足无措，而台下的观众（大部分是他们的高中同学）也慢慢地心知肚明。以至于戏剧公演的时候，每演到这样的情节，观众们都会默契地爆发出大笑、口哨声和唏嘘声，闹得尼克松和奥莱尔脸红脖子粗，尴尬得不得了。自然地，两个年轻人相爱了。他们在一起相好了整整 6 年，从上高中一直持续到在后来尼克松进入杜克法学院的第一年。

在旁人眼中，他俩是一对标准的金童玉女，期望他们能相伴终生。奥莱尔是一个漂亮活泼、风趣大方的女孩子，她待人友好、亲切温柔；而尼克松却是一个沉稳缄默、稳重含蓄的男孩，俩人的性格形成鲜明的对照。尼克松欣赏她的活泼可人、大方得体，而奥莱尔深为尼克松的英俊潇洒、机智幽默和精通世故所倾倒。然而，他们在政治上的观点却截然相反：奥莱尔支持富兰克林·罗斯福和他的新政，而尼克松则对两者都很不赞同，因此这对情侣常常为此吵得不可开交。

后来，当尼克松考入杜克大学法学院之后的一年，两人彻底分手了。原因可能是彼此聚少离多，也可能是长期以来的政治观点上的分歧导致了两人之间的离心离德，总之，尼克松的这次甜蜜的初恋就这样结束了。后来，奥莱尔在1936年嫁了人，新郎是惠蒂尔学院橄榄球队的盖尔，后者还曾经与尼克松同属于一支球队。这位女性从此便在惠蒂尔开始了平静的相夫教子的主妇生活，波澜不惊地度过了自己的一生，相比自己的"继位者"帕特·瑞安来说，与后者表面风光而内心寂寞的生活相比，真不知两人的命运孰幸孰悲，究竟谁能得到真心的幸福，谁才是那个更幸运的女人？

尼克松与帕特的相遇，也是在一次戏剧演出的活动中。

1938年的一天，惠蒂尔业余剧团的导演莉莉·鲍德温太太给尼克松打了一个电话，问他是否愿意在他们即将上演的由艾恩·兰德编写的法庭剧《一月十六日之夜》中，扮演检察官的角色。尼克松高兴地接受了这次演出的邀请，但是他并不知道这还是一个改变了他一生的决定。

几个月以后，他去剧团参加为乔治·考大曼和亚历山大·伍尔科特的剧本《黑暗的城堡》挑选角色的工作。就在此时，帕特·瑞安出现在了他的面前。就在那个时候，尼克松认识到，原来惠蒂尔城并没有他所想象的那么小。

《黑暗的城堡》是一出神秘的传奇戏，根据剧本的要求，剧中人物达芙妮·马丁是一个身材纤细高挑、皮肤黝黑、神情忧郁的20岁美人，她穿衣服的风格潇洒飘逸，脸上永远带着一副愤世嫉俗的神情，该人物由帕特·瑞安扮演。而理查德·尼克松扮演的角色则几乎就是他自己：一个20多岁的、稍稍有些书卷气的小伙子，既渴求爱情但又腼腆羞怯。

在第一次遇到帕特的那个夜晚，尼克松已经把自己负责的台词内容忘了个精光，因此他的眼里、心里只有这个他从未见过的姑娘，对方美丽而活泼，长着一头火红的头发。紧接着，尼克松开始试图打听这个陌生的年轻女子是谁。最后他终于鼓起勇气，热烈地盯着她，走上前去问道："你好，我叫理查德·尼克松，是本地的一位律师，请问你的芳名？"

对方打量了眼前这个热情大胆的年轻人，温柔地笑了笑，说："你好！我叫塞尔玛·凯瑟琳·瑞安，我是一名教师，在惠蒂尔中学教打字和速记。"随后她顿了顿，接着说，"你可以叫我帕特，这是我的乳名，虽然我自己并不喜欢这个名字。"帕特·瑞安！尼克松在心中大声喊着，难道这就是传说中的一见钟情吗？

整整一个晚上，尼克松都不由自主地缠在帕特的身边，使出了浑身的解数来吸引她的注意力、逗她开心。帕特也渐渐地喜欢上了这个幽默、博学的年轻人，他看起来不失为一个迷人的大男孩。尼克松的外表在当时也算比较出众的，颀长的身材、浓密的褐色头发以及温和磁性的嗓音，还有他总是一副深思熟虑的表情以及一双清澈的棕色眼睛，都让帕特产生了一种奇妙、特殊的感受。

夜间的活动结束之后，尼克松提议开车送帕特和朋友们回家。一路上，尼克松完全抛开了那个平日里矜持拘谨、羞涩内敛的自己，他主动邀请帕特出去同他约会。帕特可能是对尼克松突然迸发出的热情感到不适，她当时玩笑般地拒绝说："对不起，我很忙。"

听到这句不大客气的拒绝，尼克松突然脱口而出了一句让两人都很震惊同时又铭记终生的话："你可别这么说，因为总有一天，你会嫁给我的！"这句玩笑话把尼克松自己都给吓了一跳，帕特听了先是惊讶，随后哈哈大笑，因为她完全把这句话当作了随口的、毫无意义的取笑，而且她比尼克松还大一岁。在她的心目中，这个时候的尼克松简直就像一个热情过度的大男孩一样，可爱但是决非自己考虑结婚的对象。"他可能疯了。"帕特在心中这样对自己说，因为这种草率的"求婚举动"在当时的文化背景下，简直就是恋爱关系中的自杀行为，简直是疯了。然而尼克松的心中有一种说不清楚的感受，他隐隐约约地感受到，这并不是一句玩笑话。

几个月后，尼克松已经成为当地青年商人和自由职业者组成的"20—30"俱乐部的主席、惠蒂尔学院校友会主席、杜克大学加利福尼亚校友会主席、奥兰治县城市联合会主席，并经选举成为惠蒂尔学院评议会最年轻的成员，镇上有几个共和党领袖还建议他竞选州议员。

此时的尼克松与帕特已经十分熟悉了，帕特的身世与尼克松十分相似，她1912年3月16日生于内华达州伊利市的一个矿山小镇，受洗礼时被命名为塞尔玛·凯瑟琳·瑞安。由于帕特出生时的时刻正好处于午夜时分，所以在决定她的生日是16日还是17日的问题上，她的父母颇费了一番踌躇。后来他们决定，顺应她父亲的纯爱尔兰人血统，把瑞安的生日定为 17 日，因为这一天是爱尔兰的保护神圣·帕特里克的诞辰，这同时也是小塞尔玛的乳名"帕特"的由来。

帕特的早年也很艰难，她的母亲在她 13 岁时就撒手人寰，抛下她的父亲和 4 个儿女。帕特从小就学着自立自强，担负起家庭中母亲的角色。后来她在中学毕业的时候，父亲也离开了人世，她不得不放弃了上大学的打算，半工半读地开始了她的艰难人生。

帕特的人生经历也如同尼克松一样是丰富多彩的，她曾经去过纽约，迷离于那里的五光十色；她当过秘书、X 光护士、修女们的采购助理；她还去过洛杉矶，就读于那里的南加州大学；她为了生计还当过售货员和一些不入流的好莱坞电影中的龙套演员……最后她成功拿到了南加州大学的理学学士学位，最后来到惠蒂尔，在这里的中学谋到了一份月薪为 190 美金的教职，并在这里遇到了她人生的真命天子。

当《黑色的城堡》一剧排演完时，帕特与尼克松已是十分亲密了。他们经常约会，常一起到附近的室内溜冰场溜冰，在附近的海滨游泳，或者是到洛杉矶附近的山上滑雪。每逢周末，他们还驾车到好莱坞的大电影院去看电影。有时候，她还陪尼克松到惠蒂尔学院和南加州大学观看橄榄球比赛。

《黑色的城堡》公演之后，当地的《惠蒂尔评论报》高度赞扬了帕特的演技："她一阵风似地冲进、冲出房间，粉面含怒，把达芙妮喜怒无常的浮躁性格演活了，演技确有独到之处。"帕特在看到这篇评论后，担心尼克松的父母会误认为她同达芙妮的性格一样。但几周之后的一次会面，让她打消了这种疑虑。那是个星期天的下午，帕特随尼克松去拜见了弗兰克和汉娜，她受到了一次包括咖啡和草莓松饼在内的热情款待，而对方立刻就喜欢上了这个温柔中带着刚强的女孩。

尽管帕特很喜欢尼克松，也看得出对方家庭对她的欢迎，但是她还没有做好嫁为人妇的准备，何况除了尼克松，漂亮的帕特还拥有众多的追求者。

有时候面对尼克松越来越紧迫的追求，她就婉转地叫着尼克松的爱称"迪克"，还半开玩笑半提醒地表示自己恐怕不能以同等的爱来回报他："迪克，你可知道我是个天生四海为家的吉普赛女郎哦！"但是这种婉转的表达对于尼克松那种不达目的决不罢休的性格来说，简直就是小菜一碟，他也半开玩笑半提醒地在给帕特的情书中夹上一朵蓝色的矢车菊，然后幽默地写下："四海为家女士：现谨奉一支与吉普赛女郎帕特小姐双眸同色的矢车菊，供汝盆养栽培。"

暗示的手法既然失效，帕特干脆开始采取避而不见的方法，开始推脱逃避，不再每邀必至，甚至还让自己的女友玛格丽特代替自己赴约。帕特这些小花招，自然瞒不过尼克松，他明白这不仅是帕特的一种矜持，还是对自己耐心的一种考验。

从此，假如帕特说自己"工作太忙"，尼克松便主动找上门来，会坐在帕特身边，帮她批改学生作业。尼克松的追求，让帕特越来越心烦意乱，拒绝的表示也越来越鲜明。有时，她远远看见尼克松来了，干脆把门关上，给他吃闭门羹。而油盐不进的尼克松干脆就给她写情书，表达自己孤独散步时的痛苦。

终于，帕特忍无可忍了。一天晚上，她鼓起勇气，明确表示两人应该结束这段一厢情愿的感情。尼克松见她态度坚决，顿时如当头浇了一盆冰水，从头凉到脚，但是他并没有表现出帕特预料中的悲痛欲绝、呼天抢地，反而是一副满不在乎的神情，好像是了结了一份无足轻重的账单一般，一语不发地转身走了。

现在轮到帕特又惊又怒又失望了，她竭力忍着眼眶中的泪水，在心里对自己说："这件事完了。"

出乎意料的是，几天后，帕特收到了一封尼克松写给她的情真意切的信：

> "亲爱的帕特：你那次客客气气地送我出来，我赌气不理你，但请你千万要原谅我。想必你也看出来了，我是故意装出什么也不在乎的样子——那是男孩子的自尊。……让我把该说的都说清楚好吗？我多么珍惜同你一起开车外出、一起聊天的时光，请你答应继续保持我们的关系，别担心什么'他不能自拔了，那我该怎么脱身才好呢'这类的问题。我说这些，全无嘲讽之意。请你听我把我对你的看法说完好吗？
>
> 你知道我的确生活在一个一厢情愿的世界里，尤其在这次恋爱上。有时我真怕自己连什么是认真、什么是不认真都分不清楚

了。但是我能诚恳地对你说，帕特是个好姑娘，我非常喜欢她，即使她不愿意……

接到这样的一封信，还有哪个女孩子能狠心拒绝呢？帕特同意继续交往，但是她不许他再提婚嫁的事情。两人的感情并未受到影响，反而更加情意绵绵。尼克松常常给她写情书表达爱意，一次尼克松送给她一只座钟，还附言道："虽然时光流逝，你却青春长驻，因为帕特小姐的内心常青。"帕特收到礼物之后感动得双眼潮湿，她将这只钟命名为"里克先生"。

1939年1月9日是尼克松的生日，他在律师事务所里收到了帕特给他的生日礼物：也是一只座钟。尼克松快活不已，他抓过一张公文纸写了回信，玩笑地写道："这是我50岁生日时预支给你的40亿美元。"

1940年2月，尼克松与帕特相逢两周年纪念日的那一天，尼克松给帕特写了一封热得发烫的情书："当我眺望窗外，看着从云层中冉冉升起的一轮红日时，心里想的是在过去两年里你对我是多么地重要……你想到过没有，他从来没有停止过向窗外你住的地方瞭望，向你送去最真挚的爱情、钦佩、敬仰和最美好的祝愿……任凭风起雨落，或者就像现在这样阳光被云遮盖，他初衷依旧，永不变心。对他来说，其实对天下任何人来说，都没有比与你——我亲爱的心上人相爱更美好的事了。爱你的迪克"。

1940年3月，尼克松在圣克利门蒂海滩的日落时分，驾车带着帕特来到这里。在两人深情对望的目光中，在海浪轻吻着沙滩的细诉声中，尼克松郑重地向帕特求婚。帕特颤抖着沉默了一会。在这短暂的沉默时间里，尼克松的心紧张地揪着，仿佛有一个世纪那样漫长，他深情的眸子中闪现过一丝忧郁，生怕帕特会像从前那样说出"不"字。

帕特的小手握在尼克松发烫的掌心里，她知道不能再犹豫了，她早已经爱上了他："好的，迪克，让我们永远在一起！"

幸福的热浪汹涌地冲击着尼克松，他把帕特抱了起来放到车里，立即带她去见自己的父母，要让他们在第一时间得到这个好消息。

当睡熟的老两口被两个年轻人的好消息惊醒时，高兴地说："这下好了，我们家终于添了一个叫做'帕特里克'的女孩了！"原来尼克松的父母生了五个男孩，老早就盼着能生个女孩，连名字都起好了，恰巧就叫帕特里克！这个愿望竟然由儿子尼克松给实现了。

为了准备即将到来的婚礼，尼克松送给未婚妻一只镶了两块小宝石的订婚钻戒和与之配套的小粒镶钻手镯。5月1日那天，是俩人预定的赠送戒指的日子。帕特安心地等在家里，可是左等右等，尼克松就是没出现，帕特怒气冲冲地独自来到学校上班。

直到下午，尼克松家里的伙计汤姆·苏尔基提着一只五月花花篮出现在帕特的办公室里，订婚戒指就端端正正地放在花丛中。帕特心里很生尼克松的气，竟然让伙计来送戒指！像什么话？帕特赌气地随手把篮子推到了一旁，后来还是在隔壁教室里上课的艾丽斯·科克给帕特套上了戒指。原来那天尼克松恰巧碰上了一件棘手的案子，实在脱不开身。为了消除帕特心中的不快，尼克松还一本正经地写了一封道歉的信。

尼克松和帕特决定在6月21日举行婚礼。由于尼克松的社会关系太多，为了避免张扬，他们决定在加利福尼亚州里弗赛德的使团旅馆举行一次小小的家宴来庆祝他们的婚礼，参加仪式的只有一些亲人。

新房布置得典雅高贵，比利时式的细木门窗后面装饰着巨大的意大利风格壁画。由于夫妻俩都没什么钱，尼克松选择了最小、最便宜的"总统套房"来度过新婚之夜。"总统套房"得名于1903年，西奥多·罗斯福总统曾在这里下榻，后来威廉·霍华德·塔夫脱和休伯特·胡佛都住过这个房间。也许冥冥之中的神秘巧合，20多年后，在这个房间结婚的尼克松也当上了美利坚合众国的总统。

婚礼当天，新郎尼克松的弟弟唐纳德把新娘从惠蒂尔接了过来。帕特当天的打扮惊艳而高贵，她穿着一套镶着法国蓝花边、装饰了水晶钮扣、掐腰宽摆的长裙，戴着一顶缀有与衣裙同色的玫瑰红的帽子，香肩上点缀着一朵由新郎奉献的怒放的白色初兰。

婚礼还没开始，尼克松就急不可耐地从大厅的过道里冲到了帕特的面前，想欣赏自己的新娘，急得帕特的哥哥大叫："喂，迪克，婚礼举行前不准看新娘！"（根据西方迷信，婚礼之前如果新郎就看到新娘，是很不吉利的）

尼克松哈哈大笑说："知道，我这不闭着眼睛吗？"

下午3点30分，婚礼由贵格会的牧师、惠蒂尔学院的院长主持。27岁的尼克松与28岁的帕特正式走到了一起，准备携手面对他们今后的漫长人生。

　　这次婚礼，差不多花光了两人的积蓄。他们把余下的钱全部购买了一些罐头食品，然后开车前往墨西哥开始两周的蜜月旅行。等他们上路后，才发现朋友们同他们开了一个大大的玩笑，罐头上的商标全都被撕掉了，于是吃每顿饭都成了猜谜游戏，开着什么罐头就吃什么。有几次他们早餐得吃猪肉和黄豆，晚餐却反而吃葡萄柚片。

　　这次蜜月旅行，他们玩得很开心，当他们动身返回惠蒂尔时，已身无分文了。尼克松仍去律师事务所工作，帕特仍回去教书。婚后一年的生活，犹如一首田园诗，甜美而又新鲜，使两人都对未来充满了美好的憧憬。

# RICHARD MILHOUS NIXON
## 第二章
## 迈进华盛顿
## （1941—1952）

夜幕已经降临。钱伯斯径直把他们领到一块南瓜田里。他冲着满脸狐疑的调查员诡秘一笑，揭开一个南瓜蒂，随即从南瓜里摸出三个很小的金属微型胶卷筒。看到这一幕，随行的调查员被惊得目瞪口呆。钱伯斯平静地解释道："我担心我不在家时，还会有什么别的传票和搜查令来，所以，我把这些东西藏在这里。好了，现在我交给你们，就放心了。"

# 1 海军少校"尼克·尼克松"
RICHARD MILHOUS NIXON

　　结婚之后，尼克松曾经向一些知心朋友透露过自己的想法，他很渴望到大城市去做律师，而不是永远窝在惠蒂尔这样的小地方。

　　1941年夏天，尼克松与妻子帕特用他们积攒的一笔钱搭乘联合水果公司的客货轮"乌卢阿号"，去加勒比海旅游了一次。在这次"美妙"的旅程中，尼克松一直晕船，几乎没有时间和心情享受这次假期。他呕吐、晕眩，把帕特也折腾得够呛。事后他们都不愿意承认这次旅行有多么糟糕，因为后来好几年内他们都没有机会度假了。虽然旅行很痛苦，但是尼克松却没有忘记自己的心愿，他在旅程中花了不少时间，尝试打听在哈瓦那建立一个律师事务所或者进行商务洽谈的可能性。

　　在这次旅行中最令夫妻俩难以忘怀的，是在6月22日那天晚上发生的事。当时船上的黑人老管事把从收音机里听来的消息告诉他们：希特勒入侵了苏联。尼克松非常厌恶希特勒，他希望最后苏联将获得胜利，令希特勒垮台。尽管他也不怎么喜欢斯大林。

　　加勒比之旅让尼克松感到，不能再继续干等下去了，他必须作出一些实实在在的努力才能满足自己日益膨胀的雄心。

　　1941年冬天，有一天，尼克松和帕特一起去好莱坞看电影，结果在放映中途，影片就被掐断了，剧院经理站在银幕前通知莫名其妙的观众："请所有在场的现役军人返回部队。"尼克松和帕特走出影院时，一个报童凑到他身边，递给他一份报纸说："我们打仗了，先生。"尼克松看着那醒目的巨大的黑色标题"日本人轰炸珍珠港"，心里顿时明白，自己的机会终于来了。

　　当年12月，尼克松获得了华盛顿的物价管理局的聘请，邀他去那里工作。尽管尼克松声称这份工作是杜克大学的教授戴维·卡弗斯帮他推荐并争取的，但是那里的负责人、曾经担任物价管理局轮胎定量分配组负责人的爱默生却对他们第一次会晤的印象深刻。

　　当时申请这份职务的人都必须经由爱默生的秘书安排面试时间，排队等候才能见到爱默生本人，但是尼克松却完全不吃这一套。他没有介绍信、没有预约、没有排队，而是径直推开爱默生的办公室大门，大摇大摆地走了进去，把简历搁在爱默生的桌子上，然后自我介绍说："你好，我叫理查德·尼克松，是个律师，这是我的简历。我可是抛下了家乡兴旺的律师业务，专门来华盛顿参加战时工作的！"

爱默生虽然一开始被这个直率而大胆的小伙子吓了一跳，但是听完了这番自我介绍之后，他细细地从头到脚打量了对面的这个小伙子，发现他长得挺顺眼。接着跟他聊了几句，便感到这个人反应机敏、能言善辩。再看看他的简历，发现他的成绩非常优秀。没有经过什么犹豫踌躇，爱默生当场拍板，就把这个工作给了尼克松。

1942年1月9日，尼克松夫妇来到华盛顿，而这天正好是尼克松29岁生日。由于人多房少，费了很大的力，夫妻俩才在离华盛顿不远的弗吉尼亚找到一套很小的公寓房子，安顿了下来。随即尼克松就去物价管理局的轮胎定量分配组上班，负责定量协调的法律工作。

在这个协调轮胎分配的工作上，尼克松呆的时间并不长，只有8个月。但是他由此得知政府官僚的运作方式，以及"上层的官员是如何靠着重重叠叠的帝国般的机构养肥自己的"。他感到虽然有一些很有才能的政府工作人员勤勤恳恳，一心为公，但也有一些人只想得到权力，并由此仗势而摆布他人，特别是那些私营部门的人员。他的很多幻想在这里破灭了，他看到了文牍主义、损公肥私和滥用职权。在这里的经历，对尼克松日后政治生涯中所制订的政策产生了巨大影响，并且给了他很多日后攻击民主党政府的把柄。

当时在物价管理局的人可以暂缓服役，而且由于尼克松的贵格会信仰，他完全可以在办公室里度过整个战争时期。然而海军开始征募年轻律师的时候，尼克松很快便报了名。1942年8月，他被送往罗德岛匡赛特角的海军军官学校受训，成为了一名海军中尉。

进入海军之后的尼克松，一直梦想着能进入一个在南太平洋或北大西洋作战的舰队中去，然而两个月后，他却被派往位于爱荷华州的奥坦瓦海军航空站。原本就沮丧的尼克松到达奥坦瓦之后，那里的现状更加令他错愕：这个基地当时还是一个半成品，修建在玉米地中的跑道半途而废……如果不是当地邻居朋友的热情以及帕特的支持，尼克松简直无法在这里继续呆下去。

没多久，尼克松就看到了一个通知，说29岁以下的青年军官可以报名参加海军。当时尼克松正好29岁，他赶紧报了名。不久之后，他就接到通知，让他去旧金山报到，并准备接受去海外的任务。

在这期间，尼克松与帕特回到了惠蒂尔，与家人一起举行了一个告别聚会。这种聚会的气氛简直令人难以忍受，因为大家都知道，这次尼克松要面对的，并不是那种诸如在爱荷华之类的内陆、等待战争结束的后方工作，而是必须走上战场，与敌人面对面、真刀真枪地厮杀，谁都不愿意过多地去联想那种负面的结局。于是包括尼克松的母亲和祖母在内的所有人，都很默契地强颜欢笑，以抵制那种悲伤的气氛。

临行的时候，尼克松的亲友，包括他的父母、弟弟和弟媳以及他最小的弟弟爱德华、他从前的秘书依芙琳夫妇，都前往车站送别。大家的心情都非常沉重，谁都无法断言此次分别是否就会成为永诀。当火车徐徐开动的时候，尼克松与帕特向众人挥手告别，他的母亲汉娜坚强地忍住了眼中的泪水，而他的父亲弗兰克却禁不住泪流满面。

离开旧金山之后，尼克松被分派到靠近新喀里多尼亚岛的努美亚的南太平洋战斗空运指挥部工作，简称"南战运部"。尼克松与他的战友们负责为C-47型运输机在飞行运输中准备货运清单和制订飞行计划。这些运输机运进补给，运走伤员，尼克松他们就把那些装有补给的箱子和一些重大物件卸下飞机，有时还要把重伤员抬进运输机。

尼克松感到，虽然在他人眼中，他是一个"在前线上的人"，但是他心里清楚，他要到那些能够真正进行战斗的地方去。1944年1月，尼克松被如愿以偿地分配到了一个偶尔会被日本轰炸机光临的地方——布干维尔。他刚到达布干维尔，就很"荣幸"地获得了日本轰炸机的热烈欢迎，这次轰炸结束之后，距离尼克松他们6个人使用的钢筋混凝土掩体100英尺附近的范围内，就有多达35个弹坑，他们的帐篷也完全被炸毁了。

在布干维尔服役期间，尼克松可不是一盏省油的灯，他简直扬名全岛。这是因为发生了三件事：

第一件事是，尼克松在那里摆了一个小吃摊，用他从南战运部软磨硬泡弄来的一些犒劳物资，比如肉酱汉堡包和澳大利亚啤酒，以免费招待那些执行任务途中路过布干维尔的轰炸机飞行员们，让他们能在远离故土的地方尝到一点家乡的风味。他因此得到了一个"尼克·尼克松"的绰号，他的"尼克汉堡包小吃摊"的名气也不胫而走！有一位飞行员还专门给《生活画报》写信，表达自己对尼克松的感激之情。

第二件事是，尼克松好像有自己的一条走私路线，他往往能搞到很多种政府配给单中没有的东西，而这些东西往往让那些寂寞的战士们垂涎三尺，比如烈性威士忌酒。他都很慷慨地全部拿出来跟战友们分享。

第三件事是，尼克松的扑克牌赌技突飞猛进，甚至还曾经赢得了一笔不菲的赌资。由于他贵格会严厉而传统的教义和教规，本不应该碰任何赌术的，这属于一种轻率而为的罪恶。而且很久之后，他的政敌依然还拿这件事作为攻击他的武器。但是他的理由也的确情有可原：在那种残酷而单调的战争压力之下，任何士兵都不可能拒绝这种快乐的刺激。

尼克松玩扑克曾一度狂热到失去理智的程度。一次，著名的查尔斯·林白（现代航空之父）为美国空军试飞了一种新型的飞机，当地指挥官曾经在格林岛为其举办了一个小型聚会，其中就邀请了当地著名的"尼克·尼克松"参加。但是尼克松当时正忙着组织牌局，根本顾不上什么林白之类的人，完全把这件事抛在了脑后。直到很多年以后，尼克松对自己当年能够为了打一场扑克就拒绝与林白的聚会而感到惊讶不已。后来直到25年之后，尼克松在白宫举行了一次国宴，还专门邀请了林白夫妇参加，才算是弥补了当年的一个巨大损失。

用扑克牌赌博给尼克松带来的不仅仅是消遣、金钱和娱乐，甚至还有启发和思考。尼克松从玩扑克牌中学会了如何观察对手，探清对方的虚实。比如，他发现当一个人拿到一手好牌时，往往沉默寡言；而那些想投机钻空子的家伙，往往是一副大嗓门，却不知道这样反而泄了自己的底。成为总统之后，尼克松还经常拿打扑克牌的道理来比喻自己的政坛对手，他形容赫鲁晓夫与周恩来的区别就在于，赫鲁晓夫像是拿着一手不好的牌，而周却是一个满把自信的牌友，所以两者在政坛上的表现就相去甚远；前者充满自卑，所以经常使用夸张的肢体语言和威胁性的虚张声势来恐吓对手；而后者却雍容自若、不卑不亢，说话声音低沉清晰，却往往能让对手感觉到真正的实力。

由此尼克松学会了不动声色地掌握胜局。有一次，他拿到了一手百年难遇的好牌，方片同花顺下扣一张 A，概率估算这样的牌出现的几率是六十五万分之一。尼克松心里简直乐开了花，但是表面上仍然是一副若无其事的样子，结果一把就轻轻松松地赢了好几百美元！要知道，尼克松在华盛顿工作时的年薪也不过是 2 000 美金，而当尼克松躺在宿舍里玩牌的时候，身在故乡的帕特却为了攒钱而过着很清苦的生活：每天上下班挤公共汽车，自己缝制衣服，很少外出游玩。

没过多久，尼克松就获准前往南战运部支援攻占格林岛的一个分遣队中去，担任指挥官。虽然他在那里并没有得到多少实战的锻炼，只是偶尔会被掉队的日本士兵狙击，但是他却获得了一枚荣誉勋章。

对驻扎在南太平洋的大多数士兵来说，太平洋战争是一次寂寞的战争，战斗常常是在数千公里以外的地方进行。因此除了用赌博来消遣以外，尼克松贪婪地翻阅着那些破破烂烂的《生活》杂志，以及翻来覆去地读着带在身边的那本带插图的旧《圣经》。真正让他望眼欲穿的东西，就是帕特的来信。隔着无数的山和水，隔着大洋，却隔不断尼克松与帕特的刻骨思念。从华盛顿到格林岛，他们在信中互诉衷肠，慰藉彼此的相思之苦。在尼克松离家参战的 14 个月中，他们每天都坚持鸿雁往来，很多旧信件被帕特保存了好几十年。

在尼克松的家信中，他给帕特描述了"尼克汉堡包摊子"的聚餐情况。尼克松还曾经在信中专门提出："请你每次别忘记写'我爱你'，因为我总是先找这句话。……你是我唯一的爱人，从一开始就是。……你 12 号星期日的那封信上的唇膏印真叫我受不了——多可惜啊！凡是你用的化妆品我全喜欢，闻着它们叫我舒服无比，都是既香又甜，就像你一样。"

帕特的信也同样炽热，她讲述自己在后方的生活，有一天一个朋友在她家中过夜，为了让朋友睡得舒服些，帕特一个人躺在长沙发上。她感觉很冷，就把尼克松的大衣找出来盖在身上。她在信中说："钻在里面好暖和啊！就连这件大衣也像你一样亲。"

为了稍稍解除尼克松的相思之苦，帕特特意去了一家专门照人物像的摄影室照了张漂亮的照片，给尼克松寄去。

尼克松从信中取出照片，只见帕特看上去皮肤滋润、轮廓分明、妩媚地对着他微笑，一头金红色的头发比过去更加耀眼。尼克松禁不住激动地把照片紧紧地贴在胸口，吻了又吻，一溜烟跑回宿舍，得意地把帕特的照片给战友们传看。

为了安慰尼克松在战地枯燥无聊的生活，帕特还给尼克松邮去了一些礼物，其中还包括了一套他一直想读的马克思的《资本论》。

1944 年 7 月，尼克松结束了自己的海外勤务工作，奉调回国。他搭乘一架从瓜达卡纳尔飞往夏威夷的运输机，半夜时分，飞机停在威克岛加油。在这个没有月光的夜晚，尼克松走下飞机想溜达溜达、活动一下腿脚，猛然间，一个巨大的、辽阔的美军战地公墓出现在他眼前。

这是尼克松第一次看到战地公墓，那些一眼望不到边的一排排的白色十字架，沉默地耸立在机场跑道的灯光下，反射出凄冷、悲怆的光芒，一直伸进无垠的黑暗。

天气并不凉爽，尼克松却感到一丝寒意。他想起了所有那些还在为着那些荒无人烟甚至是不知名的小岛而战斗的同胞们，他不明白为什么美国人或日本人会为这些小块土地而流血，甚至为之牺牲生命。但他也明白，这些地方是把战争带到日本本土上去的必须使用的跳板，所以，美军必须攻占它，而敌人也必须保住它。

尼克松一边等着飞机加油，一边为战争的终极目的和造成的可怕牺牲的现实而感慨万端。飞机起飞后，尼克松眼神迷茫地斜靠在座椅上，长久地沉默着。

很快地，他的思绪飞向了旧金山，飞向了帕特，久别重逢的激动驱除了威克岛给他的心中带来的战争阴影。飞机在圣迭戈机场降落了，尼克松下飞机后在第一时间打电话给帕特。帕特得知尼克松已抵达圣迭戈，激动得浑身颤抖，手忙脚乱地换上了自己最漂亮的一套红色衣服，迫不及待地乘上了从旧金山到圣迭戈的飞机。

当帕特到达圣迭戈的时候，尼克松已在机场门口等着她了。帕特一眼就看到了自己日思夜盼的丈夫终于毫发无伤地回到了自己的身边。她不由得满脸含笑，张开双臂，飞快地向尼克松奔去，两人在机场门口紧紧地拥抱在一起。

第二年年初，尼克松来到美国东部办理海军包工合同的结束工作，他虽然回到了祖国，但此时仍然在海军服役。在战争结束的最后几个月中，尼克松与帕特曾先后在华盛顿、费城、纽约和巴尔的摩等地居住。

1945 年 4 月，罗斯福去世；8 月，二战结束了；10 月，尼克松被晋升为海军少校。

## 2 百人委员会
RICHARD MILHOUS NIXON

　　战争结束后不久，帕特就发现自己怀孕了，她激动地把这个好消息告诉了尼克松。尼克松高兴得简直忘乎所以。然而这个消息也给尼克松带来了一些对未来的忧虑，他和帕特开始认真地考虑将来退役后，自己事业的走向问题。

　　此时战争刚刚结束，社会上挤满了那些刚刚退伍的军人们，尼克松与他们一样，心中充满了对未来茫然无措的失落感。

　　1945 年 9 月，还在巴尔的摩商议修订海军合同的尼克松突然接到一封信，这封信的内容告诉尼克松，他可以不用再发愁了。这封信是美洲银行惠蒂尔分行总经理赫尔曼·佩里写来的，他在信中询问尼克松是否愿意参加 1946 年共和党众议员的竞选。

　　赫尔曼·佩里是尼克松一家的老朋友，当他在惠蒂尔学院就读时，与尼克松的母亲汉娜是同学。战争开始之前，尼克松的"温格特—比尤利—尼克松律师事务所"就开设在美洲银行惠蒂尔分行的大楼里面。

　　美洲银行是美国当时一家著名的大银行，垄断着美国西部的金融业，总行设在旧金山，它的分行遍布加利福尼亚的各个城镇。佩里在南加州的工商金融界和政界颇有背景，也是惠蒂尔地区的共和党领导人之一，战前他就曾经敦促尼克松以共和党人的身份竞选加利福尼亚州议会的众议员，然而尼克松由于要参加战争，这个建议就不得不推迟了。如今战火已经熄灭，佩里的政治热情也开始死灰复燃了，他可以说是看着尼克松长大的，完全了解后者对政治的浓厚兴趣。于是，当加州州议员竞选的报名开始之后，他就匆匆地给尼克松写了一张便条般的信。

　　正如佩里所了解的，尼克松收到这封信之后，深藏已久的政治热情被一下子点燃了。但是佩里没有想到的是，当年的尼克松是一个初出茅庐的年轻律师，然而战后的尼克松已经变成一个有老婆孩子的复员海军少校了，自然是顾虑重重！

　　当尼克松捏着这封信和帕特彻夜长谈的时候，帕特对这个想法的态度并不乐观，她罗列了一些不利的方面：一个带着大肚子老婆的退役军官，没有房子，没有汽车，没有一丁点儿政治经验，甚至没有一套便服。而且要长途跋涉5 000公里跑回惠蒂尔老家，在最短的时间内获得共和党的提名，还要一举击败一位连任五届的众议员，其中的困难简直难以想象，这还没有把经济方面的问题考虑在内。

尼克松觉得帕特的话也有道理。如果真的决定去谋求众议员候选人的提名，就得搭上他们全部的时间、精力、金钱。而且他们至少在6月初选举之前，得想办法维持生计，并弄到进行竞选活动必需的经费。即使他赢得了共和党的提名，就可以依靠党的组织提供竞选费用，但家庭开支仍得自己设法解决。粗粗一算，两人的积蓄就是他们的薪水以及1万美元的存款（这是尼克松省下的军饷，加上他在战争时期打扑克赢的钱），夫妻俩原本打算用来买房，以迎接新生的宝宝。然而现在却必须花在充其量不过是一项政治冒险的竞选活动上去。所以，夫妇俩一时犹豫不决。

在接下来的两天时间里，尼克松与帕特反复讨论，最后，"可以以众议员家庭的身份返回华盛顿"的诱人前景战胜了一切疑虑，俩人下定决心赌一把，把一切都押到竞选上去。这是因为当时的尼克松夫妇虽然什么必需的物质支持都没有，但他们却拥有从政最重要的两个条件：青春和天真。

巴尔的摩午夜12点，正是电话收费最便宜的时刻，尼克松给佩里打了一个决定一生转折点的电话，通知他自己准备参加竞选。

然而佩里却给尼克松的激情泼了冷水：这个提名问题并不能由他说了算，他当时只是代表一个候选人研究委员会给尼克松写的信。佩里认为，虽然尼克松很有希望获得支持，不过这个委员会恐怕必须得多跟几个候选人面谈，然后才能决定最终支持哪一个参加竞选。

这里说的委员会，就是当时候选人研究委员会的基层组织、后来闻名于世的"百人委员会"，其中包括生意人、律师，甚至是家庭主妇在内的100位当地共和党成员。这个由第12选区的共和党人组成的委员会准备物色一个精明强干的候选人，把加利福尼亚州现任众议员杰里·沃勒斯换下来（沃勒斯已当了10年议员，似乎没人能打败他）。

而这个被加州第12选区共和党人极力要拉下马的杰里·沃勒斯，到底是何方神圣呢？

# RICHARD MILHOUS NIXON

国会第 12 选区包括惠蒂尔及其周围地区，是属于共和党保守派的地盘。然而，这个地区自从在 1936 年把这个有自由主义倾向的民主党人推进国会并当上议员之后，连续五届都选他连任。这个国会议员就是杰里·沃勒斯。

杰里·沃勒斯出身于南加利福尼亚的名门望族，父亲是一个著名的百万富翁。他毕业于耶鲁大学，在工厂里做过工，在火车站搬过行李，经历丰富，曾经亲眼看到过社会底层的生活。他青年时代深受资产阶级改良主义思想的影响，20 世纪 20 年代成为进步党的党员，还标榜自己是一个"社会主义者"。后来他开始支持罗斯福的新政，成为一个民主党自由派人士。1936 年，沃勒斯凭借罗斯福的新政措施在选民中的影响，进入国会。由于他态度和蔼可亲、工作积极认真，非常讨人喜欢，由此他在接下来的四届选举中都获得连任。他在国会的同僚们和华盛顿的记者们都对他深为敬重，还时常帮他拉拢选民、收拢人心，是一位颇为成功的政客。

然而，当战争结束、经济危机也随之结束后，共和党的保守派们越来越不能容忍罗斯福的新政了。20 世纪 30 年代以来，罗斯福政府为了克服严重的经济危机，通过了一系列旨在赈助失业、复兴经济以及振兴工农业的改革方案，主要内容包括：由政府控制和调节工业生产计划、产品价格、市场、工人工资和劳动时间以及劳资关系；政府拨款奖励农业等"新政"政策。"新政"虽然在客观上调节了经济、缓和了经济危机带来的损害，然而却必然损害了一些大资本家、大私有企业主的利益，而这些人正是第 12 选区共和党保守派的核心力量。因此，拥护新政的沃勒斯简直成了后者的眼中钉、肉中刺，他们想尽一切办法，要把沃勒斯赶出国会。

共和党人曾经试图在人口普查上动手脚。当时的州立法机构——州议会掌握在共和党的手里，他们试图通过重新划分选区的办法，把沃勒斯以及其他一些民主党人赶出国会。在原选区里曾有两个城镇是支持沃勒斯的，它们的选票总是能让他在每次选举中以 5:1 的优势战胜共和党候选人。于是在 1940 年，州议会重新划分选区的时候，就把这两个城镇从沃勒斯的选区里面划了出去。尽管这个手法很高明，但是沃勒斯仍然在 1942 年以13 000 张选票的差距淘汰了共和党候选人。

沃勒斯的连胜把当地的共和党保守派气得七窍生烟，他们于 1945 年 8月，派遣了一些头面人物在阿凯迪亚举行会议，成立了之前提到的那个闻名于世的"百人委员会"，由这个委员会在本选区物色共和党众议员的候选人，决定在 1946 年与杰里·沃勒斯决一死战。

当时"百人委员会"的主席是本区共和党委员会主席罗伊·戴伊，除他以外，出面代表"百人委员会"初步审查、考核候选人的头头脑脑们还包括：美洲银行惠蒂尔分行的总经理赫尔曼·佩里、大都会人寿保险公司副总经理弗兰克·乔根森、联邦巡回上诉法院法官斯坦利·巴恩斯律师，以及在富翁云集的贝弗利山当律师、兼营一家公关公司的默里·乔蒂纳。

"百人委员会"在当地的 26 家报纸头版上刊登了一则招聘广告（也就是赫尔曼·佩里夹在写给尼克松信中的那份广告），以此来招募他们的冲锋勇士。通过这则启事，我们可以看到他们的良苦用心，内容如下：

> 兹招聘一名从未参加过竞选的众议员候选人。该候选人能够击败已在国会众议员中代表本选区长达 10 年的某人。凡本选区居民中的任何年轻人，最好是一名复员军人，只要受到过充分教育，无任何政治羁绊和义务，且对改善我国现状有想法者，均可申请此职。100 位有兴趣的公民将对申请人予以审查，并保证对候选人提供支持，但不承担任何义务。

仔细分析这份启事就可以看出，之所以要求"从未参加过竞选"，是由于"百人委员会"不满那些曾经败在沃勒斯手下的共和党老政客，他们要一些新面孔；"最好是一名复员军人"，表明他们打算利用一个参加过第二次世界大战的军人的良好声望，以加强在选民中的号召力；"没有任何政治羁绊和义务"，则是明确地对那些当权的民主党新政派们说："对不起，你在这里不受欢迎"。

招聘启事一面世，果然收到了不少申请，同时"百人委员会"开始了对申请人的审查。

但是经过多次审查，没有一个申请人能获得委员会的认可，于是他们又开始在一些社会名流身上打主意，他们看上了惠蒂尔学院的前院长、现任加州教育局局长的沃尔特·德克斯特。但是德克斯特对竞选并没有多少兴趣，因为他不愿意冒政治和经济上的双重风险，当选众议员意味着他必须放弃目前的政府职位，同时也必须承担竞选造成的金钱损失。于是德克斯特推荐了一个人来顶替自己，即曾经是他的学生的理查德·尼克松。他对"百人委员会"说，尼克松是他所认识的最有希望的年轻人。巧的是，佩里也推荐了尼克松。

鉴于尼克松目前的窘境，"百人委员会"给尼克松寄去了一张 300 美金的支票，让他买机票从巴尔的摩赶回来。

返回惠蒂尔之前，尼克松曾给佩里写了一封激情洋溢的信，他在信中表达了自己击败杰里·沃勒斯的坚强信心。他列举了一些他在华盛顿同那些官僚主义者短暂的接触和自己在海军中 3 年来的经历，表示自己已相当深刻地认识到了目前华盛顿的混乱情况。他决定拿出一个切实可行的开明的纲领来，进行一场战斗性的、有朝气的竞选活动，以符合人们长期寻求改革的愿望，从而将沃勒斯的新政理想主义取而代之。

1945 年 11 月 2 日，尼克松从巴尔的摩飞回西海岸，他连衣服都没来得及换，就穿着自己的海军制服，出席了"百人委员会"在威廉佩恩饭店举行的午餐会，77 名"百人委员会"的成员参加了这次考试。经过初步筛选，包括尼克松在内的 6 个候选人获得认可，然后他们必须当场作一次演说，说明自己竞选的理由。

发言的先后由抽签决定，尼克松排在最后一个发言。

5 个冗长的政治发言，足够消磨掉委员们所有的耐性和体力，尼克松意识到了自己的麻烦。于是他迅速地决定，抛弃掉所有的形容词、副词和煽情的语句，只进行一次简短的演说，直抵人们最关心的问题以及问题的核心。他选择了当时人们比较关心的问题，阐述了自己对有关美国制度性质的两种相互抵触的观点的看法，也就是摆出民主党新政派和共和党保守派两种不同的政策主张。

这是尼克松政治生涯中的第一次演讲，以其清晰、有力、简短和尖锐而被载入史册。演说词是这样的：

> 新政所提倡的一种观点是由政府来控制和调节我们的生活。
> 而另一种观点是提倡个人自由和人的积极性所能产生的任何东西。
> 我赞同后者。我相信，回国的复员军人们是满足于领取失业救济或政府施舍的，我曾在散兵坑里与他们中的很多人交流过。
> 他们希望在一个私企中找到一份受人尊重的工作，可以依靠自己

所创造的东西而受到别人的重视，或者有机会开创自己的事业。

如果委员会选择了我，那么我将提出一个切实可行的、开明的纲领，进行一场战斗式的、有新气象的竞选活动。有你们的帮助，我坚信目前的执政者可以击败。

演讲结束后，尼克松又回到了巴尔的摩，焦急地等待着"百人委员会"的裁定。

11月29日清晨两点多钟，尼克松夫妻所租住的屋内，响起了刺耳的电话铃声。尼克松睡眼惺忪地接了电话："你好！"

电话里传来一个激动的声音，是委员会的一个成员罗伊·戴伊，他在电话中喊道："迪克，你已经被提名了！"据"百人委员会"的投票表决，尼克松获得了63票，与他最接近的竞争者是波莫纳的一个家具店老板，仅有12票。

尼克松极力控制住自己激动的心情，声音平静地挂上了电话，然后他冲进卧室，拥抱着刚刚醒来的帕特："我被提名了！"夫妻俩兴奋得难以入眠，一直谈到天亮，憧憬着灿烂的政治前景。但是他们谁都不敢想象，他们已经迈出了第一步的这条漫长道路，其终点竟然是：白宫！

## 3 击败沃勒斯
RICHARD MILHOUS NIXON

12月4日，尼克松写信给罗伊·戴伊，正式接受"百人委员会"的支持。他在等待海军退伍通知的同时，一边为竞选做着各种准备。他开始突击学习政治和公众事务等课程，每天晚上一回到家里，就极其认真地阅读有关国会和竞选活动的各种书报杂志。不仅如此，尼克松还进行一些公关活动，他给众议院少数党领袖乔·马丁写信，说自己可能成为第12选区被提名的共和党候选人，甚至前往国会大厦乔·马丁的办公室里拜访他。他同时也去拜访一些共和党议员，听听他们对自己的对手沃勒斯的评价。通过共和党竞选委员会的帮助，尼克松获得了沃勒斯的全部投票记录，并花了几天时间全部熟记了这些记录。

1946年1月份，尼克松退役了。他带着满脑子的竞选计划回到西部，当他回到惠蒂尔时，已经对沃勒斯了如指掌了。然而在战场的另一头，可怜的沃勒斯还只是把尼克松当作一个不自量力的无名小卒。仅就这一点来说，在竞选的第一个回合，沃勒斯就已经输了。

尽管在沃勒斯眼中，尼克松根本算不上是一个值得费劲对付的敌人，然而尼克松却全副武装、极其认真地把沃勒斯作为竞选大敌看待了。在他回到惠蒂尔镇后，由于经费有限，他在市中心区理发师那儿租了一间房子做竞选办公室，借了一些桌子、椅子和一台打字机，开始了自己竞选的宣传活动。房间隔壁的邻居养了一只貂，笼子紧挨着尼克松办公室的这面墙。深夜，尼克松写竞选讲话稿时，常常能听到貂的凄厉尖叫声，原来那貂竟在深夜的饥饿中吃掉了自己刚生下的幼仔……尼克松就在这种惨叫声中开始了自己的政治生涯。如今看来，这简直像是一篇恐怖的政治寓言，像那段呻吟着的历史。

在竞选开始之前，尼克松还认识到，由于大部分退伍军人都是士兵出身，所以如果他以自己"少校"的军官身份去参与政治竞选，可能会招致选民的不满。于是，尼克松在自己的所有竞选图片上，抹掉了自己名字后面的"海军少校"几个字，而是使用自己的昵称"迪克·尼克松"，或者干脆写成"尼克松"。

就在尼克松全神贯注地积极投入到竞选活动中时，他的妻子帕特就成为他最贴心、最得力的后援。

1946 年 2 月 21 日，尼克松的第一个女儿特里西娅降生了。帕特顾不上自己产后的虚弱身体，也顾不上新生的女儿，草草休息了 3 个星期，就把女儿交给了尼克松的母亲汉娜照顾，自己也全身心地投入到丈夫的竞选工作中。她亲自用打字机给尼克松打通讯稿，邮寄宣传手册和散发其他宣传品，制订尼克松的日程表，出访选民，给尼克松争人气、拉选票，还给他提出了很多有创造性的意见。

除了贤内助的帮忙，尼克松还有更为得力的竞选后盾，就是他背后拥有一个高超的竞选运动智囊团，其中的主要顾问就包括"百人委员会"的主席罗伊·戴伊和曾经策划过许多成功竞选案例的默里·乔蒂纳律师。默里·乔蒂纳能言善辩、足智多谋，他曾经策划过多次成功的竞选，如帮助厄尔·沃伦赢得加州州长。为了邀请他此次出面辅佐尼克松，罗伊·戴伊出价 500 美金聘请了他。

这个高级智囊团帮助尼克松作出的第一个决定，就是要让整个选区的人都认识尼克松，虽然在惠蒂尔地区，尼克松在当地已经有相当高的知名度，可是除此以外的所有城镇里，他却是一个完完全全的陌生人。

认识的途径是通过举行一系列的"家庭集会"，一些共和党的支持者利用自己的家，热烈欢迎那些愿意见见尼克松的他们的朋友和邻居，不论人数多少，哪怕只有几个人，尼克松也会端着一杯咖啡出面，简单地讲几句话，然后回答一些问题。通过这样的家庭集会，尼克松同几百个投票人见了面，并且还找到了不少愿意帮助尼克松竞选宣传的志愿者；更重要的是，尼克松从他们那里了解到了投票人真正关心的问题是什么。

尼克松所在的第12选区，位于洛杉矶市东南方向，主要是一些富豪的居住区，尼克松十分清楚，要想击败沃勒斯，自己的政策主张就必须和他们达成一致，获得他们的全力支持。

在美国，资产阶级在政策主张方面划分为自由派与保守派。在维护垄断资本的利益方面，两派的目标是一致的。但在达到目的和使用的手段上，两派则有些区别。保守派较之自由派更为粗暴、露骨，对内、对外均是如此。

3月份，加州第12选区的两党预选活动正式拉开序幕。老谋深算的沃勒斯写信表示，自己忙于华盛顿的国家大事，无法抽出时间来参加预选的竞选活动。他的这个托辞是一个很好的策略，可以避免使自己陷入战略防御的地位。

同时，沃勒斯还玩了一个政客们常用的花样，耍了尼克松一把。

有一天，尼克松夫妇刚在办公室印完宣传品，准备出去散发时，忽然涌来了大批"志愿人员"，他们热情地表示愿意帮忙向选民散发这些宣传品。尼克松正缺人手，高兴之余不及细想，把宣传材料交给他们之后，还说了不少感谢的话。

此后一连几天，他们从尼克松夫妇的手中一捆又一捆地把这些宣传品取走，尼克松夫妇高兴得嘴都合不拢了。然而当乔蒂纳律师获知此事后，觉得有些蹊跷，连忙进行调查。

事实证明，尼克松中了一种最古老的政治圈套，他却还帮对方数了钱。乔蒂纳对尼克松说："迪克，你上当了。那些所谓的志愿人员都是沃勒斯的支持者，他们一直在销毁你的宣传品啊！"

这也难怪，尼克松夫妇与政坛老狐狸相比，搞政治还是新手，以前连如何进行竞选都不知道。然而，新手也有新手的长处。他们更投入、更热情，不会斤斤计较于小得小失。

初选是 6 月 4 日，这天理查德·尼克松正式获得了共和党的提名，民主党提名的是沃勒斯。

按当时的加利福尼亚法律规定，候选人可以在初选中跨党竞选，也就是说一个候选人可以同时参加两党的竞选，因此共和党和民主党提名的候选人名单上都印有尼克松和沃勒斯的名字。但实际投票结果显示，他们都只获得本党的提名，沃勒斯比尼克松多 7500 票。

这让尼克松认识到，要在 11 月的大选中击败沃勒斯，还要经过更加艰苦的努力。但是多少给尼克松带来了安慰的另一个迹象是：自 1936 年以来，沃勒斯的这次初选得票最少，这表明他的声望在下降，支持者在减少。罗伊·戴伊也鼓励尼克松，只要他紧握必胜的信心，他们就一定能在 11 月击败沃勒斯。

尼克松怎么能失去信心呢？当时美国的国内形势对他实在太有利了！那年全国的选民都普遍支持共和党。

1946 年，为期 4 年的二战刚结束不久，战争所造成的物资短缺和飞涨的物价造成黑市猖獗、经济混乱，当时的著名记者威廉·曼彻斯特形容1946 年的经济"就像靠着那些花花绿绿的各种配给票背上的胶水把它粘合起来一样"。生活必需品的匮乏和短缺已经使美国公众感到烦躁和不满，他们开始对新政中由政府施加的控制和干预表现得越来越难以忍受了，罢工浪潮此起彼伏，《时代》周刊曾这样形容当时弥漫在社会中的公众情绪为"一种冷静但充满愤怒的呼声"。沃勒斯后来在他的自传《一个众议员的自白》中写道："1946 年竞选活动中唯一最重要的因素是'在野党'和'执政党'在基本态度上的差异。谁要想夺去一个在职者的席位，只需指出一切搞得很糟的事情，以及战争期间出现的一切麻烦及其后果就行了。这些东西有许多是人们在日常生活中切身体会到的。"

尼克松所在的选区和全国其他许多选区一样，从前线回来的复员军人找不到他们能买得起或租得起的住房，许多复员军人根本找不到住的地方。12 选区的一些肉店干脆就在橱窗上挂着一块牌子，写道："今天为什么没有肉？去问你的众议员吧。"

人民情绪不稳定，开始抱怨民主党政府的无能和混乱，而在野的共和党抓紧这次机会，向民众讨好卖乖地作出了种种承诺。尼克松在竞选宣传广告中写道："你对目前的情况感到满意吗？你能买到你所需要的肉、新车子、电冰箱和衣服吗？投尼克松一票，就是为改革投一票。""答应给你们的那些新住房在哪里？投尼克松一票，就是为改革投一票。"

而为了 1946 年共和党在全国的竞选，波士顿的哈里·弗罗斯特广告公司特别设计了一句简明有力、富于煽动性的口号："受够了吗？"选民当然将给予一个响亮的回答："受够了！"

尼克松的竞选活动，就是努力把美国社会现存的种种矛盾，都归结到民主党人身上去。当时，全美国要怪杜鲁门总统，而在加利福尼亚第 12 选区怪谁？当然是沃勒斯！

尼克松和沃勒斯之间的竞争异常惨烈而精彩，他们从三个方面展开斗争：公开辩论、刊登报纸广告，以及声明、旅行拉票。这三种斗争各具其彩。其中最激烈的是 5 次面对面的辩论交锋，最有攻击性的是报纸广告和声明，而最让他们疲于奔命的是旅行拉票。当竞选结束的时候，由于要与成千上万的选民握手，尼克松的手心竟然长出了茧子！由此可以看出，尼克松在竞选活动中付出的努力与艰辛。

辩论较量是在 9 月份，由一个"南帕撒迪纳独立投票者"的团体而引发的。这个团体代表沃勒斯邀请尼克松出面与其进行辩论。当时尼克松的顾问班子对此并不乐观，他们担心尼克松缺乏经验，反而会弄巧成拙，陷入沃勒斯的圈套。然而尼克松认为，既然对方发出了挑战，自己就不能退缩。乔蒂纳是唯一一个站在尼克松身边支持他的人，他主张尼克松应该冒一次险，不能求稳。

尼克松接受了沃勒斯的挑战。让沃勒斯无论如何也没有想到的是，聪明反被聪明误，在尼克松气势昂扬地迈进辩论大厅的时候，他已经落入了尼克松的圈套之中。

在辩论会上，尼克松与沃勒斯分别发表了自己的一通开场白，然后回答听众提出的问题。就在这个环节上，尼克松抓住了产联政治行动委员会支持沃勒斯的事实大做文章。

1944 年大选时，产联政治行动委员会是由支持富兰克林·罗斯福的有组织的劳工为了更好地进行党派斗争而建立起来的。它的姊妹组织是全国公民政治行动委员会，成员均为非工会会员。劳工领袖西德尼·希尔曼在他去世前，一直担任这两个组织的主席，产联政治行动委员会的其他许多领导人也在全国公民政治行动委员会担任职务。这两个组织都向他们物色好的候选人提供经费和竞选工作人员，尽管这两个组织的领导人都不是共产党员，但很多人都已经相信，肯定有共产党员及其同路人渗透到了这些组织中去。

1946 年，美国的资产阶级开始关心苏联的战后意图，并相应地为美国的共产主义运动感到忧虑，于是美国的垄断资本集团迫切需要制造一种反苏反共的政治气氛。尼克松正是敏锐地抓住了这一点，决心高举反共旗帜，把产联政治行动委员会同沃勒斯联系在一起，继而同美国共产党、同苏联联系在一起，从而狠狠地甩出这张王牌，在打击对方的同时，还能把自己打扮成反共斗士的模样，以拉到更多的选票。

尼克松的演说极具煽动性。他说："我国有一些担任高级官职的人想要通过对美国的自由企业实行社会主义来摧毁我国的宪法原则，有一些人有意无意地做非美分子的后盾，鼓励对我国人民的生活实行日益广泛的联邦管制。"他进而点明沃勒斯"一贯支持对美国的自由企业实行社会主义化"。证据就是他在联邦国会众议院的投票，比如支持煤气配给制，支持肉类配给制，支持粮食配给制。

最后，尼克松以煽动性的语言结束了发言："不要再受骗了！杰里·沃勒斯 5 次竞选都受到激进派的支持。他本人曾是一个登记注册的社会主义者。他始终支持激进派的观点。在所有涉及苏联的问题上，产联政治行动委员会都是照顾苏联利益、反对美国利益的。沃勒斯也受到产联的支持。要记住：沃勒斯是一个新社会主义者，他在国会的投票记录比民主党更加倾向社会主义，更加倾向共产主义。……自由是我国宪法的精髓，民主党新政派的治国哲学将强迫全国人民过上一种军营似的生活，这会剥夺我国人民的自由。"

其实，虽然沃勒斯在 1944 年受到了产联的经济支持，但是在 1946 年，该组织又放弃了沃勒斯。同年春，全国公民政治行动委员会洛杉矶分会发行的通报指出，不管产联政治行动委员会采取什么行动，该组织准备支持沃勒斯。美国共产党主办的《人民世界报》在 5 月 31 日刊登了一篇题为《"五大组织"支持的候选人》的文章。这五大组织是由产联政治行动委员会、全国公民政治行动委员会、铁路兄弟会、进步党劳联，以及好莱坞艺术、科学与专业人员独立公民委员会所组成。文章报道了五大组织会见候选人的情况，沃勒斯即排在他们所支持的候选人名单中的第一名，他的名字下面还注释着：产联不支持。

沃勒斯以此作为辩解的依据，然而尼克松又抛出了另一张王牌，他突然站起来，从口袋里掏出一份报纸，大声宣读了上面的那份声明，然后又宣读了两个组织委员会中重复的成员姓名，他成功地让听众意识到，产联与全国公民政治行动委员会之间几乎没有区别。然后，他拿出自己的表演天分，戏剧性地把报纸抛到沃勒斯的面前，把他几乎逼进了绝境。

沃勒斯面对这样突然的恐怖攻击，简直目瞪口呆。他这才感到，尼克松是一个可怕的敌人，以前自己的确太大意了，这个貌不惊人的杂货店老板的儿子，从前自己不屑一顾的对手，竟然能对自己的政治生涯造成如此大的威胁。然而为时已晚，他只能处于被动的防守地位，拼命地为自己辩护，却找不出回击的办法。

沃勒斯笨拙地硬起头皮应战，他几天后向纽约的全国公民政治行动委员会发了一个电报，要求撤销对自己的支持，这其实已经等于认同了面对尼克松的攻击，他只有招架之功，全无还手之力。尼克松的竞选指导人之一哈里森·麦考尔还别出心裁，分发给大家一些塑料顶针，他讥讽道："来吧，给政治行动委员会扎一针——支持尼克松进入国会。"

此次辩论之后，尼克松又乘胜追击，连续挑战沃勒斯，进行了 4 次群众辩论大会。学生时代培养起来的演说才能帮了尼克松的大忙，每天 6～7 次的演说，尼克松都不用讲稿，口若悬河，滔滔不绝。而讲演的话题也逐次更换，以免选民们听得厌烦。他的表现，使大家相信他对情况的把握是多么地心中有数，是一位竞选的行家，由此而增添了自己的声望。

尼克松从前成功的律师背景也让他如虎添翼，因为他与沃勒斯的很多场交锋都围绕着沃勒斯的政绩——即他提出并获得通过的诸多法律而战。结果尼克松在公开辩论时指出，沃勒斯在这方面的表现少得可怜，他在国会的 4 年间，提出的 100 多条议案只有一条被通过成为法律条文。这条法律条文的内容也成为尼克松嘲笑沃勒斯的一个有力武器：把兔子饲养员的管辖权从内政部转移到农业部。

尼克松就此公开奚落沃勒斯："一个人必须是一只兔子，才能在这个选区里找到有效的代表。"在哄堂大笑中，沃勒斯尴尬得满脸通红，他吃力地寻找论据来反驳尼克松，他提到了一项由他起草而订立的全国身体残疾者就业周的措施。但是对沃勒斯已经了如指掌的尼克松立刻就抓住了其中的漏洞，他以一个律师毫不含糊的专业语气说明，这只是一项议案，而不是正式的法案。

除了辩论，尼克松还利用报纸上刊登的广告和声明来替自己敲锣打鼓。他把自己打扮成一个"在所罗门群岛的污泥和丛林里，为了保卫祖国而战斗过的、清白而坦率的美国青年"；同时他则把沃勒斯描述为"安安稳稳地坐在后方华盛顿的安静的办公室"；然而"又无所作为"的政客。

1946 年 11 月 6 日，尼克松与帕特彻夜难眠。经历过无数个日夜的紧张竞选，33 岁的尼克松以 65 586 票，击败了 49 994 票的沃勒斯而当选为当时最年轻的众议员，赢得了这场原本毫无希望的胜利。虽然尼克松在那之后的政治生涯中，获得了不计其数的胜利，然而 1946 年 11 月 6 日的那种兴奋与喜悦，他再也没有体验过。

## 4　赫脱之旅
RICHARD MILHOUS NIXON

1946 年 12 月，尼克松与帕特把刚 10 个月大的长女特里西娅留给父母照看，他们自己则驾车横越美国近 5 000 公里的路程，从惠蒂尔直奔华盛顿。在尼克松夫妇那辆老式的福特汽车里面，满满当当地装着厨房家什、餐具、家用杂物以及大小衣箱，再加上俩人一副风尘仆仆的模样，蓬头垢面、疲惫不堪。以至于当他们刚到达华盛顿的时候，猛眼看上去简直就像一对逃难的移民，而决不会让人联想到竟是国会议员夫妇！

此时尼克松由于击败了沃勒斯那样的政客，一跃成为华盛顿政界的知名新贵。对此，《时代》周刊曾把他描述为："把加利福尼亚本届'毫无希望的'竞选运动变成为击败实力强大、见解高超的民主党在职议员杰里·沃勒斯的人物"，而且还"有礼貌地避免了对对方的人身攻击"。《新闻周刊》则说他"在五次林肯—道格拉斯式的辩论会上，击败了对手——新政派的杰里·沃勒斯"，而且还加了一句："这家伙可真能说！"

# RICHARD MILHOUS NIXON

1947 年 2 月 18 日，当时的美国总统杜鲁门在白宫设宴，为第 80 届国会新成员举行招待会。尼克松抑制住心头的激动，骄傲地挽着帕特的手臂，第一次迈进了白宫。夫妻俩第一次看到了白宫的内部景象，这里的朴素、简洁和优雅让他们忐忑不安的心情慢慢恢复了平静。而在 22 年之后，夫妻俩又一次同时拜见杜鲁门的时候，则是他们乘坐总统专机前往杜鲁门的家乡，将杜鲁门曾在白宫中弹奏过的钢琴送给他作为私人收藏。他们回顾往事，不由得心生感慨，当初他们第一次走进白宫的时候，可没想到会有这么一天啊！

然而，当时华盛顿非常严重的房荒，着实让夫妻俩没工夫去长吁短叹，他们的当务之急是赶紧找一个小窝安顿下来。直到 3 月份，尼克松夫妇才在弗吉尼亚街费尔法克斯公园附近的新兴住宅区里面，找到一套满意的两居室公寓。住在这儿唯一的遗憾就是距离白宫比较远，尼克松每天去国会上班，要开 20 分钟的汽车才能到达。接着尼克松被分配到教育与劳工委员会，于是这对国会议员夫妇就在这所普通的小公寓里，整整住了 4 年。

其实尼克松一开始翘首期待的工作，是能进入司法委员会，但教育与劳工委员会是他的第二志愿，在这里工作也不算事与愿违。

尼克松在教育与劳工委员会工作了大半年，在这段时间里，他取得了两大收获：听证并通过了"塔夫脱—哈特利法案"；结识了他一生中最重要的敌人之一——肯尼迪。

尼克松第一次遇到约翰·肯尼迪的时候，后者给他的第一印象是一个相貌英俊、脾气温和、极有教养的年轻人。他们都是当年进入众议员的年轻议员，当老资格的议员们开会的时候，他们都像学徒一样，静静地坐在不起眼的位置上倾听。半年后，两人进行了第一次交手。

宾夕法尼亚州麦基斯波特选区的民主党众议员弗兰克·布坎南应当地一个公共事务团体的要求，分别从民主党和共和党中挑选出肯尼迪和尼克松，来代表两党在公开的会议上就"塔夫脱—哈特利法案"进行辩论。1947 年 4 月 21 日，尼克松和肯尼迪初次在公开辩论中交锋了。在激烈的辩论之后，俩人都深为对方的修养、智慧和才华所折服。在返回华盛顿的火车上，他们俩坐在卧铺的床铺上，挑灯长谈到深夜，讨论美国的外交政策，从此建立起了两人独特而长久的友谊。

肯尼迪与尼克松可谓是真正的"惺惺相惜、棋逢对手"，两人之间有着很多相似之处：尼克松比肯尼迪大 4 岁，属于同一代人；他们都曾经在海军服过役；他们在同一年进入众议院；他们都对自己的事业充满热情，野心勃勃；他们都具有高超的辩论能力和演讲天赋；他们辩论的时候很少对对方进行人身攻击；他们都性格腼腆、孤僻内向，不喜欢人与人之间勾肩搭背的亲密举动等等这些让他们只是将对方视为政治上的对手，而不会看作是真正的敌人。

进入众议院后不久，虽然当时的大多数新众议员只参加一个委员会，但是由于尼克松自己的律师背景，共和党的新议长乔·马丁又让他参加了众议院非美活动委员会。

这是一个由共和党人控制的、一直密切关注美国共产党的机构。在此之前，尼克松对共产党的态度并不是那么关心，但自从他听过了英国首相丘吉尔在 1946 年 3 月，于美国密苏里州富尔顿发表的著名的"铁幕演说"之后，就开始极端关注共产党的行动了。丘吉尔在这篇演说中说："从波罗的海的什切责到亚得里亚海边的约里雅斯特，一幅横贯欧洲大陆的铁幕已经落下来了。中欧和东欧的古国的都城全都在这条界线的那一边。华沙、柏林、布拉格、维也纳、布达佩斯、贝尔格莱德、布加勒斯特和索非亚——所有这些名城及其居民无一不处在我只能称之为苏联势力范围的地区之内，而且它们全都在这种或那种形式下，不仅受到苏联的影响，而且还受到莫斯科的高压，以及在许多情况下正不断增强的控制。"

尼克松一开始对于丘吉尔的言辞感到震惊，然而在匈牙利和捷克斯洛伐克分别于 1947 年和 1948 年成为共产主义国家之后，他开始逐步接受了丘吉尔的观点。

在这样的思想前提下，尼克松参加非美活动委员会后，开始在众议院发表演说，支持传讯共产党人格哈特·艾斯勒。当时后者已经被认定是共产党潜入美国的最高级间谍，但他拒绝在委员会上出面作证，因此被判触犯了蔑视国会罪。在介绍艾斯勒的案件时，尼克松说："作为众议院的成员，我们必须十分警惕地保卫言论自由和出版自由等基本权利。但是我们务必记住，言论自由和出版自由的权利本身并不给人以宣扬推翻政府的权利。因为这个政府是保护个人表达自己观点的自由的。"

尼克松鲜明的反共立场，得到了当政者的赞赏。于是他在 1947 年底，又被派去非美活动委员会的特别立法小组工作，参与制定一个控制和监督共产党人的法律。

立法小组原本的做法，是先就共产党信仰和实践的性质问题进行了一些范围广泛的听证会。当时大多数议员都认为，制止共产党活动最好的办法，就是宣布共产党为非法。

尼克松则反对这样做。在他看来，宣布共产党为非法的实际效果只能是迫使真正信仰共产主义的核心分子转入地下。如果让共产党进行公开的合法活动，则谁是共产党就会一目了然，反而便于进行控制。同时他还声称，无论政府多么讨厌一个团体或者信仰，只要后者不接受其他政府的经济资助或者命令以及从事非法活动，他们的信仰权利就应当受到保护。

为此尼克松与众议员尤尔·蒙特联名提出了非美活动委员会成立以来的第一个反共法案——《蒙特—尼克松法案》，它规定在美国的所有共产党员都必须向政府履行登记手续，禁止共产党员在联邦政府机构担任任何职务，不允许将出国护照颁发给共产党员。经查明，确认为共产党外围组织所散发的印刷品和广播文稿的，都必须说明它的材料来源。并且规定成立一个"颠覆活动管制委员会"，以对共产主义者的活动和美国人民的其他进步活动进行管制。这个法案在众议院全体会议上进行了讨论，尼克松被任命为这一法案的辩论会主持人，他在会上发言道：

"在共产党问题上存在着过多的不负责任的谈论和混乱的思想。由于这个法案的成立，美国国会今后将明确规定什么才是美国的共产主义颠覆活动。……它将一劳永逸地防止把那些碰巧也宣扬了共产党所支持的某些政策的组织，统统被不负责任地指责为共产党的外围组织。"

1948年5月19日，众议院以319票对58票通过了《蒙特—尼克松法案》，但由于参议院内部产生了意见分歧，这个法案在国会参议院被束之高阁。直到1950年朝鲜战争爆发后，美国的参、众两院才又将这个法案的主要内容合并到由参议员麦卡伦、众议员伍德联名提出的另一部反共法案中，才予以通过。这就是美国另一个闻名于世的反共法律——《麦卡伦—伍德法案》。

其实，在1946～1948年期间，美国国内的共产主义问题还没有成为一个社会争论的问题，在1948年1月的民意调查中，百分之四十的被调查者认为美国共产党并没有构成威胁，百分之四十五的答问者也只认为构成了潜在的威胁。

　　而让尼克松成为坚定反共分子的另一个主要原因是在 1947 年夏天，他所参与的赫脱委员会的欧洲之行。

　　1947 年 7 月 30 日，刚刚度完周末的尼克松坐在早餐桌前，打开当天的报纸。结果他吃惊地看到了自己的名字与一个叫"赫脱特别委员会"写在了一起。原来，众议员长乔·马丁指派他跟随这个特别委员会去欧洲跑了一趟，而在这之前，尼克松还一点儿都没有听到什么与此有关的风吹草动。

　　这个特别委员会以马萨诸塞州众议员克里斯琴·赫脱为首，共 19 人，他们一起参与审定马歇尔的援外计划，并为此而出访欧洲。在敲定最后一个人选的时候，马丁想加进去一个年轻的西部人。而尼克松此时刚刚 33 岁，出身西部，年轻有为，他平时勤奋机敏的表现以及坚定的反共态度，在此时也起到了积极的作用。

　　1947 年 8 月底，赫脱委员会乘坐"玛丽皇后号"豪华游轮从纽约起航，最后停泊在英国的南安普顿海港。这些平日里在北美洲大陆上养尊处优的赫脱委员会成员们一走下轮船，就被眼前混乱、贫穷、支离破碎的欧洲惊呆了。

　　赫脱委员会连续访问了英国、法国、意大利、希腊和即将由联合国接管的自由市底里雅斯特。当时的整个欧洲都挣扎在饥饿和混乱的边缘，到处都是战争的废墟，人民在饥寒交迫中哀号、辗转，无产阶级革命暗潮涌动。尼克松心中满是沉重，他非常清楚，如果美国不在严冬到来之前进行粮食和大规模的经济援助，以复兴欧洲大陆的经济，那么整个欧洲将陷于无政府状态，陷于革命，最终陷于共产主义。

　　尼克松在此次访问中，初次接触到了一些欧洲的共产党领导人，他迫切想要了解他们，并想进一步了解他们与苏联的关系，当然他的最终目的还是为了回国后更好地对付美国共产党。于是他不顾美国使馆人员的劝阻，坚持要同被访问的每个国家的共产党领导人见面。

　　在所有接受尼克松访问的共产党领导人中，意大利劳联总书记朱塞佩·D. 维多里奥给他留下了最为深刻的印象。

　　会见是在朱塞佩的办公室进行的，墙壁上镶嵌着宽大的玻璃窗，挂着鲜红的窗帘，墙壁也被刷得红彤彤的。朱塞佩本人则像平时一样，着装一丝不苟，同时在上衣的翻领上别着一枚小小的红旗徽章。尼克松与朱塞佩略微寒暄后，直奔主题，问道："你希望政府对意大利工会采取什么样的政策呢？"

"让工人不受政府控制，而且拥有罢工的权利。"朱塞佩很干脆地回答。

尼克松意味深长地笑了："听你这么说，似乎我们美国政府就很符合你的愿望，因为那里的工人此刻就正在罢工；而苏联政府反而是让自己的工人受国家的控制，过去20年中，苏联就没有举行过一次罢工。"

朱塞佩带着一丝讥讽的语气冷淡地回答道："先生，你和我讲的不是共同的语言。在一个像美国那样的国家里，工人必须进行罢工才能从资本主义反动派和雇主那里获得他们的权利。而在苏联，没有资本主义反动派和雇主，因此罢工的权利就没有存在的必要了。"

尼克松接着又问："我们永远欢迎别人对我们的政策进行批评，但我是否能问问，你能这样详尽地批评苏联的政策吗？"

朱塞佩又用之前的那种语气回答道："先生和我又一次讲的不是共同的语言了。美国外交政策是帝国主义性质的，它是受资本家、反动派和雇主所支配的；在苏联，没有资本家、反动派和雇主，因此苏联的外交政策就不可能是帝国主义性质的。因此，我决不会批评它。"

朱塞佩的话让尼克松深思起来，因为他所遇到的英国、法国的共产党领导人的讲话与朱塞佩的讲话几乎完全相同，甚至连用语也几乎一模一样。因此，尼克松意识到，在当时，全世界的共产党所忠于的，并不是他们自己所在的国家，他们效忠的其实是苏联。

跟随赫脱委员会的欧洲之行结束后，尼克松个人最重要的收获就是认识到了共产党在欧洲胜利的原因。

尼克松是这样总结的：第一，共产党领导人都信仰坚定、精力充沛，他们懂得他们要追求的目的是什么，然后愿意为之艰苦奋斗。因而从此之后，他决不会被那些共产党领导人满嘴党派路线的理论所迷惑，或者被他们往往粗鲁的态度所误导，错误地把他们当作是没有什么才能的蛮不讲理的家伙。

第二，他明白了战后欧洲的共产主义领导人是如何运用民族主义的力量的。他们访问罗马的时候，看到城里到处张贴着共产党为即将来临的市政选举所作的宣传画。这些画里没有锤子、镰刀或者其他的共产党的象征符号。相反，上面画的却是 19 世纪意大利民族英雄加里波第的巨大形象。

第三，他看到苏联在源源不断地给欧洲共产主义供应钱财，欧洲的各个共产党都获得了莫斯科的大量津贴。

第四，他发现民主欧洲的大部分地区要么是没有合格的领导，要么是情况更坏，领导层中的许多人干脆向共产主义投降了。他第一次意识到坚强的领导力对于一个民族和一个国家的重要性，以及在缺少这种领导或者这种领导遭到失败时，会产生的可悲后果。

仅仅在很短的时间里就能看到这些问题，不得不说尼克松是一个令人佩服的政治高手。他已完全懂得，共产党是唯一一个值得尊重和必须认真对待的政治力量。他在笔记中写道："同苏联人打交道的一个基本准则是，如果没有决心干到底，便决不要虚声恫吓，因为他们任何时候都会试试你的真实力量。"

显然，这些话属于一个资产阶级政客的偏见。

尼克松在正式进入政坛之后，他对政治的狂热已经开始威胁到他的家庭感情。他或许已感觉到自己关心政治的时间比关心妻子的时间还多，这让他颇为内疚。于是为了表达自己对妻子的爱意和歉意，他外出时常常给帕特买些礼品。这次从欧洲回国，尼克松就买了一套镶着精致的蕾丝花边、做工精美的亚麻餐巾，以博取妻子的欢心和谅解。

但尼克松与帕特的工资其实颇为菲薄，这让帕特养成了节俭持家的习惯。所以当她看见餐巾的时候，一眼就看出如此精巧的工艺，一定价格不菲，想也没想，便不高兴地脱口而出："迪克，你买这个东西干什么？"

本来欢欢喜喜地等着爱妻的赞美和感激的尼克松，一听到这句话，心凉了一大截，本来就挺长的脸就"唰"地一下拉到了地板上。帕特一时失言，也非常后悔，毕竟多年的夫妻了，最了解尼克松的就是自己，于是赶紧表示了喜爱和道歉，此后她在款待客人时，就常常宝贝似地把这套餐巾拿出来。有时候她还当着尼克松的面，得意地告诉自己的女儿们："这些都是你们的爸爸那次随赫脱委员会出差时带回来的。"

1948 年 7 月 5 日，正是美国独立日的第二天，天气沉闷而炎热，尼克松的第二个女儿朱莉出世了。这是个让尼克松十分忙碌的夏季，他一面要忙于再次竞选，又要为共和党入主白宫而奔走，还要忙着他的反共事业——处理希斯的共产党案件。

## 5　希斯与钱伯斯案件
RICHARD MILHOUS NIXON

　　根据无党派的《国会季刊》调查，尼克松在第一届任期的两年之内，他所有的投票中有91%都符合共和党的政策。然而，这个新当选的国会众议员如果想继续崭露锋芒、留在公众的视线之内，依然是非常困难的一件事。当时没有人料到，尼克松一生的转折点就发生在1948年的夏天。

　　1948年7月31日，众议院夏季休会前夕，非美活动委员会听取了伊丽莎白·本特利的证词。在听证会上，本特利小姐承认自己在战争时期担任过华盛顿共产党间谍网的联络员，她曾经将共产党提供的分类文件拍摄成微型胶卷，并交给在纽约的苏联间谍以转给莫斯科。除此以外，她还供认了32名政府官员的名字。

　　这30多名官员中的大多数人在被非美活动委员会传讯的时候，都引用宪法第五修正案拒绝回答任何问题（该修正案规定：美国公民有权拒绝作出不利于自己的见证），其余的人则断然否认自己曾经协助过任何间谍网。

　　就在本特利案件悬而未决的时候，负责审理此案的罗伯特·斯特里普林建议委员会传讯一个早已自首过的前共产党员戴维·惠特克·钱伯斯。

　　钱伯斯曾经在30年代的时候效忠过共产党，1938年退党。在非美活动委员会传讯他时，他还是《时代》杂志社的一位高级编辑。

　　8月3日上午，委员会举行了对钱伯斯的公开听证会。

　　当钱伯斯用他那有气无力的嗓音作开场白的时候，听讯室中的所有人都把他当作又一个倒霉的小人物，乖巧、狡猾但又胆怯，根本不会弄出什么惊人的响动来就已经被人遗忘了。但是随着钱伯斯琐碎、唠叨的讲述，有人开始嗅到了异样的前兆。

　　钱伯斯供认了自己在1924年怎样由一个不满现状的知识分子成为一个共产党员，后来由于对斯大林主义的幻想逐渐破灭之后，于1937年冒着生命危险脱了党。他在脱党之前，也经历了信仰上的转变，如今的他几乎是带着一种很难为他人理解的狂热来憎恨共产主义。他还说，他曾经参加了一个共产党活动小组，该小组的目的可不小，他们是在为渗透进华盛顿的联邦政府而努力。这个小组中有一个人，跟钱伯斯交情还不浅，以至于当钱伯斯 1938 年决定退党的时候，还曾经力邀他一起退出，但是后者含泪拒绝了他。这个人就是：阿尔杰·希斯。

钱伯斯话音未落，周围已经一片哗然。

阿尔杰·希斯！当时纽约和华盛顿的大红人，备受尊敬的社会知名人士。他的来头可不小！他是哈佛大学法学院的优等生；担任过最高法院奥利弗·温德尔·霍姆斯法官的秘书；担任过参议院军需工业特别调查委员会法律助理、美国司法部特别检察官、敦巴顿橡树园会议执行秘书等职，最后成为助理国务卿的助手；在美、苏、英三国政府首脑举行的雅尔塔会议期间，担任罗斯福总统的顾问；在联合国各创始国为制订联合国宪章而召开的旧金山会议期间，担任过会议的秘书长，被公认为联合国的主要创建人之一。后来在伦敦举行的第一次联合国大会中，他是美国代表团的顾问。1947 年，他离开国务院，担任了具有国际声誉的卡耐基国际和平基金会的主席，推荐他的人就是基金会的董事长约翰·福斯特·杜勒斯；他还是被列入华盛顿《社交大全》的民主党改良派成员……总之，在众人眼中，希斯是一个位高权重、无可指摘的清白政客，如果没有钱伯斯的讲述，没人会把希斯与共产党联系在一起。

8 月 4 日上午，委员会就收到了希斯发来的一份电报，他要求尽快召开公开听证会，让其宣誓否认钱伯斯的指控。委员会毫不犹豫地请他在第二天上午出席听证会。

8 月 5 日上午，希斯已经站在委员会的听证室里，手按《圣经》发誓了。

其实在当时，几乎所有的人都把钱伯斯对希斯的指控看作是绝望下的胡言乱语，因为两者的对比实在是太鲜明了：钱伯斯身材矮胖、衣冠不整，谈吐平淡乏味，丝毫没有说服力；而希斯却风度翩翩、仪表堂堂，他身材高大、举止得体、谈吐高雅，而且举手投足间有种令人倾心的魅力。在作证过程中，希斯始终镇定自若地微笑着，落落大方；而当他开口说话时，又常常会使用一种故意压低声音的戏剧化表达效果，这使得在场的听众更加为他着迷。

在面对钱伯斯的指控时，希斯断然否认，他坚定地说："我是自己请求到这儿来，以便毫无保留地否认前天一个叫惠特克·钱伯斯的人在这个委员会上所作的有关我的一切说法的。我现在不是，过去也从来不曾是一个共产党员。我现在没有，过去也从来没有承认过共产党的信条。我现在不是，过去也从来不是任何一个共产党外围组织的成员。我从来没有直接或间接地遵循过共产党的路线。"

如果当时希斯说到这里就打住的话，历史很有可能就改写了。然而他可能是被自己精湛的演讲和感染力所陶醉了，或者是被场内一边倒的群众情绪所感染了，或者根本就没有把委员会中一个沉默的面色严峻的年青人放在眼里，结果，他即兴地、同时也是画蛇添足地犯下了一个致命的错误。

当委员会首席调查员罗伯特·斯特里普林把钱伯斯的照片递给希斯让其辨认时，希斯看了看照片，又看了看对面坐着的委员会执行主席、众议员卡尔·蒙特，一本正经地说："他看起来很普通嘛，我甚至会认为他就是这个委员会的主席呢。"

这句俏皮话把很多场内的听众都逗乐了，但是尼克松没有笑，他和斯特里普林这只老狐狸交换了一个意味深长的眼神。

当希斯的发言结束时，人们拥上前去，同他热烈握手，表示祝贺，并对他受到非美活动委员会的伤害表示同情。新闻记者们更是幸灾乐祸，一位定期报道委员会新闻的记者在会后访问尼克松："请问委员会该如何从这片泥潭里爬出来呢？"《华盛顿邮报》的记者玛丽·斯帕戈警告尼克松："除非你们能够证实钱伯斯的供述，否则这个案件将断送你们这个委员会。"记者不依不饶地甚至追到了尼克松就餐的地方。以"华盛顿最客观忠实的记者"而闻名的《芝加哥每日新闻》的埃达·莱西愤怒得浑身哆嗦，他径直走向尼克松，眼中怒火熊熊，说道："非美活动委员会应该被判罪，你们没有事先核对钱伯斯的证词就传讯希斯，你们犯了诬告罪！"

在同一天上午，当时的总统杜鲁门在椭圆形办公室召开的非正式记者招待会上，轻蔑地表示这次针对希斯的听证会是一种"转移目标以使民众不注意通货膨胀"的不良手法，而且宣读了一份措辞严厉的声明，批评非美活动委员会对希斯的指控是"对某些人造成了不可挽救的损伤，严重削弱了联邦雇佣人员的士气，并破坏了人民对政府的信任。"最后他还重申了他以前的命令，所有的政府行政机构都不得向国会委员会提供有关政府雇员的忠诚材料。

# RICHARD MILHOUS NIXON

事实上，政府官员对于这种扑朔迷离的政治间谍案件已经是司空见惯的了。在1947年初，杜鲁门总统就在国会的压力下进行了所谓的"忠诚调查"，之后间谍案就与日俱增。

在科学界，《自由》杂志发表了帕纳尔·托马斯撰写的《我们原子弹工厂里的赤色分子》，文中含沙射影地暗示科学家们都是危害国家安全的嫌疑分子，以至于在很长一段时间内，美国政府都无法聘请到年轻的物理学家。

实业界也逃脱不了这场风暴，参加国防生产的公司都坐立不安。

教育界要求各大学既要对国家保持忠诚，同时又得保护学术自由，就显得更加左右为难、如履薄冰。立法机关干脆要求大学教师都必须进行忠诚宣誓，否则就解除聘任。仅仅在洛杉矶的加利福尼亚大学，就有1.1万人进行了宣誓，而拒绝宣誓的157名教授则被全部解聘。与此同时，美国退伍军人团和对外战争退伍军人协会的军官们还在研究各学校的教材，检查那些鼓动颠覆活动的内容。

娱乐界也在劫难逃，纽约的3个前联邦调查员特工在美国电台艺术家联合会的顽固分子怂恿下，出版了一本名为《反击》的小册子，将国会中各个委员会档案里有共产党嫌疑的151名演员、导演、编剧和作家的名字都罗列出来，分发到各广播公司经理的手中，让他们解雇所有名单上的人，并且不能雇佣有嫌疑的新人；接着，这3个人又出版了一本《红色通道》的书，其中罗列了那些有可疑的亲友以及"关系"的演员和播音员的名字，这本书在好莱坞被戏称为"黑名单"，很多毫不知情的人都被牵涉其中。

很明显，杜鲁门是反对调查希斯的，而听众与新闻界也完全相信希斯有力的证词，同时非美活动委员会事先又没有核对钱伯斯证词的内容是否真实。在这样的情况下，委员们陷入一片恐慌，甚至有人惊呼"我们死定了！"

此时能够做到镇静自若的，只有斯特里普林和尼克松。

尼克松其实在此次钱伯斯咬出希斯时，他并不是非常惊讶，因为他在2月份就已经得到了一些可靠的情报。联邦调查局已经开始调查希斯的情况，其中有一个叫艾德·赫默的密探，每天把搞到的情报都告诉一位约翰·克劳宁神父，然后再由克劳宁神父转告尼克松。克劳宁神父在巴尔的摩的圣玛丽神学院教授哲学和经济学，是一个积极的反共人士，经常在教书之余调查共产党的行动。但是这一切都是在尼克松的秘密掩护下进行的。

所以，当委员会成员建议将全部档案移交司法部并从此"金盆洗手"的时候，尼克松在斯特里普林的支持下，提出了反对意见。他从实用主义的角度思考，说："我觉得这样做，等于公开承认我们的无能与草率，不仅不能挽回委员会的名誉，反而会把它打入万劫不复的地步。而如果将调查进行到底，对委员会的处境来说，只有好处，因为我们已经没有什么好损失的了。"

尼克松还提出了他对希斯的怀疑，因为尽管在作证的时候，希斯拼命否认，但是却从未简单地说一句："我不认识钱伯斯。"而是总要附加一些令人生疑的修饰语，比如说当被问到"你说你从来没有见到过……"的时候，希斯打断问话回答："据我所知，我从来没有见过他。"尼克松说："这是一种典型的'聪明反被聪明误'的做法，这家伙表演得太夸张了！"

尼克松最后劝说委员会："从追查的角度来看，既然希斯说自己不是共产党员，那么在这一点上追查下去等于白费力气；但是希斯还说他不认识钱伯斯，这样其实就简单多了，我们只要弄清楚他俩是否相识，就可以定希斯的伪证罪。"

最后委员会决定，由尼克松领头，再次讯问钱伯斯。

8月7日，一个宁静的周六，曼哈顿弗利广场。

这是一间联邦法院废弃不用的屋子，除了非美活动委员们以外，没有人知道这儿正在进行一次重要的讯问。

尼克松面前摆着一个长长的单子，上面列着几乎所有朋友之间一般都会知道的琐碎事情。

"钱伯斯先生，你说过希斯是一个共产党员，对吗？我们有没有听错？"尼克松一开场就给了钱伯斯一个推翻自己证词的机会。

但是钱伯斯依然肯定地回答："希斯的确是一个共产党员。"

"你说你和希斯同在一个共产党小组，那是否只是一个知识分子的学习会呢？"

"那绝对不是一个知识分子的学习会。它的主要任务是为了将共产党的利益渗透到政府中去。"

在讯问的 3 个小时中，钱伯斯叙述了所有与希斯有关的私人细节，包括他和希斯之间的交往，希斯的幼年经历、业余爱好、饮食习惯、饲养宠物甚至希斯夫妻之间彼此的昵称。

尼克松对希斯的爱好印象深刻，他喜欢研究鸟类，是一个业余的飞禽学家、鉴赏者。钱伯斯交代说，有一次希斯曾经因为看到一只产于美国东南部的稀有啭鸟而激动不已。

讯问结束后，尼克松为万无一失起见，又让钱伯斯接受了一次测谎仪检验，之后钱伯斯十分镇定地说："我说的全是真话。"

在这次讯问后，尽管尼克松已经确信希斯的证词是撒谎，但他必须慎而又慎。为了把一些细节问题搞得更清楚，他与斯特里普林带领委员会的办事人员顶着巨大的舆论压力，四处搜集钱伯斯证词中的各种证据。他们找到了曾经负责办理希斯与钱伯斯之间租赁房屋的房地产代理人、找到了在希斯夫妇度假期间寄养宠物的养狗场……尼克松的谨慎小心自有他的道理。

1948 年是美国总统竞选年，希斯案件对当政的民主党人杜鲁门总统显然是不利的。但是，共和党提名的总统候选人是纽约州州长托马斯·杜威，杜威的外交政策总顾问则是约翰·福斯特·杜勒斯，此人有希望在杜威执政期间担任国务卿，而杜勒斯曾经推荐希斯担任卡耐基国际和平基金会主席。所以，希斯案件虽然可以伤害杜鲁门，但同时也会伤及杜威，这是一把双刃剑。

尼克松还请来了《纽约先驱论坛报》驻华盛顿的著名记者波特·安德鲁斯，请他看了钱伯斯的证词。波特原本是倾向于希斯的，他曾经与杜勒斯一起推荐过希斯，还曾经写了一本《华盛顿的政治迫害》，以抨击政府的"忠诚计划"，由此获得了普利策奖。但是波特在看过钱伯斯的证词之后，默认了钱伯斯的指控。

之后尼克松还要求当时负责调查本特利控告案的参议院国内安全小组委员会首席顾问威廉·罗杰斯看了钱伯斯的证词，罗杰斯也得出了与波特·安德鲁斯相同的结论。

第二天，尼克松就打电话给杜勒斯，请他就这个案件发表公开声明之前，看一下钱伯斯的证词。

当天下午，尼克松便赶到纽约罗斯福饭店的杜威竞选活动总部与杜勒斯见面。当时陪着杜勒斯在场的还有他的弟弟艾伦·杜勒斯，兄弟俩在看完钱伯斯3次听证会的证词之后，杜勒斯站起身来，在房间里踱步："虽然很难以置信，但是毫无疑问，钱伯斯是肯定认识希斯的！"然后他又与弟弟对视一眼，以毋庸置疑的口气对尼克松说："应当尽早让两人公开对质，从而使这个案件赶紧公开化。"

尼克松得到了共和党首脑的认可，心中方才松了口气，下决心要把希斯案件追查到底。并答应杜勒斯，随时让他们了解希斯案件的进展情况。

## 6　藏在南瓜里的文件
RICHARD MILHOUS NIXON

在正式传讯希斯之前，尼克松还曾经悄悄地离开华盛顿，前往马里兰州的钱伯斯农场，单独访问过他一次。在那里，尼克松第一次见到了钱伯斯的妻子，一个沉默寡言、肤色黝黑的矮胖女人。

在这次交谈中，尼克松问他："你控告希斯，是不是出于某种恶意的私人动机呢？"

钱伯斯沉默了很久，无奈地说："我肯定不会是出于一种可能会毁掉我自己事业和生活的不良动机。长久以来我一直渴望安静的生活，对我而言，公开露面是一种极度痛苦的事情。然而我这样做，是为了提醒国家注意和防备共产党在美国进行阴谋活动的规模、力量和危险性。如果人们始终把它当作是我与阿尔杰之间的个人恩怨，那真的太不幸了！"接着他认真地盯着尼克松，缓缓地说，"这就是你要让全国都理解的事情。"

钱伯斯再次以他惊人的记忆力向尼克松提供了很多希斯生活中的细节。当尼克松无意间提起自己的贵格会宗教信仰时，钱伯斯告诉尼克松，说希斯夫妇也是贵格会的信徒，钱伯斯夫妇也是，他们还经常去威斯特敏斯特的贵格会做礼拜。说到这里，他突然打了一个响指："我想起来了，普里西拉在家里时，常常用家乡话跟阿尔杰讲话！"

这个细节再次印证了尼克松的判断，这种私生活方面的细节，只有极为亲密的朋友才能知道。

8月14日，尼克松带着斯特里普林再次造访钱伯斯。之后斯特里普林对尼克松说，他感觉到，钱伯斯并没有说出全部的事情，可能是为了保护什么人，他隐瞒了一些东西。

尽管由于杜鲁门总统的行政命令，美国中央情报局无法给尼克松追查的希斯案件以直接帮助，但仍然默许一些稍低职位的情报人员与尼克松保持一些非正式的联系。

8月16日，委员会传讯希斯出席一次秘密听证会。这次讯问成为希斯案件的一个转折点，他的情况开始不妙了。

希斯的这次出现，虽然外表依然如上次一样光鲜醒目，但是神态上已经产生了变化，他情绪急躁，说话变得吞吞吐吐、言辞躲闪。

当尼克松把钱伯斯的两张照片交给他，让其辨认时，希斯沉默地盯着照片，许久之后才回答："当在公开听证会上，我看到另外一张惠特克·钱伯斯的照片时，我作证说我不能保证我从未见过照片上的那个人。实际上，我有点熟悉这张脸，我不能很清楚地回忆起这个人，但是我也不能说我一点都不认识他。"

尼克松意识到，希斯已经开始对自己的证词进行细微的改变了，希斯肯定已经猜到委员会手中掌握了不利于他的证据。

在接下来的讯问中，针锋相对的较量一直在进行着，尼克松努力要撕开希斯罩在他与钱伯斯之间的那张掩护网，他一直追问两者之间的那些细节，以求同钱伯斯的证词相对应；而希斯则反复强调，细节并不是关键，他力图把委员会的注意力吸引到"他是否是共产党员"这个问题上来。

为了加强自己陈述的效果，希斯在经过快速而慎重的考虑之后，交出了一个名字："乔治·克罗利斯"。他用了一个多小时的时间，来向委员会描述他与这个叫做"乔治·克罗利斯"的家伙之间相处的细节：克罗利斯是一个到处混饭吃的报纸撰稿人，他们在30年代中期相识，他曾经在希斯的家中住过几天，承租过他的公寓，向他借过钱，甚至把他的汽车都开走了；他们认识的时候，克罗利斯还带着自己的妻子和一个吃奶的娃娃……但是由于他赖着不交房租，两人很不愉快地散了伙。

尼克松打断他的讲述，问他："这个克罗利斯的太太长什么样子？"

希斯想了想，说："又矮又胖，肤色黝黑，还不爱说话。"

尼克松又说："那请你给我们描述一下这个克罗利斯的长相好吗？"

希斯陷入了"回忆"中，说："他的牙齿很不好，保养得很差。"

# RICHARD MILHOUS NIXON

委员会按照钱伯斯的证词——引导希斯回答相同的问题，比如他们之间的房租结算方式（"克罗利斯"曾经给希斯一条地毯抵账）、车辆借用方式（钱伯斯承认借过希斯的那辆老福特车，而"克罗利斯"恰巧也向希斯借过）……结果几乎在每一个问题上，两人的回答都是一样的。

尽管此时所有的委员心中都已经认定希斯与钱伯斯相识这个事实，然而最终让他们完全放心的，是一个看似毫无价值的问题的回答。

尼克松问："你有什么业余爱好吗？"

希斯老老实实地说："我喜欢打网球，还喜欢研究鸟类。"

这时，委员之一的麦克道尔漫不经心地问道："你见到过啭鸟吗？"

希斯的劲头一下子就来了："我看见过的，就在这里的波托马克河上。"

麦克道尔顺嘴胡诌道："我也在阿林顿见到过一只。"

希斯毫无察觉地兴致勃勃地接着回答："是啊！这种鸟很少见，一头黄毛，极为漂亮，喜欢在沼泽地里做窝……"

这时，所有的委员虽然表面上都是一副兴趣索然的样子，然而心里却激动不已，他们心照不宣地暗自欢呼："希斯啊希斯，你完蛋了，你终于被我们逮住了！"

讯问结束时，尼克松对希斯说将在8月25日安排他与钱伯斯公开对质。但是尼克松回头与斯特里普林一商量，认为不能给希斯喘息、圆谎的机会，必须给他一个突然袭击。

于是第二天，也就是8月17日下午5时35分，委员会安排了希斯与钱伯斯的第一次对质。地点是在纽约提督饭店1400号房间。

当希斯看到钱伯斯时，起先是假装根本不认识他。当钱伯斯说话的时候，希斯还一直努力地辨认后者的"牙齿"，想找出他前一天作出的证词的证据。

可能是愤怒让希斯失去了控制力，当尼克松询问他是否认识钱伯斯时，他极为坚定地回答说："我现在完全准备承认这个人就是乔治·克罗斯利！"

当尼克松再次询问他是否就这个问题而加以确认时，希斯简直是咆哮着回答："哪怕把他的眼珠子挖掉、鼻子割下来，我也能认出他来！"

而在钱伯斯当面说他是共产党员时，希斯再次加以否认。他一下子从椅子上跳起来，在钱伯斯的面前挥舞着拳头，用因发怒而颤抖的声音吼道："现在请把我所说的话记录下来，我愿意请惠特克·钱伯斯先生在没有这个委员会在场的时候重述一遍他的这些话，我会就此而告你无故诽谤罪。我向你挑战，我要求你这么做，并且希望你他妈的马上就做。"

8月23日，众议院旧办公大楼的政党干部会议室里人头攒动、水泄不通，刺眼的弧光灯下架着电视摄影机，嗡嗡地转动着。此时，全国民众都屏气坐在家中的电视机前，关注着这个轰动一时的国会听证。

在这次听证会上，希斯玩了三种手法。

第一，混淆证据细节。他一再强调钱伯斯和"克罗斯利"的牙齿问题，从而说明他为什么一开始没有认出他们"俩人"。

尼克松略带嘲讽地问他："我很纳闷的一点是，你难道就没有见过他闭着嘴的时候吗？"

希斯回答说："我记得，克罗斯利引人注意的事情，不是在他闭着嘴的时候，而是在他张开嘴的时候。"

希斯这种笨拙的俏皮话把原本烦躁的听众都逗乐了，大家哄堂大笑。

而当委员会向他出示一份他自己签过字的文本拷贝让他辨认时，他勉强说，如果不是原始文本，他不能肯定是不是自己的字迹。

他的强词夺理让委员会大为恼火，后者问道："如果不是原始文件，你就无法肯定吗？"

希斯挤出一丝笑容说："如果真的那样，我就更有把握一些。"

这次听众们按捺不住了，再次哄堂大笑；而希斯的几个坐在前排的朋友则明显地不安起来。

希斯的第二招，是找人证。他掰着指头说出那些支持他、与他一起工作过的著名爱国人士，试图以此来证明自己，其中有两个参议员、两个众议员、三个前国务卿、三个副国务卿、四个联邦法官和三个前参议员。但是听众们并不吃这套，这招失效了。

希斯的最后一招，是想重新唤回观众的注意力，让大家从钱伯斯与他交往的细节上回过神来，从而重新回到他是不是共产党员的问题上来。然而尼克松死死咬住希斯逻辑中的漏洞不放，拼命在把问题控制在"希斯是否犯了伪证罪"这个问题上，他说："希斯先生，有两点你必须让我们弄清楚：第一，你究竟是否认识钱伯斯？这个问题已经解决了；第二，你熟悉钱伯斯究竟到了什么程度？你是否知道他就是一个共产党员？这就是目前提问你的目的。"

让希斯万万没有想到的是，尼克松早已做了充足的证据准备，他们找到了一份10多年前希斯签过字的转让自己汽车所有权的凭证！

正是这件转让汽车的事，让很多人认定了希斯的伪证罪。在关于乔治·克罗斯利的证词中，他几次前言不搭后语，他一次说："我把一辆汽车卖给他了。"之后又改为"我让他使用那辆车子"，还有一次是说："在租房子的时候，我把汽车留给他用了。"

而转让书的出现，让观众彻底对希斯失望了。它证明希斯曾经把自己的旧车以25美元的价格转让给一个汽车商，随即这个汽车商就以同样的价格转让给一个被查明已经是共产党组织的人，后者还使用了假的地址。但是从头到尾，都没有出现过"乔治·克罗斯利"这个人。

5个小时后，希斯退席，钱伯斯出席作证，他有一次重复了他对希斯的指控，他直截了当地回答："希斯先生说了谎。"与希斯含含糊糊、闪烁其词的态度相比，大家都明白了，希斯作了伪证，他与钱伯斯的关系，比他在证词中所说的要深得多。当此次听证会结束之后，希斯与他的律师孤零零地走了出去，没有人上前表示鼓励他、支持他。

从此，非美活动委员会已经完成了自己在希斯案件中的使命，然而钱伯斯还必须面对希斯的挑战，因为3个星期之后，希斯以诽谤罪控告钱伯斯。

但是希斯太轻视钱伯斯了，他以为钱伯斯如果掌握了任何有力的证据，早就拿出来了，既然拿不出证据，那么他对自己的指控就不能成立。但是真正的好戏还未上演呢。

11月17日，钱伯斯拿出了一袋文件，其中包括65页国务院的打印文件和4页希斯的手写便笺，这都是在他10年前准备退出共产党的时候，希斯交给他保存的。钱伯斯一直把这包文件存放在他侄儿的母亲家，把它作为护身符一样保管着，以防自己被共产党讹诈或者暗杀。

司法部刑事司司长立即从华盛顿赶来，封存了文件并让法院发出了命令，凡与此有关的人必须严守秘密，否则将会以蔑视法庭罪论处。

钱伯斯很放心地回到了他的农场，在他看来，希斯很快就会被起诉。但是两个星期过去了，什么动静也没有。

# RICHARD MILHOUS NIXON

12月1日，华盛顿《每日新闻》发表了合众国际社的一则短讯。这则短讯不仅让钱伯斯大吃一惊，也让尼克松吃惊不小。短讯说，司法部正考虑放弃对希斯的诉讼。另一篇报道说，官方正在考虑对钱伯斯提出伪证控告。因为钱伯斯作证时说他没有参加过间谍活动，而这些文件本身却表明钱伯斯与间谍活动有关。

尼克松的心里非常清楚，司法部显然是受到杜鲁门总统的指示才这样做的。杜鲁门之所以要阻止这个案件的进行，并非是他不反共，而是因为希斯案对他竞选连任总统很不利。当杜鲁门得知钱伯斯交出的文件内容时，在他的椭圆形办公室里暴跳如雷，大骂希斯"这个狗杂种——他竟然背叛了自己的国家！"对于尼克松等非美活动委员会的追查行动，杜鲁门也十分清醒地认识到他们是醉翁之意不在酒，而是利用希斯案件搞政治斗争，为共和党在竞选中获胜推波助澜。

尼克松立即与斯特里普林赶到钱伯斯的农场，向钱伯斯了解那些文件的内容。

钱伯斯对他们说："很抱歉，尼克松先生，法院命令我不许向外透露文件的内容，我只能告诉你们，这些证据是一颗真正的炸弹。"

尼克松与斯特里普林面面相觑，但他还是试探性地问道："钱伯斯先生，依目前的形势来看，我们是否只能等司法部的意见，而决定下一步该怎么办呢？"

"不，我没那么蠢，"钱伯斯笑着说，"我的律师还保存着一份影印本，而且还有一点，我并没有把我所有的东西都交出去。万一他们想扣押这颗炸弹的话，我还有另外一颗呢。"

尼克松赶紧警告他："你保存好这第二颗炸弹，除了委员会外，不要把它交给任何人。"

尼克松回到华盛顿，权衡了各种因素之后，有了必胜的信心，便要斯特里普林向钱伯斯发出一张传票。要钱伯斯携带文件出庭作证，并交出他手中所有的指控希斯的文件。

吩咐完之后，尼克松伸了伸懒腰，觉得有必要履行自己早就许下的诺言，陪帕特和女儿们去加勒比海共度10天的休假。第二天，尼克松全家以及他在国会中的几个朋友，乘"巴拿马号"轮船从纽约起航，开始了旅行。尼克松暂时从华盛顿极度紧张的气氛中解脱出来，浑身轻松。但他脑子里仍在思考着希斯案件，惦记着斯特里普林的工作情况。

结果他们上船的第二天，也就是 12 月 3 日晚，尼克松就在轮船上收到了斯特里普林的电报：第二颗炸弹于星期五上午调来，案情大白，情况惊人，报界及其他地方都已为之震动。似需立即行动，能否立即返回？

这份电报如同一支兴奋剂，让尼克松如充电般地激动起来，他一夜没睡。

4 日早，尼克松又收到委员会安德鲁斯的电报：

> 文件非常精彩。
>
> 定与希斯有关。不可避免会牵连他人。
>
> 此结果若无法恢复某些成员的信心，也将恢复委员会所需的信心。
>
> 纽约陪审团星期三开会……可否抢在陪审团开会前一天于周二抵达？若无法，则周三上午参加听证会。自由派朋友不再喜欢我，你也一样。但事实总是事实，何况其乃一炸弹。经鉴定，三份文件均有希斯笔迹。尚未得到他将这些文件交给钱伯斯的证据，但非常重要。斯特里普林能证明谁将这些文件交给了钱伯斯。
>
> 问帕特好。
>
> 假日破坏者　安德鲁斯

收到这封电报后，尼克松再也坐不住了，他立即向斯特里普林发报，要他为自己回华盛顿作出安排。

次日一早，海岸警卫队派出一架水上飞机，把尼克松从船上直接送往迈阿密，再从迈阿密机场转飞华盛顿。在迈阿密转机时，有记者问尼克松："请问你对'南瓜文件'有什么意见？"尼克松被问得莫名其妙，只得以一句"无可奉告"胡乱搪塞。

原来，12 月 2 日，钱伯斯恰在华盛顿，所以当天就收到了非美活动委员会给他发出的传票。他随即带领两个调查员返回他的农场。

此时，夜幕已经降临。钱伯斯却没有带他们进自己的屋子，而是径直把他们领到农场中的一块南瓜田里。时值冬夜，气温骤降，田里的南瓜上都覆盖着厚厚的一层霜花。

钱伯斯冲着满脸狐疑之色的调查员诡秘地一笑，伸手揭开了一只南瓜的蒂部，南瓜就露出了一个小口，里面早就被掏空了。钱伯斯随即从南瓜里摸出三个很小的金属微型胶卷筒。看到这一幕，随行的调查员被惊得目瞪口呆。

这简直就是间谍影片里面的镜头嘛！钱伯斯看着他们惊呆了的样子，很平静地解释道："我担心我不在家时，还会有什么别的传票和搜查令来，所以，我把这些东西藏在这里。好了，现在我交给你们，就放心了。"

"南瓜"微型胶卷被冲洗出来后，里面是数百页的文件照片，从官场琐事到绝密的大使级电文，应有尽有。这些文件有些是绝密级，用D号密码写的，这些文件的泄漏表明这种密码已经被别国破译了。也就是说，别国间谍可以随意偷听、获得情报，如机密情报员的名字、部队转移情况、总统的秘密指令等。后来负责安全事务的助理国务卿约翰·普里福伊和副国务卿萨姆纳·威尔斯作证说，这些文件"非常危害美国的利益"。

"南瓜文件"的出现，引发了社会以及政界的轩然大波，在公众的一片哗然声中，杜鲁门政府和司法部不能再坐视不理了，12月6日，钱伯斯被传唤到纽约的大陪审团。

当晚9点多钟，纽约的舰队司令旅馆。

钱伯斯在此次讯问中供认，希斯与其他一些政府官员，其中包括国务院4人、财政部2人、测绘局2人、阿伯丁和皮卡提内的军需工厂各1人、电动船只公司2人、雷明顿·兰德公司1人以及伊利诺伊钢铁公司1人，都是一个间谍网的成员，他们几乎都身居要职、手握大权，并有机会接近机密情报。很多文件都是由希斯直接带回家，由钱伯斯转交给华盛顿或巴尔的摩的共产党摄影师拍照，或由希斯夫人自己用打字机誊写出副本，最后由钱伯斯把胶片或副本带往纽约，交给苏联间谍贝克夫上校，并由其转送苏联。

"南瓜文件"对希斯是致命的打击，以前许多替希斯辩护的人都不敢再坚持原来的立场，新闻界也开始向杜鲁门施压，并表示支持非美活动委员会。杜鲁门十分尴尬，而尼克松的名字则一夜之间家喻户晓。

由于诉讼时效条例的限制，不可能以"南瓜文件"作为间谍罪，以对希斯起诉。因此，大陪审团便一致投票赞成对希斯的两条伪证罪提出控告。

# RICHARD MILHOUS NIXON

第一条是，希斯作证时撒谎，说他从未非法拍摄国务院的秘密文件并将它交给钱伯斯；

第二条是，他作证时撒谎，说他从 1937 年 1 月 1 日以后，一直没有见到过钱伯斯。

经过漫长的审判，1950 年 1 月 21 日，希斯最终被判 5 年徒刑，服刑地在宾夕法尼亚州刘易斯堡的联邦监狱。希斯出狱的时候，已经 50 岁了，他在纽约的一家文具和印刷品商店当了一个推销员，从此消失在公众的视线外。

钱伯斯则离开了《时代》杂志，隐居在他的农场里，晚年写了一本自传《证人》。

希斯案件的最大受益人，则是尼克松，他从一个默默无闻的年青众议员成为在华盛顿被人议论纷纷的人物，成为闻名全国的"反共斗士"。判决后不久，赞美他的贺电如雪片般飞来。美国前总统胡佛致电称赞他："希斯的定罪全部应归功于你的耐心和锲而不舍的精神。我国政府中存在的叛国逆流终于以人人信服的方式被揭露出来。"

而尼克松则深思起来：我们怎样才能像共产党那样把一种献身精神灌输给像希斯那样的人一样，把献身于自由思想的精神灌输给有才华的美国青年呢？

## 7 激烈、无情、拼命的竞选
RICHARD MILHOUS NIXON

美国 1948 年的总统竞选，共和党候选人杜威由于自己孤芳自赏、毫无斗志的态度，同时生怕激怒民主党候选人杜鲁门而不敢反驳对方"毫无作为的第 80 届国会"的攻击，从而被杜鲁门击败，令共和党大为失望。

杜威的失败，加上共和党在国会中的参、众两院席位的减少，使得尼克松成为一个少数党的普通众议员。这给尼克松带来了不小的打击，但强烈的竞争精神与冒险精神让他不甘落寞，而是在深入地分析了利弊得失之后，决定不再耐心地等着熬资格，或者坐等共和党的复苏，而是要靠自己的努力。因此，尼克松决定角逐 1950 年的参议员中期选举。

# RICHARD MILHOUS NIXON

1950 年，联邦国会的全体众议员和参议员中三分之一的任满者都面临着改选或者去留的问题。加利福尼亚州的参议员有两名，其中一个是共和党人比尔·诺兰，另一个就是尼克松决心要取而代之的民主党人谢里登·唐尼。

根据惯例，大约三分之一的选民总是会选举在职的人，而唐尼的声誉一向不错，在选民中颇得人心，之前已经连任过一届；同时，加利福尼亚是美国人口第二大的州，又是以民主党人居多的州，所以尼克松的这个决定，下得并不轻松。

几乎所有的人都反对尼克松竞选参议员。

在第 12 国会选区，那些曾经支持尼克松当众议员的人都一致反对尼克松，他们也有自己的道理。尼克松的好友兼政治顾问弗兰克·乔根森就告诉尼克松："你作为一个众议员，还是能够保住目前这个地位的，但是竞选参议员简直就是你政治生命中的自杀行为！"

尼克松却不这么想，在他的心中，参议员的优势足够吸引他进行这次冒险。参议员的任期长达 6 年，在这段时间中他可以全神贯注在自己的政途上发展，而不会被 2 年一选的众议员竞选活动分散太多的注意力；参议院还有诸如对联邦政府的高级官吏的认可权、对联邦政府同外国缔结条约的批准权等特权；何况参议员的人数更少，每州只有两名，成为参议员就有了更多的出头露面的机会，能再向权力顶峰靠近一大步。

而尼克松手中的牌虽然不大但是却很讨巧。他刚刚通过希斯案件名噪全国，知名度与好评带给他无数政客都梦寐以求的机会；而共和党刚刚因为大选失利而成为弱势的少数党，此刻正是打翻身仗的时候，假如他不参加竞选的话，仅凭目前共和党的弱势，他再怎样努力也不过是一条少数派的小鱼；而如果他放手一搏，却很有机会在自己的政治生命上跨入一个更精彩的高度。

尼克松既然已经下定了决心，就没有什么力量能够阻止他。他下的第一步棋，就是广收羽翼、招揽贤才，为他自己所用。

为此他召集了老部下，在他从前的律师事务所中开了一个研究会，结果在会上就爆发出了激烈的争吵，第 12 选区的共和党主席罗伊·戴伊赞同尼克松竞选参议员，但是那位曾经把尼克松带入政坛的老银行家赫尔曼·佩里却暴跳如雷，他气得浑身发抖，指着戴伊的鼻子说："你懂什么？你只不过是个政治掮客罢了！"然后他又转向尼克松，"小子，你可别一时糊涂把自己的前途给葬送了。"

看到这群吵闹的智囊团，尼克松决定扩大自己的人脉范围，他要在加州全州境内召集人马。他得到了媒体的大力支持，《洛杉矶时报》的政治编辑凯尔·帕尔默、《旧金山纪事报》、加州共和党参议员诺兰家族旗下的《奥克兰论坛报》都表示，不仅在尼克松竞选的期间提供无偿的支持，而且保证他在共和党的初选中，不会受到任何负面的攻击。

1949 年 11 月 3 日，尼克松在加州的波默纳的政治集会上，宣布了自己参加参议员竞选的决定，他同时还发表了一个激情洋溢、言辞尖刻的演讲，在这篇演讲中，尼克松公布了自己的竞选主题和决心，他说："竞选的中心问题，一句话，即要自由还是要国家社会主义。"他指责民主党"无论是从全国还是从加州来说，都已经被一群冷酷无情、玩世不恭的追求个人权力的人所掌握和控制。这群人让该党的政策与原则同他们的创始人所制订的原则背道而驰。"最后，尼克松用一句煽动性极强的话语总结自己的竞选决心，他说："我们只有一条取胜的途径，那就是我们必须进行一场激烈的、无情的、拼命的竞选，并且把这个运动直接推进到加利福尼亚的每一个县、每一个城镇、每一个选区和每一个家庭中去。"这句话，之后被他多次引用。

正如同尼克松自己所说的那样，他展开了自己政治生涯中最为火热的竞选运动。

美国的政客在选举时，通常会精心挑选一个竞选组织，其中会请一位社会贤达人士来当挂名的"主席"，再高薪聘请一位专业的、经验丰富的公共关系专家，来担任竞选活动的"经理"。此次竞选参议员，尼克松力邀曾经辅佐他竞选众议员的默里·乔蒂纳出马，再次为他策划竞选事务。在长期的合作中，俩人一个发表演讲和拉选票，一个负责收集信息和活动策划，乔蒂纳与尼克松达成了高度的默契，成为后者最亲密的政治伙伴和最信赖的竞选顾问。

尼克松前期竞选活动的主要内容就是开展竞选旅行，他携夫人帕特开始周游加利福尼亚，他们弄到了一辆四面都装有木质挡板的旧旅行车，在车的两面钉上了写着"选尼克松为参议员"等字样的大牌子，车里装着轻便的扩音设备，车顶上安着高音喇叭，俨然一辆全副武装的宣传拖车，每到一处，便先放流行音乐，制造气氛，以此招徕听众。

最初，听众寥寥无几，且多是好奇的路人。尼克松倒也不在乎，只要有人，哪怕只有小猫五六只，他就不嫌麻烦，一一与之握手，然后进行一番简练的演讲，随后回答公众提出的问题。这种类似中国走街串巷卖狗皮膏药的江湖郎中一样的公众演讲很快就发挥出效用，开始时，只有少数好奇的路人停下来随便听听，不久随着竞选活动的深入，尼克松的影响和人气越来越高。

尼克松在竞选旅行的演说中，最喜欢的话题就是希斯案件。他在攻击民主党的同时，极力在选民心目中树立起一种超越党派、团结一心的形象。他建议杜鲁门总统成立一个外交政策的顾问委员会，保证制订出"一贯的、现实的外交政策"，他为杜鲁门提议的委员会候选人包括一群著名的共和党人：前总统胡佛、参议员塔夫脱、杜威州长、沃伦州长以及著名的艾森豪威尔将军。

随着支持者的增多，诘难与攻击的人也就随之出现，这样尼克松的宣传活动就更加有趣和热闹了。尼克松的反对者多数是由当地的左翼劳工组织和政治组织的人，他们组织严密、行动有序，常常在尼克松讲得正痛快的时候，用一连串尖刻、针锋相对的问题来打断尼克松的话。尼克松也严阵以待，时刻用自己的机智和政治手段予以反击。

有一次在长滩市政厅前的群众大会上，攻击者模仿尼克松的手法，也弄来了一辆装着大喇叭的宣传车，面对面地干扰尼克松的演讲。这时尼克松指示自己的司机在录音机里放进一盒磁带，播放之后，从尼克松宣传车的大喇叭里传出来的是一首当时很有名的流行歌曲，欢快地唱道："如果我知道你要来，就给你烤好一张饼啦……"听到这样的歌词，广场上所有的人都捧腹大笑，甚至连攻击者都忍不住笑出声来。这件事成为尼克松竞选中著名的一段幽默的花絮，被人们争相转告。

但是这种快乐的时刻在这样长途旅行的演讲活动中是极少的，尼克松一天大约要进行10到12次演讲，令人困乏到极点。幸运的是，尼克松拥有帕特这样贴心、知己的生活和政治伴侣。为了使自己在观众面前保持一副优雅亲切的模样，帮丈夫拉选票。帕特每天都利用在车上仅有的一点空闲时间，烫烫头发、化化妆，精心挑选不同的服饰以适应不同的场合。当结束当天的竞选活动时，尼克松与帕特都累得骨头散架一样，瘫软下去一动也不想动。

就在尼克松绞尽脑汁、全力以赴地投入到这场热火朝天的竞选活动的时候，敌方阵营却传来了让他暗自窃喜的好消息。民主党开始闹内讧了。

一位曾经是好莱坞著名影星的民主党众议员海伦·加哈根·道格拉斯夫人，宣布参加民主党参议员候选人之争，要与唐尼一决高下。她的现身，一下子就打乱了民主党的阵脚。

对于尼克松来说，这种民主党内部的斗争简直是雪中送炭。因为不论究竟最终由谁来代表民主党竞选参议员，面对尼克松的势必是一个伤痕累累的对手，如果是唐尼打败了道格拉斯夫人，那么他至少会被这位女性攻击得非常狼狈；而如果是道格拉斯夫人取胜，那么尼克松就更加有信心击败这位前好莱坞明星。

果然，道格拉斯夫人没有让尼克松失望，她一出手就开始攻击唐尼"在华盛顿一事无成、一味为大企业服务"；而唐尼则在徒劳地回应了几句之后，就称病放弃了竞选。为此道格拉斯夫人幸灾乐祸地说他使用了"装病"这种没落政客才用的伎俩。

此后，尼克松的竞选对手变成了民主党人、《洛杉矶日报》的发行人、大富翁曼彻斯特·博迪与道格拉斯夫人。他们尽管都属于民主党，但谁也不肯让谁，互相攻击。这种相互间的攻击，比起共和党人对尼克松的攻击自然有力得多。

在当时美国的国内，经济衰退的状况已经原形毕露，声势浩大的国会调查把华盛顿的联邦政府逼进了一个尴尬的角落，它被指责为颠覆和腐化的发源地。国际上，冷战的局势进一步升温，中国内战之后又爆发了朝鲜战争；而在国内的政治舞台上，对共产主义和苏联的恐惧与憎恨达到了一个前所未有的高度，反苏反共的气氛非常热烈，共产主义成为当时竞选的中心主题，执政的民主党内的保守分子和自由分子吵成了一锅粥。政客与媒体携手合作，推波助澜地煽动民众的恐共反共心理，而如果要扳倒自己的政界对手，最好的办法莫过于指责对方亲苏亲共。

所以当时在加州的民主党内部斗争中，博迪与道格拉斯夫人都手握一把沾满了红色油漆的刷子，拼尽全力要把对方染成"赤色分子"。博迪把道格拉斯夫人及其追随者称为"一个狂热的搞颠覆运动的红色小集团"，而道格拉斯夫人也不甘示弱，反唇相讥。

　　而对道格拉斯夫人最为无情和彻底的攻击，却来自于退出竞选的参议员唐尼。5 月 22 日，道格拉斯夫人被唐尼从背后狠狠捅了一刀。唐尼公开抨击道格拉斯夫人"缺乏一个美国参议员所必须具备的起码的能力和资格，她不愿意也没有能力去埋头做艰苦而乏味的工作，以便准备制订立法方案和使方案在国会获得通过。"

　　唐尼接着又用道格拉斯夫人在国会的投票记录来攻击她，说："道格拉斯太太为使苏联暴君感到快慰，曾投票反对援助希腊和土耳其。她在总统最需要她的支持和信任的关键时刻，却反对总统。"

　　结果道格拉斯夫人在民主党初选中获得不到一半的选票，而尼克松却得到了共和党的一致支持，甚至还得到了民主党的 20% 选票。

　　尼克松在与道格拉斯夫人的竞选过程中，一直死死咬住对方曾经过于激进的投票记录不放，他指出她曾经投票反对杜鲁门向希腊和土耳其用兵，反对联邦政府的忠诚考核，反对安全法案，她还在美苏文化协会的一次演说中声称阻挠两国团结的原因，在于"美国始终忠于希特勒思想的一群邪恶和危险的势力所蓄意造成的"。

　　道格拉斯夫人在那样的一种政治大环境下，的确太容易被尼克松揪住小辫子，何况对方还是以坚决的反共斗士的面貌、带着瞩目的反共成果出现在大众眼前的人物。道格拉斯夫人还曾经高调地参加很多被杜鲁门称为"共产主义的和颠覆性的"会议和组织并发表演说，她还多次赞同维托·马克安东尼奥的观点，后者是美国国会中著名的亲共人士。在共产党的报纸《工人日报》中，她还被选为"第 80 届的国会英雄之一"。

　　道格拉斯夫人曾经在百老汇演唱轻歌剧的时候，一度征服了很多观众的心；但是在政坛上厮杀，她的个人魅力就派不上用场了。政客必须心狠手辣、胸怀沟壑、为达目的不择手段，而她的那种戏剧化的外在表现本身就很难带有说服力，所以连很多民主党人都对她心怀不满。当时的民主党众议员、之后成为美国总统的肯尼迪偷偷地跑进尼克松的办公室，对他说："迪克，我知道你进行着一场非常艰苦的竞选，我的父亲愿意帮助你。"然后从西装口袋中掏出一个装有 1 000 美金的信封，交给尼克松。

　　同时，唐尼对付道格拉斯夫人的那套武器给尼克松及其顾问乔蒂纳带来了无限的灵感。

　　乔蒂纳派人收集了大量民主党人攻击道格拉斯夫人的言辞，印制了一份传单，标题赫然写着："道格拉斯—马克安东尼奥投票记录的真相"，披露了两人 354 次同样的投票记录，这等于向民众指出：他俩是一路的！这份传单印刷了 10 万张，而且使用了暗示性的粉红色，简直就如同炸弹一般轰动，被称为著名的"粉红色传单"。

结果道格拉斯夫人气急败坏地也用了这一招，但是她很不明智地攻击尼克松是"赤色分子"，她印刷了黄色的传单，指责尼克松是希特勒、斯大林的小跟班，甚至还发明了一个"尼克松—马克安东尼奥的孤立主义"这样的词汇。这种方法在尼克松及其支持者看来简直是个笑话，因为所有人都知道尼克松是一个彻彻底底的反共分子。

乔蒂纳不满足，他还有更多的花招没玩呢。

尼克松的竞选团搞了一个"电话运动"，就是只要有选民给共和党候选人总部打电话，就能听到"投尼克松的票可以得到意外奖品"这样的话，这些奖品包括电子表、咖啡壶、自动烤面包机、胡椒研磨器等等，都是吸引人的小玩意。

除此以外，乔蒂纳还盯上了一个人，就是加州的州长沃伦。如果尼克松能得到他的支持，就可以说是如虎添翼，但是沃伦从来都是个我行我素、独来独往的家伙，很少表示出对竞选方的态度。

乔蒂纳琢磨了很久，终于想出了一个"激将法"的点子。乔蒂纳派了一个机智的小伙子，每当道格拉斯夫人公开演讲的时候，都会反复地追问她："你是否认为民主党人詹姆斯·罗斯福应该当选州长？"道格拉斯夫人终于被问得不耐烦了，她胡乱应付道："我希望并祝愿他当选下一届州长。"

要的就是这一句！乔蒂纳赶紧把这句话给公布了。

24 小时之后，沃伦在一次公开场合的发言中貌似轻描淡写地说："道格拉斯夫人说她希望罗斯福先生当选下任州长，那么，我是否可以问她，如果我下周四投票选举参议员的时候，她是否介意我不投她的票？"

1950 年 11 月 7 日，加州共有 300 多万人参加了投票，尼克松获得了 218 万票，他从众议员变成了参议员，在通向总统宝座的道路上又迈出了极为重要的一步。

## 8 辅佐艾森豪威尔的少帅
### RICHARD MILHOUS NIXON

1950 年的国会中期选举，共和党漂亮地打了一场翻身仗，它在此次竞选中获得了 5 个参议员席位、28 个众议员席位。

而在所有的竞选战争中，尼克松的表现最为显眼，他被党内的一些职业活动家称为"一个真正有希望的人"，胡佛还写信给他说："你的胜利是我国所能得到的最大的好处。"

进入参议院之后的尼克松春风得意，他一时间成为共和党最受欢迎的演说者，他曾经在 1951 年 2 月到 1952 年 7 月的一年半时间中，创下平均每月 12 次演讲的纪录。

在尼克松的演讲中，主题主要是集中抨击民主党在国内外诸多方面令人失望的表现。他攻击民主党在外交上出现了"史无前例的最糟糕的外交出丑"，也就是美军在朝鲜战争中的失败；在攻击民主党的内政方面，他指责民主党外俭内奢，从国会手中要钱，以"让政府官员能乘着小轿车去工作，开着政府的车去约会。"

但是他攻击得最为猛烈的，还是针对民主党在反共方面的软弱无力，他指责民主党"最大的弱点在于，没有制订出有效地对付我国境内的第五纵队的措施"，让"共产党渗透到了政府各个最高级的委员会中，而我们的高级政府官员却一再否认在这个国家中存在第五纵队，并拒绝采取有效的行动把颠覆分子从我们政府的各行政部门中清除出去！"

这也不能说完全是尼克松闭着眼睛在胡乱攻击，的确在杜鲁门的执政期间，他以及他领导下的民主党的确是越来越不得人心了，连民主党自己的媒体也在说"这是一个华盛顿的烂摊子"。

那么这个"摊子"到底"烂"到了什么程度呢？

杜鲁门自己身边的丑闻就已经足够让民众目不暇接了：杜鲁门自己的军事助理哈里·沃恩亲手策划了一个贪污计划，以权谋私，把一些政府合同私自转给私人企业家，并从中抽取"佣金"，甚至得到了一个"五成先生"的绰号，因为他每次抽取的回扣都是 50%；白宫的一位女速记员，当她那个在金融公司任职的丈夫获得了一项贷款之后，这位女速记员就得到了一件昂贵的貂皮大衣；而国内收入署的官员更是肆无忌惮地敲诈勒索、逃税恐吓，几乎无恶不作……一时间，白宫内外乌烟瘴气。据统计，1951年，被国会调查并被勒令辞职的国内收入署官员多达 166 人，其中甚至还有人锒铛入狱。

除了内因，还有外力。朝鲜战争的失利和一再扩大化，让美国政府束手无策。军火贸易的疯狂、政府不得不一再扩大的战争拨款，由此引发的提高税收、物价飞涨和通货膨胀、罢工失业，以及不断加快的征兵速度，均使得民怨沸腾。而美军在战场上的一再失利、"圣诞节回家"的破碎梦想又加重了人民对政府的不满，1951 年 4 月，杜鲁门解除了麦克阿瑟的联合国驻朝鲜总司令的职务，成为人们发泄不满的导火索。

一时间，杜鲁门几乎成为美国历史上最狼狈的总统之一。美国各地发起了声势浩大的反战运动，从马萨诸塞到加州，到处可见被降下的半旗甚至是倒挂的国旗。杜鲁门的头像被愤怒的民众当众焚烧，牧师们在布道的时候放开禁忌嘲骂总统，白宫的接线员不堪其苦，因为每次接起电话都是刺耳的谩骂和嘲笑，人们把杜鲁门比喻为猪猡、白痴、智障、犹大。在杜鲁门出席公开活动的时候更是献上震天的嘘声和倒彩，使其成为 1932 年自胡佛以来，第一个被喝倒彩的美国总统。

看到这样的一种情况，民主党对杜鲁门失望透顶了，所以在 1952 年的总统候选人初选中，杜鲁门被自己的党员们狠狠地羞辱了，输得一败涂地。因此他心灰意冷，宣布放弃竞选 1952 年的美国总统。然而他所造成的这个"华盛顿的烂摊子"还是给民主党的候选人带来了沉重的包袱，因为不论是谁出面代表民主党竞选总统，都得先给杜鲁门擦屁股。

看到国内的这种近乎失控的局势，共和党自然是心花怒放、信心百倍，他们决心要把政权从已执政 20 年的民主党手中，漂漂亮亮地夺回来。

那么，当时的共和党手中，握着哪几张王牌呢？

1951 年 9 月，第一个挺身而出的竞选者是俄亥俄州的共和党参议员罗伯特·塔夫脱。塔夫脱是威廉·霍华德·塔夫脱总统的长子，正经八百的名门之后。进入政坛之后，塔夫脱也一直顺风顺水，连任好几届参议员，并在国会受到普遍的尊重；他曾经在 1940 年和 1948 年两次尝试竞选共和党总统候选人的提名，但是分别被温德尔·维尔基和托马斯·杜威所击败。这次他再度秣马厉兵，挺身参选。

接着，报名参选共和党总统候选人的还有加州的州长厄尔·沃伦、明尼苏达州的州长哈罗德·史塔生。

但是共和党还是不敢把此次竞选的重任完全放在他们三人的身上，因为塔夫脱虽然是个品德高尚、出身显赫的人，但是他却因为性格羞怯而给人以高傲自大的印象，这可以说是致命的一个弱点，他非常厌恶那种与人套近乎时所使用的一些"肢体接触"，比如握手、拍肩膀、闲扯家常等，他是一个正直但是却让人很难感到亲切和容易接近的人；同时塔夫脱的政治策略偏于保守，这样就无法争取那些民主党、中间派的选民以及大城市中的普通市民。

而沃伦与史塔生虽然在他们本州很受欢迎，但是全国性的号召力还不够大，他们的知名度和说服力、公信力还达不到共和党此次的需要。

共和党此次需要的是一个能够身孚众望、一呼百应的著名人物，他必须具有足够高的威望和美誉，能够让全国人民寄以期待的伟大的人。瞧来瞧去，共和党最后敲定的候选人，就是当时的北约总司令、在二战中出尽风头、无人不知无人不晓的艾森豪威尔将军。共和党人认定，以艾氏那鲜明的个性、迷人的微笑以及军事上的巨大成就，他是一个毋庸置疑的大英雄，假如共和党能争取到他的话，获得总统宝座简直轻而易举。

就尼克松个人的意见来说，他也更倾向于支持艾森豪威尔而非塔夫脱。他在 1951 年第一次与艾森豪威尔近距离面谈，是在日内瓦召开的世界卫生组织大会上，他来到了艾森豪威尔位于巴黎北约总部的办公室里，俩人愉快地交谈了两个小时。艾森豪威尔毫无官僚架子，他夸奖了尼克松在希斯案件中的出色表现，还谈到了欧洲的复兴和发展的前景，以及美国未来的对外政策。作为一个最高级别的军人，他没有把军事要素放在政治的前面，这一点让尼克松印象深刻。

虽然在这次会晤中，艾森豪威尔与尼克松心照不宣地没有谈及总统大选，但是艾氏已经凭借自己在政治、外交等方面的远见卓识和无人能及的领袖风度，彻底征服了尼克松，令其视自己为独一无二的总统候选人。

在与艾森豪威尔面谈的时候，尼克松的身份虽然还只是一个参议院观察员，但是他很快就得知从华盛顿流传出的关于他即将被"提名为副总统候选人"的风声。

1952 年 5 月 8 日，艾森豪威尔的主要支持者、纽约州州长杜威，在华道夫·阿斯托里亚饭店举行纽约州共和党年度筹款聚餐会，他点名邀请尼克松去作个半小时的演讲。

尼克松的演讲极为成功，当他演讲完毕走到杜威身边时，杜威握着他的手热情地说："讲得实在太好了。答应我：不要自满，永远保持你的这种热情，有一天你会当上总统的。"

尼克松笑了笑，他把这句恭维当作了那种政界中司空见惯的套话，而非某种暗示。

几个星期后，尼克松受邀到华盛顿五月饭店的一套房间与艾森豪威尔的核心顾问班子"随便聊聊"。当尼克松推开门走进去之后，迎接他的是艾森豪威尔的几大智囊：赫伯特·布劳内尔律师、卢修斯·克莱将军和杜威的主要筹款人哈罗德·塔尔博特。

他们轻松地敞开了话题，貌似漫不经心地询问了尼克松一些有关国内外的政策问题，只字不提副总统候选人的事。会谈结束之后又客客气气地送走了他。尼克松心里跟明镜似的，他明白这次会谈并没有那么简单，而是对自己的一次"面试"，对方想摸摸他的底，掂量掂量他的水平。

所以不等对方的回应，尼克松就赶紧调集了自己的小班子，商讨成为副总统候选人的事宜，他面对的第一个问题是，这个副总统值不值得干？

而且他还有一件很重的心事，那就是自己的家庭：妻子帕特和年幼的两个女儿。

其实帕特还是很崇拜艾森豪威尔的，她曾经在芝加哥的共和党全国大会上见过他一次。她当时冒着酷暑排了很久的队，才走到艾氏的面前，后者的副官着重介绍说："这位是参议员迪克·尼克松的妻子。"艾森豪威尔特意与帕特多聊了几句，帕特被将军那双"清澈、湛蓝、醉人的双眼"迷住了。但是她也绝对没有想到，她的丈夫日后能够成为这位大英雄的副手，与其并肩参加竞选。

帕特对丈夫竞选副总统并不热心，之前在加州竞选众议员和参议员的艰辛还历历在目，如今又要去进行一次时间更长、全国性的竞选，那种艰辛想想就让她不寒而栗。何况两个女儿一个只有 6 岁，另一个只有 4 岁，把她们撇下然后到处游说竞选一个可能性很小的职位，辛苦不必说了，对孩子都于心不忍。

面对妻子的反对，尼克松动摇了，当他正为此事而挠头的时候，老搭档乔蒂纳开腔了："你现在已经到了一个要么往上爬，要么退出的时刻了。如果你竞选副总统失败，你还可以保留参议员的席位，如果你当上副总统之后觉得真的很无聊，那么干完第一任后撂挑子就是了。但是你别忘了，你现在这么年轻，时间和机会还很多，即使当了副总统后就退出政治舞台，也吃不了什么大亏！"

被老朋友一通劝诫之后，尼克松如醍醐灌顶。乔蒂纳走后，帕特沉默许久，她走到尼克松的面前说："我想再来一次竞选活动，我也能对付下来。"尼克松感激地紧紧地拥抱着妻子。

第二天下午，在芝加哥的国际圆形剧场，艾森豪威尔在第一轮投票中就击败了塔夫脱，被提名为共和党总统候选人。为了让候选人有充分的时间考虑由谁担当他的竞选伙伴——副总统候选人，大会暂时休会。

尼克松前一天晚上就没有睡觉，此时已经精疲力竭，他抓紧时间赶回自己在斯托克饭店的房间，想好好地睡一个午觉，以应付晚上的会议。为了让他充分休息，帕特与乔蒂纳夫人去斯托克广场吃午饭。

时值盛夏，房间里也没有空调，尼克松只穿着一条内裤躺在床上，试图让自己入睡。正在迷迷糊糊的时候，乔蒂纳推门进来，声音激动得有些发颤。他告诉尼克松，艾森豪威尔的顾问布劳内尔刚才打电话告诉他，艾森豪威尔已接受了一张可供挑选的竞选伙伴的最后名单，尼克松就在其中。

尼克松虽然也很激动，但他不愿在没有最终确定的时候发话。他轻描淡写地说："这仍然是一厢情愿的想法，默里。"

就在这时，床头的电话铃响了。尼克松拿起听筒，对方是布劳内尔。这时只听布劳内尔捂着话筒在回答另一个人说："是的，将军，我们已经一致同意，就是迪克·尼克松。"接着，布劳内尔对话筒另一头的尼克松说，"迪克，我们选中了你。"并通知他立刻赶到艾森豪威尔位于黑石饭店的房间里来。

巨大的喜悦涌上尼克松的心头，他睡意全无，立刻回答说："我立刻就来见将军。"

坐着神通广大的乔蒂纳不知从哪儿弄来的高级轿车，在一辆警察局摩托车的护送下，尼克松到达了艾森豪威尔的总部。

而此时帕特也知道了这个消息，当时她正与乔蒂纳夫人一边吃午饭一

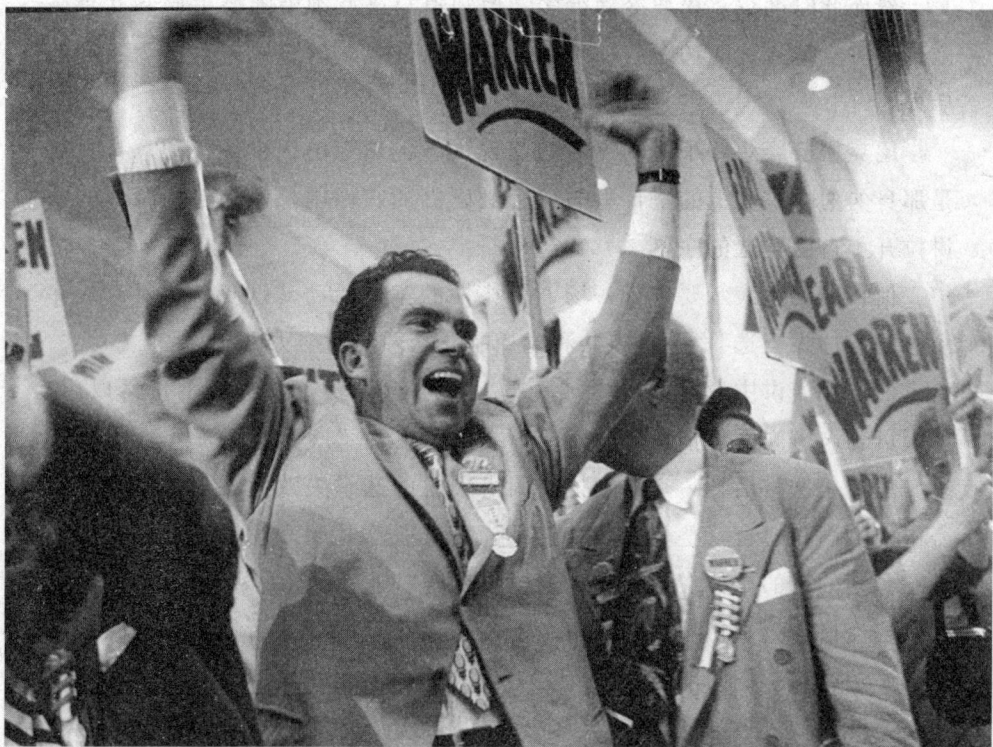

1952 年 7 月，尼克松在芝加哥共和党大会上，庆祝自己当选为共和党副总统候选人。

边看餐厅播放的电影。突然，餐厅的大屏幕上出现了一则新闻，宣布艾森豪威尔提名尼克松为他的竞选搭档。

帕特吃惊地张大了嘴巴，手里的三明治掉到了地上。乔蒂纳夫人大喊起来："天哪，帕特！你这一下可名留青史了！"喜悦的泪水冲进帕特的双眼，跟随丈夫几年来在政治上奔走所受的艰辛迅速被抵消了。她顾不上脚上所穿的高跟鞋，飞快地向大会会场奔去。

当她赶到会场不久，大会就全体鼓掌通过了对尼克松的提名，表明尼克松为共和党内各派力量所认可。当大会主持人、众议员乔·马丁请尼克松参议员从加利福尼亚代表团席区走上主席台时，帕特抑制不住内心的激动，从贵宾席上站起来，挤过人群来到尼克松身边，兴奋地吻了丈夫一下。

有些摄影记者对这激动人心的画面没有反应过来，于是他们坚持帕特再吻一次。帕特微笑着又吻了丈夫一下，然后两人手挽着手走上主席台。

然而此时的尼克松要冷静得多。他知道自己必须消除塔夫脱和艾森豪威尔双方支持者之间的矛盾，否则会对艾森豪威尔的竞选产生极为不利的后果。

尼克松已经想好了接受提名的演说词。他站在电视摄像机前，身上还是那身匆匆忙忙套上的平日里的那套皱巴巴的灰西服，但是他用精彩的演讲拉开了自己竞选的序幕。

他在演说中表示要进行一场"战斗性的竞选活动，以使一个具有战斗意志的候选人当选"，并将为共和党控制参众两院而努力。

他还在演讲中对塔夫脱大加赞扬，并且承诺要在"明年1月份以后，参议员勃·塔夫脱将担任多数党政策委员会主席。"

尼克松这番话，一举消除掉了因塔夫脱的选举失败而沮丧的支持者们心中的不满和怨言，整个代表大会都为塔夫脱欢呼起来。尼克松的演说达到了预期的目的，他在共和党内的地位也得以进一步提高和巩固。

尼克松与妻子帕特决心再次走上漫长而艰辛的竞选历程。当艾森豪威尔乘坐的"友邻们向前看"号专列开往中西部竞选的时候，尼克松也于9月17日乘坐"尼克松专列"离开惠蒂尔附近的波莫纳站，开始了这场被艾森豪威尔称为"十字军东征"的竞选旅程。在启程的时候，尼克松信心满满地向全国公众发表演讲，他严厉抨击了杜鲁门政府的腐败，并承诺艾森豪威尔会改变这一切，最后还保证在以后的两个月中，他会把艾森豪威尔改革运动的信息送到全国的每个角落。

然而天有不测风云，让尼克松和帕特万万没有想到的是，在这次意气风发的讲话20个小时后，一场空前的政治风暴就把尼克松卷上了半空，几乎葬送了他的政治前途。

## 9 基金危机和棋盘讲话
RICHARD MILHOUS NIXON

就在"尼克松专列"迎来第二个黎明的时候，9月18日上午10点左右，《纽约邮报》晨报版头版头目赫然写着一行大大的黑色标题："秘密的尼克松基金！"翻开报纸的第三版，又是两行通栏的大标题："富翁的秘密托管基金让尼克松过着奢侈的豪华生活！"新闻的开头写道："来自洛杉矶的报道：今天揭露一个专门为共和党副总统候选人尼克松参议员谋私利的'百万富翁俱乐部'。"这篇报道让刚刚对尼克松还寄予厚望的选民们感受到了被欺骗的愤怒，尼克松再一次被卷进了舆论谴责的风暴中心。

这则爆炸性的报道一开始并没有吸引多少人的注意力，它的作者是里奥·卡切尔，一个不入流的好莱坞电影编剧，还是一个著名的善于兴风作浪、煽风点火的文人。由于卡切尔的这种不良的声誉，以及文章本身那种耸人听闻的写作手法，都被很多主流报纸的编辑视为一次低劣的政治攻击，要么不予理睬，要么只是转登到次要版面，老资格的报业辛迪加专栏作家、记者彼得·安德森还专门写了一篇文章来澄清事实，但是这种写实的笔法完全被煽动得愤怒的民众忽略了。

这件事的真相是这样的：尼克松刚当上参议员时，他需要尽可能地多花些时间在加利福尼亚州各处走动、发表谈话、邮寄书信和选民保持接触。但是，华盛顿离加利福尼亚州太远，这笔费用的数额很大，尼克松的收入是远远不够支付的。尼克松的顾问乔蒂纳又出谋划策，建议尼克松在他的 6 年任期中进行一次"持久的竞选运动"。

尼克松竞选参议员时的财务主任达纳·史密斯则建议，他们可以公开为尼克松募捐基金，而且为了避免产生有人花钱买好或者尼克松自己从中渔利的问题，还为每人的捐款制定了一个最高额度，也就是每人捐款不超过 500 美元，并全部交由别人代为掌管。

1950 年底，史密斯写了一封关于设立基金及其用途的信，寄给了二三百个曾为竞选捐款的人。数星期以后，史密斯又给更多的人寄出了这封信。最后的结果是，他们收到了总额为 18 235 美元的捐款，有 76 人参与了捐献，平均每人 240 美元，没有人超过 500 美元。

1950～1952 年，这笔钱全部用于邮资、旅行和其他政治活动，尼克松一分钱都没有挪用到私人用途上。史密斯经手了所有的收支，并全使用支票付款。

而这件事又是怎么被拎到大众的视野之内的呢？原来，是尼克松的共和党同仁们在背后捅了刀子。

1952 年 7 月，在共和党的全国代表大会上，有几个加州代表不满意尼克松投向艾森豪威尔的决定，他们认为他背弃了自己的故乡——加州，因为当时参与竞选总统候选人的还有加州的州长沃伦。于是尼克松就背上了"背信弃义的小人"的名声，很快，关于这笔基金的流言蜚语就传到了媒体记者的耳朵里。

9 月 14 日，尼克松参加完华盛顿"会见新闻界"的电视节目之后，专栏作家彼得·安德森悄悄地把尼克松拉到一边，问他："我听到有人传言说你有一笔'基金'，这是怎么回事？还有人说你每年有 2 万美元的附加薪水，是由 100 个加州企业家提供给你的，是真的吗？"

尼克松耐心地把这笔基金的来龙去脉给他解释清楚，还让他去找达纳·史密斯，问个明白。

第二天一早，彼得·安德森就打电话给史密斯，史密斯当时还是南加州"拥护艾森豪威尔者俱乐部"的主席，在接到安德森的电话之后，他又把同尼克松一样的解释详细地重复了一遍。当天晚些时候，又来了 3 个闻风而至的记者，他们分别是《纽约邮报》的里奥·卡切尔、《记者》杂志的理查德·多诺万和《洛杉矶日报》的欧内斯特·布拉希尔。史密斯再次向这些媒体记者重申了当初设立基金的动机以及基金的使用方式。把这些人打发走之后，史密斯就把这件事忘到了后脑勺，没有放在心上，更没有用它去打扰正忙于竞选的尼克松。

9 月 17 日晚，尼克松的新闻秘书、《洛杉矶镜报》的政治编辑吉姆·巴西特得到消息说，第二天会有关于尼克松基金的消息见报，他告诉了尼克松之后，尼克松根本没有在意，他只是随意地点了点头，说："可能就是彼得·安德森的文章吧。"

当晚，从洛杉矶共和党总部传来警告说，第二天面世的文章可能会引来麻烦。尼克松立刻召集"尼克松专列"上的人马开了一个碰头会，但是在讨论之后，大家一致认为，这件事完全清清白白、干干净净，没有什么小辫子之类的可以让记者抓住，乔蒂纳甚至还开玩笑说，这件事就像是一场"茶壶里的暴风雨"。

其实，像尼克松拥有的这类竞选基金，在美国政界是颇为常见的。因此，在尼克松得知此事之后，开始并没有意识到它的严重性。他仔细地回忆了一下基金的来龙去脉，认为这只不过是民主党发起的典型的党派攻击，自己站得住脚，没什么可担心的。他沉住气、冷静地在当天下午发表了一则简短声明，同时还不忘自己的本职工作，顺手攻击了一下民主党政府。他说："我完全可以像民主党副总统候选人所做的那样，把我的夫人安插在联邦政府里养着……当我作为国会议员为国效劳并兼职律师的时候，从未收过律师费。对于所有的纳税人来说，我的所作所为是完全光明正大的。"

尽管尼克松作出了辩解，但是民主党人却是又惊又喜，他们可不愿让这件事这么快就销声匿迹，他们必须大做文章，因为只有这样，他们才能有力地打击艾森豪威尔的这位年轻干将，让他吃不了兜着走。

民主党提名的总统候选人，伊利诺斯州州长艾德莱·史蒂文森第一个跳了出来，他动用自己在报界、媒体的关系，把《纽约邮报》的这篇文章炒得沸沸扬扬、全国皆知，很快就把"基金问题"变成了全国性的话题；而民主党全国委员会主席斯蒂芬·米切尔则提出要求，要把尼克松的名字从竞选名单中划掉。对此，民主党人欢欣鼓舞，他们幸灾乐祸地讽刺共和党人说，别老是盯着我们的软肋不放了，别老是嚷嚷什么道德问题了，先把你们自己的屁股擦干净吧！他们还进一步"揭发"艾森豪威尔所谓的"改革运动"、"十字军东征"是纯粹的骗局。

而在艾森豪威尔得知"基金问题"后，他的第一反应是意外和十分不安。由于他当时也不知道这件事的真相，但是在这样的紧要关头，又不能尴尬地沉默下去。于是，在与顾问们商量之后，他决定先稳住舆论，然后调查真相，再决定下一步的行动。他迅速发表了一项简短的声明，在声明中说"我一直非常推崇和赞赏参议员尼克松具有美国人所有的信心和决心，把共产党的同情者逐出了受公众信任的岗位。最近出现了在道德问题上对他的指责，但我相信迪克是一个诚实的人，我敢肯定他会如实地正大光明地把全部事实向美国人民明白交代的。一旦在我们能有机会通电话时，我打算尽早和他谈一谈。"

艾森豪威尔并不急于表态，只是交给联络人一个便条，建议尼克松把手头所有的文件证明都公布出去，以洗清自己。尼克松也感到竞选演说越来越难进行，只要专列停下来开始竞选演说时，尼克松就会遭到许多人的诘问，结果演说变成了激烈的争论。然而这些并没有对尼克松的竞选信心产生实质性的影响。真正对尼克松产生巨大震动的，是来自共和党内部的非议和攻击。

共和党内部此时已经吵成了一锅粥，不少人开始出面要求解除尼克松的副总统候选人职务。塔夫脱、胡佛分别出面为尼克松辩白，后者更是称尼克松是"一个具有高度的勇气、正直、爱国的人"；俄勒冈州长道格拉斯·迈凯率领一支由该州共和党员组成的队伍，挥舞着小旗、演奏着军乐，并登上"尼克松专列"，以对其表示支持……

而一些支持共和党候选人的报纸也开始发表社论，要求撤换尼克松。《华盛顿邮报》和《先驱论坛报》的两篇社论都建议艾森豪威尔要求尼克松退出竞选。《先驱论坛报》在社论中回避了尼克松是否有罪这个问题，但在结尾中说："在这种情况下，参议员尼克松的正当做法应是正式提出退出竞选。至于对这个问题如何处理，那就得看艾森豪威尔无比公正的态度会对所有这些事实作出如何评价了。"

《先驱论坛报》是当时美国东部最有影响力的共和党报纸，而该报与艾森豪威尔及其支持者关系尤为密切，该报在华盛顿办事处的负责人伯特·安德鲁斯当时就在艾森豪威尔的专列上。这篇社论的出现，给了尼克松前所未有的打击，他心中认定，这篇社论即使不代表艾森豪威尔的观点，也代表了他的竞选班子中某些高级顾问的看法，他以为艾森豪威尔在暗示他，自己已经失去了他的信任。尼克松像霜打了的茄子一样，萎靡起来。

在这个时候，关着门胡乱猜疑是很危险的，尼克松的顾问们建议要立刻弄清艾森豪威尔身边的那些人和他本人究竟是怎么想的，他们分头派人第二天去打探消息。

结束会议之后，已经是午夜了，尼克松垂头丧气地回到休息车厢。这个时候帕特还在熟睡，她这段时间极度辛苦。

虽然尼克松尽量蹑手蹑脚，帕特还是被惊醒了。她回头看了看丈夫，发现尼克松此刻的脸几乎是绿色的，眼角和额头的皱纹更加明显了。

"迪克，你还好吧？"

尼克松苦笑着，一边解领带，一边低声抱怨道："也许我太自以为是、太主观了，如果艾森豪威尔身边那些更为客观的人都认为，如果我退出竞选就能使他获胜的话，我也许就该退出。"

帕特是个外柔内刚的女人，她知道此时的尼克松就处在信心崩溃的边缘，自己如果不出手拉他一把，就再没有别人能帮助他了。她用一种不容置疑的、坚定的口吻对尼克松说："亲爱的，你不能这样想！如果艾克

（即艾森豪威尔）因为这件事就逼你退出的话，那么他也肯定赢不了。"

尼克松疑惑地看着妻子，问道："是吗？"

帕特继续说道："没错！你们俩现在是站在一个战壕里的战友，如果面对挑战，你们不一起迎上去，为了自己的荣誉而战，你们俩都会是可耻的失败者！"

看着尼克松渐渐松弛下来的表情，帕特最后补充了一句让尼克松勇气百倍的话："听着，如果你就这样像个懦夫一样放弃了，而不去向外面所有的人解释清楚、洗刷你的冤屈，那么你毁掉的不但是你自己的政治生命，而且还有我们的家庭。想想我们的女儿们，想想她们的未来，你想让她们一辈子生活在父亲的耻辱之下吗？"

尼克松的信心和热情一下子熊熊燃烧起来，他紧紧地拥抱住帕特，喃喃地说："你说得对！让我们坚持到最后吧！"

晨曦出现在窗外，艰难和羞辱正等着他们。

《先驱论坛报》的社论在社会上引起了广泛的猜疑和谩骂，当尼克松的竞选专列抵达俄勒冈的尤金时，民主党人早就准备好了。他们举着牌子围攻尼克松一行，牌子上写着："不给尼克松夫妇貂皮大衣，只给他们冰冷的现金。"当他们到达了波特兰，民主党组织带领着愤怒的人群聚集在尼克松下榻的旅馆外面，他们把尼克松夫妇推来操去，把硬邦邦的硬币砸进尼克松的汽车，有些人砸得异常凶狠，甚至让车里的人不得不护着脑袋躲到座位下面去。还有一些人则一手拿着棍棒，一手摇晃着一个铁盒子，上面写着"给穷鬼尼克松捐几分钱吧！"

使尼克松稍稍感到宽慰的是，还有人顶着风雨站出来为他说话，其中就包括艾森豪威尔以前的竞选对手塔夫脱。

塔夫脱在回答一个记者的提问时说："我不懂为什么一位参议员或众议员不应接受他的家庭成员、朋友或支持者的馈赠，以供给他一些不是由政府支出的费用，甚至是私人的花费。只有捐钱的人要求或得到了立法上的或其他方面的好处，那才应该加以谴责。我知道在基金问题上，捐款的人并没有此类动机。那些捐献基金的人在立法问题上也许只是和他所采取的立场相一致罢了。"

在艾森豪威尔的专列上，竞选人员进行了一次非正式投票，结果以42∶2赞成甩掉尼克松。在随后的记者招待会上，艾森豪威尔说："如果我们自己不是和猎犬的牙齿一样清白，那么我们发动这场改革运动来反对华盛顿正在进行的勾当又有什么用呢？"

几天过去了，尼克松依然没有直接从艾森豪威尔那里得到明确的信息，所有的人都在痛苦地等待着，局势越发紧张了。帕特甚至为此急出病来，脖子不能动弹，不得不卧床休息。

最后，还是乔蒂纳建议道，既然共和党全国委员会已把电视时间分配给了副总统候选人，尼克松现在就用得上了，他必须在电视里发表一篇辩护演说。

杜威也打来电话说，应该让全体美国人民而不是艾森豪威尔来决定尼克松的去留。杜威在电话中同时还告诉尼克松，绝大多数的艾森豪威尔顾问都要求尼克松退出，但艾森豪威尔本人还没作出决定。

当天夜里，艾森豪威尔终于给尼克松打来了电话。在电话里，尼克松破天荒头一遭地对艾森豪威尔发了火。

艾森豪威尔在电话里也建议尼克松应该上电视，把所有的情况都向全国人民讲清楚。"把你所记得的自从你进入政界以来的每件事都说出来。告诉他们你曾经接受过的每一分钱。"他说。

而尼克松本人此时迫切地想知道艾森豪威尔本人的想法，他已经烦透了这种命运被掌握在别人手中的感觉，他的愤怒越来越明显了，他大声说："现在已经该结束这种拖延的办法了，我在电视节目上露面之后，你就应该立即作出决定，不能老是占着茅坑不拉屎！"

尼克松脱口而出的脏话，以及他骂的人，把在场的人都吓呆了。

艾森豪威尔很冷静、很自制地挂上了电话，并没有跟这个年轻的参议员计较。谈话结束后，尼克松知道自己已经没有退路了，他必须战斗下去。

9月22日，尼克松乘飞机从波特兰赶回洛杉矶。共和党全国委员会以及参众两院的竞选委员会已经拨了7.5万美元，买下了23日晚上半小时的电视播出时间。

第二天晚上，尼克松动身前往电视台前的一小时，杜威从纽约打来了机密电话。他转达了艾克和助手们的意见：尼克松应在讲话结束时，正式向艾克宣布辞去副总统候选人资格。他们的意思是：虽然尼克松是清白的，他们也坚信他是清白的，但尼克松应避免对艾克的竞选造成不利影响。这下，尼克松更火了："告诉他们，我他妈的也懂一点政治！"说完，也不等杜威的回答，就"砰"地一下摔下了听筒。

尼克松拒绝了艾克的意见，他决定把自己交给全国人民去选择。当全部希望都消失的时候，反而思路上获得了解放，他的第一个念头就是：反击！

尼克松想起了他最崇拜的人——丘吉尔，对方就是一个在尖刻的诅咒方面登峰造极的家伙。有一次，丘吉尔讽刺没有骨气的政府大臣麦克唐纳时，就信口胡诌道："我记得自己还是个孩子时，父母带我去看著名的巴纳姆马戏团演出。那里有许多畸形生物展览，我最想看的是一种无骨怪物。父母说我年纪小，怕吓着我而不让我看。我一直等了50年，才看到他正坐在下院的政府大臣席上……"这个信口瞎编的故事竟和丘吉尔本人一样著名。还有一次，议员阿斯特女士对他说："如果我是你妻子，我会在你咖啡里下毒。"丘吉尔立刻说："如果我是你丈夫，我会喝了它。"

尼克松还想起，罗斯福总统1944年被抨击，说他大战期间曾专门派了一艘驱逐舰去阿留申群岛，接他的爱犬法拉。罗斯福用一句话就打垮了攻击他的人："对我和我家庭的攻击，我并不在意。但是，法拉对此很生气。"

他还想起，杜鲁门政府的一个秘书得到了一件貂皮大衣，而帕特只有一件旧呢子大衣；他还想起了林肯的名言："上帝必定爱普通人，因为他创造了那么多普通人。"

电视开播前3分钟，帕特紧紧地挽住丈夫的手，把他送进了演播室。

尼克松走到摄像机前。电视台的人开始调试灯光，检验设备。导演问他要做些什么动作？尼克松说："我什么也不知道，把摄像机对准我就行了。"

"我的美国同胞们，"尼克松开始说，"今晚，我既作为一个副总统候选人，也作为一个诚实和正直但受到怀疑的人，到这里来跟大家讲几句话。"

在电视讲话中，尼克松公布了自己的全部资产：在加利福尼亚的家产净值3 000美元；在华盛顿的家产净值2 000美元；人寿保险金4 000美元；银行存款4 500美元；一辆1950年的老式汽车；没有股票、公债和欠债……坦率地说，这只相当于美国一个中等家庭的经济状况，是一个靠工资生活的、干干净净的、招美国人喜爱的家庭，尼克松一点不富裕也一点不隐瞒。

他还巧妙地说，像他这样一个"收入不多的人"能参加这样的竞选，未

# RICHARD MILHOUS NIXON

尼克松与他的宠物犬狮子狗 Vickie 和西班牙长耳犬 Checkers 在一起享受休闲时光。

必不值得鼓励，因为林肯说过："上帝必定爱普通人，因为他创造了那么多普通人。"他又对观众说，"帕特没有貂皮大衣，只有一件共和党人的普通呢子大衣，但是在我眼中，她穿什么都好看。"

在讲话快结束时，尼克松故意停顿了一下，以吸引听众的注意，他这是在有意地制造一个高潮，他承认自己曾接受过一件礼物：一只西班牙长耳小狗，他 6 岁的女儿特里西娅非常喜欢它，给它取名为"切尔克斯"（checkers，意即花格子）。尼克松接着说："不管别人怎么说，我们决不放弃它！"

尼克松那时已经和演讲混为一体了，完全没有看到罗杰斯在摄像机旁向他表示出的"10 秒"、"5 秒"、"结束"的信号。摄像机关闭时，尼克松仍在讲话，他站在桌子前面，双臂伸向摄像机，似乎想拥抱观众。他这 30 分钟的演讲表现得异常动人：神情疲惫，又十分坚定，像一个受了伤的勇士。但是他却在演讲结束后泪流满面、愤怒地把讲稿摔在地上，因为他没有来得及告诉观众有关共和党的联系地址，这样听众根本就无法答复。于是他认为：演出完全砸锅！他要退出竞选了。

但是当他离开演播室时，来自全国的支持电话，随后是信件，几乎淹没了共和党全国委员会。演讲空前成功，他的威望比他受抨击前更高了，真正成为一颗政治明星。后来这次讲话在历史上被称为"棋盘讲话"（切尔克斯在英语中指"花格子"，意为棋盘），于是尼克松家的切尔克斯也跟着鸡犬升天了，收到了无数个、各式各样的狗项圈、狗毯子、狗窝以及狗粮，它一夜之间就成为当时最有名气的宠物明星。

尼克松与他的爱犬 checkers 在一起

在克利夫兰，艾森豪威尔的夫人玛米看完演讲后，不禁啜泣起来。身边的工作人员，有几个人的眼中也噙满了泪水。

在下面大厅中听广播喇叭的听众开始叫喊起来："我们要尼克松！我们要尼克松！"

艾森豪威尔也松了一口气，他转身对共和党全国委员会主席阿瑟·萨默菲尔德说："阿瑟，今晚你花的 7.5 万美元的确物有所值！"

# RICHARD MILHOUS NIXON

　　几分钟后，艾森豪威尔来到下面大厅面对情绪激动的群众说："我这个人，在投入战斗时，宁愿有一个勇敢而诚实的人在我身边，也不要满满一大车态度模棱两可的人。我见过不少身处逆境仍然勇敢战斗的人，但我从来没有看见过任何人像今天晚上的尼克松参议员这样如此出色地通过了这场考验。"

　　接着，艾森豪威尔就给尼克松拍了一份电报，内容是："演说棒极了。……如能立刻飞来见我，将十分感激。明天我在西弗吉尼亚州的惠林城。我对你的个人情谊和敬慕都极其深厚，绝未减少。"

　　当尼克松一行在惠林下飞机时，艾森豪威尔就已经伸着手大踏步地迎接上来。当看到将军那灿烂的笑容时，尼克松满肚子的不快和愤懑都烟消云散了，他赶紧走上前去，握紧了将军的手："将军，您不必亲自前来机场。"

艾森豪威尔笑着说："为什么不呢？你是我的孩子啊！"然后热情地揽着尼克松的肩，微笑着让记者们疯狂拍照，他们两人此时都不知道，20年以后，艾克的孙子迎娶了尼克松的女儿为妻，两家人在血缘上都融合在一起了。

　　之后，俩人共乘一辆汽车来到惠林运动场，在欢呼的人群面前，艾森豪威尔宣布，尼克松已经完全"洗刷干净了"，并且当

1952 年 9 月，艾森豪威尔与尼克松并肩出席某些社会活动

众宣读了一份来自共和党总部的电报，电报中说，在共和党全国委员会138 名委员中，有 107 名委员拥护尼克松继续参加竞选。

11 月 4 日，总统大选落幕了，艾森豪威尔以 650 万票的优势获得胜利，结束了民主党对白宫长达 20 年的统治。共和党在众议院还获得了 22 个席位，还在参议院获得了比民主党多出一席的优势。艾森豪威尔和尼克松当选为美国第 24 任总统和副总统，刚满 40 岁的尼克松一跃成为美国历史上最年轻的副总统之一。

# RICHARD MILHOUS NIXON

# RICHARD MILHOUS NIXON

# 第三章

## 最忙碌的副总统

## （1953—1960）

　　石块，成百上千的石块，穿破空气"嗖嗖"地击打在尼克松车队的车窗上，车窗玻璃碎了，碎片不停地击打在车内人的身上、脸上，同时外面不停地有人推晃车子，试图把它推翻在地，然后点燃。尼克松的随身护卫们快气疯了，舍伍德"哗啦"一声拔出左轮手枪，红着眼睛骂道："让我干掉几个狗娘养的！"尼克松赶紧拦住他的胳膊，因为他知道，向这群失去理智的暴徒开枪，无异于火上浇油。

# RICHARD MILHOUS NIXON

## 1 成为副总统
### RICHARD MILHOUS NIXON

1953 年 1 月 20 日，沐浴着华盛顿清冷的晨雾，美国副总统尼克松在家族成员的陪伴下，把右手按在一本《圣经》的封面上，宣誓就职。这本《圣经》是尼克松母亲所属的米尔豪斯家族的传家宝。

在当晚举行的庆祝家宴上，尼克松的母亲悄悄地塞给尼克松一张小纸条，尼克松当时忙于招待亲朋，直到当天深夜才把小纸条拿出来，细细地读上面的每一个字：

> 给理查德：
>
> 你已经成就非凡，我们永远为你而骄傲——我知道你一定会像你所应当的那样保持你和你的创造者上帝的关系，因为你要知道，即使像今天这样，那仍是你一生中最重要的事。
>
> 爱你的
>
> 母亲

尼克松看罢热泪盈眶，紧紧地攥着这张象征着母爱的小纸条，然后把它仔仔细细地放在贴身的钱包里，一直带在他身边。

回顾这次竞选，尼克松不禁感慨万千，深夜，他独自沉浸在回忆之中。

可以说，基金危机的出现，沉重地打击了尼克松在刚开始投入竞选时的热情和信心。当他跟随艾森豪威尔踏上那场被后者称作"十字军东征"的竞选旅程时，当他在旅程的起点站波莫纳火车站作开场演讲时，当加州的州长沃伦在火车站把他介绍给欢送的人群时，他笑得那么开怀、那么意气风发、那么踌躇满志，但是在接下来的短短一周时间内，就让他似乎在一瞬间老了好几岁。尽管在危机过去、迎着众人的欢呼和艾森豪威尔的赞赏而前行的时候，尼克松从帕特紧捏着的手指和疲惫的笑容中深刻地感到，政治是一个多么刺激又多么可怕的东西，它可以让你在一瞬间达到权力的顶峰，也可以随手把你扔进地狱，遭受世人的唾骂。

而对于尼克松的爱妻帕特来说，虽然她自始至终都微笑着坚强地站在丈夫的身边，可是正是从这次危机开始，她对政治产生了打心眼里的厌恶和憎恨，从前她那种勃发的热情消退了，取而代之的只是作为一个副总统夫人应该履行的义务和责任。她开始厌倦了，常年的竞选奔波和强作欢颜让她开始无比渴望那种正常的、普通的家庭生活，然而，此时历史已经把她和她的家庭推到了一个无法选择、无法后退的位置。

帕特的变化，尼克松完全了解，他感到非常愧疚和自责。但是，此刻尼克松的心中充满着一种强烈的情绪，那是愤懑和痛心。

尼克松虽然此时只有 40 岁，但是作为一个资深的政客，他看惯了政坛上的起起伏伏、尔虞我诈、勾心斗角甚至是你死我活。在战斗中，他打击过敌人，也被敌人所打击。但是基金危机事件却让他看到了一些更为丑恶的嘴脸，那就是隐藏在己方阵营中的明枪暗箭。

与民主党斗智斗勇这么多年，对方的花招、手腕和阴谋，尼克松并不感到陌生。然而在事件爆发出来之后，有那么多的共和党人，从前并肩作战的战友，都唯恐避之不及，纷纷站出来对他表示谴责。而自己忠心耿耿跟随的领导艾森豪威尔，也没有表示过什么信任和支持，只是尽量站在客观的立场上，以不损害自己的竞选声誉为行动的标准。

这次的基金危机给尼克松带来的最大感悟就是"没有永远的友谊，只有永远的利益"。他认为，人与人之间只有能给彼此带来好处的时候，他们才能成为朋友。他更把这套观点套用到了生活上，唯一的区别就是这种公开化的竞选可以让这种人际关系的道理更明确一点罢了。尼克松永远也忘不了，当他遭到诽谤和攻击，表示可能会退出副总统竞选的时候，有那么多的人立刻就翻脸不认人，这给他的心里刻下了深深的一道疤痕，一辈子都无法消退。

而给尼克松的心灵种下另外一颗深深的仇恨和厌恶的种子的，就是当时的新闻媒体。

在 1952 年总统大选之前的一周，亲民主党候选人史蒂文森的《圣路易邮报》，在头版的醒目位置刊登了一篇报道，指责尼克松在半年前曾陪伴自己的基金管理人达纳·史密斯前往哈瓦那的一家赌场销金狂欢，然而此时真实的情况是，尼克松当时正在夏威夷度假。

民主党人还指使新闻撰稿人编造了一些关于尼克松家人的谣言。就在大选前的几天，媒体爆料说尼克松的家庭拥有"保守估计至少25万美金的不动产"，其中包括尼克松的弟弟唐纳德承租的一间餐馆、尼克松的父母买来养老的位于宾夕法尼亚州的小农场等等，这种不择手段的攻击让尼克松暴跳如雷。

始作俑者《纽约邮报》一直没有闲着，他们还炮制了一封告发信，信是由一个假冒的石油公司经理写的，信中暗示尼克松曾经被收买，他在华盛顿为石油业主暗施手脚，报酬是每年 5.2 万美元。

这些无中生有的诽谤和攻击让尼克松身心俱疲，但是最让他伤心的是，他的家人因为这些事受到了多么严重的打击和伤害。尼克松的父亲弗兰克，那个爱面子、好争辩的耿直老头，竟然因为这些莫名其妙的谎言，在无人的地方痛哭了好几次。

基金危机之前，尼克松与报界的关系不好不坏，面子上都还过得去。但是在此次基金危机中，报界不少人给予他的恶毒诽谤，使其成为尼克松一生的噩梦，他称其为"对他名誉上的谋杀行为"，从此他就开始戴着有色眼镜处理与新闻媒体间的关系。他与媒体结下的梁子，一直没有好转。而这一点也给他后来成为总统之后的很多事件埋下了不祥的伏笔，导致他在任职后期的很多工作都进展困难，并且使他在水门、弹劾等事件发生时的公众形象异常狼狈，所有这些都与他在新闻界树敌过多有关。

从基金问题的泥潭中成功脱身出来的尼克松，开始着手在竞选中对付民主党了，他磨拳擦掌、咬牙切齿地开始了自己的反击，他在此次竞选中，采用了前所未有的粗野的言语和狂热的态度，他猛烈地攻击那些挡在他面前的民主党人，用无情的、残忍的、尖刻的讽刺和嘲弄，发起一轮又一轮的攻击。看得出来，在基金危机之后，他真的很恼火了。

根据当时的民意调查，对于共和党来说，民众对变革的要求和对杜鲁门联邦政府的厌恶，已经成为一个相当有力的重型武器。用后来尼克松自己的话来说，他把当时杜鲁门政府面临的尴尬与自己后来在水门事件中的处境相提并论，并且他认为，唯一能与这些相媲美的麻烦只有约翰逊总统在越南问题上所遭遇到的难堪处境了。

尼克松的基金危机，本来让民主党人大喜过望，他们指望通过对这件事情的大做文章，来转移民众对于他们政府无能的注意力，可是尼克松的漂亮反击，不但让他们的如意算盘落了空，而且还赢得了民众的普遍同情和支持，甚至让尼克松在民主党政府的道德腐化问题上更有了发言权。这可是史蒂文森做梦也想象不到的。

尼克松通过基金危机的咸鱼翻身，还重新燃起了民众对于希斯案件的兴趣。尼克松在演讲中反复重申一件事，即在希斯第一次作伪证的审判中，史蒂文森曾经具结保证希斯的诚实、正直和忠诚，甚至在希斯已经被证实与钱伯斯有勾结之后，他依然这么做。

尼克松还拿当时的国务卿迪安·艾奇逊当靶子，他指责由于后者对待国际共产主义的过于软弱，才导致美国失去了中国和东欧，甚至引发了朝鲜战争。为了强调自己的观点，尼克松形象地比喻史蒂文森是艾奇逊"怯懦的遏制共产主义大学"的毕业生。

而真正让艾森豪威尔和尼克松一见到就眼睛发红的人，是1952年总统大选的隐形主角杜鲁门以及他暗中扶持的表面主角史蒂文森。

1952年的大选，虽然杜鲁门已经声称退隐，但是他实际上还是充当了一个幕后的主角。看着政坛红人们的刀光剑影，杜鲁门不可能心如止水地按兵不动，他当年就是靠着那种近身肉搏式的政治斗争走到台前的。

看着艾森豪威尔作为一个战斗英雄、万民景仰的偶像出现时，杜鲁门的心里像猫抓一样的难受，他不能像其他民主党人一样回避艾森豪威尔的民望这一锋锐，而是迎难而上，专门攻击艾森豪威尔的专长，以进行戏剧性的、不负责任的指责，他暗示艾克曾经在雅尔塔和波茨坦协议中把东欧献给了共产党，这一诽谤让艾克始终耿耿于怀，宿怨暗结。

艾森豪威尔从来不掩饰自己对杜鲁门的成见，在他赢得了总统大选、举行就职典礼之前，按照惯例，他应该去白宫与即将告退的前主人杜鲁门喝上一杯象征性的咖啡。但是艾克明确地拒绝了，他是直奔国会大厦宣誓就职的。

对于当时的民主党候选人史蒂文森，艾森豪威尔与尼克松抱着一种本能的厌恶情绪。其实在美国的政坛上，这种超越了政治角色而直接上升为个人恩怨的例子，是非常少见的。但是史蒂文森就是这么不招人待见。在尼克松的心目中，史蒂文森虚伪矫情、华而不实，他那种油嘴滑舌的小聪明、浅薄轻率的职业态度都让尼克松厌恶到了极点。艾森豪威尔对这个人的态度直接就是完全的排斥，他任职之后，从不邀请史蒂文森去白宫，更有趣的是，在他罹患中风之后，一听到史蒂文森的名字，血压就直线升高。

# RICHARD MILHOUS NIXON

所以在尼克松对民主党的抨击之中，经常把史蒂文森与杜鲁门和艾奇逊联系在一起。他把艾奇逊形容为"形式主义的混乱局面的创造者"，他警告民众，如果让史蒂文森当选，那么他们将会看到国家继续按照那种老一套的政策衰败下去，因为史蒂文森就是从艾奇逊那所失败了的政客学校毕业的，是艾奇逊的小乖乖。为了制造讽刺效果，尼克松直接称呼史蒂文森为"一位穿着国务院粉红睡袍的家伙"。

在这次竞选的过程中，尼克松和帕特精疲力竭地旅行了 4.6 万英里，他发表了 92 次演说，访问了 214 个城市。由于艾森豪威尔必须在竞选中保持自己民族英雄的形象，因此尼克松就独自挑起了冲锋陷阵、血染战袍的担子，总是冲在队伍的最前列，挥舞着刀枪与敌人肉搏。但是这样的任务却给了尼克松前所未有的抛头露面、大展英姿的机会，与他的风头出尽相比，民主党的副总统候选人约翰·斯帕克曼就成为一个可有可无的、被人忽略的小人物，甚至在很多地方，连史蒂文森的知名度都比不上尼克松。

大选当天，尼克松一反常态地轻松自如，他带着顾问比尔·罗杰斯来到了拉古纳海滩，与驻扎在那里的彭德尔顿军营的水兵们打了一会儿橄榄球。

当天下午 6 点，当尼克松正在饭店房间里睡午觉的时候，十几个人冲了进来，争先恐后地告诉尼克松："我们赢了！"

在美国的历史上，副总统一向是一个尴尬的位置，它的地位仅次于总统，但实际权力却跟空气那样虚幻，甚至不如一个部长说话管用，常常只是一个点缀性的礼仪人物，一个国家级礼品，只是在那些不重要的场合替代总统去出席、招待客人，同时前往其他国家参加节庆、吊唁、花边会议等等。

副总统只有一个权力，即辞职的权力！而他平时的主要任务就是在总统起床之后，亲自去探视总统的身体情况。假如总统突然去世，或下野，那他立刻就成为法律上的总统，瞬间掌握一切大权，这是副总统的最大价值梦想。但这种价值与梦想只是副总统心中说不出口的美梦（有时也是噩梦）。但任何总统挑选"搭档"，绝不是为了这个"搭档"有朝一日替代自己，仅仅是为了把它佩挂在胸前，使自己形象丰满，顺利地当上总统。然而不经过竞选就当上美国总统的副总统，在"二战"以来的 50 年里只出现过 3 位：杜鲁门、约翰逊和福特。他们 3 人所辅助的前总统，一个病故

（罗斯福），一个被刺身亡（肯尼迪），一个被弹劾下野（尼克松），占尽了总统非正常中止任期的各种天赐良机。

按照美国法律的规定，副总统唯一的重要职能是当参议院对某项表决的赞成与反对票数相等时，可以投一张打破平衡的票，或者在总统死亡或丧失工作能力时接替他的职务。如果不经总统授权，副总统什么也不能干。他只是一个象征性的、冷藏在冰箱里的、用于应急的总统苗子。在美国政界，副总统有很多不雅的绰号，比如西奥多·罗斯福就曾把副总统比作"当修女"，杜鲁门则说它是"母牛的第五个乳头"。因此，按照传统的观念，尼克松此时虽然已经几乎走上了权力的顶峰，但是他恐怕此后只能眼看着周围的人忙碌着行使权力而流口水了。

但是尼克松的心里却早已踌躇满志。这是为什么呢？

当初在尼克松被选为艾森豪威尔的副手参加总统竞选的那天，艾森豪威尔把尼克松带进了他的一间办公室，轻松的寒暄之后，艾森豪威尔收敛了笑容，满面严肃。他对尼克松说："我要让我的竞选，成为一场十字军东征，以此来实现我所信仰的以及美国所代表的一切东西！"

艾森豪威尔接着用他那冷峻、深沉的蓝眼睛盯着尼克松问道："你愿意和我一起参加这样的一场竞选吗？"

尼克松说："当然愿意，我为此感到自豪和快乐。"

谈着谈着，两人的谈话主题就慢慢转移到尼克松最关心的副总统的职责问题上。

艾森豪威尔当然清楚，坐在他面前的这个年轻人绝非平庸之辈，他可不是一个轻易用根小骨头就能打发得了的小人物，他是个深不可测的家伙。要想将他笼络到自己麾下，就必须改变一些东西，以让尼克松感到更有诱惑力。

"迪克，"艾森豪威尔故意停顿了一下，好让随后的话显得更为重要，他接着说，"我不想让副总统只是个摆摆样子的人物。我要他成为我们工作班子中的一员，并且，万一我发生什么意外，我要让他能够顺利地接替总统职务。"

尼克松原本一副公事公办、不为所动的表情开始软化了，他的眼神开始闪烁起来。

艾森豪威尔笑着说道："当然，我们首先要赢得这场选举。"

## RICHARD MILHOUS NIXON

艾森豪威尔当了一辈子的军人，他说过的话就绝不是开空头支票。现在，他们赢得了选举，到了诺言该兑现的时候了。

尼克松做了他的副总统之后，备受重用。任职期间，尼克松广泛地出访，访问国家的数量竟多达55个！他参加各种会议，其活跃程度大大超出了副总统的职权常规。他还在1955年、1956年、1957年艾森豪威尔3次卧病期间，3次代行总统职权，彻底改变了副总统在人们头脑中只是"一只装满牢骚的花瓶"的印象（即老被搁在亮堂堂但并非权力中心的地方，而且还怕碰碎）。当然，这是后话。

具有讽刺意味的是，由于艾森豪威尔不擅长也不愿介入党派纷争，所以尼克松就任之后就自然成为党派斗争的领导人和党内纷争的协调人，而他所急需处理的第一件事，就是协调麦卡锡和政府之间纷争的事。

## 2 超强纠错：对付麦卡锡主义
RICHARD MILHOUS NIXON

在艾森豪威尔和尼克松从杜鲁门手中继承下来的那个烂摊子之中，最让他们头痛的问题之一，就是约瑟夫·麦卡锡这个人。一个民主党人曾经警告过尼克松说："乔（麦卡锡）就是潜伏在你们身边草丛中的一条毒蛇，他会在你最不留意的时候，在你的胸脯狠狠地咬上一口。"

约瑟夫·雷蒙德·麦卡锡出生于1908年11月14日，父亲是威斯康星州东北部小城市阿普尔顿附近的一个小农场主。麦卡锡兄弟姐妹7人，他排行老五。1929年，麦卡锡离家到附近马纳瓦的蔬菜店工作。1930年，他在威斯康星州密尔沃基的一所耶稣会开办的马克特大学学习土木工程。1935年大学毕业后，麦卡锡成为威斯康星州律师界的一名成员。1936年，他在一个地方选区担任民主党的社团青年俱乐部的主席。1939年，麦卡锡又以共和党人的身份当选为威斯康星州地方巡回法院的法官。太平洋战争爆发后，麦卡锡于1942年8月14日参加了海军陆战队，后担任空军中尉，并于1944年退伍。1945年，他在百事可乐公司当推销员。1946年11月，麦卡锡在威斯康星参加共和党竞选并当选为参议员。1952年，麦卡锡在参议员竞选中连任。接着，麦卡锡又担任了参议院政府活动委员会主席及其附设的常设调查小组委员会的主席，拥有相当广泛的权力。

与尼克松一样，麦卡锡也是靠反共起家，一步步成为共和党内不可一世的人物。他眼看着尼克松这个同样是平民出身的小小众议员，靠着希斯案件而大红大紫，他自己便也搭上了反共这趟"政坛特快列车"，牢牢咬住共产主义不放。从 1950 年开始进入民众的视线，从此一发而不可收拾。从 20 世纪 40 年代末到 50 年代初，麦卡锡在美国社会掀起了以"麦卡锡主义"为代表的反共、排外运动，这场人人自危、草木皆兵的运动涉及到美国政治、教育和文化等各个领域。

但是与尼克松不同的是，后者反共完全是从意识形态的差异和对潜在的颠覆力量的恐惧而出发，但是麦卡锡的反共却完全属于政治投机行为，他不了解共产主义和资本主义的根本差别，不熟悉共产主义者的行事方式与世界观，他只是以一种不可理喻的疯狂、对权力的渴望和投机心理来进行反共行动。他不懂得见好就收，而是如同吸毒上瘾一般地狂热煽动着国民对共产主义的恐惧与厌恶。

当时，在希斯案件结束之后，有的历史学家评论道："这个国家已被像希斯这样的人叛卖给它的敌人之手。在国务院中，到底还有多少卖国贼占据着重要位置？"

就在希斯被联邦法院定罪后的第 19 天，1950 年 2 月 9 日下午，麦卡锡在西弗吉尼亚州惠林城的共和党妇女俱乐部里发表了一次煽动性的演说，演讲的题目是共产党对政府的渗透。他声称美国的危险来自某些官员的背叛，整个国务院已经被共产党搞得千疮百孔。他最后手举着一份清单说："我手头有国务院里 205 名共产党员的名单。国务卿知道他们是共产党员，但他们仍然在国务院工作，并且正在草拟和制订国务院的政策。"

麦卡锡的惠林演说，立即成为美国国内的头条新闻，轰动了政界。美国记者乘机推波助澜，这样美国上下就出现了一股歇斯底里般的反共热潮，美国历史上十分黑暗的麦卡锡时代开始了。

麦卡锡在接下来的几年里，四处出击，掀起了一波又一波反共浪潮。不过那份名单有时变成 205 名"危险的嫌疑分子"，有时又变成"57 名持有党证的美国共产党党员"。有一位新闻记者问他，能否看看他手里的清单。麦卡锡答应之后又接着说，名单已经放到行李包里去了。其实他手头上并没有一份美国共产党党员的名单。他所掌握的唯一"证据"，只是一份国务院早已对联邦政府公务员进行"忠诚调查"后所提出的甄别材料。原来，早在1946年7月，国务卿贝尔纳曾写信给美国众议院谈到：国务院对3 000名政府职员初步进行了甄别，认为有284人不宜长期在联邦政府任职，这些人中已有79人被解雇。麦卡锡则把上述名单中尚未解雇的205人，统统称之为"共产党人"。

麦卡锡的突然出现，吸引了尼克松的注意，他饶有兴味地查阅了麦卡锡的个人资料。但是让尼克松这个反共老手感到吃惊的是，麦卡锡既没有参加过任何对共产党的斗争，也不了解共产党人的行为方式、组织结构；于是尼克松就开始怀疑这个叫嚣蹦跳着的"反共斗士"到底有多少水分。当麦卡锡约见尼克松并向其讨教"反共经验"的时候，尼克松叮嘱他，必须有充分的证据，才能怀疑一个人是否存在着"威胁国家安全"的身份。但是麦卡锡只是嘴头上痛快地答应，而事实上却不为所动，依旧随心所欲地四处乱咬。

其实一开始，共和党人还是颇为欣赏这个家伙的，因为他在共和党与民主党争夺统治权的时候跳了出来，肆意攻击杜鲁门政府，成为共和党人党派斗争的利器。

1952年大选中，麦卡锡那套"共产主义威胁论"吵得民主党人心烦意乱、咬牙切齿。他说国务卿马歇尔"为克里姆林宫的政策服务"，之后又攻击马歇尔的继任者艾奇逊"雇用并保护了共产党人"，他把民主党总统候选人史蒂文森称为"杜鲁门—艾奇逊—马歇尔……'20年卖国阴谋'的接班人"。由于麦卡锡的一再诋毁，马歇尔和艾奇逊这两任国务卿先后辞职，尽管艾森豪威尔当时还想为他的老领导马歇尔将军说几句好话，但是为了怕招惹麦卡锡这个疯子而作罢。

麦卡锡主义祸害的不仅仅是美国的政界，文化、科学、艺术等领域都被牵连了进去。他手头的那份莫须有的"共产党嫌疑犯名单"，位居榜首的就是美国第一流的远东问题专家、美国霍普金斯大学教授欧文·拉铁摩尔，紧接其后的是抗战时期美国驻华大使馆一秘、曾访问过延安的"中国通"卡特·文森特，结果文森特被迫接受长达3年的专案调查。后来，在艾森豪威尔执政的一年内，有1 400多名政府官员遭到清洗，8 000人被认定为"危害国家安全的人物"，其中包括美国原子弹之父奥本海默以及喜剧大师卓别林。

# RICHARD MILHOUS NIXON

在这段时期，几乎所有与共产党有关的书籍都被列为禁书。左翼作家白劳德、史沫特莱等75位作家的书籍全部遭禁，马克·吐温的作品和爱因斯坦的《相对论》也被列入"危险书籍"之列。更可笑的是，一本介绍苏联芭蕾舞的书也因为提到了"苏联"而被麦卡锡主义分子焚烧，甚至连有关中世纪英国绿林好汉罗宾汉的书也被划入清洗之列，原因是"罗宾汉劫富济贫，这可是共产党的路线"。不少人因被指责为同情共产党而遭监禁和驱逐。

但是就在这段美国历史的黑暗时期，麦卡锡的支持率却出奇得高，他在不少人的心目中成为反共势力的急先锋。根据民意调查，约有50%的人认为麦卡锡的所作所为有利于美国，只有29%的人不赞成麦卡锡这些做法。此外，当年尼克松领导的众议院非美活动调查委员会从1938年以来所调查的大批材料，也都成为麦卡锡拿来当作伤人的"炮弹"。

共和党上台之后，不少人认为，这下麦卡锡应该可以偃旗息鼓了吧。但是他却越发变本加厉地嚣张跋扈，甚至连艾森豪威尔都不放在眼里。在艾克上任之前，麦卡锡就无所顾忌地攻击马歇尔，而他个人的那种粗鲁、低劣的道德品质，引起了艾克的深深厌恶。

麦卡锡的确带有太多的道德缺陷，比如：他凭借议员的身份公开受贿、搞期货投机、赌马、酗酒；一贯自吹自擂，善于讽刺挖苦他人抬高自己；他不学无术，常常偷用别人的演讲词塞进自己的讲演稿里，即使连尼克松也成为他剽窃的对象；更糟糕的是，他在政治上从不讲游戏规则，为达目的而不惜采用卑劣的手段，翻手为云覆手为雨，捏造事实制造谣言，当面撒谎，还有偷窃机密的癖好……总之，就如威廉·曼彻斯特将其称之为"品质低劣的政客"，这是恰如其分的。

而艾森豪威尔顾及到自己的身份，早就放出话说"羞与小人为伍"，不肯公开地正式对付他；但是又不能坐视这个家伙在自己的眼皮底下为所欲为，于是，尼克松再一次背负着艾森豪威尔的使命出手了。

有趣的是，尼克松其实并不完全反对麦卡锡，他认为后者的反共热情如果利用得当，会成为共和党一笔重要的政治资本，如果完全、彻底地反对麦卡锡，则会导致共和党内部的分裂，因为当时麦卡锡在共和党内部颇得人心；但是如果任由麦卡锡这样乱咬乱闹下去，共和党更加不好收拾局面。所以他一开始采用的是双方斡旋、两头哄哄的策略，争取让麦卡锡的行为控制在共和党的手心里面。

麦卡锡虽然明白尼克松的用意，但是他就是按捺不住自己的"激情"，在尼克松的哄劝之下，他只坚持了 1 个多月的"亲善"就被自己给打破了。麦卡锡跳出来阻挠艾森豪威尔任命查尔斯·波伦为驻苏联大使，指责政府与共产主义国家"做生意"；他还给艾森豪威尔写信，要求政府就西方与共产党国家之间的贸易发表明确的政策声明；1954 年初，他又开始大谈"叛国的 21 年"论，暗示共和党当政的第一年也包括在内……这些兴风作浪的举动让艾森豪威尔大为光火，也让大多数共和党人感到不满，他们都决定抛弃麦卡锡。

而真正导致了麦卡锡主义倒台的，是他自己对艾森豪威尔的娘家——美国陆军大动手脚的愚蠢行为。

1954 年 1 月，麦卡锡揭发了美国陆军中的一个牙医欧文·佩雷斯的问题。

欧文·佩雷斯曾是美国劳工党（这在当时等于是共产党）成员，在这段历史没有被发现之前，他曾由上尉提升为少校，即使被发现后，也仅被陆军当局做"冷处理"，解职并"光荣遣散"。麦卡锡对此如获至宝，死死咬住不放，他要求美国陆军必须解释清楚两件事：一是"谁提升了欧文·佩雷斯"，二是弄清楚"陆军里一些成员提拔了、掩饰了和体面地遣散了一些身份公开的共产党"的背后原因，并提出应当把佩雷斯送交军事法庭，认为如果"没有这样做，就说明陆军部已有共产党渗透进去"；他甚至对拒绝交出负责遣散欧文·佩雷斯的军官名单的陆军部长兹维克威胁道："谁要是保护共产党就砸烂他的脑袋。"并接着威胁说，如果兹维克不改变自己的主意，他就要在即将召开的公开听证会上要兹维克好看！

陆军部则进行还击，指出由于他们曾经不顾麦卡锡的干扰，将麦卡锡的一个正在服兵役且表现极为糟糕的助手沙因派往海外服役，所以现在麦卡锡是在公报私仇，是在借佩雷斯事件刁难陆军部。

这件事闹了出来，由于牵涉到艾森豪威尔总统的"娘家"，很多人都感到这是一个烫手的山芋，于是尼克松又毫无悬念地将此事接了过来。

陆军部长兹维克、陆军部顾问约翰·亚当斯跑来找尼克松出面斡旋，他们认为只要承认陆军部存在的错误，然后转移到佩雷斯事件上去，就可以全力批评麦卡锡的恶劣行为，这样就可以回避佩雷斯案件的问题了。但是这种天真的想法在尼克松这里被否决了，他告诉兹维克和亚当斯，主持这个听证会的人可是麦卡锡本人！

结果，在听证会上，麦卡锡傲慢至极、肆无忌惮地羞辱了兹维克，对记者声称兹维克"那副狼狈相就只差跪下了"。

兹维克暴怒之下，决定辞职。尼克松赶忙阻拦，这时脸色铁青的艾森豪威尔度假回来了，他召集了尼克松以及自己的这些陆军老部下，在白宫开了一个会议。

作为陆军的一员，艾森豪威尔对麦卡锡极度恼火，但是作为美国总统，他又担心这件事会给坐在一边看好戏的民主党人授之以柄，并直接导致共和党人的两极分化。

此时，尼克松又出面了，在经过了长时间的、审慎的探讨和研究之后，3月13日，他代表艾森豪威尔发表了一篇演讲。在演讲中，他巧妙地规避了麦卡锡与共和党之间的关系，把问题都放在反共问题上，他让那些站在大片的中间地带的人明白，不管麦卡锡采用的是什么策略，但与共产党打交道是必须严加处置的。事后，艾森豪威尔和尼克松都认为，这次演讲，不但会让85%的人民满意，而且会挑动起那些亲麦卡锡派和反麦卡锡派之间的一场激战。

3月13日的演说，表明了共和党在麦卡锡问题上的态度，他们已经公开宣布抛弃他了。而5周之后的"陆军—麦卡锡听证会"则标志着麦卡锡主义的正式垮台。

在这场被艾森豪威尔称为"一个该死的可耻场面"的听证会上，交锋激烈。陆军部的特别法律顾问约瑟夫·韦尔奇要求麦卡锡当庭说清楚他曾经公布过的一份联邦调查局秘密信件的来源。很显然，这种信件只有通过不正当手段才能落到麦卡锡手上。

麦卡锡拒绝回答，则使他陷入了极为尴尬的境地，如果承认他手上有一封偷窃来的信，就是违反了联邦法令；而如果拒绝回答，便犯了蔑视国会罪。尤其是，"近4年来，全国都注意到，麦卡锡对那些拒绝回答他的质询的见证人，都是肆意凌辱的。他当众讥讽他们是'宪法第五条修正案的共产党人'，把'人权法案'变为一纸空文。而现在，他在听证会上的表现，原来也和他们一模一样"。

麦卡锡恼羞成怒，终于使出了杀手锏，出其不意地当庭指出在韦尔奇的律师事务所里就有一个参加过"共产党"的年青人费希尔。然而，这件事对于双方来说并非秘密，不过麦卡锡早在会前就向韦尔奇保证过不提此事。

麦卡锡对会前交易的背弃，显然出乎韦尔奇的意料，他半晌才回过神来，然后缓缓地向所有人说明情况，并愤怒地斥责道："……我几乎没想到你对这个青年竟然会这样不择手段地下毒手。……由于你的缘故，他（费希尔）身上将永远会有一个被你强加在他身上的烙痕。要是我有权力宽恕你这种残酷手段的话，我会宽恕你的，因为我喜欢像个正人君子那样来处世待人，但是你想得到宽恕的话，那么你只能得到别人而不是我的宽恕。""……让我们不要再伤害那位年青人了，参议员先生。你已经把他伤害够了。难道你真的没有道德观吗？难道你真的没有吗？"

麦卡锡仿佛重重地挨了一拳，呆呆地坐着，再也无法出手。韦尔奇赢得了一片掌声，却没有人理睬麦卡锡。最后，麦卡锡把手一摊，问道："我做错了什么？"

听证会结束了，麦卡锡像垃圾一样被扫地出门：共和党人与他断绝了关系；参议院的特别委员会则通过了谴责麦卡锡的决议案……

最后一场听证会由尼克松主持，这个会议是专为投麦卡锡的不信任票而举行的。此时的麦卡锡已经成为一个万夫所指、孤立无援的病人，他胳膊上绑着绷带，吊着他那条患有滑膜炎的胳膊，表情痴呆、一脸沉郁地走了进来。在最后的投票中，所有的民主党人和一半的共和党人都投了他的反对票，麦卡锡成为美国历史上第三个被自己的党派成员投了不信任票的参议员。

对麦卡锡主义的纠正被后人称为美国历史上最大的三次纠错之一，它使美国免于滑落到一个更为疯狂、更为风声鹤唳的"全民反共时代"，并且也使美国从民众的信任危机和道德危机中逃脱出来。

1957年，麦卡锡连同他的主义被深埋于地下，陪葬的则是一个人人自危、草木皆兵的"猜疑的年代"。

"听到消息了么？麦卡锡主义成为历史了。"艾森豪威尔微笑着对尼克松说道。

## 3 带上帕特去远东
RICHARD MILHOUS NIXON

尼克松成为副总统之后，从表面上看，他和担任参议员时并没有多大差别：仍在参议员办公大楼上班，新办公室的面积也没变。工作班子仍与以前一样，11 个人。当然，有了一辆公家配备的黑色凯迪拉克轿车和司机。但是他的职责已经悄然发生变化，甚至超过了美国历届副总统。

这是因为，当艾森豪威尔上台之后，他面前要处理的事情太多了，诸如：朝鲜战争的失败、中国的崛起、法国在越南的泥潭里越陷越深；东欧，以苏联为首的社会主义阵营坚如磐石；国内，杜鲁门政府留下的烂摊子，导致一时还无法完全恢复公众对政府的信任，如此等等，都让艾森豪威尔焦头烂额。所以，站在他身边的这个年富力强、身经百战的"副官"，已注定不能做一个无所事事的副总统。

1953 年的暮春，在一次国家安全委员会会议上，艾森豪威尔问尼克松："迪克，你下半年有什么打算吗？"

"没有，总统先生。帕特和我近期还没有休假的计划。"尼克松回答。

"好。这样吧，我认为你应该到远东去跑一趟。杜鲁门把那里已经遗忘太久了，你去告诉他们，我艾森豪威尔可没忘。哦，还有，带上帕特……"

1953 年 10 月 5 日，尼克松与帕特难分难舍地告别了年幼的女儿们，登上了空军四引擎的星座号飞机。

相对于那些浩浩荡荡的出访使团，这次尼克松率领的代表团显得有点可怜，乍一看仿佛只是一个高官的私人旅游团。使团里只有秘书长菲尔·沃特斯、行政助理小克里斯·赫脱、秘书罗斯·伍兹，以及三名随团记者、一位军医和一位负责礼仪的陆军副官。此外，还有两名负责保护尼克松夫妇的特工。

这种安排是尼克松和艾森豪威尔以及智囊团们经过反复的研究、讨论后，才想出的点子。因为在准备出访的研究过程中，所有人都感到尼克松即将访问的这些国家对美国的印象都来自非官方的谣言和传闻，以及零零星星的民间交流甚至是好莱坞电影，所以很多国家从未接待过副总统以上级别的正式访问。于是经过研究，大家认为，如果此次访问搞得兴师动众、锣鼓喧天，反而会激起一些不必要的民间反感，同时也实现不了预期的目的。

关于此次访问的目的，尼克松心里早已琢磨得滚瓜烂熟。他和艾森豪威尔都认为，此行的目的应集中在如下几方面：一，对这些盟友国表示敬意、消除它们的疑虑；二，由尼克松亲口向那些中立国家解释美国的政策；三，亲眼看看印度支那的发展情况；四，估量一下这些亚洲国家对共产党中国这个新崛起的巨人到底抱着什么样的态度。

因此，对于这次副总统的出访，白宫对外的态度是：尽量低调，最大限度地减少社交活动。由于他们要在 60 多天的时间里访问近 20 个国家和地区，因此他们不会在同一个国家驻留 4 天以上，所以尼克松就只带了一套深色的晚礼服、一条深色领带，而帕特只带了四套晚礼服。

由于轻装上阵，所以这个使团在日程安排上就灵活了许多。起飞之前，尼克松要求国务院在安排他的日程时，要当地的美国大使馆尽可能多地让他见到各种类型的人——学生、工人、企业家、在职和不在职的政界人士、军人和农民。

大使馆的人员被这种史无前例的安排吓坏了，回答说不符合外交惯例，而尼克松坚持说，要么就这么干，要么他就自己安排；而帕特也不像其他的官太太那样忙于社交和购物，而是坚持多参观当地的学校、医院、孤儿院、诊所、博物馆和市场，以多接触当地民众。除此之外，她还坚持访问当地的妇女组织，以促进当地妇女地位的提升。

从 10 月 5 日到 12 月 14 日的 69 天时间里，尼克松和帕特精力充沛、神采奕奕地访问了包括新西兰、澳大利亚、印度尼西亚、马来西亚、新加坡、柬埔寨、老挝、越南、缅甸、南朝鲜、中国香港、中国台湾、日本、菲律宾、印度、巴基斯坦以及伊朗等在内的十几个国家和地区，足迹几乎遍布整个亚洲和远东。

他们的第一站是新西兰和澳大利亚，受到了热烈的欢迎，澳大利亚总理罗伯特·孟希斯热情招待了他们。尼克松对孟希斯的印象非常深刻，后者的非凡智慧，以及对太平洋问题和世界性问题的深刻了解，让尼克松深信，他假如生在英国，一定会成为继承 丘吉尔衣钵的伟大首相。

而当他们一行到达印度尼西亚的雅加达时，当地统治者令人目眩的奢华和人民的贫困所产生的鲜明对比，让尼克松惊讶万分。

# RICHARD MILHOUS NIXON

　　当时印度尼西亚在苏加诺总统的领导下，赶走了荷兰殖民统治者，刚刚获得独立。对尼克松的来访，苏加诺在自己的宫殿里设宴款待。

　　该国首府雅加达在尼克松看来就是一个大型的破破烂烂的棚户区，而苏加诺的宫殿却粉刷得雪白无瑕，坐落在一片数百英亩的大花园中央。晚上，在1 000支火炬的照耀下，金制的餐具放射出耀眼的光芒，湖面铺满了白色的莲花，晚风送来乐师们弹奏的优美乐曲。

　　在尼克松眼中，苏加诺很像埃及的纳赛尔和加纳的恩克鲁玛一样，擅长除旧而不会布新，他们成功地摧毁了旧的社会制度，但是却无法建立起一个新的、完善的制度来发展目前的国家。苏加诺虽然受到过良好的教育，但是作为一个几乎拥有无限权力的领袖，他已变成政治上的光彩和腐蚀性的虚荣相结合的混合物。

　　在苏加诺的宫殿里，到处都是尼克松未曾看见过的最美的女人。当时谁都知道，苏加诺非常喜爱吹嘘自己的性能力，并且对尼克松表示，他非常喜欢别人奉承他的这一优点。

　　而当尼克松谈到共产主义的发展时，苏加诺则表示，由于他的铁腕统治，当时印度尼西亚共产党的力量已经变得十分弱小。

　　也许是尼克松感觉到自己的口才在反共的宣传上没能得到充分的施展，所以当他的专机飞临红河上空时，他的情绪突然有些激动起来。从机窗俯视，夕阳的余辉把大地染得一片金黄，蜿蜒的红河一泻千里。

　　法国在河内的殖民统治已摇摇欲坠，共产党将在越南取得胜利，深深的忧虑爬上了尼克松的心头。在即将访问越南的时候，他不禁想起了他刚刚结束的在吉隆坡的访问。

　　驻吉隆坡的英国高级外交专员、陆军元帅吉拉尔德·坦普勒爵士与尼克松进行了一次深入的交谈。坦普勒曾经是艾森豪威尔的老部下，因此见到尼克松后，俩人分外熟络。在谈到民族独立战争的问题上时，坦普勒非常清醒，他说："我一直在尽力说服当地的领导人和部队，这是当地人的战争，他们是在为他们的独立而战，战争结束后，这里是他们的国家，只有他们才能最终决定是否留在英联邦之内。"

　　尼克松看到，坦普勒做到了尊重当地领导人，并与他们平等合作。然而他却忧虑地发现，在印尼的荷兰人却做不到，在越南的法国人也做不到。对越南的法国总督，坦普勒评价道："这人是个十足的狗娘养的，他们在越南需要的其实是一个李承晚！"

接下来在 3 个法属印支国家柬埔寨、老挝和越南的访问，完全印证了坦普勒的观点，也让尼克松度过了沮丧而有趣的 6 天。

法国殖民统治者扶植的傀儡省长在河内为尼克松举行了欢迎宴会。

酒还没下肚，反共的热情已使尼克松的血液沸腾起来了。在祝酒词中，他说道："女士们，先生们，这个国家面对所受到的威胁，虽然已采取内战的形式，但仍旧是从外界获得力量的。这个力量就是：共产主义。因此，这个国家所进行的反对越盟的斗争，其重要性已远远超出越南的国界之外。在这个染遍了越南人、法国人以及与法国有关的人民的鲜血的战场上，他们所保卫的不仅是越南人的自由和民族生存，同时也保卫着柬埔寨人、老挝人，以及他们的西方的、南方的、东方的邻居的自由和民族生存……我们知道你们完全和我们一样决心要抗拒侵略。正如我们过去的行动所证明的那样，我们已经决定，决不让你们在得不到援助的情况下去进行战斗。"

当时的尼克松似乎忘了，美国在朝鲜停战协定上签字的墨迹尚未干透，艾森豪威尔不可能马上干预越南的局势。但尼克松的政治敏锐性使他感到，如果法国在印度支那地区失败而撤出的话，这些国家必将获得独立，那对美国在亚洲的战略必将大大不利。

在河内与法国官员会见之后，尼克松明确地感受到，法国人从来都不掩饰他们对越南人的蔑视，而尼克松不得不花相同的时间来拜访法国人和越南人，以免产生难堪和冲突。

第二天，太阳尚未升起的时候，尼克松已乘上法国军用运输机向前线的一个法军指挥部飞去。隆隆的大炮声把尼克松的思绪带回到很久之前的太平洋战争中。顾不上多想，他穿上迷彩服，戴上头盔，在法国指挥官的陪同下，来到距中国边界 50 英里的地方，这是一个位于丛林中的炮兵阵地。这里的越南士兵，在法国殖民者的控制下，正在与胡志明领导的军队作战。

与法国军官的不屑一顾相比，尼克松却充满战斗激情，他看着这些灰头土脸、满身泥浆的越南战士，心中一阵感动，他来到士兵们面前，做了一个简短的演讲，他说："你们是战斗在保卫自由的最前线，美国人民支持你们的事业，并向你们的英雄行为致敬。"他看到那些被鼓舞的越南士兵，心中一阵酸楚，他想，要是法国人肯这样对他们讲话，那会赢得多少忠诚啊！

吃午饭的时候，尼克松在法国军官的食堂里，吃着上等的布列卡尼牛肉和阿尔及利亚红酒。他惊讶地表示了感谢，但是法国军官们却笑呵呵地说，他们平时吃的就是这些。此时尼克松放下刀叉，要求看看普通越南士兵的伙食。

虽然周围的法国军官都是一脸的不以为然，但尼克松依然坚持走进越南士兵吃饭的帐篷。迎面而来的刺鼻气味差点把尼克松熏倒，他回头问道："他们都吃的是什么？"一个法国军官面带不屑地说道："谁知道，也许是猴子吧。"尼克松沉默了。

下午，尼克松和帕特来到距离河内25英里的一个难民营。在沿途的村庄，他们看到当地政府组织起来的孩子们挥舞着英、越两种语言的欢迎标语。

这个名叫山西镇的难民营挤满了逃出来的难民，虽然这里拥挤、肮脏，但是尼克松却从当地人民的脸上，看到了乐观和庄严的气息。这让他了解到越南人民是多么伟大的民族，他们一定可以建设起属于自己的独立而强大的家园。但是他无论如何也不会想到，17年后，美国士兵们竟然会在这里战斗，而这个山西镇恰巧就是收容美军俘虏的地方。

之后尼克松又访问了柬埔寨，参观了雄伟庄严的吴哥窟。西哈努克亲王给尼克松的印象并不好，他觉得这个人聪明但是却轻浮而自负，对自己的音乐才能更胜过政治思想，而他的那些政治思想在尼克松看来，也是幼稚和不现实的。

当星座号飞机把河内远远地抛在后面的时候，尼克松靠在座椅上闭目养神，他痛切地感到，法国将会在越南失败。他意识到法国没有在越南建立起一个信仰或一套机构，进而可以用来抵制共产党的民族主义和反殖民主义的号召，这样的话，法国只要一撤出，共产主义风暴就一定会卷土重来。

在中国台湾，尼克松与蒋介石夫妇进行了7个小时的会谈。尼克松悲哀地发现，蒋介石还在做着不切实际的统一大陆的美梦，他没有忍心点明蒋的这种幻想，但是他仍然明确地告诉蒋介石，美国不可能投入军事力量来支持他发动的反攻行动。

星座号在汉城机场着陆，简短的欢迎仪式后，尼克松乘车去美国大使馆。街道两旁，站着挥舞着用纸剪成的南朝鲜与美国国旗的人群，凛冽的寒风中，孩子们只穿着十分单薄的棉衣，冻得发抖，这是一座荒凉和贫困的城市，是朝鲜战争的直接后果。

尼克松第二天将要与南朝鲜总统李承晚见面，他要当面给李承晚递交上一封艾森豪威尔的亲笔信。这是一封要求李承晚必须保证不在朝鲜重新燃起战火的敦促信，尼克松必须让李承晚充分明白美国政府这一不可改变的立场。不过，尼克松本人并不乐意做这件事。

一想到朝鲜战争期间自己还在参议院发表演说，宣扬要在朝鲜坚持作战直到取得军事胜利，而且还提出要出动美国海军和空军轰炸中国本土的军事基地，封锁中国沿海。而如今自己却要李承晚保证熄灭战火，对此，尼克松只好苦笑。但作为副总统，尼克松即使心里不赞成政府的停战决定，也不能反对。

第二天，尼克松见到了李承晚。寒暄之后，他把艾森豪威尔的信递给对方。

当李看完信后，眼睛里涌满了泪水。李好像从未读过这封信一样，平缓而冷静地谈到了对日本的态度，谈到太平洋和亚洲的未来，也谈到了美国对南朝鲜的经济援助。

"总统先生，"当李承晚谈话告一段落时，尼克松赶紧插话进去，"请允许我坦率地说，当前的形势迫切地要求你充分了解艾森豪威尔总统的立场，并同意信中的要求。"

但是李承晚却不理睬尼克松的敦促，他只是含含糊糊地应付了下来，表示他作为朝鲜人民领袖的职责，就是实现统一。可能时，用和平手段；必要时，使用武力。

李承晚随后又狡黠地笑着说："我保证，在我采取单方面行动之前，我一定先通知艾森豪威尔总统。"

尼克松此时感到非常为难，如果他把李承晚这样的一个回复带给艾森豪威尔的话，一定会挨板子的。因此，尼克松又十分严重而坚定地警告了李承晚，警示他不能这么做。

结果，李承晚在第二天与一个记者谈话时又说："我希望我能通过副总统尼克松去说服艾森豪威尔总统，当前正确的政策是结束朝鲜目前的这种状态。"这使尼克松忧心忡忡。

直到尼克松去与李承晚告别时，李承晚才亮出自己的底牌：他必须让外界，尤其是共产党感到，他并没有完全放弃武力的打算，这样才是对对方的一种恐吓性的制约。而在背地里，他当然会完全按照美国总统的要求去做。

当把尼克松送到办公室门口时，李承晚握住尼克松的手说："我所做的一切有关朝鲜会单独采取行动的声明都是为了帮助美国。实际上，朝鲜不可能单独采取行动。我们必须和美国一起行动。我们懂得，一起行动，我们将可以得到一切，不一起行动，就会失掉一切。"

直到这时，尼克松一颗悬起的心才放下来。然而李承晚政治上的狡猾，也令尼克松终生难忘。

离开朝鲜后，尼克松接着还访问了日本、印度、菲律宾、缅甸、巴基斯坦等许多国家，于12月4日回到华盛顿。在此次出访的所有国家中，最让尼克松感到激动的是缅甸，因为在那里，尼克松与共产党进行了一次真正的面对面的交锋。

他们访问缅甸时，正好赶上西方的感恩节，午饭后，尼克松准备步行去参观仰光当地一座有名的卧佛像。

但是就在出发之前，当地警察局局长告诉尼克松的保安人员，当地可能会发生由共产党组织的暴力游行，因为在尼克松到来之前，街道上就已经出现了不少反美标语。因此他们建议尼克松从住处的后门出去，以避开可能会发生的攻击行为。

但是尼克松觉得如果这样小心谨慎，未免会让当地的共产党组织看扁了，因此坚持按照原计划执行，并且还吩咐随行人员，不要挡在他和帕特的身前。

当尼克松和帕特出现在人群中时，原本围拢起来的人群慢慢地闪开了一条道路。

尼克松微笑着走到一个手拿着写有"战争贩子滚回去"的标语牌的人面前，友好地说："你的牌子好像针对的是尼克松。我就是尼克松，我很高兴认识你。你叫什么名字？"这个人没有料到尼克松会来这一手，他胆怯地退了退。

尼克松又冲着一个似乎是头头的人问道："你们这些口号不对。美国不要侵略，美国要和平。请问你对那些在朝鲜和印度发动战争的人是怎么看的？"

对方用英语回答："那不一样。"

尼克松追问："怎么不一样？"

对方回答："那是为了民族解放。"

尼克松等翻译把这些对话都讲给周围的人之后，点点头说："啊！我明白了，是民族解放战争。"他接着问刚才的人，"那么，请告诉我你有几个孩子好吗？"

对方明显不知该如何应付，支支吾吾了几句，丢下标语就跑了。周围的人见状，也不知所措地渐渐散去……

这次穿梭访问，使尼克松深深地感到，欧洲在亚洲历时三个世纪之久的殖民主义统治已濒于灭亡，人民要求独立解放的历史潮流已不可阻挡。因此，当欧洲殖民帝国瓦解之后，美国应当采取行动，及时填补真空。不然，苏联和中国肯定会采取行动的。

同时，尼克松还对共产主义的理论和实践拥有了更多、更深入的了解，他感到共产主义的宣传力量实在是太强大了，而他们也必须就此研究出更高明的对策才行。

亚洲之行，给尼克松积累了不少外交经验，同时还通过这种新颖的个人外交方式，通过很多私人接触，使他树立了在国际社会上的形象。

此后不久，当越南奠边府又一次成为法国的"滑铁卢"之战时，美国统治集团的目光再一次被印度支那吸引。

## 4 处理印度支那危机
RICHARD MILHOUS NIXON

1954 年 3 月，法国军队在越南的一个前哨基地——奠边府被包围，美国开始意识到局势的不妙，如果任由共产党接手越南，就会有把美国推向战争边缘的危险。而法国则已经付出了 7 年的艰苦战争和 5 万伤亡人数的巨大代价，也逐渐走到了是退出还是继续的两难选择中。

而法国的选择则牵动着美国政府的抉择，因为对于美国政府来说，一个独立的越南意义重大。1952 年的时候，杜鲁门的国家安全委员会就在一份关于东南亚的研究报告中提出了艾森豪威尔后来称之为"倒下的多米诺骨牌"的理论，该理论认为："丢失任何一个国家，就可能导致这一组国家中的其他国家相当迅速地向共产主义投降，或与之结盟。"同时指出这个地区的丰富自然资源——橡胶和锡，都密切关系到美国的利益；并评价法国为打败胡志明领导的人民军队所作的努力是："对自由世界来说，不仅在远东而且在东方和欧洲的安全都是至关重要的。"

为此，在 1954 年 2 月，在国会的默许下，艾森豪威尔派了 200 名陆军机械师到法国军队和越南军队中当技术顾问，并承诺会在半年内召回他们。

1954 年 3 月，奠边府被围困的消息传来，消息灵通的美国新闻界立刻作出反应，他们将这场围城战斗描述为自朝鲜战争以来自由世界对抗共产党侵略能力的第一次考验，全国人民的眼睛都瞄向了华盛顿。

参谋长联席会议紧急召开，在海军上将阿瑟·雷德福的领导之下，制订了一项名为"山鹰行动"的计划，计划准备用 3 颗小型战术原子弹来摧毁越南人民军的阵地，以解法国守军之围。但是，考虑到由于中国共产党并没有直接向越南用兵，这样就没有足够的借口，而且艾森豪威尔担心自己单方面采用这样一种赤裸裸的军事行动会遭到国际舆论的谴责，所以没有点头表示同意。

一开始，考虑到中国共产党是越南人民军的背后保护人和武器供应者，艾森豪威尔决定采用牵制战术。在 3 月底的一次国会领袖会议上，艾森豪威尔说出了这样一种想法，他说现在已到了奠边府的军事形势十分危急的时刻，他将让蒋介石的军队在海南岛登陆，或者派出强大的舰队封锁中国沿海。为了强调自己的看法，艾森豪威尔还着重强调："从现在开始的 48 小时内，就很有可能有必要对奠边府采取行动了。"

但是艾森豪威尔表面上看起来态度强硬，实际上他也不敢贸然就把美国独自卷入越南战争中去。随着奠边府形势的变幻莫测，美国政治的核心人物们都密切地关注着那里的每一个风吹草动，并为此而不停地改变态度。

当时的国务卿杜勒斯想出了一个合纵联横的法子，他想集合美、法、英三国为主的西方盟国，采取一个联合行动的计划。对此，尼克松的考虑更老谋深算一些，他一直是强硬的主战派，他对于这个计划的评价是，就计划本身而言，没有什么问题，但是如果此计划仅仅局限于抵抗战争，那么就不足以应付共产主义在亚洲未来的发展。他一直极力怂恿美国政府采取一种联合起来对付印度支那的颠覆性战争和中国式内战的方针，这样才能真正一劳永逸地解决问题，但是美国却始终没有能够找到一个在联合的基础上抗击共产主义的方式。

但是真正让尼克松挠头的，是顶头上司艾森豪威尔本人的态度。艾森豪威尔此时顾虑重重，他不愿意成为一个将美国军队和人民再次卷入战争的罪人，并为此承受舆论的压力和国内民意的失利，而且此时他即将面对下一次大选，所以他不愿意在此事上浪费自己对民众的号召力，并影响到自己下一步的政治前途。因此，他表现得不再那么坚定，不再那么强硬，而是似乎坐在那里，等着尼克松和国务卿把拟定好的现成的行动方案交给他，并且联络好有共同目标的国家，然后自己签个字就完事了。

除了总统模棱两可、含含糊糊的态度，尼克松同时还忧虑的是美国民众对于越南情势的认识，他认为美国民众太漠视发生在那里的那些事件的严重性了，在大多数美国人心目中，他们认为此时政府太过于小题大做了，发生在奠边府的不过是少数越南军队围困了一个殖民地前哨基地的法国军队而已。但是尼克松自己心里非常清楚，共产党在东南亚的军事行动，不遇到明确而强悍的军事抵抗，是绝对不会自动停止的。而在当时的美国，能认识到这一点并坚持采用军事手段的，除了尼克松以外，就只有海军上将雷德福、国务卿杜勒斯两个人。于是，尼克松自己留在国内极力怂恿美国政府直接对越南进行军事干预，雷德福海军上将与国务卿杜勒斯则飞到英国与法国进行游说，劝说他们不要放弃越南。

但是，以反共闻名的英国首相丘吉尔却比尼克松、杜勒斯之流的主战派明智多了，毕竟老牌殖民帝国主义的英国刚刚在印度遭到了失败。丘吉尔对来访的雷德福上将直率地表示："英国人民不愿为了自己去打一场拯救印度的战争，又怎么愿意为了法国去打一场拯救印度支那的战争呢？何况就算丢掉了越南，印度支那的其他部分可能失陷到共产党的手里，可是我实在看不出来这对东南亚的其他部分，以及日本或者澳大利亚有什么威胁。"

当尼克松得知丘吉尔的态度后，不禁又惊又怒，他不知道这个一直在全力反共的老战士为什么会说出这样的话，同时他也沮丧地感到，美国人民也绝对不愿被卷入越南战争。

# RICHARD MILHOUS NIXON

尼克松与丘吉尔共乘一辆车，前往白宫。

至于法国，尽管杜勒斯花了好几个星期的时间来说服他们与英国联合起来对付共产党，但是从各种渠道得来的消息表明，法国政府已毫无斗志，他们在心理上已经处于防御状态，并准备撤出越南，更别提发动什么支持美国政府要求的军事和外交上的攻势了。

当年 1 月，法国总统戴高乐在回答美国《纽约时报》著名专栏作家苏兹贝格询问法国如何解决印度支那问题时，回答道："除了从印度支那撤军或者继续维持目前局势之外，我还看不出有别的路可走。要实现军事解决，需要采取新的方法，作出新的努力。但是法国不想作那种努力。"

可以说，法国在越南的败局已定，奠边府的失守只是一个时间的问题。

面对如此困境，尼克松那百折不回的倔强脾气又一次显露了出来，他认识到指望英国和法国支持他们抗击印度支那的共产主义已经不可能了，所以他必须采取行动，全部都得靠自己了。

4 月初，奠边府的危机似乎有所缓和，国务卿杜勒斯眼见策划盟国与美国采取一致联合行动的图谋已成泡影，便心灰意冷地跑去加拿大度假了。艾森豪威尔则去佐治亚州的奥古斯塔度假。为了能让总统多休息几天，尼克松受托代表艾森豪威尔参加了 4 月 16 日在华盛顿举行的美国报纸主编协会的年会。

这个年会一向以是"一个有名望、负责任的政策讲坛"而著称，尼克松觉得这是一个难得的机会。为了能更坦率地发表自己的看法和观点，他要求会议不要对自己的讲话进行记录，并在自己的演讲过后表示，记者们可以随意发问。

果然，有记者抛出了一个问题："副总统先生，你是否认为，如果法国决定撤退的话，我们应该派美国军队去印度支那？你是否认为这是挽救印度支那免被共产党接管的唯一途径？"

尼克松早就打了无数次这样的腹稿，他等的就是这个问题。为了抹掉潜心准备的痕迹，同时也为了吸引听众的注意力，他故意停顿下来，认真思考了一下，然后非常谨慎地抛出了自己的答案：

"记者先生，我不相信你所提出的推测或假定将会发生，我也看出你是作为一个纯粹假设性的问题提出来的。不过，如果派美国军队是唯一可以阻止共产党在亚洲、特别是在印度支那进一步扩张的办法，那么我相信，政府的行政部门将不得不采取这种在政治上不得人心的立场，以面对这个问题并采取这一行动，而我个人也将会支持这个决定。"

这么回答这个问题，尼克松是冒了一定风险的。因为他事前并没有与艾森豪威尔商量过，但是他却对自己的决定信心百倍，即使艾森豪威尔会因此而生气，他也顾不了这么多了。

第二天，尼克松的这番讲话就被媒体给捅了出去（尼克松对此早有了心理准备），成为全美国的头条新闻，朝野一片哗然。这番讲话被广泛地解释为企图改变政府决策的一个试探性的气球，因为当时美国政府的政策一直不允许对越南进行军事干预。面对尼克松的先斩后奏，艾森豪威尔并没有表示出过多的惊讶和气愤，他甚至站到了尼克松的身边，支持了他的观点。在一次私人会晤中，艾森豪威尔对尼克松表示，如果他自己在同样的情况下，面对这样的一个假设性的问题，恐怕也会用同样的话来回答。

在一周后的一次共和党国会领导人会议上，面对着大家对尼克松那番言论的讨伐，艾森豪威尔替尼克松解释道："我认为重要的是，在这样的一个关键时刻，我们不能表现得过于软弱，不能让苏联人认为，如果共产党进一步推行他们目前在印度支那和其他地区的战略，我们也不会予以容忍。我们必须想一想，我们是趁现在还有能力的时候就采取强硬的立场呢，还是等以后我们不能这么做的时候再说？"最后他又补充道，"如果我们把自己打算干什么和不打算干什么都告诉苏联人的话，好像对我们自己来说并没有什么坏处可言。"

到了 4 月底，奠边府的情势再一次恶化，法国军队终于现出了疲态和软弱。美国国家安全委员会会议再次召开，并深入讨论了印度支那的问题。

在听取了雷德福关于军事形势以及他同英国和法国人的谈话经过之后，艾森豪威尔面色严峻、神情焦虑，他显然陷入了两难的境地之中，不知如何是好。哈罗德·史塔生则表示，如果拯救印度支那是必要的话，美国就应该派出地面部队。

而尼克松表示，他认为打赢越南的这一仗并不一定必须派出地面部队，派遣一支代表联盟的空军小分队就可以产生一箭双雕的效果，既可以让共产党知道美国的态度，也就是要抗击他们在这一地区的进一步发展，同时又可以鼓舞法国和越南士兵的士气。他接着建议说，美国可以试图建立一个没有英国参加的太平洋联盟，这个联盟可以把任何愿意参加的国家都收拢过来，比如泰国、菲律宾、印度支那、澳大利亚和新西兰等。

艾森豪威尔在慎重考虑之后表示，首先他不相信派遣地面部队的做法，因为这样不会得到美国人民的支持，而且从长远来看，这么干会让他们的防务完全失去平衡。最后他还强调，美国不能完全单方面行动，这样就违背了他们在世界各地共同防御共产主义的总原则。

在此次越南危机事件中，美国政府还考虑过使用原子弹的问题，雷德福就曾经表示，尽早使用战术原子弹可能会使共产党相信，他们说话算话，能起到敲山震虎的作用。而杜勒斯和尼克松都认为，可以不惜一切代价、不择手段地阻止共产党的进一步扩张行动。由于在此次事件中所公开表现出的强硬态度，尼克松、杜勒斯和雷德福被称为印度支那危机中的"鹰派"。

5 月 7 日，在一块仅有一个棒球场那么大的土地上，经过一番激烈的战斗，奠边府的法国守军终于被越南人民军打垮了，奠边府正式失守。

美国政府虽然没有真正涉足于这次危机之中，但是在这紧张的一个月中，美国已经完全表明了自己的态度，并且越来越清楚地了解到自己未来的任务，那就是在法国人完全撤出越南之后，要么接手挑起制止共产党在印度支那继续扩张的担子，要么就完全撒手放弃。

5 月 20 日，艾森豪威尔实现了自己的承诺，召回了那 200 名美国陆军机械师。但是他此时还不知道，几年之后，美国的另一位总统却把成千上万的美国士兵的鲜血，洒在了那一片已成红色的土地上。

## 5 再战 1954、1956 年选举
RICHARD MILHOUS NIXON

1954 年，艾森豪威尔政府执政刚满一年，就要面临国会中期选举了。对于这场选举，艾森豪威尔不感兴趣，尼克松更不感兴趣。因为尼克松知道这是一个吃力不讨好的差使，正如他的老伙计乔蒂纳所说："迪克是在上层中唯一愿意抛头露面为共和党人竞选的人物，虽然他知道，如果共和党取胜，人们就说这是政府的功劳；而如果共和党失败了，人们就会说是他的错。总之，人们没有像他们应该的那样去支持他。"也就是说，尼克松干好了，功劳是艾森豪威尔的；干坏了，得自己担起罪过。然而，身为副总统，顶头上司又是那么一位讨厌党派斗争的艾森豪威尔，尼克松根本没有退路，只能硬着头皮上。

事实证明，艾森豪威尔是一位优秀的国家领导人，但却是一位糟糕的党派领导人。他个人并不擅长甚至是厌恶党派斗争和工作，他总是把自己超然于党派斗争之上，以保持个人的良好名誉。而原本精于此道的尼克松则醉心于国际事务和外交活动，这样一来，共和党虽然拥有一个总统，但也前所未有地处于四分五裂的状态之中，派别林立，内乱不断。鲍勃·塔夫脱的去世和乔·麦卡锡的得势，进一步加深了共和党的分裂。民主党的艾德莱·史蒂文森曾攻击道，共和党"派别多得像寄宿学校餐桌上的鸡翅一样！"（英语中"派别"和"翅膀"都是"wing"这个单词）"他们被矛盾冲突、冷淡、厌烦和麦卡锡事件闹得不可开交，乱哄哄的行动，简直就像一只蹿进了肉铺的瞎狗。"

共和党此时的状况的确堪忧，他们在参议院仅以 1 票的席位领先，同

时，民主党也想重新控制众议院。

在 9 月 15 日至 11 月 2 日的 7 个星期内，尼克松携手帕特再次全身心地投入到竞选活动中，他飞行近 4.2 万公里，访问 30 个州的 95 个城市，代表 186 名众议员、参议员和州长候选人进行竞选。而当他穿着深色套装、站在演讲台上挥汗如雨地给共和党候选人们加油打气的时候，艾森豪威尔则在白宫凉爽舒适的办公室里优哉游哉地过着半天工作、半天打高尔夫球的日子；不仅仅是总统本人，尼克松还感觉到，其实那些参加竞选的共和党候选人还没有自己投入的热情高。尽管竞选如此劳累，尼克松却并没受到命运女神的青睐，选举的结果令人沮丧：共和党在众议院丢掉 16 个席位、参议院丢掉 2 个席位，民主党再次控制了参众两院，而艾森豪威尔作为一个共和党总统，却不得不在接下来的任期内同一个民主党的国会合作。

这次选举，尼克松再次引火烧身，由于民主党不敢碰依旧笼罩着二战英雄光环的艾森豪威尔，于是尼克松便自然而然地成为他们攻击的一号靶子。史蒂文森说他是"白领子的麦卡锡"，以嘲讽尼克松 1953 年的远东之旅；《华盛顿邮报》的赫布洛克漫画栏把尼克松画成是栖息在阴沟里的动物；一些民主党人则把尼克松描绘成蛊惑家、骗子。

尼克松开始厌倦了。这一切似乎把他又带回了基金危机的那段日子，对手们越来越猖狂的攻击，开始让尼克松感到愤怒，那种人身攻击式的党派斗争让尼克松开始真正考虑从政的得失问题。他只要一想到还要在艾森豪威尔的手下再这样当两年的靶子，就感到绝望。

选举日那天，在飞回华盛顿的途中，尼克松从公文包里拿出前夜写的演讲广播稿递给乔蒂纳："默里，把它当作纪念品保存起来吧，这是我最后的一份竞选演说稿，从此之后我决不再搞这类活动了。"

然而就在尼克松已经心如止水地准备急流勇退的时候，历史再一次与他开了一个小玩笑。

1955 年 9 月 24 日的华盛顿，就像一个大火炉，烤得人浑身冒烟。下午 5 点，刚刚参加完副总统速记员婚礼的尼克松回到家中，大口地喝着水，随手翻开《明星晚报》。头版的一条通讯吸引了他的注意力：艾森豪威尔得了轻度消化不良症。这是轻微的老毛病，不值得大惊小怪。尼克松摇了摇头，把报纸翻到了体育版。就在这时，电话铃响了，尼克松接起电话，眼睛还盯着棒球赛事报道。电话另一头传来总统的新闻秘书吉姆·哈格迪略微颤抖的声音。

"迪克，告诉你一个坏消息，总统得了冠心病。"

"什么？已经确定了吗？"尼克松吃惊地问。

"我们完全确定，只是具体的情况还不清楚，不过有了任何新的情况会立刻通知你的。半个小时以后，消息就要见报了。迪克，我们想知道什么地方可以随时和你联系上。"

这年的7月，艾森豪威尔一参加完美、苏、英、法的日内瓦会议之后，就一直呆在丹佛的夏季别墅里避暑。而尼克松此时正在准备秋末的一次友好访问，他还准备两天后去丹佛见总统一面。

尼克松放下听筒，默默地坐了好几分钟，脑子里高速地运转着：偌大的国家如今没有一号元首的领导了，他作为副总统，在这种情况下，现在该做些什么呢？

必须当机立断。尼克松站起来，给代理司法部长比尔·罗杰斯打了一个电话，叫他到自己家里来。

罗杰斯前脚跨进尼克松的家门，大批闻风而至的记者和摄影记者后脚就把尼克松的家门口给堵上了。尼克松从窗帘缝里向外张望，只见黑压压的人头攒动，各种摄影机、照相机的"长枪短炮"都对准了尼克松的家门口，雪白的灯光把夜幕渐临的街道照得亮如白昼。万事俱备了，就等着副总统这道东风的出现了。

尼克松向来不待见媒体记者，看到这个如同街头政治集会一般的场面，他的头都大了。于是在简短的商量之后，罗杰斯和尼克松都认为此时不适宜公开露面。但是堂堂副总统总不能就这样龟缩在家里，正不知所措的时候，罗杰斯有了主意，他说："嘿，迪克，咱们悄悄从后门走，绕到我家去过夜吧。我给我太太打电话，让她开车来接咱们。我家就在附近的贝塞斯达区，一点也不引人注意，15分钟就到了。"尼克松也没有别的好办法，便同意了。

很快，罗杰斯的妻子就把车停在了尼克松家屋后的一条小路上，尼克松与罗杰斯神不知鬼不觉地从后门穿过邻居家的后院，悄悄钻进汽车，成功躲开了媒体的视线。

在罗杰斯家里，尼克松拨通了丹佛的电话，得知艾森豪威尔的病正式诊断为轻度冠状动脉血栓形成，痊愈的可能性很大。

经过如此慌乱匆忙的一夜，尼克松已经成竹在胸，他找准了自己应该扮演的角色。在罗杰斯家的客厅里，尼克松打了无数的电话，先召来了总统的副助理杰里·珀森斯，又与很多内阁成员进行了通话，成立了一个暂时的班子，团结一致地管理着国家事务，直到艾森豪威尔病愈重返岗位。

当天夜里，躺在罗杰斯家客房的床上，尼克松辗转难眠，他必须尽快想出一个切实可行的方案来。

艾森豪威尔突然发病会带来三种可能：第一，他自己很快痊愈并重新工作。由于美国宪法规定，总统在任期内去世，副总统便继承宝座。那么，新闻界在此期间一定咧着嘴瞪大眼睛盯着尼克松的一举一动，对此，他绝不能去干任何有可能被说成是觊觎权力的蠢事。

第二，艾森豪威尔病故或完全无法工作，毫无疑问，这对于尼克松来说，是最好的一种结果。那么，尼克松事先的行动就更不能出现任何纰漏。

第三，也是最可能出现的，即艾森豪威尔在几星期或几个月内不能工作，那么尼克松将接任某些他负责的工作，担当起事实上的总统责任。不过，让尼克松担心的是总统助理谢尔曼·亚当斯，这个对艾森豪威尔忠心耿耿、一心一意的助手，不少人已经开始暗地里挑拨他与尼克松的关系，并等着看好戏。华盛顿已经有谣传说，亚当斯返回白宫的第一句话就是："真想不到一回到这儿，突然发觉你就是总统了。"

所以方方面面的情况都警告尼克松，不能表现出一丝一毫逾越规矩的行为，但是又必须在做好分内工作的同时，代理病中的总统行使一部分权力，这种在刀尖上跳舞的使命挑战着尼克松的政治神经，给他的心中塞满斗志。

第二天一早，正好是星期天，一宿未睡的尼克松依旧神清气爽。第一个要对付的，是媒体，他已经作出了一个周密的打算。

他回到家中，带着妻女走出家门去教堂进行礼拜，同时为总统的健康祈祷。走出教堂时，埋伏左右的媒体记者一拥而上。尼克松笑眯眯地邀请其中的几位来到自己家中，然后大谈艾森豪威尔建立起的分工合作制度。但是记者们关心的不是这些套话，他们极力要挖掘出一些猛料来，他们想知道艾森豪威尔病了会对政治有什么影响，会不会继续1956年的大选，以及尼克松会不会是下任总统候选人等等。尼克松婉转而巧妙地挡回了所有的问题，说了一堆冠冕堂皇的废话，让这群人无功而返。

这次与记者的交锋看似平淡无奇，事实上却大有深意。这种"偶然"

的会晤是尼克松在罗杰斯家客厅的沙发上想好的，因为他既不能安排一个声势浩大的正式记者会，否则会让人感到他是在自我炫耀，并企图进入权力中心，同时也不能完全对媒体避而不见，显得自己软弱畏缩、忧虑过分。于是就有了这出"偶然"的好戏，尼克松不愧是政界老狐狸，多年的明枪暗箭已经让他练得刀枪不入、八面玲珑了。

在此后的两周中，尼克松尽量给人以尽职尽责、兢兢业业、安分守己的印象，每天工作12～16个小时。他仍继续在国会大厦的原办公室办公。在白宫里，他避开总统办公室，另开了一间会议室，并在那里召开主持了多种会议，包括例行的内阁会议和国家安全委员会会议。开会的时候，他总是把第一把椅子空着，自己恭陪副座。如果有事需和内阁成员相商，尼克松总是分别前往对方的办公室。

对待艾森豪威尔本人，尼克松更是不敢大意，他是艾森豪威尔能起身见客后的第一位问候者。在艾克继续养病期间，他们多次会面密谈国事，总之，尼克松成为艾克病中理国的最得力的左右手。

而那些曾经忠心追随艾森豪威尔两侧的亲随们，对尼克松的态度也有了180度的大转弯，从原先的怀疑、忌惮转变为支持和拥护，艾森豪威尔的特别助理纳

1955年1月，副总统尼克松在国会上发表演讲

尔逊·洛克菲勒还写信给尼克松说："在总统缺职时，你作为一个处理政务的领导人，我们为与你一起工作而感到自豪。"杜勒斯则在一次内阁会议结束时，当众告诉尼克松："在过去一些日子里你肩负了很沉重的担子。我希望你知道，我们为置身于这个班子而感到自豪，同时，为在你领导下的内阁里供职而感到荣幸！"

而艾森豪威尔对他的评价则从原先的"一个后起之秀"和"我们在政府里所需要的青年人的榜样"，变成了"美国历史上第一个为了履行总统职责而做出如此周到准备的人"。

48天后，红光满面的艾森豪威尔从丹佛飞回华盛顿，重掌大权。

这年的圣诞节，尼克松与家人度过了一个少有的其乐融融的夜晚，两个女儿跳起了芭蕾舞，尼克松弹起了钢琴。在全家合唱的圣诞颂歌声中，尼克松的胸中对前途充满信心，他想起自己曾一度考虑过离开政界，带着帕特返回她日思夜想的加州，但是总统的急病以及自己暂握重权的快感赶走了那种自怜自艾的情绪和想法，他明白自己离不开政治，而当时美国的政坛也离不开他。过完这个新年就是1956年了，总统重新面对大选，自己这些日子以来的表现深得众望，如果老艾克的身子骨还撑得住下次竞选，继续当他的副手是一件毫无悬念的事情；而如果艾克无法再次竞选的话，毫无疑问自己就会成为下一届总统的角逐者……他不敢继续联想了，因为那美妙而灿烂的前景是如此地激动人心。不管怎么说，他还这么年轻，还有许多伟大的事业等着他去成就呢。

然而就在第二天，12月26日，尼克松还没有从节日欢快的气氛中回过神来，艾森豪威尔就已经把他叫到椭圆形办公室里，准备给尼克松当头一棒了。

艾森豪威尔对尼克松说："迪克，我对即将来临的选举考虑了很多，我觉得在下一届政府中，你接受一项内阁职位更理想，最好是国防部长。你看，赫伯特·胡佛就是通过商务部长成为总统的。"听到这些，尼克松仿佛打翻了五味瓶，心里很不是滋味，时光似乎又倒流回到基金危机的时刻，他又得随时等候艾克的决定来设计自己未来的政途。

1956年2月29日，艾森豪威尔在新闻记者招待会上宣布竞选连任。

还没等共和党人的欢呼声落下，记者们就迫不及待地问道："总统先生，既然你作了肯定的答复，那么你是否再要副总统尼克松先生当你的竞

# RICHARD MILHOUS NIXON

选伙伴?"

　　记者的反应之快，令艾森豪威尔吃了一惊。他迅速地思考了一下，回答说："事实上，尽管我对尼克松先生极为钦佩，我也不会回答这个问题，理由是：我相信，根据传统，在总统候选人被提名以前是不会提名副总统的，所以我们还是等着瞧共和党代表大会提名谁，到那时再谈这个问题更合适一些。"

1956 年 1 月，副总统尼克松在全美军事集会上向会员敬军礼。

艾森豪威尔的这个回答，让尼克松心中极不痛快。但他心中明白，尽管自己忠心耿耿地为艾森豪威尔干了不少事，但对方在没有弄清选自己作为竞选伙伴是否对获胜有利的时候，是不会作出决定的。

　　此后不久，《新闻周刊》又在大选前夕揭开了尼克松心头的伤疤，并撒上一把盐。这篇报道说艾森豪威尔曾要尼克松担任一项内阁职位而被拒绝。这篇报道此时出现，无疑是说尼克松已被从副总统候选人的名单里抹去。尼克松把它当成了艾森豪威尔要自己退出竞选的暗示。

　　3 月 7 日，艾森豪威尔举行了第二次记者招待会。记者提起了《新闻周刊》的那篇报道，艾森豪威尔没有正面回答，只是说："我唯一请他做的是，要他订出他自己的行动计划，并要他告诉我，他愿意做些什么。"

会后，尼克松愤怒难耐，他抽出一张便条纸，匆忙地草拟了一份不再做 1956 年副总统候选人的声明，然后把它交给了共和党参议院竞选运动委员会的主要负责人维克·约翰斯顿。

共和党全国委员会主席莱恩·霍尔、约翰斯顿与国会联络官杰里·珀森斯知道尼克松在共和党内有大批的追随者，倘若他宣布退出竞选，共和党在竞选中将马上分裂成两派，这对艾森豪威尔的竞选极为不利。然而当他们一起来劝尼克松改变主意时，尼克松愤怒地嚷道："谁都知道，副总统在政治上根本不可能订出他自己的行动计划。如果总统不要我和他一同竞选，我却硬不肯放弃，那我他妈的多不识相呀！如果他那样说，那就是他要用那么一种方式表明，他要另找别人。"

从没有见他这样激动过的约翰斯顿等人简直吓呆了，他们极力解释说这不是艾森豪威尔的意思。经过好一番劝解，尼克松才答应在几个星期内不发表任何声明。与此同时，艾森豪威尔也在自己的智囊团中踌躇不决，一部分人认为尼克松会成为总统竞选的绊脚石，而另一部分人则认为尼克松是他的加速器。最后还是艾克的老朋友，里奇菲尔德石油公司总经理理查德·琼斯站了出来，几乎是敲着桌子对艾森豪威尔嚷道："嘿，艾克，你到底要一个人给你干什么，你才能支持他？迪克为你干了所有你要他干的事情，那么多困难的事情，别人都躲着，他都挺身而出为你心甘情愿地挡着。你现在要是不出来支持他的话，那你简直就是忘恩负义得没救了！"

也许艾森豪威尔已经意识到，如果把尼克松这样一个烫手的山芋扔掉的话，也就会扔掉许多票。因此，在一次记者招待会上，艾森豪威尔明确地表示自己很高兴与尼克松"一起列入候选人名单"。

尼克松认为自己出击的机会到了，便于 4 月 26 日下午来到艾森豪威尔的办公室。

"总统先生，"尼克松在艾森豪威尔的办公桌对面坐下后，开门见山地说，"在你的领导下继续当副总统，对我将是莫大的光荣。但我之所以迟迟没有表明我的态度，其唯一的理由是，我不愿让你感到在你不愿意我参加的情况下，我却硬要在选票上挤上我的名字。"

艾森豪威尔笑了，他明白与尼克松在竞选搭档上的危机已经过去。他叫来了自己的新闻秘书哈格蒂："吉姆，迪克刚才对我说他愿意继续参加

# RICHARD MILHOUS NIXON

竞选，你为什么不马上请他出去让他本人当面跟记者谈谈。你可以告诉他们，我很高兴听到这个消息。"

1956 年 11 月，尼克松在芝加哥购物中心的平台上，进行他的竞选演讲。

# RICHARD MILHOUS NIXON

8月，在旧金山召开的共和党全国代表大会上，尼克松以1323票对1票的绝对优势，获得再度提名，他再次与艾森豪威尔携手，准备打一场硬仗了。

9月，尼克松与夫人帕特再次踏上了风尘仆仆的竞选征途。艾森豪威尔亲自到机场送行。

尼克松又一次站在了政治风暴的风口浪尖。《新闻周刊》曾在报道8月在芝加哥召开的民主党全国代表大会时说：尼克松自始至终都是攻击的对象。当发言人念到他的名字时，在场的人个个嗤之以鼻，似乎像个什么难以出口的脏字眼。尼克松还被攻击为"副刽子手"、"白宫豢养的侏儒"、"下流货"……民主党人还高声向民众叫嚷："你们要把这样一个人送进白宫吗？记住，如果你们再次选举艾森豪威尔，艾克一死他就要成为总统了。"

艾森豪威尔与尼克松携手庆祝竞选胜利。

对于竞选演说，尼克松好像一个上紧了发条的玩具鼓手，不知疲倦地全国奔跑，鼓吹着艾森豪威尔的声誉和政绩。他与帕特包了一架飞机，进行了 3 次横贯全国的竞选活动，除星期天外，他们每周至少举行 15 次记者招待会。

11 月 6 日，大选之夜，计票结果出来了。艾森豪威尔和尼克松以 57% 的选票再次击败民主党候选人史蒂文森。但是在国会两院的议员选举中，共和党却成为少数党。艾森豪威尔成为美国 108 年来第一个在国会两院里一个院也不为他的党所控制的总统。在听着广播里传来的竞选结果时，艾森豪威尔抿着掺了苏打水的威士忌，恼怒地对尼克松说："迪克，这全是因为我们党内有一群该死的老顽固和僵化的保守派。"

## 6 1958 年惊魂南美洲
RICHARD MILHOUS NIXON

从 1955 年到 1957 年的两年多时间里，尼克松先后访问了加勒比海地区、亚洲、奥地利、非洲和意大利。之所以进行如此频繁的外交访问，是因为自从 1953 年的远东之旅之后，尼克松深感共产主义在这些地区的蔓延和发展正处于不可遏制之势，而苏联和中国正是在这一红色风暴的风眼上。尼克松在那次访问之后，就对国会进行了一次两个小时的口头汇报，提出了一个组建"新月形军事包围圈"的方案，包括土耳其、伊朗和日本在内，以对付中国和苏联。正是由于尼克松的此次建议，艾森豪威尔政府于 1954 年和 1955 年成立了以围堵共产党国家为目的的东南亚条约组织和中央条约组织。

而在尼克松所有的以反共为主要目的的外交活动中，最让他印象深刻和近距离感到共产主义威胁的经历，非 1958 年的南美之行莫属。

1958 年春，美国助理国务卿小罗伊·鲁波特姆要求尼克松率领一支官方代表团出席阿根廷新任总统阿尔托罗·弗朗迪西的就职大典。阿根廷原来的统治者胡安·贝隆于 1955 年被推下了台，弗朗迪西成为阿根廷 20 年来第一次经过民主选举产生的总统。很多国家都派遣使团前往道贺，美国自然也不能例外。

尼克松此时还在考虑一些复苏经济的政策措施，便以准备参加当年 11

1957 年 12 月，尼克松在机场迎接刚从巴黎北约会议返回的艾森豪威尔。

月的共和党中期选举为由，拒绝前往。但是几天之后，国务卿杜勒斯和总统艾森豪威尔都表示，他们希望尼克松能去一趟，尼克松看看形势，知道自己没有选择，便点头答应。

访问路线很快制订好了，尼克松和帕特将访问除了巴西和智利以外的所有南美国家。

这一年，南美的大多数国家已经取缔了共产党，除了零零星星的抗议示威以外，似乎没有什么别的风险，因此，当中央情报局警告尼克松小心当地共产党的潜在威胁时，尼克松却完全没有放在心上，甚至还劝说几位记者随队前往。

前几站分别是乌拉圭、阿根廷、巴拉圭和玻利维亚，在这些国家的短暂停留以及访问，尼克松一行还是受到了热情的礼遇，除了一些举着标语的抗议者之外，一切顺风顺水，而尼克松的演讲和高超的演技甚至获得了当地人民的广泛好感。

然而等尼克松一行顺顺溜溜地到达秘鲁的时候，风向就开始变了。

在秘鲁的首都利马，尼克松与总统曼努艾尔·普拉多用完午餐返回饭店时，就碰到了一群手持反美标语、发出响亮口哨和嘘声的群众，但是尼

美国副总统尼克松出访阿根廷，受到当地民众的欢迎。

克松依旧没有提高警惕性，他把这些人当作了那种普通的示威群众。

第二天，尼克松安排自己到西半球最古老的大学——圣马科斯大学演讲。而校长在头天晚上的招待会上，就把尼克松拉到一旁，建议他取消这次演讲，因为他听说学生要举行猛烈的反美示威。利马市警察局局长也劝尼克松不要去，但也不愿意公开提出建议，以免外人认为秘鲁警察无力保证外国首脑的安全，他希望尼克松自己取消。尼克松不愿示弱，他说，如果你们取消邀请，我就很乐意不去。但对方不愿取消邀请，又害怕被共产党学生谴责，因此希望尼克松自己取消。于是情况就变得很滑稽：所有人都反对尼克松去，但又都不愿意承担撤销邀请的责任。而尼克松的行政助理比尔·基想出了一个法子，既不损伤美国副总统的面子，又能达到访问当地文化阵地的目的，他建议尼克松访问利马的天主教大学，因为那里的气氛比较亲和，不那么极端，而且该校的校长也很欢迎尼克松前往。

尼克松一时间拿不定主意。他不想被共产党人抓住话柄，说西半球历史最悠久的一所大学学生在美国家门口就把美国副总统赶跑了。他更不想让自己的政治前程在这里受损。何况，他喜欢冒险。当天夜里，尼克松和帕特在房间里辗转反侧，听着示威者在宾馆外彻夜不停地高呼口号："尼克松滚回去！"

# RICHARD MILHOUS NIXON

1958 年 5 月，美国副总统尼克松出访玻利维亚，出席了阅兵仪式。

第二天，尼克松让帕特留在饭店里休息，自己前往秘鲁的解放者何塞·德·圣马丁铜像前敬献花圈。仪式结束后，在静默的 30 秒钟时间他里下定了决心，跨进汽车之后，对司机说了一句："去圣马科斯。"

就在快到达圣马科斯大学校门还有两条马路的地方，成千上万的示威者高呼着"尼克松滚回去"、"绞死尼克松"之类的口号，向尼克松的汽车冲来。尼克松镇静自若地下了车，只带了一个特工和一个译员向大学的大门走去，既然警卫无用，他索性不带。他和他的象征性随员步行进入了数千名示威学生中，这让示威者稍稍感到有些意外。他高声对示威者喊道："我要跟你们说话，你们为什么这么害怕真理？"

这时，从喧嚷的人群中飞出了一块小石头，击中了翻译的面部，打掉了他的一颗牙齿。这颗石头的出现仿佛是一颗信号弹，因为紧接着就有很多石块如雨而来。尼克松不得不钻进车里，赶紧离开，但是还不忘回头冲着人群高喊："你们是胆小鬼！你们是最卑鄙的东西！你们害怕真理！……"既然大学里不讲礼仪，那副总统也就不讲礼仪了。

尼克松的司机直接开车前往天主教大学，在那里的礼堂中，尼克松受到了合乎身份的欢迎，并且进行了精彩的演讲。当他结束演讲，正在回答

1958 年 5 月，美国副总统尼克松出访秘鲁，在圣马丁广场前敬献花圈。

学生们的提问时，刚才被石头击伤面部的译员匆忙走过来低声说道："赶紧撤，圣马科斯那帮人朝这儿来了！"

尼克松便匆匆结束了这次大学访问，当他的座驾返回到利马饭店门口的时候，那群圣马科斯的示威群众已经严阵以待了。尼克松一行在距离饭店门口较远的地方悄悄下了车，一头扎进人群中，朝饭店门口走去，但是迎面而来的就是震天的口号和暴雨般的口水。

这次公开的示威以及侮辱事件让秘鲁政府手忙脚乱，尼克松在当天晚间的一次记者招待会上说，一小撮活动家和渗透家就能把自己的意志施加于整个社会之上，圣马科斯事件说明，200 名受过训练的煽动分子就能操纵 2 000 名学生进行如此声势浩大、影响深远的示威活动。

艾森豪威尔在闻讯之后赶紧给尼克松发来了慰问电，说："你所表现出来的勇敢、耐心和冷静，使你在我国又赢得了尊敬和爱戴。"

下一站是委内瑞拉，尼克松夫妇在此又一次遭到了前所未有的侮辱和攻击。

5 月 13 日早晨，尼克松一行在委内瑞拉首府加拉加斯的机场降落，透过飞机引擎的巨大轰鸣声，尼克松都能听到从舷窗外传来的口号声和叫喊声。而当他们走下舷梯，由委内瑞拉官方派出的乐队高奏两国国歌的时候，也根本无法盖住从跑道栏杆后面传来的口哨和嘘声。

尼克松面带生硬的假笑，与前来欢迎他的委内瑞拉领导人握手，对方笑着保证说："那些不过是一群不懂事的毛孩子，闹不出什么大花样来。"

尼克松一行沿着红地毯走向机场大楼，当他们就要走进大楼的时候，委内瑞拉的乐队突然再次奏响了委内瑞拉的国歌，尼克松和帕特莫名其妙，但是只能停下脚步，肃立等待。就在这时，天空中突然下起雨来。

尼克松抬头一看，哪里是什么雨水，而是一群早就埋伏在楼顶的人，正在朝着他和帕特吐口水！

尼克松看着强颜欢笑、满身口水的帕特，心里的怒火腾地一下就燃烧起来了。然而帕特却没有那么脆弱，她若无其事地跟着尼克松走向迎接他们的汽车。当走过路障旁边一群刚吐完口水的人群时，帕特忽然把手搭在一个满面怒气和仇恨的姑娘肩膀上，并向她微笑。

当尼克松与尴尬的委内瑞拉外交部长坐在汽车中时，对方掏出自己的手绢不停地给尼克松擦抹身上的污迹。尼克松则是咬牙切齿地对他说：

"别擦了，等回头我换了这身衣服，就烧了它！"

外交部长还在喋喋不休地解释说："委内瑞拉人民很久没有得到过自由，所以这次强烈的自我表现，可能的确是有点过头了。但是在我们的新政府里，没有人愿意去做可能会被认为是压制自由的事情。"

尼克松恶狠狠地回答道："如果你们的政府没有勇气和才能来控制刚才的那种暴徒，恐怕委内瑞拉过不了多久就不再有自由可言了！"

没过一会，当车辆行驶进加拉加斯的时候，一群人一边向车辆丢石块一边飞速地冲过来，司机赶紧开足马力，躲了过去。

然而车队很快就碰到了麻烦，他们迎面碰到了一道由车辆串起来组成的路障。短暂的寂静之后，成百上千人仿佛突然从地底下钻出来似的，潮水般地向尼克松的车队涌来，委内瑞拉的摩托车护卫队不知去向，唯一剩下来保护尼克松车队的只是一个由 12 人组成的警卫队。

石块，成百上千的石块，穿破空气"嗖嗖"地击打在尼克松车队的车窗上，车窗玻璃碎了，碎片撒在全车人的身上，一块碎片划破了外交部长的眼角，血流不止。

有人开始用铁棒敲剩下的车窗玻璃，玻璃碎片不停地击打在车内人的身上、脸上，同时外面不停地有人推晃车子，试图把它推翻在地，然后点燃。这时尼克松的随身护卫们已经快气疯了，他们拉开手枪的保险，准备从车窗里射击。舍伍德"哗啦"一声拔出左轮手枪，红着眼睛骂道："让我干掉几个狗娘养的！"尼克松赶紧拦住他的胳膊，因为他知道，在这群失去理智的人群中开枪，无异于火上浇油，不但救不了自己，恐怕只能更加激怒他们。尼克松此时几乎已经认定自己要命丧委内瑞拉了，他回头看了一眼帕特的车子，欣慰地发现人们并没有袭击它。

正在此时，前面的车辆突然从拥挤的人群中开了出去，挡住了那些开来的作为路障的车流，尼克松所在车的司机眼明手快，拼命踩住油门，飞快地驶离此地，帕特所在的车子也紧跟在后面，脱离了危险。

然而没过多久，那似乎已经消失到另一个时空的摩托车警察护卫队突然又出现了，并发出信号，要引导尼克松的车队跟随其后。这时外交部长告诉尼克松，下一个访问目的地是伟人祠并敬献花圈，尼克松听了没有说话，只是点了点头。

当车辆行驶到下一个十字路口的时候，尼克松突然对司机下令拐弯。

当尼克松的车以及帕特的车拐过街道之后，看着逐渐远去的摩托车队，外交部长惊惶失措地喊道："不能离开我们的警卫，要紧跟警察护卫车！"尼克松此时冷冷地看了对方一眼说："如果这就是我们要得到的保护，那么我宁可自己走，也不要它。"

接着尼克松就对司机说，不要管委内瑞拉人原先是怎么安排行程的，直接往美国大使馆开，因为他猜到肯定还会有未成的人群还等着尼克松夫妇自投罗网。

等尼克松夫妇仓皇逃进美国大使馆之后，俩人才真正喘了一口劫后余生的粗气。等他们梳洗休整之后，听到了让他们后怕不已的消息。原来，果真有 6 000～8 000 名示威者等候在伟人祠广场，他们还准备了足够的莫洛托夫鸡尾酒式的土制手榴弹，准备在尼克松献花圈的时候，等着把他埋在里面。尼克松夫妇面面相觑，真有一种恍若隔世的惊魂错觉。

身处这样的情况之中，尼克松只能取消所有在大使馆之外的活动。

当委内瑞拉的军政府成员前来向尼克松夫妇表达歉意的时候，尼克松预先指示使馆人员将刚才乘坐的那辆千疮百孔的高级轿车停在使馆的大楼前，故意让对方感到难堪。然后尼克松又公开咒骂了共产党，原因是他已经非常清楚，这样组织严密、目的明确的反美行动，一定是当地的共产党组织干的。

当天晚间，尼克松得到消息说，艾森豪威尔已经派遣了两个空降步兵连和两连的海军陆战队前往加勒比海地区，并决定一旦得到委内瑞拉政府的援助要求，就立刻进入委内瑞拉国内实施行动。尼克松一听到这个消息就吃惊不小，他不知道为什么艾森豪威尔会这样不跟他打招呼就进行这种贸然的军事行动。后来他才知道，美国国务院在骚乱发生之后由于通讯中断，得到的最后一份报道的内容是夸大描述了加拉加斯当地治安已经崩溃、暴徒横行，尼克松已经受到袭击等等内容。

艾森豪威尔闻讯震怒，立刻作出了上述的行动决定，同时还下令派出了 6 艘驱逐舰、1 艘导弹巡洋舰以及 1 艘用直升飞机输送海军陆战队的航空母舰。在尼克松还不知情的时候，在关塔那摩和波多黎各，1 000 多名美国海军陆战队士兵和伞兵已经严阵以待、整装待发，空军战斗机和轰炸机也进入了待命状态。

艾森豪威尔这么一跺脚，整个南美洲都震动了，委内瑞拉的国内舆论

# RICHARD MILHOUS NIXON

开始谴责美国的威胁行为。尼克松为了不使事态进一步恶化，赶紧应委内瑞拉政府的要求发表了一项联合声明，声称自己相信委内瑞拉政府有能力维持国内的法律和秩序，并声称美国五角大楼的军事行动只是美军基地之间的普通军事调动云云。

第二天，尼克松在委内瑞拉政府派遣的坦克、武装吉普车、装甲车和12车士兵的护卫下，享用了一顿官方午宴。接着，尼克松一行在委内瑞拉副总统的陪伴下，同乘一辆轿车准备离境。尼克松回头一看，发现自己其实正坐在一辆移动武器库里，他的身后堆满了各式半自动步枪、手枪、催泪霰弹筒和无数子弹夹。为了维护来访美国副总统的名誉以及本国政府的脸面，车队依旧从来时的苏克雷大街行进，一路上都有无数的坦克、士兵往返巡逻，而且这条街道已经在前一天整个地被催泪瓦斯清洗过。尼克松的车队以60英里/小时的速度穿过被他称为"鬼城"的加拉加斯，很快来到机场，并登上了返回美国的飞机。

这件事，又使尼克松在国内声名大振，受到了英雄般的欢迎。在华盛顿下飞机时，艾森豪威尔总统、全体内阁成员、国会领袖以及外交使团等1.5万人前来迎接他。此前，美国还没有哪位副总统曾经享受过这般待遇。而且在接下来的几周内，无论尼克松和帕特出现在哪里，都受到人们起立鼓掌的欢迎，甚至在激烈的盖洛普总统试选调查中第一次追上了肯尼迪。事后，尼克松低调而自豪地评价自己说："有人说我勇敢，这是瞎说。这不是有无胆量的问题，主要是有无经验的问题。"他作为副总统，硬是越位冲到锋线上作战了一次，似乎很是过瘾，从而让他在30年后仍在回味。

## 7  舌战赫鲁晓夫
### RICHARD MILHOUS NIXON

1959年1月，苏联部长会议第一副主席阿纳斯塔斯·米高扬借口"休假"，来到美国，呆了十几天，带来了苏联领导人赫鲁晓夫希望能与美国进行双边谈判的愿望；美国也对此作出了正式回应，希望能"解冻"美苏关系，因为"如果不解冻，我们大家都将冻结在只有核弹才能炸开的坚冰里"。

1959年1月底，赫鲁晓夫在苏联共产党第二十一次代表大会上表示了

## RICHARD MILHOUS NIXON

尽早结束"冷战"的愿望，并邀请艾森豪威尔访问苏联。当年夏天，苏联副总理弗洛尔·科兹洛夫率领一个官方代表团前往纽约，为苏联在美国的科学、技术和文化展览会揭幕。

科兹洛夫回国之后，艾森豪威尔指示要尼克松代表美国，出席7月24日在莫斯科索科尼基公园举办的第一次美国国家展览会的开幕典礼。

尼基塔·赫鲁晓夫自从1953年上台以后，就花招频频，软硬兼施地要把美国拽到首脑会谈的会议桌上来，以谋求实现所谓的美苏共同主宰世界的局面。1956年2月14日，赫鲁晓夫又在苏联共产党第二十二次党代会上提出"和平共处是社会主义国家外交政策的总路线"；1957年1月25日，苏联政府又提出签订美苏两国友好合作条约的建议；5月10日，赫鲁晓夫又通过《纽约时报》的总编辑卡特勒奇的访问而公开表示，希望能访问美国。但是艾森豪威尔对于这些或明或暗的表示统统反应冷淡。

1959年7月，美国副总统尼克松与苏联民众热情拥抱。

151

# RICHARD MILHOUS NIXON

于是赫鲁晓夫就在 1958 年 11 月，突然在记者招待会上提出，准备把西柏林的管理权交给德国，并于 27 日照会美、英、法三国政府，要他们在半年内撤出在西柏林的驻军，借此以对美国施加压力。艾森豪威尔对此反应非常强硬，甚至发出了不惜动用武力的信号，于是赫鲁晓夫不得不再一次退让。

赫鲁晓夫不愿意善罢甘休，于是就出现了米高扬去美国"度假"的这一幕，20 世纪最厚重的冰墙上，开始出现了第一道小小的裂缝。

在许多西方观察家眼里，赫鲁晓夫是一个举止粗俗、酗酒成性甚至滑稽可笑的人物，连给斯大林擦靴子都不配。因此，真正看得起赫鲁晓夫的人不多，但尼克松就是其中一个。

对于这个苏联的第一号领导者，尼克松之前没有见过他本人。在 1956 年的匈牙利事件后，尼克松曾称呼他为"布达佩斯的刽子手"。

给尼克松留下深刻印象的，是记者告诉他的一个赫鲁晓夫所讲的故事。赫鲁晓夫说："一所监狱里关了几个人，一个是社会民主党人，一个是无政府主义者，还有一个是卑贱的小个子犹太人——没受过多少教育的名叫皮尼亚的小矮子。他们决定选出一个头头来分发食品、茶叶和烟草。那个无政府主义者反对任何人掌权，便轻蔑地提议选卑贱的皮尼亚当头，大家照办了。不久，他们决定挖一条越狱地道。但是他们知道狱警必定会向第一个跑出去的人开枪，所以没有人愿带这个头。这时，那个犹太人皮尼亚挺直身子说：'同志们，你们用民主程序选了我当你们的领导，所以我该第一个去。'""这个故事的寓意是，不管一个人出身多么低微，只要选到某个岗位上，就会成为无愧于他的职位的人物。"赫鲁晓夫又补充说，"那个皮尼亚就是我。"

的确，赫鲁晓夫出身卑微，他放过猪，打过工。做了苏联领导人之后，赫鲁晓夫在外交领域绝对是一个异类，举止粗鲁，讲起话来无所顾忌，言过其实。但作为职业政治家，尼克松敏锐地感到，能够在斯大林的铁腕下生存下来，并从一个普通农民逐渐爬到最高地位的人，绝非等闲。尽管他常常不按游戏规则出牌的独特方式，让很多人说成是滑头、恶棍、酒鬼甚至是恶魔，而尼克松却看到了那些藏在醉醺醺的外表下的精明、冷酷和对权力的极端欲望。

尼克松不敢掉以轻心，而且对这次访问作了前所未有的认真准备。为此，尼克松要求国务院与中央情报局专门制作了苏联领导人的情况简介，尽可能熟悉可能会面的苏联领导人的背景。当他准备动身去莫斯科的时候，他已经准备了 100 多个关于美苏关系的问题，可以随时与赫鲁晓夫讨论。

他还专门拜访那些曾经见过赫鲁晓夫或与他谈过话的为数不多的西方人士。这些人分析赫鲁晓夫说，他会注意你的一举一动是否流露出好战的神气，他会抓住你身上任何示弱或姑息的迹象来为他所用。他们建议尼克松应该尽量不挑衅，从而使赫鲁晓夫在思想上绝不怀疑我们是真心诚意想致力于和平的。

而此时已经处于癌症晚期的杜勒斯则给予了尼克松非常宝贵的意见，这位 4 天后就去世的美国前国务卿是一位难得的外交高手和冷战行家，同时也与尼克松一样，对共产主义怀抱着永不停止的敌意。他咬牙撑着病体，对尼克松说："用不着去说服赫鲁晓夫相信我们的善意，他知道我们并非侵略者，我们没有威胁苏联的安全。他了解我们，但也要让他知道我们也了解他。当他说他主张和平竞赛时，他确实是指他们的制度和我们的制度之间的竞赛，但这只是在我们的世界内进行，不在他们的世界内进行。必须使他明白，他不能两者兼得。要向他指出过去的记录，要让他知道关于克里姆林宫在全世界的活动，我们有具体的证据。应该告诉他，除非停止此类活动，否则他那缓和紧张局势与和平共处的呼吁，只能是一套骗人的空话。"他的这段话已注定尼克松的这番访问，不会是一场愉快的旅行，而是一场针锋相对的辩论。

7 月 22 日，尼克松在友谊机场登上了艾森豪威尔的新的空军波音 707 喷气式飞机，飞往莫斯科，随行的还有夫人帕特和艾森豪威尔的弟弟米尔顿·艾森豪威尔。

一些新闻记者却对这次访问相当乐观。《纽约时报》就说："帕特的三寸高跟鞋敲响过世界各处的大地，这次在苏联也绝不会遇上任何困难。"

然而尼克松自己却高兴不起来，因为就在前几天，国会通过了一个"关于被奴役国家的决议"，艾森豪威尔根据这个决议发表了一项声明，要求美国人"研究受苏联统治的国家的困难境况，并表明美国将支持那些被奴役国家的正当愿望。"这个决议和声明发表得太不是时候，很容易让赫鲁晓夫把它理解为蓄意的敌对行动。

　　果然，当专机在莫斯科机场着陆时，尼克松就已经感受到了莫斯科的冷漠。机场没有欢迎人群，没有军乐队，更听不到美、苏两国的国歌。苏联副总理弗洛尔·科兹洛夫板着脸宣读了冗长的欢迎词，很冷淡却合乎礼仪，让人无可挑剔。

　　第二天上午 10 时，尼克松来到克里姆林宫赫鲁晓夫的办公室，举行了第一次会谈。

　　尼克松对赫鲁晓夫第一眼的印象，觉得他比想象中的要稍矮一些，粗壮的腰身，粗短的双腿，走起路来有些凌乱。圆圆的脸上带着大大咧咧的笑容，唯一不相称的是一双锐利的眼睛，偶尔寒光一闪，会让人颇不自在。但是他与尼克松亲切地握手、和蔼地寒暄，还称赞了尼克松在 1958 年 11 月 7 日在伦敦市政厅的演说。

　　闲聊一阵之后，赫鲁晓夫挥手让记者与摄影师退了出去。看着赫鲁晓夫顿时由晴转阴的脸，尼克松明白，好戏就要开始了。

　　果然，赫鲁晓夫作了一个暴风骤雨式的长篇演说，用拳头擂着桌子质问尼克松，为什么美国要在这个时候通过这项"关于被奴役国家的决议"，并责问道："第二步是否就是战争？在此之前，我们认为你们国会绝不会通过一项发动战争的决议。但目前的情况好像表明，虽说麦卡锡参议员已经死了，但阴魂不散。苏联为此不得不时刻准备着！"

　　尼克松竭力解释那个决议只是表达看法，而绝非号召行动，并试图转移话题，但是都没有成功。最后，尼克松无可奈何地说："在白宫，当一个问题讨论很久却不会有结果的时候，艾森豪威尔总统就会用一句话来中断讨论：'我们都快用鞭子把这匹马给抽打死了，换一匹吧！'或许我们现在也该这么做了。"

　　听了译员的翻译后，赫鲁晓夫笑了，他带着讥讽的声调大声地嚷了几句。话音未落，俄方译员奥列格·特鲁扬诺夫斯基的脸刷地一下就涨红了，尴尬地看了看美国驻俄大使汤普森，他是懂俄语的，汤普森则咧着嘴笑了起来。

　　尼克松虽然暂时听不懂，但是也能猜出这几句话肯定很粗鲁。几秒钟后，奥列格还是结结巴巴地译出了这些话："我同意总统说的不要把一匹马打得太狠，但我还是不理解你们的国会干嘛要在这么重要的一次国事访问前夕通过这种决议？这使我想起俄国农民的一句谚语'不要在茅房吃饭'……这个决议臭极了，就像刚拉下的马粪一样臭，没有比这更难闻的了。"

赫鲁晓夫此时正挑衅似地紧紧地盯着尼克松的反应，尼克松认为自己不能再被动挨骂下去了，他必须以牙还牙。

于是尼克松也盯着赫鲁晓夫，平心静气地说："恐怕主席先生搞错了，还有一种东西比马粪更臭，那就是猪粪。"

这下轮到赫鲁晓夫下不了台了，脸立刻被愤怒涨得通红。原来，尼克松在讥讽他小时放过猪的经历，因为同样出身农家的尼克松很清楚，在农田里都是用马粪作肥料，如果有谁错用了猪粪，那气味可是够人受的。

赫鲁晓夫不愧是政坛老手，他很快便控制住了脾气，堆起笑容转移话题道："没错，我们是该换个话题谈。不过，我警告你，你还会听到关于这一决议的其他评价的。"

下午，赫鲁晓夫陪同尼克松去美国展览会参观。他们见到的第一件展品是座电视台的模型。一位工程师请他们试一下一种新式彩色电视录制装备，想把他们互致问候的场面录下来，然后在整个展览会期间向所有的参观者播放。就在这里，俩人进行了一场历史上著名的"厨房辩论"。

一群苏联工作人员围拢在俩人的周围，赫鲁晓夫一步跨上附近的讲台，然后以一种夸张的、表演式的语气问尼克松："美国建国多少年了？300年？"

尼克松一时间有点摸不着头脑，只能老实回答："180年。"

赫鲁晓夫乐了，他笑道："哈哈，这么说，美国存在180年了，而这就是它目前达到的水平。"他用手向整个展览厅挥了一大圈，"我们只不过建国42年，再过7年，我们就将达到美国的同等水平。"听众为他的话所鼓舞，纷纷鼓起掌来。他更兴奋地说："当我们赶上你们，从你们身旁走过的时候，我们会向你们挥手的。"然后，他向想象中的美国挥手作告别状。

赫鲁晓夫的第一场戏表演得如此快速、生动，就连尼克松这样的老演员都上了他的套。但是赫鲁晓夫并不善罢甘休，他指着站在人群前面的一个俄国工人问尼克松："难道这个人像奴隶劳工？有这样精神的人，我们会失败吗？"

尼克松也指着一个美国工人说："有像他这样的人，我们注定是强大的！但这些人，苏联人与美国人，可以一起为和平事业而很好地工作，正像他们为建造这座展览馆而一起工作一样。如果你打算赶上我们的这场竞赛，要为我们两国人民和其他各国人民造福的话，那我们就必须自由地交流思想。你不用害怕思想交流嘛，毕竟你也不是样样都懂嘛。"

赫鲁晓夫怒吼道："如果我不是样样都懂，那你对共产主义，除了害怕它之外，也一窍不通！"

尼克松与赫鲁晓夫来到一套标价 1.4 万美元的美国中产阶级家庭的住房模型里面，两人的激烈辩论就在厨房的模型里面，达到了顶峰。

辩论的开头，原本两人是讨论洗衣机的质量问题。苏联媒体把这套美国家庭住房比喻为"印度的泰姬陵"，不能代表美国普通人民的生活情况。而尼克松一上来就表示，在美国的普通钢铁工人都能拥有这么一套房子，而赫鲁晓夫自然死活不承认，他说苏联迟早也会拥有这种先进的设备，而且一个洗衣机样品自然要比一般洗衣机的质量要高。

尼克松说："谈谈洗衣机的质量岂不是比谈火箭的威力要好？"赫鲁晓夫很生气地用大拇指戳着尼克松的胸口嚷道："是的，这正是我们所希望的那种竞赛。但是，你们的将军们说，非同我们比赛一下火箭不可嘛。他们说那些火箭可以摧毁我们。我们也可以拿出点东西给你们看看，让你们知道什么是俄罗斯精神。我们是强大的，我们能打败你们。"

尼克松认为这不过是虚声恫吓，便回击道："你们强大，我们也强大，谁都不应用武力逼人太甚，好像最后通牒似的。"他同时也用手指戳着对方的胸膛，"在今天这个时代，讨论谁更强大没有意义，爆发战争后谁也当不了赢家。我希望主席你能理解我们讲话的全部含义，若是把我们这两个强国中的任何一个置于这样一种境地，不听从摆布就得一战，舍此别无选择，那就是在玩一种世界上最具破坏性的把戏。"

"你这话听起来就是威胁，"赫鲁晓夫嚷道，"我们也是巨人，你想威胁我们，我们将以威胁回答威胁。"

尼克松见赫鲁晓夫好像失去控制一样，便冷静地回答："我们绝不会在这方面进行威胁。"

赫鲁晓夫指责道："你刚才讲什么'含义'，就是想用间接方法来威胁我。我们手上有可以使用的手段，我们的手段比你们的强。"

尼克松说："我们很了解苏联的力量。但是，在核时代微小的差别无关紧要。"

俩人争论了半天，赫鲁晓夫觉得再这样下去也没什么好处，便说："我们想和一切国家和睦相处，尤其是和美国。"尼克松也赶紧就坡下驴："我们也要保持和平。"

厨房辩论两天以后，赫鲁晓夫在他位于莫斯科郊外的别墅里，与尼克松进行了实质性的会谈。谈话中，双方在越南问题、德国和柏林问题、两国首脑互访以及核武器试验等问题交换了意见。用尼克松自己的话说："我们一直在美苏的突出分歧上肉搏着。"

厨房辩论并没有被录制下来，但这番谈话被媒体大肆渲染，还公开了当时的一张照片，46 岁的美国副总统威胁性地用手指头戳着 65 岁的苏联领导人的胸口，双方针锋相对地盯着彼此。当尼克松回到华盛顿之后，这张照片已经铺天盖地了，他被一些媒体吹嘘成"敢于直接顶撞赫鲁晓夫的人"，并称此次莫斯科之行是不小的胜利。

但是赫鲁晓夫随后的访美，则巧妙地对尼克松进行了反击，不仅抵消了尼克松因访苏而捞取的政治资本，而且让美国新闻界认为尼克松与赫鲁晓夫之间相处很不好，报刊纷纷报道"赫鲁晓夫实在不喜欢尼克松"，这就对尼克松即将参加的 1960 年总统大选非常不利。国务卿赫脱的夫人克里斯琴·赫脱就曾告诉尼克松，她的一些朋友表示可能会投肯尼迪的票，因为肯尼迪能够同赫鲁晓夫"友好相处"，而尼克松却不能。

## 8 迎战肯尼迪
RICHARD MILHOUS NIXON

对于尼克松来说，他所直接参加过的 5 次总统竞选中，没有哪次比得上 1960 年与肯尼迪针锋相对的这一次来得重要和精彩。这一年的总统大选，根据美国 1952 年 2 月生效的宪法修正案第二十二条关于总统只能连任一届的规定，艾森豪威尔宣布不再竞选总统。

早在 1958 年底的时候，尼克松的老朋友们就曾经单刀直入地对他说："迪克，现在是你决定 1960 年该做些什么的时候了，如果你打算当总统候选人的话，现在就得开始！"

自从尼克松 1945 年正式跨入美国政坛以来，他已经整整度过了 15 个

# RICHARD MILHOUS NIXON

刀光剑影、披荆斩棘的年头，政治经验不可谓不丰富、人生阅历不可谓不精彩，然而他并没有停顿，因为他的心中燃烧着更为猛烈的欲望和野心，他已经用自己的青春年华和血肉汗水铺就了一条直通白宫、直通美国乃至世界权力之巅的道路，他只需要咬牙继续度过这短暂的几个月竞选的时光，就可以到达人生的顶峰了。然而在这一切实现之前，他必须再打倒一个人，这个人就是约翰·肯尼迪。

43 岁的约翰·肯尼迪出身政治世家，是名门之后，他的外祖父曾任波士顿市长，他的父亲老肯尼迪毕业于哈佛大学，并在 25 岁时成为整个马萨诸塞州最年轻的银行行长，以后又开办了芝加哥商业中心市场和电影制片公司，大发横财。老肯尼迪曾在 1932 年慷慨解囊，资助罗斯福竞选总统，后被罗斯福任命为驻英国大使。

除了财阀父亲，肯尼迪背后还有一个垂帘听政的铁腕女人，即他的母亲罗斯·肯尼迪也在拼了老命支持他。从 1952 年开始，她就频繁地举行家庭招待会，邀请政界名流、商界大亨，借此把自己的二儿子约翰推销出去。一次参议员竞选结束后，一位败在肯尼迪手下的候选人说："我不是败给了约翰。事实上，是肯尼迪家的香茶击败了我。"有人统计过，直到约翰当选总统，共有 7 万多人出席过罗斯的茶会。

1960 年初，约翰·肯尼迪发表了一项声明，宣布他将谋求民主党总统候选人。他强调，作出如此决定并非心血来潮，而是经过一年多的调查研究和深思熟虑之后才下的决心。他在周游各州期间，与众多不同职业的民主党人士交谈过，得到了巨大支持，因此使他信心十足。

的确如此，尼克松早在 1958 年开始着手准备 1960 年总统竞选的时候，就已经把双方的力量对比研究透彻了，肯尼迪的确是一个旗鼓相当的厉害对手。

知己知彼，百战不殆。尼克松带着自己的智囊团，分析总结了敌我的优劣势。尼克松当时最大的本钱是 1958 年发生在南美洲委内瑞拉首府加拉加斯的暴乱事件以及刚结束不久的苏联访问、厨房辩论，这些极度吸引眼球的政治事件已经让尼克松成为当时知名度仅次于艾森豪威尔的政治人物。这些都构成了尼克松最引以为傲的政治经验，民意调查显示，与年轻历浅的肯尼迪相比，尼克松显然拥有更丰富的政治经验。

然而对于肯尼迪来讲，虽然很多乐观的共和党人都认为年轻、缺乏经验是他最大的弱点，然而眼光老辣的尼克松却发现，这一点也非常不妙。因为美国人在被年迈多病的、祖父般的艾森豪威尔将军统治了 8 年之后，正极度渴望一个具有崭新领袖风格的年轻总统。而一直代替艾森豪威尔露面奔走的尼克松也因此吃了闷心亏，他那张标志性的脸孔上面，就差写上"艾森豪威尔时代"几个大字了。

肯尼迪还有一个主要的政治弱点：他是天主教徒。自从 1928 年民主党总统候选人、天主教徒艾尔·史密斯被共和党的赫伯特·胡佛击败之后，大家都认为天主教徒不能当选美国总统。但是，存在原教旨主义的反天主教偏见的地区，都集中在尼克松必胜无疑的几个州，不过即使在这些州，很多天主教徒也必然投肯尼迪的票。而且尼克松也强调说："一个有才智的候选人，其缺点也可能会转化为优点。"

除此以外，肯尼迪家族雄厚的资金支持，是出身普通家庭的尼克松所无法逾越的。肯尼迪家族的财富，估计有近 4 亿美元，而且在美国北部自由派集团中的影响力极大。在民主党内争取获得提名的斗争结束之后，败下阵来的汉弗莱只说了一句话："谁叫我没有一个能够付账的爸爸。"而尼克松本来就是一个职业政治家，没有什么商业头脑，竞选活动全靠政治基金，而且又一向标榜自己"两袖清风"，因此虽然他是个美国副总统，但是除了这些政治头衔和职业声望之外，他什么都没有，单凭这一点，与经济大鳄般的肯尼迪家族就差了很多个档次。

肯尼迪还拥有一支年轻精干、人才济济的团队，他富有的家族为他雇佣了大批口齿伶俐的助手、经验丰富的组织者、最优秀的讲稿撰写人以及选举预测人等。他的家人更是全力以赴、倾巢出动。肯尼迪的母亲再次挂帅，她宣称："我要到各地为儿子做宣传。不过，我不想搞政治，更不想当太上皇，我只不过想把我的一个儿子献给美国。"她马不停蹄地周游了 14 个州，发表了 40 多次演说。肯尼迪家族的子女们更是不甘落后，他们利用权势，动员了志愿大军，开赴工厂、矿山和少数民族聚集地，拉拢选票。

工会的力量是令肯尼迪最后胜出的一支不可忽视的力量。工会是民主党稳定的伙伴，不仅能够向肯尼迪提供资金和工作人员，而且能够保证足够的选票，甚至为民主党建立起地方代理机构，如底特律的汽车工人联合会、圣路易斯的货车工人工会等等。大型工会团体，如美国联合汽车、飞机和农机工人工会都站在民主党一边。少数民族中比例最大的是黑人，他们原本是共和党的同盟军，因为林肯解放了他们。但渐渐地，共和党日益变为以大资产阶级为主的政党，不再关心黑人疾苦。所以自1936年起，他们便转而支持罗斯福的民主党，而且促使一些有关黑人权益的立法获得通过。肯尼迪的竞选班子特别注意到这些因素，便着力进行工作，收效显著。

二战后，美国的城市化向更高层次发展，知识阶层的管理人员大量迁出市区，遂使城市的边缘地区发展突飞猛进，人口急剧增长。大专院校和科研机构一般也都建于市郊。因此，要争取知识分子和白领阶层的选票，就必须到城市郊区去活动。而肯尼迪是第一个闯入这些地区的民主党候选人，他甚至敢于舍弃一些参加市内传统集会的机会，乘坐直升飞机到纽约、费城等大城市的郊区去接近选民，"推销"自己。

而真正让尼克松感到头疼的问题，却来源于共和党脆弱的阵营。由于吃了艾森豪威尔厌恶政党活动的亏，共和党前所未有地在全国政坛上显示出了疲态。在刚刚结束的国会中期选举中，共和党损失惨重，民主党在参众两院都是多数党，参议院是62对43席，众议院是282对153席，全国的50个州长中，有34个是民主党人；民主党在全国的29个州中控制着州议会，而能够做到这一点的，共和党只有7个州；此外，全国177个市长中，竟然有128个是民主党人。在广大的全国选民中，登记在册的到达投票年龄的美国公民中有5 000万民主党人，而共和党只有3 300万。另外共和党已经执政8年，内外政策上的失败将给民主党提供许多攻击的口实。同时，与虚弱的共和党不同，民主党人一贯能够咽下分歧的痛苦，在关键时刻能够团结在全党提名的人周围。总之，在这种几乎是一边倒的政治大背景下，作为一个共和党人，想夺取总统宝座，可谓难上加难。

1960年7月中旬，民主党全国代表大会在洛杉矶决定约翰·肯尼迪为民主党的总统候选人。肯尼迪则挑选了参议员林登·约翰逊作为自己的搭档。7月下旬，在芝加哥举行的共和党全国代表大会决定尼克松为共和党总统候选人，尼克松则挑选美国驻联合国大使亨利·犬伯特·洛奇为自己的竞选伙伴。7月27日，在这个炎热的夜晚，尼克松向公众发表演说，他宣布要进行一场空前规模的竞选运动："今晚，我向你们宣布，并向你们保证，从现在起到11月8日，我个人愿意把这场竞选运动开展到全国50

个州的每一个州。"于是，美国 1960 年的大选正式拉开了帷幕。

8 月 17 日，尼克松开始了他的竞选旅行，第一站是北卡罗莱纳州。然而出师不利，尼克松在上车时不小心把膝盖碰伤了。最初他并不在意，但随后不久开始发炎，不能活动，被迫中断了竞选旅行，在医院卧床两周。这两周让尼克松过得痛苦不堪，除了病痛，更让尼克松为之痛苦的是白白浪费了宝贵的时间，以至于使他的那些尽早进行广泛的竞选活动以争取主动权的计划全部落空，竞选活动远远地落在了肯尼迪的后面。

1960 年，尼克松在总统竞选的旅程中，从人群中抱起一个小女孩。

盖洛普民意测验表明，肯尼迪以 51% 对 49% 稍稍领先。

9 月 9 日，尼克松出院了，除了利用一个周末稍稍喘了一口气，他就立刻开始了一个玩命般的竞选旅行。仅仅两周时间，他走遍了 25 个州，行程 2.5 万公里。第一天，天还蒙蒙亮的时候，尼克松就从巴尔的摩飞往印第安纳波利斯出席一个群众大会。紧接着就又从印第安纳波利斯飞往达拉斯，在车队簇拥下前往群众大会，然后从达拉斯到旧金山出席在机场上举行的集会和在闹市区的联合广场召开的大会。出院后的第一周，他访问了14 个州；第二周，访问了 11 个州。他常常在凌晨两点入睡，有时候干脆就直接在车上或者飞机上打个小盹。这样一种疲于奔命的旅程一直持续到9 月 26 日晚，即尼克松与肯尼迪的第一次电视辩论那天。

此时，盖洛普民意测验表明，尼克松得票 47%，肯尼迪是 46%，另外有 7% 的未定票。

有人曾经半开玩笑地说，是电视造就了约翰·肯尼迪总统，而毁了尼克松第一次向总统进军的野心。其实这样的总结有一定的道理，事后，尼克松也将其慎重地总结到了自己的政治经验里，认为电视辩论的出现，改变了 60 年代后的美国政治。

1960 年初，民主党与共和党的竞选运动负责人召开了一次联席会议，他们考虑到美国已经有 88%，也就是说 4 000 万个家庭拥有了电视，于是便决定采取一种史无前例的竞选方式，让两党的候选人联合出镜，在电视前进行公开辩论。

尼克松与肯尼迪的辩论总共进行了 4 场，第一场谈论国内政策，第四场谈论外交问题，第二、三场实际上只能算作两次联合记者招待会。而尼克松认为，这样的次序安排，是他此次竞选中犯下的最大错误。

9 月 26 日夜，芝加哥，是准备走上电视镜头，面对全国人民的时候了。生病住院与紧张的竞选旅行，使尼克松的体重减轻了 10 磅，身体消瘦、疲惫不堪，衣服都大了一号，穿起来松松垮垮的，呈现出一副标准的病容。尼克松的电视顾问曾经建议他在上镜之前化点妆，但是被尼克松坚决地制止了，他只是草草地抹了一些掩盖胡茬子的"隐须膏"，结果这又让他的肤色呈现出一种怪异的油亮。用《巴尔的摩太阳报》一个记者的说法，尼克松当晚看起来"像一个邮局公告牌上的逃犯"。而肯尼迪却神采奕奕地出现在镜头上，他原本就年轻英俊，再加上精心打理了的发型、妆容、服装，所以整个人显得健康洒脱、风度翩翩，活像那种西部片中的帅哥警长。

辩论开始之后，肯尼迪抓住了艾森豪威尔的一次疏忽，对尼克松自诩经验丰富来了个釜底抽薪。原来在一个月以前的一次记者招待会上，有人问艾森豪威尔：尼克松作为副总统曾提出过哪些高见时，艾森豪威尔本来想说："请在下星期的记者招待会上来问我这个问题。"但却舌头一拐弯，说成了："如果你能给我一个星期的时间，我也许能想出来。"

在电视辩论会上，肯尼迪的竞选顾问策划由新闻记者向尼克松重新提出这个问题，这样就等于深深地刺了尼克松一下。所有的电视观众都得到了这样的暗示：艾森豪威尔也不怎么热衷于支持尼克松接班。

当晚的辩论结束之后，虽然大多数专栏作家和广播听众认为，这次辩论就技巧和内容来说，两者不相上下；然而电视观众比广播听众可多了五六倍，8 000 万人在看过了那一出"逃犯与警长"的精彩互骂表演之后，盖洛普民意调查显示，肯尼迪已经以 49％对 46％领先了。

第二次辩论于 10 月 7 日在华盛顿举行。

尼克松吸取了第一次电视辩论的惨痛教训，提前两天加足营养，同时还化了妆。尼克松这次在电视上就容光焕发多了。

这次辩论，尼克松也采取了翻肯尼迪老底的办法。1950 年 5 月，苏军击落了一架美国 U-2 型间谍飞机，肯尼迪曾发表一项声明，建议艾森豪威尔向赫鲁晓夫道歉。尼克松在这次辩论中说，美国总统绝不会为保卫美国安全的行动而向人道歉。同时，尼克松对肯尼迪反对援助盘踞在金门、马祖等近海岛屿的国民党军队的言论也进行了抨击。这次辩论后，《纽约先驱论坛报》的社论评价尼克松"显然赢了第二回合"。

第三次辩论在 10 月 13 日的两地电视台同时进行。肯尼迪在纽约，尼克松在洛杉矶。这次辩论会，尼克松自始至终采取攻势，揪住他与肯尼迪在金门、马祖问题上的分歧不放。1958 年，中国人民解放军开始炮击金门。为此，尼克松在波士顿发表演说，声称美国必须"保卫台湾海峡中的金门和马祖，使之不受共产党中国的进犯"。这里"所牵涉的不仅仅是金门和马祖，而是自由世界在整个亚洲的地位"。同时，"现在台湾海峡掀起的危机中，美国如果表现得像纸老虎，那将犯了最大的错误"。在这次辩论中，尼克松说："肯尼迪在战争威胁之下愿意把这些岛屿拱手送给共产党人，这等于在讹诈面前屈膝投降。"并趁机攻击肯尼迪在国家大事的处理上缺乏经验。

第二次、第三次辩论，尼克松都占了上风。10 月 21 日在纽约举行的第四次辩论，让肯尼迪那群人给染上了浓烈的戏剧色彩。

这场辩论是对外政策的辩论，核心是古巴问题。

辩论的前一天，报纸上出现了醒目的大标题："肯尼迪主张美国干预古巴，呼吁援助古巴叛军。"这下，可让尼克松又惊又怒，他没有想到这个年轻的政治新秀竟然敢甩出这么一招狠牌！

原来，援助古巴逃亡者的计划早就在美国政府的绝密保护下执行着。肯尼迪除了收到过一份中央情报局对古巴政策的简报之外，对内幕并不了解。

尼克松压根没想到肯尼迪是吃了什么熊心豹子胆，竟然为了赢得自己的选票，却敢把这样的绝密信息给抛出来。为了给美国政府保守机密，同时保护成千上万名执行这一计划的人员的安全，他不能反驳肯尼迪说"他说的没错，政府已经这么做了"，他只能站在与肯尼迪相反的立场上，攻击肯尼迪主张公开干涉古巴。

尼克松言不由衷的表演，使拥护他的人感到震惊和失望，却使肯尼迪得到了所有不明真相和不该支持他的人的支持。这场辩论，肯尼迪以主张对付卡斯特罗和共产主义而获得了更多的支持。

四场辩论后，民意调查显示，尼克松与肯尼迪之比为45%对51%，仍有5%未定。但是总的看来，尽管在后三场辩论中，尼克松表现不错，但是却没有估计到的是，此时收看节目的电视观众却比第一次辩论少了2 000万，因为在第一场辩论中，"人们已经看到了自己想要看到的一切，主意也已经拿定"。

竞选活动结束的时候，尼克松已经遍访50个州，行程10.4万公里，作了180次演讲，发表了无数次即席谈话，兑现了自己之前许下的诺言。帕特在大选日的前3天度日如年，总共睡了没几个小时。

美国东部时间11月9日凌晨两点，摇摆不定的选举结果终于出来了。肯尼迪得票3 422.1万张，尼克松得票3 418.8万张。肯尼迪仅以11.3万票数领先，这也是自1888年克利夫兰竞选总统以来双方得票最为接近的一次，这表明每一选区哪怕只有1.5%的波动，历史就会被改写。

尼克松呆呆地坐在房间里，帕特与女儿们忍不住哭了。

第二天早上，芝加哥与德克萨斯传闻发生了大规模的舞弊事件，例如德克萨斯的一个县，登记投票的人只有4 895人，但是选票数却是6 138张，芝加哥有一架投票机把43人记录为121人。类似的舞弊还有不少。于是尼克松的顾问认为事情有了转机，建议尼克松不要发表认输的声明，而要申请重新计票。

听到这个消息后，尼克松独自思考了好几分钟。如果他要求重新计算选票，就需要半年以上的时间，这期间，肯尼迪当选的合法性便成了问题。各个集团之间的利益便会发生尖锐的冲突，这对于美国的对外关系将起到破坏性的影响。如果重新计票的结果仍是肯尼迪获胜，那么自己以后就再也别想在政界混了，政治生命将彻底完蛋。考虑到这些，尼克松站了起来，决定向肯尼迪发出承认竞选失败的祝贺电报。

1961 年 1 月 6 日，副总统兼参议院主席理查德·尼克松主持了国会参、众两院联席会议，正式为选票计数，走完这个程序化的步骤之后，他宣布肯尼迪获得 303 张选票，成为美国第 35 任总统。随后，他发表了一通高姿态的祝贺发言，在国会议员的热烈欢呼声中，结束了自己 15 年的政治生涯。自 1861 年的约翰·布里金列奇副总统宣布自己落选以来，100 年不到，尼克松成为第二个宣布自己落选的副总统，不禁令人十分伤感。

从这一刻起，曾经叱咤政坛风云的美国副总统尼克松先生，重新成为一介平民了。

# RICHARD MILHOUS NIXON

第三章 | 最忙碌的副总统 （1953—1960）

# RICHARD MILHOUS NIXON
## 第四章
## 重为平民时期
## （1961—1968）

尼克松沿着长长的走廊飞快地走向参议院中央大厅。空旷的建筑物里回荡着孤独清脆的脚步声，伴随着他在这里无数次演讲时的号召声、呐喊声、责难声……重重叠叠地交织在一起。他快步走上可以俯视国会西草坪的阳台，远处是白雪皑皑的山丘，华盛顿纪念碑高耸着矗立在星光下，林肯纪念堂静默着坐落在远处。尼克松喘着气，眼睛里闪烁着泪光，他喃喃自语："我还能回到这里来吗？"

# RICHARD MILHOUS NIXON

## 1 平民生活
### RICHARD MILHOUS NIXON

1961 年 1 月 20 日，在华盛顿国会大厦前搭建的典礼台上，年仅 44 岁的美国新任总统约翰·肯尼迪宣誓就职。

尼克松穿着一套精心剪裁、高雅合体的套装，面无表情地站在凛冽的寒风中。当肯尼迪发表完他那通著名的"不要问你的国家能为你做什么"的演讲之后，尼克松咧开嘴微笑着，然后带头鼓起掌来，然后又第一个走上前去，与肯尼迪握手表示祝贺。这里已经挤满了志得意满的民主党人，他没必要在失去了总统宝座之后又失去曾经的国家领导人的风度。但是当他从人群中走出来，带着帕特前往 F 街俱乐部的时候，天知道他此时的心情是怎样的一种苦涩。

14 年的政治生涯，难道就要在这里划上句号了吗？那些攻击和辱骂、那些彻夜不眠的研究会议、那些谈笑风云的国际访问……从此以后，就不再与普通公民理查德·尼克松先生有关了吗？他已经听到了一些关于他的笑话，虽然这是每届首脑换届的时候必定发生的事情，可是当主角换成了自己的名字，听起来怎么就这么刺耳呢？

原来有一则笑话说，尼克松在肯尼迪结束演讲之后，碰到了肯尼迪的助手特德·索伦森，俩人聊起肯尼迪的就职演讲时，尼克松惆怅地表示："我要是能说上两句多好啊！"索伦森问："哪一部分？是不是'不要问你的国家能为你做什么'那部分？"尼克松摇头说："不是，是开头的部分，'我愿庄严起誓'……"

尼克松想到这些，心里像刀割一样的疼痛，手指竟然微微颤抖起来。坐在他身旁的帕特完全明白丈夫的心情，她一句话也没有说，而是轻轻地握紧了尼克松的手。

在 F 街的俱乐部里，海军上将刘易斯·斯特劳斯夫妇为前总统艾森豪威尔举办了一个告别午宴。

宴会中，人们纷纷走到这位著名的将军面前，向他致以问候和敬意。看着尼克松这个曾经为他出生入死的下属走到面前并握起自己的手时，艾森豪威尔这位浴血疆场的将军也不禁伤感起来。他紧紧地、久久地握着尼克松的手，好半天才说出一句话："希望你和帕特不久以后来我家做客。"

晚上，尼克松一家难得地团聚在一起吃晚饭。饭桌上，尽管两个十来岁的女儿们表现出了极大的克制，可是大女儿特里西娅还是嘟囔着说了一句："爸爸，如果不是那些人在芝加哥和其他地方耍花招的话，这顿饭我们就在白宫里吃了。"

帕特听到后，赶紧用眼神制止女儿。可是尼克松还是宽容地笑了笑说："现在可不是发牢骚的时候，而且选举失败也有好处啊，你们不是总是抱怨我以前很少陪你们吃晚饭吗？现在我不但可以经常陪你们吃晚饭，而且还能经常一起出去旅游度假什么的呢！"

特里西娅不说话了，可是尼克松自己的心里依然不平静，他忽然想到，当年自己准备接受"百人委员会"的审查，以挑战加州众议员沃勒斯的时候，特里西娅还怀在帕特的肚子里没生出来呢。现在过去多久了？14年？15年？不知不觉间女儿已经长这么大了，而自己过去的这十几年却好像快放的镜头一样，眨眼间就过去了。

晚饭后，尼克松叫来了自己的司机约翰·沃德洛："我想出去转转，你为我开最后一次车好吗？"

坐上车之后，尼克松觉得有点不对劲，原来平时那些围拢在他身边的警卫们都离开了，他们中午就已经撤走了。而跟随了他 8 年之久的约翰，第二天也要调离了。

当晚的华盛顿一片银装素裹，街道上挤满了快乐的人群，他们在庆祝自己党派的人物成为国家元首。而那些灯火辉煌的俱乐部和大饭店的门口，满满当当的豪华车辆都在不耐烦地等着自己的主人，那些珠光宝气的女人和得意非凡的男人们都在庆祝新总统就职的舞会上调着情。

当尼克松的那辆黑色凯迪拉克经过的时候，没有人多朝这里看一眼。

尼克松让司机把车停在副总统专用的停车场上，他自己一脚跨出车门，快速走上宽阔的大理石台阶。这时一个全副武装的警卫快速跑了过来，嘴里喊着："对不起，先生，您不能……"这时他认出了尼克松的脸，眼睛瞪得大大的，张口结舌，不知所措。接着他回过神来，赶紧侧身给尼克松让开道路。

尼克松没有理他，飞快地穿过参议院大厅，又沿着长长的走廊走向中央大厅，不远处就是国会大厦那高耸的穹顶。空旷的建筑物里回荡着尼克松孤独的清脆的脚步声，伴随着这种声音的，是尼克松自己在这里所进行过的无数次演讲时的号召声、呐喊声、责难声……重重叠叠地交织在一起，敲击着尼克松的耳鼓。

他快步走上可以俯视国会西边草坪的阳台，远处是白雪皑皑的山丘，华盛顿纪念碑高耸着矗立在星光下，林肯纪念堂一如既往地坐落在远处静默着。尼克松大口地喘着气，眼睛里闪烁着泪光，他喃喃地问自己："我还能回到这里来吗？"

第二天一早，尼克松和帕特就飞往巴哈马群岛的伊留特拉岛度假。

这次度假可以说是尼克松一家盼望多年的旅行。这次尼克松的好友沃纳—兰波特药品公司董事长埃尔默·博布斯特还开来了自己的豪华游艇。整日里，尼克松都和朋友们打高尔夫、游泳、驾驶游艇、钓鱼，尽情玩乐了几天。但是尼克松虽然身处加勒比海的海天一色之中，但是脑子里却总是沉浸在这次竞选所带来的阴影中难以自拔，玩乐的事情也很快就兴味索然。

尼克松开始全面地思索这次竞选失败的原因。他第一个想到的自己致命的弱点，就是与新闻媒体的恶劣关系。

与尼克松不同，肯尼迪以自己家族的巨大经济实力、计谋多端的控制力以及独特的人格魅力，牢牢地掌握着美国当时的传媒力量。不论在哪一个社会，作为舆论工具的电视、报纸，对社会公众都有极大的影响力，记者甚至都有一个"无冕之王"的外号。舆论工具在很大的程度上决定着人们在竞选活动中可以听到什么和看到什么，肯尼迪正是看到了这一点，所以便以各种手段让众多的记者为他的竞选服务。从肯尼迪开始全力投入选举之日起，直到选举日前夕，就有四五十名全国著名媒体记者始终跟随在肯尼迪左右。到竞选活动的最后几周，他们已不再是一般的记者团了，而成了肯尼迪的朋友和粉丝团。每当他们通宵达旦地乘坐着竞选汽车或搭机彻夜飞行时，便哼起自己编写的挖苦尼克松和共和党的歌曲，从而和肯尼迪的竞选班子一起组成了合唱队。确实，这种带有倾向性的报道所达到的惊人程度，后来被《芝加哥论坛报》评为"是美国新闻史上最可耻的篇章之一"。

尽管尼克松是个玩政治的行家，竞选组织的效率也很高，且忠心耿耿、财力雄厚，手段也很多。但与肯尼迪的竞选班子比起来，真算是小巫见大巫了。肯尼迪的竞选班子中有一批最无情、甚至是最无耻的政治活动

# RICHARD MILHOUS NIXON

美国副总统尼克松在家中读书，享受一个惬意的下午。

家，为了达到目的，一切卑鄙无耻的手段都可以使出来，多少政客都甘拜下风，尼克松只有自叹弗如。虽然嘴上不说什么，但是他却一直对此事耿耿于怀，在他后半生所撰写过的书籍、传记之中，就不止一次或明或暗地提及到在 1960 年的竞选中，肯尼迪团队所使用的一些"巧妙"的手法。他在自己的传记中，引用《纽约时报》的专栏作家汤姆·威克为尼尔·皮尔斯所著的书《人民的总统》所撰写的前言："今天谁也不知道，也许将来也不会知道，1960 年的美国人民究竟选了谁当总统。按照惯例，约翰·肯尼迪宣誓就任总统，但是这是否是人民的真实意愿？就算是的话，人民的意愿又以何种手段得到了表达？如今这一切都是一笔糊涂账。"

从巴哈马群岛回到华盛顿不久，尼克松开始考虑自己这个离职的副总统到了该为帕特和女儿们做点什么的时候了。他决定找份工作，薪水必须可观，因为这些年他忙于政务，没有真正给家里挣着什么钱，而且女儿们马上就要上大学了，他必须得为她们支付起进入一所好大学的费用。当然，还得与自己的特长——政治沾上边。因此他推掉了大量的工作邀请，包括大学校长、基金会主席和企业总裁等等，他选择了进入洛杉矶的亚当斯—杜基—黑兹尔坦律师事务所，重操旧业，当律师。

亚当斯—杜基—黑兹尔坦律师事务所中资历最高的是合伙人厄尔·亚当斯。曾经在尼克松 1946 年竞选众议员的时候，就对他承诺过，如果尼克松竞选失败，就来自己的事务所工作。因此当尼克松 1961 年来到这家事务所任职的时候，还开玩笑说，自己花了 14 年的时间才熬够资历，才争取到来这里工作的机会。

这家事务所的声望和名誉都非常高，著名的美国捷运公司、拉赛尔制药公司、大都会人寿保险公司、万全保险公司等著名企业都是它的主顾。尼克松为了能够自主地安排自己的时间表，选择了以顾问的身份而非合伙人的身份加入了这家律师所，这样他就可以随心所欲地选择自己的顾客了。

尼克松不想让女儿们在这一学年中途转学，于是就让帕特留在华盛顿照顾女儿，自己一个人先行来到了洛杉矶。他在距离办公地点不远的地方租了一间小公寓，独自照顾自己的饮食起居，他学会了做饭、收拾房间和送洗脏衣服，并且还能够颇为自得其乐地处理好这一切。

但是他无法集中精力工作，原先以为是最轻而易举的事情现在却成了最困难的，他用了好几个星期的时间，试图把自己的热情投入到办公桌上的律师文件中去。但是与他从前那种举手投足就能够影响国际局势的工作相比，现在要处理的这些工作在他的眼中都是那么地无聊、琐碎和鸡毛蒜皮。

尼克松每当这种时候，就会不由自主地暗自抱怨起这次失败的选举，甚至暗骂那个现在正坐在白宫椭圆形办公室里的家伙。但是这一切他并不会愚蠢到表现给别人看，他只是偶尔在夜晚与帕特的电话中咆哮抱怨：“要不是那个狗娘养的在选票中动了手脚，我才不会不得不呆在这种鬼地方处理这些无聊得要死的文件！”

帕特不得不一再软语安慰他，以平息他那胸中无法消解的愤懑。而在外人面前，尼克松总是一副笑眯眯的样子，对于选举失利的事情若无其事、轻描淡写。但是人们却不肯放过他，他们纷纷来访、写信、打电话，要求尼克松公开谈一谈这次竞选的经历。由于这些人大多数都是尼克松忠心耿耿的支持者，他不能完全拒绝这种邀请，然而他仅限于私人面谈。而面对公开媒体，他总是回避谈及那次选举的任何细节，并且拿出了一个煞有介事的理由："目前是新政府的蜜月期"。

按照美国政府首脑更迭的传统，每当一个新任的首脑走上台，就会有一段时间属于这个新政府的"蜜月期"，也就是说在这段时间内，任何党派都不应计较从前的党派纷争和政务分歧，而是应该抛开党派之见，闭上平时滔滔不绝、严词厉色的嘴巴，毫无偏袒地支持新任政府，以让它平静、自然地度过磨合期，迈上正式的管理轨道。

于是尼克松就打出了这个冠冕堂皇的招牌，对任何追逐 1960 年竞选的问题均闭口不谈。

随着时间的消逝，尼克松开始逐渐适应了在洛杉矶的新生活。学期结束了，帕特带着女儿们离开了华盛顿，来到了尼克松的身边，全家人其乐融融地在圣莫尼卡度过了一个复活节假日。加州的温暖阳光和女儿们的笑声开始渐渐融化了尼克松那颗因失意而冰冻的心。

而真正让尼克松感到快慰的是，民主党政府的蜜月期很快就可以结束了，因为到了 4 月中下旬，消息传来，肯尼迪总统支持的古巴流亡者的猪湾登陆计划，彻底失败了。

## 2　猪湾事件和《六次危机》
RICHARD MILHOUS NIXON

1961 年 4 月 20 日下午，尼克松回到家，就在客厅电话机旁看到了大女儿特里西娅给他留的一张字条，上面写着："肯尼迪来过电话。我早就料到了！用不了多久他就会捅出娄子来的，现在他不得不求助于你了！"

尼克松拨通了那个熟悉的通往白宫的电话号码，从电话那头传来肯尼迪那熟悉的麻省口音，听上去疲惫不堪、紧张兮兮："嗨，迪克，你可以上我这儿来一趟吗？"

尼克松放下电话，扭头赶往白宫。在路上，他禁不住咧开嘴乐了。

特里西娅的便条上所说的"娄子"，就是发生在当月 15 日，古巴流亡分子在美国空军的掩护下入侵占巴，试图反攻卡斯特罗统治的事件。由于他们选择的登陆地点叫做"猪湾"，于是历史上就称此次行动为"猪湾事件"。其实尼克松早在两天前就已经知道这件事了，他当时得到消息说，这群反卡斯特罗的叛军在猪湾登陆之后，遭到了顽强的抵抗，接着一些陆陆续续的消息传来，表明这次登陆似乎进行得并不顺利，并没有取得多少进展。

尼克松这段时间并没有闲着，他一直在准备担任共和党的名义领袖。根据美国的传统，一个在大选中失败了的政党，通常将它失利了的总统候选人称为"党魁"。尼克松虽然一直口头上宣称要给肯尼迪政府留足"蜜月期"，但是这个新官上任烧的几把火都非常不让尼克松放心。

肯尼迪执政后的几周内，就碰上了共产党在老挝境内进行的军事行动，然而肯尼迪却并没有强硬的态度表示，而是在腻腻歪歪地磨蹭了一段时间之后，就表示了退却，并以接受"中立政府"的姿态告终。这件事让尼克松感到，这个新政府的"蜜月"必须要结束。于是他接受了芝加哥的经理人员俱乐部的邀请，决定于 5 月 5 日在那里发表一通关于此事的演讲。

为了准备这次与外交事务有关的演讲，尼克松申请中情局的杜勒斯给他进行一次情况简介，白宫很快批准了。4 月 19 日晚上，当杜勒斯与尼克松碰头的时候，一副晦气的模样。

"嗨，出了什么事？"

"甭提了，今天大概是我这辈子最倒霉的一天。"他停了一下，接过尼克松递来的酒杯，喝了一口，"一切都完蛋了！入侵古巴一败涂地！"

原来，肯尼迪继任之后，继续执行艾森豪威尔执政时所制订的入侵古巴计划，中情局也一直在不停地训练古巴流亡者。但是，肯尼迪的几个顾问却劝他停止这项行动，他们认为如果此事被外界知晓，就会严重损害到美国在国际世界上的声誉。而且他们还进一步吓唬肯尼迪说，此事如果失败，会有多么可怕的后果，如果再激怒苏联决定干预此事的话，恐怕第三次世界大战就要爆发了。

肯尼迪的腿肚子有点软了。他在顾问们喋喋不休的争吵声中，推迟了原本在 2 月进行的入侵计划。一直拖到 4 月 15 日，举棋不定的肯尼迪才决定行动。尽管总统已经下令，但那些顾问们却继续发扬坚持不懈的精神，在肯尼迪的耳根子底下继续嘀咕。最后，肯尼迪为了讨好两头，竟然在最后一分钟的时候作出了妥协。于是在原本准备歼灭卡斯特罗的空军，并同时为入侵部队提供空中掩护的 3 场空袭中，他取消了 2 场。因此，那些辛辛苦苦爬上猪湾的古巴叛军们，绝望地发现自己已经成为卡斯特罗的苏制轰炸机的活靶子。失去了美国的空中协助，这次猪湾行动注定是一场失败。

消息面世之后，美国驻联合国大使史蒂文森完全否认美国与这次入侵有牵连，但接下来因为证据确凿，美国政府无法抵赖，肯尼迪又不得不承认是美国发动了这场入侵。于是美国的国际信誉在这场入侵中遭到了双重打击。

杜勒斯讲述完之后，绝望地说："我本该跟他说，我们绝对不能失败！但是我还是没说，这是我一生中最大的错误。"

第二天，尼克松跑到国会大厦去跟共和党的领袖们商量此事的应对之策，他们达成一致的意见是，现在必须抛开党派之见，全力支持总统直到危机过去。等尼克松结束了会议回到家，就看到了本文开始时特里西娅给他留下的那张便条。

当尼克松走进总统的椭圆形办公室时，肯尼迪正坐在壁炉旁的小沙发上发呆。看到尼克松进来了，俩人寒暄几句之后，便进入正题。

没说两句，肯尼迪就像弹簧一样从椅子上跳起来，吼叫着、辱骂着所有给他出过主意的人，包括中情局局长、参谋长联席会议主席、白宫工作人员等，他咆哮着骂道："这些婊子养的军事专家和中情局人员都拍着胸脯给我保证过，我们一定能成功的！"

看着失态的肯尼迪，尼克松心中涌起了一阵同情，这位年轻的总统刚刚接受过那么多的欢呼和拥戴，此刻却不得不孤独地承受着那些他曾经信任过的人所给他带来的损害。

发泄完怒火的肯尼迪喘了口气，问尼克松道："你看，我们现在该在古巴干点什么？"

尼克松不假思索地回答："找一个适当的合法借口，干它一场。我们有好几种借口可用：为保护居住在古巴的美国公民，护卫我们在关塔那摩的基地。我认为目前最重要的就是，我们务必想尽一切办法，把卡斯特罗和共产主义撵出古巴。"

肯尼迪想了想，他不愿冒同苏联发生军事对抗的风险，摇着头否决了尼克松的这个建议。

尼克松进一步地阐释了自己的观点，说："我是从更为广泛的角度来看待古巴的。赫鲁晓夫会同时在好几个地方试探我们。只要我们一示弱，他就会再制造一次危机来占我们的便宜。我们应该同时在古巴和老挝采取一些行动，包括必要时使用美国的空军。"

肯尼迪对尼克松的冒险想法不敢赞同，其实他请尼克松来的目的不过是想要他的一句话，也就是要他保证，不会使用这件事以作为党派斗争的武器。尼克松自然看出了他的意思，他作出了这个保证，这让肯尼迪暂时松了一口气。

5月5日，尼克松飞往芝加哥，进行了大选之后的第一次旅行演讲。他去了芝加哥、底特律、德梅因、哥伦布和俄克拉荷马城。他在演讲中说："我最大的顾虑是，肯尼迪在古巴碰了钉子后，可能会打不起精神来对付老挝、越南或柏林等其他地方的共产党。所以，我们在古巴失败的最坏后果，不是那些使许多观察家纠缠不休的威信暂时低落的问题，而是这次失败可能使美国的政策制定者因怕再冒失败的风险，而不敢在将来采取果断的措施。那么，我们应该从入侵古巴中学到什么教训呢？至少有一条，就是不论什么时候，只要大规模地牵涉到美国的威信，我们就必须心甘情愿地投入足够的力量，以使我们的目标一定要实现，即使我们所有的情报估计都证明是错的也在所不惜。也就是说，除非我们准备把事情办到底，否则我们就不该在这个世界上领头办任何事。"

这次旅行演讲的效果出乎意料得好。尼克松所到之处，都受到了当地群众的热烈欢迎。这让他恍惚间仿佛又回到了坐国家第二把交椅的年代，不同的是，他现在是一个平民，没有专机、没有特工保镖、没有迎接的红地毯和鲜花……当他在德梅因市萨华利旅店接受《华尔街日报》记者的访问时，身后的墙壁上挂着肯尼迪的大幅肖像照。该记者事后写道："就是这种数不清的事情，有的细微，有的直率，都在时时刻刻地提醒着尼克松先生，他所失之交臂的权力和光荣。"

除了到处旅行和演讲，尼克松还找到了一条新的、能够轻松影响舆论的途径。从1961年6月到1962年4月，尼克松与《洛杉矶时报》的分报《镜报》报业辛迪加签订了为期一年的合同，定期为其撰写一篇专栏文章，主要讨论美国的内政外交。尼克松一共写了 11 篇文章，这些文章散见于国内的各大报纸，尼克松通过这种方式，阐述着自己对美国当前政府的内政外交策略的看法和建议。这十来篇文章，总共为尼克松赚来了 4 万美元的收入。

尼克松通过这种方式，在默默地影响着他目前还不能直接控制的美国政局。例如他撰写的其中一篇文章，讨论的是当时非常热门的"柏林问题"。当时，参议院的民主党领袖们纷纷发表演讲，要求开放柏林为一座"自由城"。尼克松心里非常清楚，这其实是肯尼迪通过手下人的嘴巴放出来的话，目的是想探探公众的口风。于是他便撰写了一篇题为《美国不能在柏林问题上让步》的文章，摆明了要让肯尼迪看见。他在文中警告肯尼迪说，如果他通过了这项请求，那么自己会纠集所有的传媒力量来反对他。果然，不出 1 个月，肯尼迪就对柏林问题发表了声明，严厉警告了赫鲁晓夫。随后，尼克松就又在自己的文章里号召大众，支持总统。

尼克松的另一篇针对古巴问题的文章，措辞更加不留情面。他以反对党领袖的身份，在文中斥责肯尼迪在古巴和老挝问题上采取的优柔寡断的态度，说他已经陷入了一种"哈姆雷特式的精神状态"（哈姆雷特有一句著名的台词：to be or not to be? 意为：做还是不做），而这种摇摆不定的态度已经危害到了政府的外交工作。

通过撰写专栏文章，尼克松讨论了自己最喜爱和擅长的国际事务问题，他讨论了中国参加联合国的问题、刚果战乱问题、联合国财政危机问题、东西方贸易问题，以及尼克松命名的"不道德的骑墙主义"等问题，他或反对、或提议、或剖析……人们发现，尼克松不但是个口若悬河的演讲家，写起文章来，竟然也能妙笔生花、锋芒毕露。

写作扩大了尼克松的思路和工作方式，他发现通过写作，不但可以毫不费力地影响时局、控制舆论，而且还能继续站在公众的视野之中，不被美国政坛所遗忘。

除了撰写专栏文章，尼克松还在小说家阿德拉·罗杰斯·圣约翰的说服下，接受了道布尔德出版公司总裁肯·麦考密克的邀请，从 1961 年 6 月开始，撰写了自己人生的第一部回忆录——《六次危机》。

尼克松挑选了他与美国共同经历的六个著名事件，也就是被他自己称为是"六次危机"来讲述自己当时的详细经过，并加以自己的分析和评论。这六次事件是：希斯案件；1952 年基金危机；艾森豪威尔卧病在床；1958 年南美洲惊魂；与赫鲁晓夫进行的"厨房辩论"和最近的 1960 年总统大选。

挑选这六件事情，在尼克松自己看来，是自有道理的。1948 年的希斯案件，尼克松通过自己坚持不懈、冷静沉着、百折不回的精神，顺藤摸瓜，经历了层层困难和阻挠，终于把希斯这个人从政府深层挖了出来，从一个默默无闻的众议员，一跃成为闻名全国的政治新星。正是踩着希斯的尸体，尼克松才正式迈入了自己的政治坦途。

基金危机可以说是尼克松从政之后，所遇到的最大、最艰难、影响最深远的一次危机。在这次危机中，马上即将成为国家第二把手的尼克松，由于艾森豪威尔"丢车保帅"，被迫独自一人面对来自全国的诘难和攻击，最后还得在全国人民的面前，用一只几乎是虚构的小狗的故事，才保住了自己的政治生命。

艾森豪威尔在任期间的几次突然病发，都给尼克松带来了不小的麻烦和挑战。在那样一种特殊的环境下，他必须小心翼翼地使用手中的权力，既要在总统卧病期间保证整个国家机器的正常运行，还不能给任何人以觊觎权力的印象。这种高超的政治芭蕾，几乎把尼克松的从政技巧训练到了最高峰。

而南美之旅和"厨房谈话"，是尼克松从国家内政，转向他后来一生都引以为荣的外交事业的进军。他开始从一个没什么实际权力的美国副总统，成长为一个可以笑谈国际风云、把握世界力量格局的大人物。南美一行有惊无险，但是却把他塑造成了一个英雄般的人物；而与苏联领导人的面对面对峙，则让他的个人魅力和政治影响力呈现跳跃式的增长。

最让尼克松感到痛心和遗憾的，就是最后一次"危机"：1960 年总统大选，尼克松尽量在书中把自己塑造成为一个宽宏大量、无私奉献，并且超越个人利益的政治家，但是他还是若有若无地透露了自己对于肯尼迪家族在竞选中暴露出来的不光彩事迹的怨言和不满。这种情绪一直到他老年撰写终生自传的时候，都还没有完全消退。

《六次危机》于 1962 年 3 月正式出版，一面世就掀起了抢购狂潮，这种半是自传、半是时事评论、半是个人思想记录的书，吸引了民众足够的好奇心；但是我们还得引用当时一位书评家的话说："这本书非常值得阅读……但是最大的缺点在于，尼克松这个人的思想、感情、信仰和真正的为人风格，却根本没有透露出来。"

有趣而具讽刺意味的是，尼克松的这本书刚写完，他就又做了一次错误的决定，从而给自己的事业和家庭带来了"第七次危机"。

## 3　别了，加州！
RICHARD MILHOUS NIXON

1961 年 12 月，帕特开始担心起丈夫的身体健康问题了，因为最近尼克松总是动不动就大动肝火，家里或者办公室里的一点小事都能让他大发雷霆、焦虑不安。同时他也非常明显地消瘦了，在过去的近一年时间里，尼克松掉了差不多 10 磅肉，他的脸色总是青黢黢的，一点也没有从前那种精力充沛、容光焕发的样子。

只有尼克松自己清楚问题到底发生在哪儿，因为他又开始面对新的压力了：竞选加州州长的压力。

加利福尼亚位于美国的西海岸，在美国众州之中，它拥有第三大的土地和最众多的人口，它西面是无垠的太平洋，东边是内华达山脉高耸入云的山峰，南边是横岭和莫哈韦沙漠，北部是绵延无边的俄勒冈森林。加州的主要城市都集中在西南部较为凉爽的海岸线上，诸如旧金山、洛杉矶和圣地亚哥。加州的居民数量和人口多样化居全国之最，这里每年增加一个圣地亚哥城的人口数量。同时，加州也是美国的政治重地，它拥有美国最多的众议员和总统选举人票，在每 4 年的总统选举年中，加州属于民主党和共和党必争的战略要地。

1962 年是一个选举年，自从尼克松从华盛顿回到加州的那一刻起，他的很多朋友以及支持者、实业界和共和党的领导者们就开始劝说他竞选加州的州长。在很长的一段时间内，加州的政治大权一直握在共和党人的手里。然而，自从 1958 年共和党人比尔·诺兰回到加州之后，加州共和党人的噩梦就开始了。诺兰野心勃勃，他一直梦想着能通过夺取加州州长的捷径，有朝一日登上美国总统的宝座。他让当时的加州州长诺兰竞选参议员，而自己出面争夺州长。这种低级的"抢座位"的把戏让选民们厌恶透了，于是在1958年的选举中，民主党人布朗以100万张选票的优势成为州长。自1888年以来，在加州的两党之争中，民主党还从未有过如此漂亮的战绩。

当尼克松返回加州的时候，这里的共和党正乱成一团，选举失利所带来的沮丧，内部派别纷争所带来的离心离德以及即将到来的州长选举，都让加州的共和党人头大如斗。尼克松的到来，给他们带来了新的希望，因为在1960年的竞选中，尼克松在加州的得票超过肯尼迪35 000张。几乎所有的加州共和党人都认为，尼克松是1962年州长选举的最理想人选，于是他们纷纷来信、来电甚至直接造访，表示了这一愿望。

尼克松的老领导艾森豪威尔就极力主张尼克松在这年竞选州长，两年后才好再度竞选总统，他还特地邀请尼克松作了一次长谈。

艾森豪威尔给尼克松分析了利害关系后，诚恳地说："我的经验是，当一个人受党内大多数领导人的委托，要他承担一项工作时，他一定得干，否则就会冒日后失去他们支持的风险。假若你不参加竞选，而那个共和党候选人又落选了，你将为他受到责备，你作为全国政治领袖的前途也就此完蛋。"

尼克松还收到了一封来自钱伯斯的信，钱伯斯在他去世前不久给尼克松写了这封信，建议他考虑竞选州长一事，这让尼克松很受震动。

事实上尼克松自己却对此事兴趣索然，1960年总统大选失利的后遗症压力还在折磨着他，况且他的兴趣并不在加州，他想要的是肯尼迪屁股底下的那张椅子，同时他分析形势后认为，以肯尼迪目前的声望，想在下一届总统选举也就是1964年击败他，是不太可能的事情；而如果他此次参加州长选举，即使成功，对竞选总统也不会有多大的实质意义。因为加利福尼亚的问题十分复杂，又跟全国和国际的新闻通讯中心在地域上相隔十分遥远，因此，如果尼克松的全部精力只放在加利福尼亚州，那么在国内外问题上，就很难再继续发表什么建设性意见。那么，在全国的政治生活中，尼克松的声望与政治地位都会下降，对竞选总统极为不利。从表面上看，民意测验表明尼克松能够击败现任州长帕特·布朗。但是，加州的选民登记却显示，赞成民主党人选的人要多一倍，而且加州的共和党内部派系斗争尖锐，尼克松虽有可能获得党内提名，却绝不可能获得本党的全部选票。

对于尼克松在州长竞选上的摇摆不定，共和党全国领袖莱恩·霍尔很着急，他专门从华盛顿赶来对尼克松说："你要么参加竞选，要么在全国政治生活中完蛋了事。1962 年你将看到洛克菲勒在纽约州竞选，另一个强有力的候选人在宾夕法尼亚州竞选，还有一个在密执安州。到时候谁还会记得你迪克·尼克松呢？只有你现在竞选州长成功，你才能在 1964 年获胜。"

尼克松的心被说动了。但是他还有最后一个阻力：家庭。

他非常清楚，帕特已经受够了那些为竞选而奔走的生活，受够了被人唾弃、攻击还面带笑容的虚伪，受够了丈夫因为事业的春风得意而忽略的家庭生活。许多女人为了当上名流、出人头地，愿意付出任何代价。然而帕特这么多年来，已经跟随尼克松经历了太多的风雨波折。她是一个喜欢低调、平静生活的女人，热切地盼望着能将目前这种安稳日子持续下去。

因此，当尼克松在晚餐桌上说出自己目前正在考虑的事情时，帕特想也没想，就表示了反对。然而两个小女儿却感受不到母亲的不悦，她们为父亲的决定而欢呼，大女儿特里西娅干脆地说："爸爸，去参加竞选，给他们点颜色看看！"

看到帕特黑着的脸，尼克松心情沉重地走进楼上的书房。不一会儿，帕特走了进来，坐在墙角沙发上。

"迪克，我又想了想，我比以往更加相信，你如果参加这次竞选，那将是一个很大的错误。"帕特竭力控制住自己的情绪，很平静地说，"但是，假如你权衡了一切而仍决定参加，我将支持你的决定。我会一如既往地和你一起参加竞选活动。"

尼克松拿起书桌上的纸簿说："我正在起草不参加竞选的提纲呢。"

"不！"帕特坚定地说，"你该按照你认为正确的去做。如果你认为你这样做是正确的，那你一定要这么干。"

此时尼克松的心里真是五味杂陈，说不清是感激还是愧疚，只好静坐在书桌旁。帕特起身来到丈夫身边，轻轻地把手搭在他肩上，吻了吻丈夫的脸颊，然后离开了。

1961 年 9 月 27 日，洛杉矶希尔顿饭店，尼克松在记者招待会上宣布，自己将参加 1962 年的加利福尼亚州州长竞选，但是他不会参加 1964 年的美国总统大选。他在声明中表示："当我恢复了平民生活以后，我发现就薪水而言，我现在的收入不知道高出我的梦想多少倍，而且在平民生活中我还有其他值得留恋的地方。但是，在我出任众议员、参议员、美国副总

181

统总共 14 年的时间内，我发现我的心思不在平民而在公职。我已经得出这样的结论：我能追求的，也是我能胜任的要求最苛刻、最刺激的职位，除了美国总统之外，就剩下这个全国第一大州的州长了！"

共和党人为他的这番言论叫好，然而民主党的布朗州长却嗤之以鼻，他说，尼克松"只不过把这个位子当作总统宝座的垫脚石"。

尼克松的竞选总部设在洛杉矶的威尔希大道上，他网罗了不少精干的人才来协助他的这次竞选。这次竞选组织的许多成员如竞选运动经理鲍勃·霍尔德曼、财务主任莫里斯·斯坦斯、新闻秘书赫布·克莱因、老搭档乔蒂纳、鲍勃·芬奇、约翰·埃里希曼等，日后都成了尼克松政府的重要人物。他们在这次竞选中也十分卖力，积累了丰富的竞选经验。

1962 年 6 月 5 日初选，尼克松的得票超过了布朗。但是除了共和党内派系的明争暗斗给尼克松带来的暗伤以外，还有许多选民怀疑尼克松出任州长的真实意图。尽管尼克松在电视上反复声明自己并不把出任州长看作是竞选总统的捷径，但是民意测验表明，64％的选民认定尼克松竞选州长的动机不纯。

为了表明自己的诚意和努力，尼克松详细地罗列了自己的政纲，提出了足足 21 项"建设大加利福尼亚的政纲"，其中包括减少州政府开支、控制犯罪、促进教育、振兴电影事业、振兴农业、打击毒品等林林总总，但最终结果仍然不妙。到了 12 月，民意测验显示，布朗还是稍微领先，尼克松必须再作最后的努力。

偏偏天公不作美，古巴导弹危机不早不晚，就在此时发生了。10 月 22 日晚，肯尼迪总统在一次电视演说中宣称：苏联已把中程核导弹运进了古巴。他宣布美国海军立即封锁古巴，对苏联进出古巴的船只强行检查，并要求苏联立即拆除、撤走导弹。美国已处于核战争的边缘！

看到这则演说的时候，尼克松正在奥克兰一家宾馆的房间里。这则新闻结束以后，尼克松回头对自己身边的竞选成员说："我在加州的竞选失败了。"他心里非常清楚，这样的大事发生后，全国人民和加州人民都会把全部的注意力放在古巴以及境内的那几颗该死的核弹上，不会再有人来关注谁来当加州的州长了。在选举来临前的几天，古巴导弹危机的新闻报道压倒了其他一切新闻，在选举的最后日子里还爆发了苏伊士和匈牙利叛乱事件，好像老天爷伸出了一只手，把尼克松及其竞选人员精心布好的棋局一把抹乱了，他们所有的努力都付之东流。尼克松虽然拥有无比丰富的政治经验，可是毕竟人算不如天算，大势已去，无力回天了。因此，他发表了一项声明，表示坚决支持肯尼迪总统的行动。

11月5日选举日的那天，尼克松的情绪很恶劣。他上午一早就离开家，把自己关在希尔顿饭店的一个房间里。

当天整个加州有近600万人走出家门投了票，这是加州历史上投票人数最多的一次。

尼克松当天睡得很晚，第二天凌晨3点左右上床，7点就醒来了。不久确切消息传来，他以29.7万票之差负于布朗。

失望和痛苦几乎把尼克松给打垮了，他沮丧地呆在饭店的房间里，呆呆地坐在床上，双眼由于疲劳和愤怒变得通红。

这时有人敲门，是他的竞选秘书赫布·克莱因，他无法应付那些等在楼下的记者们，因为他们坚持要见尼克松本人，听他亲口承认失败的声明。

尼克松心头的怒火一下子找到了出口，他蹦起来，暴跳如雷地大骂："我不见他们，我没有必要去见他们，我就是不见。赫布，你把我对布朗表示认输的发言给他们读一遍。假若他们想知道我在哪儿，你可以告诉他们，我已回家，和家里人在一起。"

克莱因无法，只能硬着头皮走下楼去，以应付那100多个新闻记者。然而对方不依不饶，非要亲自采访尼克松不可。

这时尼克松已经从饭店房间里的电视中，看到了记者们刁难克莱因的一幕，而且他还听到其中的一个记者阴阳怪气地问："尼克松到底在哪儿？"好像克莱因他们把尼克松给藏在饭店的抽屉里一样。

这时，霍尔德曼已经吩咐集合了几辆汽车，准备从饭店旁门把尼克松接出饭店。然而，当尼克松被霍尔德曼等人簇拥着经过大厅，快步走向汽车时，他突然改变了主意，不愿就这么灰溜溜地躲回家，他再也按捺不住自己对这些记者的厌恶情绪了。没等霍尔德曼等人反应过来，尼克松就突然转身，一脚跨进了新闻发布室，登上了讲台。

克莱因刚说完话，忽然看到了两眼通红、满面青筋的尼克松"嘟嘟"地走了进来，吓了一跳。当尼克松接过话筒时，克莱因才回过神来，赶紧向电视机前的观众介绍。

# RICHARD MILHOUS NIXON

尼克松的情绪早已失控了，他浑身颤抖、两眼喷火，但他的思维和语言却奇迹般地流畅有力："早安，各位先生。既然克莱因先生已发表过了声明，既然报界的所有人士又都因为我失败了而兴高采烈，那么我就来谈一谈自己的看法吧！"

记者们被这突然的变化给镇住了，他们吃惊地交换着眼神。

尼克松滔滔不绝地继续说下去："我注意到你们之中有几位看来有点恼火，请稍安毋躁。我对报界的感觉从未真正尽情吐露过，现在我想畅谈一下。恐怕不能说今后任何一个美国政界人物都会有这种态度。在我16年的竞选岁月里，从来没有为了一个记者的报道，而向发行人、编辑抱怨过。我认为，记者有权写他想写的东西。假若一个记者认为某人该胜而另一人不该胜，不管在电视上也好，在电台或其他地方也好，他应该这样说。我要对记者们说，我希望你们应该像你们审查我那样，也详详细细地审查审查我的对手。在我向报界告别之时，我所能讲的是，自希斯案件以来的16年中，你们也够高兴地了，因为你们一直有机会攻击我。我想，我被你们攻击得够戗，但我也没少骂你们。我现在就要和各位先生分手了。你们可以去写，你们也可以任意解释。那是你们的权利。"

"但你们再也不能捉弄、逗耍尼克松了。因为，各位先生，这是我最后一次的记者招待会，这将是我有幸得到机会能与各位斗斗才智的一次招待会。我始终是尊重各位的。我有时跟各位意见相左，但我和某些人不同，我从不停止订阅一份报纸，我今后也绝不会这样做。"

尼克松最后说："我深信了解我的对手在讲些什么是很必要的。我希望今天所讲的话，至少会叫电视台、电台和报界首先认识到，他们负有报道所有新闻的重大责任；其次认识到，他们既有权利也负有责任当他们反对一个候选人时，他们可以跟这位候选人过不去，但也需认识到，如果他们这样做的话，至少总还得单独派个记者跟随着竞选运动，以便报道那个候选人随时随地讲了些什么话才对。"

尼克松接着拂袖而去。那些震惊得目瞪口呆的记者们好半天才反应过来，尼克松竟敢这样奚落他们，难道尼克松真的不想在政界混了吗？

当尼克松回到家里时，帕特和女儿们都流着眼泪、站在门廊里迎接他。尼克松见状更是心碎，他拨开众人，一语不发地躲进书房。

尼克松的这种自杀式的失态表现，让他的支持者们心灰意冷，让他的对手们欣喜若狂，让旁观者们幸灾乐祸。第二天，漫天的报纸都刊登了对这番讲话的评论，几乎所有报界人士都认为这场所谓的最后一次记者招待会是尼克松政治上的一次大失败，包括他的竞选班子在内。专栏作家们说："这是尼克松最后一次的大喊大叫。……尼克松作了一场持续15分钟的、漫无节制、语无伦次的终幕独白，恐怕这在美国政治史上还是举世无双的。他不顾一切地乱说一阵，把他手下的人都吓呆了。"《时代周刊》则干脆宣称："除非出现奇迹，否则他的政治事业已经告终。"美国广播公司主办了一场称之为"理查德·尼克松的政治讣告"的特别节目。主持人霍华德·史密斯尖刻地评价道："提到理查德·尼克松时，大家一再使用过去式，似乎都忘了，这不过是政治讣告，而不是他这个人的讣告。"

这次竞选州长的失败，让尼克松一家对加州彻底失去了热情，他们转移目光，准备找个新的窝。

## 4 肯尼迪遇刺
RICHARD MILHOUS NIXON

竞选加州州长的失败让尼克松无法释怀，他前往佛罗里达州的迈阿密海滩与朋友度假，不久之后他与妻女在拿骚碰面，一家人在那里度过了1962年的感恩节。

尼克松的老友、沃纳—兰波特药品公司的董事长埃尔默·博布斯特在拿骚与尼克松进行了一次长谈，他极力说服尼克松离开加州，前往纽约安家。而尼克松正想找个机会躲开加州这片伤心地，听到博布斯特描绘的美妙的纽约景色，便决定试试自己的运气，虽然纽约是他的政坛对手纳尔逊·洛克菲勒的地盘，但是就律师这个职业前景而言，"世界上没有比纽约更好的了"。何况在他的那篇"最后一次演讲"过后，他已经准备好对自己的政治生涯说再见了。

于是，1963年春，博布斯特给他公司所委托的著名律师事务所打了电话，他与该事务所的一位合伙人说："依我看，你非常需要新鲜血液。你不仅需要比较年轻的血液，而且在最高层也一样，需要有一个可以使这个法律事务所受到华尔街的重视并且受到全国工业界注意的人。你看，如果理查德·尼克松愿意参加你的事务所并且当它的负责人，你会同意吗？"对方一口答应。

1963 年夏，经博布斯特的介绍，尼克松加盟了位于华尔街的马奇—斯特恩—鲍德温—托德律师事务所，并改名为尼克松—马奇—罗斯—格思里—亚历山大事务所。这个事务所已经有一百年的历史，位于纽约市中心曼哈顿的百老汇大街 20 号大楼，这座大楼就是纽约证券交易所所在的摩天大楼。这个事务所中共有 22 位合伙人，35 个合作者，57 名律师，在附近众多的律师事务所中，这里是实力最雄厚的。合伙人中的第三位罗杰·鲍德温，还是美国公民自由联合会的创办人。

尼克松在这里的律师业务主要是代表他的委托人，尤其是百事可乐公司和外国政府进行谈判，他学习得非常快，不久就掌握了充当大公司法律顾问的窍门，并赢得了客户的信任。除了进行律师业务以外，他还担任了很多大公司的董事，其中包括哈斯科公司、美国生命与健康保险业最大的纽约人寿保险公司，以及总部设在明尼苏达阿波利斯的百业投资服务公司。

尼克松一家则在纽约第五大道的 810 号大楼，购买了整整一层的豪华公寓，花费了 13.5 万美元，巧的是，洛克菲勒也住在这栋公寓里。尼克松还雇佣了两个佣人：芬娜·桑切斯和马诺罗·桑切斯夫妇，他们 1961 年从卡斯特罗统治下的古巴逃来美国。

帕特在这里生活得非常愉快，自从尼克松决定竞选加州州长以来，她的心情就从没有这么好过，因为尼克松竞选的失败，她开始感到丈夫已经离政治越来越遥远了。虽然这次又拖儿带女地搬了家，离开了那个好不容易熟悉起来的加州，然而她和女儿们却为尼克松能抛开政治选举的阴影而感到由衷的高兴。尤其是年轻的女孩子们，她们在纽约先后进入了肯尼迪夫人杰奎琳曾经就读的中学——查平中学。纽约的时尚、刺激、五光十色的生活让她们迅速地振奋起来。

看到妻女的笑容，尼克松也很快乐。纽约的一些老牌俱乐部，比如大都会、退休会……纷纷向尼克松夫妇发来了邀请函。尼克松夫妇的社交生活迅速地活跃起来，他们在这里广为交友、游玩享乐，过着难得的生气勃勃的日子。在搬进新居之后两周的一个夜晚，帕特在晚餐桌上意味深长地对尼克松说："我希望我们再也不要搬家了。"

# RICHARD MILHOUS NIXON

尼克松这年在纽约开始正式工作之前，还履行了多年前就对家人许下的诺言。6月12日，尼克松一家连同他们的朋友杰克·德劳恩夫妇及其女儿，动身前往欧洲和中东，进行了一次为期6周的快乐假期。

尼克松此次在国外，受到了同他担任副总统时几乎一模一样的待遇，旅游行程安排得满满当当。这样的一次旅游，除了让3个年轻的小姑娘兴高采烈之外，对尼克松本身的信心和自尊，都得到了不小的满足，他似乎又在其中看到了自己东山再起的未来。

在旅游过程中，帕特、女孩子们与杰克夫妇忙着观光、购物、享受欧洲的湖光山色和人文景观，而尼克松则抓紧时间，与当地的政府高官、国家领袖们一一面谈。西班牙的弗朗西斯科·佛朗哥将军在他位于巴塞罗那的夏宫接见了尼克松，通过这次会见，尼克松改变了对其一贯被报界描述的"呆板僵化、令人不快的独裁者"印象，反而发现对方是一位颇为敏锐的、关心国家发展和内部稳定的优秀领导人。

法国的戴高乐总统也与尼克松共进了一次午餐。在爱丽舍宫后的一个露天庭院里，戴高乐举着酒杯，发表了一次热情动人的祝酒词，他暗示尼克松，"将来总有一天你会在很高的职位上为美国效劳"。

到达埃及之后，纳赛尔邀请尼克松参观了阿斯旺水坝工程，尼克松吃惊地发现，在参与建设水坝的工人之中，有很多苏联人。纳赛尔还邀请尼克松夫妇前往他在开罗的家，在那里俩人对时局进行了深入交谈。当纳赛尔批评肯尼迪政府的一些政策时，尼克松丢了一个眼色，纳赛尔立即转移了话题。尼克松尽量轻松地避开共产主义的影响，而是与纳赛尔聊国家建设的问题，纳赛尔依然表示自己最热爱的还是政治革命，并且正在搞一场宏伟的、争取阿拉伯世界团结的运动。对此，尼克松只能偷偷地叹一口气，然而他依然看到了埃及潜在的发展以及未来会在中东地区的影响力。

此次旅游，让尼克松一家心情分外愉悦，因为他们虽然曾经有过很多次出国旅游的机会，然而却总是背负着各种各样的任务和工作，这一次他们却像普通的老百姓一样，真正全家团聚在一起，心无挂碍、痛痛快快地玩。他们游玩了雅典的巴台农神庙，观光了罗马的古竞技场，在威尼斯乘坐了刚朵拉，登上了埃菲尔铁塔的顶层，从莱茵河上顺流而下，聆听了伦敦国会大厦"大笨钟"报时的钟声。

当他们一家在罗马游玩时，在旅馆的饭店房间里接到了肯尼迪总统的电话。尼克松与肯尼迪在电话中轻松愉快地闲聊了几句，肯尼迪也是刚刚结束了一次国事访问，心情非常好。尼克松开心地放下电话时并不知道，这竟是他与肯尼迪进行的最后一次交谈。

旅游结束之后，尼克松回到纽约，正式开始了自己在律师事务所的工作。由于尼克松的政治名望，使得这家律师事务所的业务十分兴旺，不断有新的生意找上门来，尼克松一时之间忙得四脚朝天。

11月20日，尼克松飞往德克萨斯州的达拉斯出席百事可乐公司在那里举行的董事会。当地记者得到尼克松要来的消息之后，要求对尼克松进行一次简短的采访。于是在21日，尼克松在旅馆的房间里接受了采访，在采访中，尼克松说他刚刚在报纸上看到，当地有人为了反对肯尼迪和约翰逊对达拉斯的访问，已经在策划一起示威活动。他对记者说，不论人们怎么看待某些问题以及某些政治人物，总统和副总统的到来，理应受到相应的尊敬。

第二天，1963年11月22日，尼克松清晨乘飞机从达拉斯返回纽约，上飞机前，他还瞥了一眼那些挂在机场以及总统车队将要经过的道路两旁的那些花花绿绿的彩旗。当他在纽约下飞机之后，就打车往家走。车子路过昆斯区向第59大道前进的时候，碰到了红灯。

尼克松正不耐烦地等红灯的那会儿，一个人突然从人行道上冲过来，扑进司机开着的车窗里，大声叫嚷着问道："喂，你的车上有收音机吗？我刚听说肯尼迪被人开枪打死了！"

但是尼克松所乘坐的汽车里并没有安装收音机，于是绿灯亮了之后，汽车飞一般地向尼克松住宅所在的曼哈顿区冲去。尼克松的脑子里乱哄哄的，一时间理不出个头绪来，他的脑子里大概有成千上万个念头在冲撞着：也许这个人是个胡言乱语的疯子；也许他认出了尼克松，只是想给自己开一个恶毒的小玩笑；也许他听错了谣言；也许肯尼迪真的挨了枪子儿，但是上帝保佑他，只是普通的枪伤而已。

当汽车刚刚停在尼克松所住的楼下时，看门人就泪流满面地冲出来，一边给尼克松开车门，一边哽咽着说："哦！尼克松先生，你听说了没有？简直太可怕了，他们杀害了肯尼迪总统。"

尼克松一个趔趄，差点摔倒，但是他赶紧恢复了常态，害怕附近藏着摄影记者，赶紧大跨步奔回家。

当晚，尼克松打电话找到了华盛顿的埃德加·胡佛。一听到胡佛的声音，尼克松顾不上问好，第一句话就是："出了什么事情？是不是一个右翼的疯子干的？"

胡佛说："不，是个共产党，他叫奥斯瓦德。"

尼克松呆呆地放下听筒，心乱如麻。但是他还不知道，几个月以后，那个自称是"公平对待古巴委员会主席"的奥斯瓦德先生的太太，还揭露了一件事：奥斯瓦德原本还想在达拉斯杀一个人，那就是当时正在百事可乐公司开会的理查德·尼克松先生，但是由于她拼命阻拦，尼克松才保住了一条命，否则他现在已经在天堂跟肯尼迪在一起喝咖啡了。

尼克松此时心中充满悲哀和遗憾。事后很多人都传言，当时尼克松的心里其实乐开了花，幸灾乐祸地想着"上帝保佑，我的机会终于来了"之类的念头，然而在波谲云诡的政界摸爬滚打了十几年的尼克松却对这种刺杀事件自有定论，他曾经当过8年的美国副总统，对于这种刺杀事件已经怀着"听天由命"的态度。因为既然有人如此处心积虑地要杀死一个总统，那么这个总统能否活下来就得完全靠运气。而且他也没有想过，如果1960年的那场大选是自己赢了，会不会在达拉斯的迪莱广场被子弹穿过太阳穴的就是自己，而不是肯尼迪。

尼克松一生中对肯尼迪的感情一直是颇为矛盾的，尼克松比肯尼迪大4岁，属于同代人，他们当年同时进入众议院和参议院，都曾经在海军服过役；都年轻而且野心勃勃，一个出身寒微一个却富比王侯，但是他们都非常勤奋，都具有高超的辩论能力和演讲天赋；他们在竞争中彼此忌惮，但是却惺惺相惜，很少对对方进行人身攻击；他们都性格腼腆、孤僻内向，不喜欢人与人之间过于亲密的举动。可如今暗杀夺去了肯尼迪的生命和事业，尼克松的政治生命也因水门事件而终结，他对于肯尼迪在身后被奉为圣明，而他自己的一生却由于另一种命运的舛错而蒙受玷污，的确怀有一定的愤懑情绪，当然这是后话。但是尼克松一生及其事业都与肯尼迪兄弟的一生和事业，相互交织在一起。

尼克松当晚孤独地坐在书房里，他回忆起了自己那夭折的小弟弟，以及年纪轻轻就病逝的大哥，百感交集。为了表达自己对肯尼迪去世的悲伤和遗憾，他在深夜提笔给肯尼迪的遗孀杰奎琳·肯尼迪写了一封情真意挚的信：

# RICHARD MILHOUS NIXON

亲爱的杰姬：

在这悲痛的时候，帕特和我希望你知道我们一直在想念你，并和你一起向上帝祷告。

命运使我和杰克成了政治对手，但我始终珍惜我们自从 1947 年一起进入国会以来构筑起的友谊。这种友情体现在很多方面，比如我们参加了你们的婚礼。

我现在无法再说任何赞颂他的言辞了，他已经获得了如此众多的赞誉。

但我想告诉你，作为为国奉献的第一夫人，人民将永远感谢你。在担当美国官方女主人的场合中，你给白宫带来了魅力、美丽和优雅，你那独特的、发自内心的青春魅力将铭刻在所有美国人的心中。

若今后我们能帮上你什么忙，我们会引以为荣的。

忠诚的

迪克·尼克松

尼克松这番话倒不完全是安慰性的恭维，杰奎琳·肯尼迪的确是美国历史上最有个人魅力、最美丽和最具有传奇色彩的第一夫人之一。她与肯尼迪那种金童玉女般的完美婚姻、她惊人的美貌以及时尚高雅的穿着，的确引领了美国那个时代的风潮。可以说，尼克松与肯尼迪在 1960 年交锋中的落败，杰奎琳也贡献了一份力量，因为她是那个时代的女性偶像，每当 31 岁的她出现在公开场合，总是能在人群中掀起发狂的尖叫。她那独特的性格魅力也是她的一道光环，当肯尼迪的太阳穴中弹的时候，他就躺在杰奎琳的怀里。接下来的几天，杰奎琳坚持在公众面前穿着那套玫瑰色的夏奈尔套装，上面还残留着触目惊心的血迹，她"要他们看看他们都干了些什么"。后来，她又成为美国历史上第一位改嫁的总统遗孀，毅然下嫁希腊船王，她传奇般的人生一直到今天还能拥有广泛的仰慕者，当然这是题外话。

几周之后，尼克松收到了杰奎琳的回信：

亲爱的副总统先生：

非常感谢您那封温暖关怀的信。

你们两个年轻人在国会里是同僚，在 1960 年是对手。现在，看看发生了什么事！谁能想到在这个国家居然会发生这样可怕的事情。

我知道你不免在想——你在这条道路上跋涉多年，却仅以如此微弱的差距失去了最高的荣誉。现在你又得一切从头再来，把你与全家的希望和努力再次投入其中。我只想说一点，如果事情并不称心，请从你现在已经拥有的——你的生命和你的家庭——中获得安慰吧！

我们在拥有生命时从来都不珍惜它，虽然我知道如何阻挡他的死亡，但我不会要杰克走任何其他道路。我为此将永远受到折磨。

可是，假如你不能取胜，就多珍惜现在已有的一切吧！

我怀着感激的心情向尊府上的各位致意。希望令嫒们像我一样喜欢查平中学。

忠诚的

杰奎琳·肯尼迪

## 5　1964 年总统大选：戈德华特 PK 林登·约翰逊
RICHARD MILHOUS NIXON

肯尼迪被枪杀之后，原副总统林登·约翰逊按照法律继承了总统职位，他在白宫的最初几个星期中，顺利完成了权力过渡和政府接力。约翰逊在处理国家事务中显示了自己过人的精明和才干。因此很多民主党和共和党的观察家都认为，在 1964 年的总统大选中，既然约翰逊"有办法在全国哀悼肯尼迪的时候把大家团结起来"，那么谁也别指望能击败他。

在共和党这边，从 1963 年肯尼迪还在世的时候，就有不计其数的共和党内领袖们给纽约曼哈顿区第五大道的 810 号大楼打电话、写信，要求"著名律师"理查德·尼克松先生再度参加 1964 年的总统大选。因为当时共和党内的两个主要候选人都不让他们放心，即亚利桑那州的保守派参议员巴里·戈德华特和纽约州州长纳尔逊·洛克菲勒。他们认为，戈德华特太过保守，他可能会把党内所有非保守派的人全都赶跑；而左派的洛克菲勒却有本事把共和党给一撕两半。

刚刚在纽约站住脚、椅子还没坐热的尼克松此时另有打算，他审慎地

# RICHARD MILHOUS NIXON

观察了局势之后认定，以肯尼迪当时的实力和声望，虽然民意调查显示他的支持率略有下降，但是他背后有团结一致的民主党、手里拉拢了一大批新闻媒体，再加上连任总统的优势，1964年的肯尼迪是不可战胜的。何况自己已经在1960年、1962年一败再败，如果这次再失利了，恐怕就得顶着"千年老二"的名头过下半辈子了。再说，好不容易才让帕特和女儿们过上了这种悠闲自在的安稳日子，实在是抹不下这张老脸再去问帕特的意见了。想来想去，自己唯一的上策是韬光养晦，拉拢人心，待时而动。

对于两位主要候选人，尼克松的看法是不同的。虽然党内很多人反对戈德华特，但是尼克松却挺喜欢他，因为他是一个直率、坦诚而且爱国的人，容易冲动但是心肠很好。虽然戈德华特是个右派分子，但是在尼克松的心目中，总好过左派的洛克菲勒。后者在尼克松眼里，简直就是一个自由派的民主党人。

1963年9月3日下午，尼克松应洛克菲勒之邀去参加鸡尾酒会。其实尼克松的律师事务所就在洛克菲勒办公室的楼下。

这个酒会不过是个幌子，洛克菲勒醉翁之意不在酒，他是想让尼克松支持他当总统候选人，并提出了政治交易的条件：如果尼克松现在支持他，那他就会在共和党全国代表大会出现僵局时，支持尼克松。

尼克松不置可否地微微一笑，只是告诉洛克菲勒，他会支持得到提名的人，而自己绝对不会参加竞选。看着洛克菲勒复杂的表情，尼克松心里暗暗下定决心，在举行全国代表大会之前，他不会支持任何一个候选人。同时为了团结共和党，他要与任何可能会当上候选人的人搞好关系。

肯尼迪突然遇刺，并没有打乱尼克松自己的计划，但是却让共和党内部硝烟四起：戈德华特开始了大面积的撒网捕鱼动作，他在全国范围内招贤纳士、网罗人才，他已于1964年1月在亚利桑那州斯科兹代尔的家中宣布参加总统竞选；接着冒出来宣布参加竞选的共和党人是女参议员玛格丽特·蔡斯·史密斯；3月，驻越南大使亨利·卡波特·洛奇出人意外地宣布参加竞选，并从新罕布什尔州的初选中脱颖而出；被这种下饺子式的参与行动刺激了的还有宾夕法尼亚州州长威廉·斯科兰顿和密执安州州长乔治·罗姆尼，所以当纳尔逊·洛克菲勒宣布参加竞选的时候，所有人的神经都已经足够坚强了。

3月中旬，在新罕布什尔州初选之后，尼克松以私人身份出国转了一圈，他去了黎巴嫩、巴基斯坦、马来西亚、泰国、越南、菲律宾、中国香港、中国台湾、日本，与不少国家和地区的领导人进行了深入交谈，包括巴基斯坦的阿尤布·汗总统、泰国的他侬·吉滴卡宗总理和日本的池田首相，在这些地方他深入地了解了美国这些年来在这里进行的外交行动，以及共产主义在这里的扩张和影响，不无忧虑地感到，由于肯尼迪政府的"哈姆雷特式"的外交已经造成了不小的损失。而且当他回国之后，发现美国人的注意力都集中在共和党内的候选人大战上，而非遥远的亚洲战火。这次环球旅游还给尼克松带来了新闻界的注意力，同时也暂时避开了这次党内竞选斗争可能会给他带来的不必要的麻烦和人情债。

四五月的民意测验表明，虽然洛克菲勒的支持率很高，但是在决定此次竞争大局的地区，戈德华特依旧占有压倒性的优势，这样就造成了一种颇为引人关注的悬念。

在俄勒冈的初选中，洛克菲勒淘汰了洛奇；但是在 6 月 2 日的加州初选中，戈德华特又淘汰了洛克菲勒。而宾夕法尼亚州州长威廉·斯科兰顿和密执安州州长乔治·罗姆尼，由于游戏加入得太晚，而且力量也太弱小，远远不是戈德华特的对手，因此在共和党的全国代表大会召开之前，所有的人都知道，戈德华特已经胜券在握了。

7 月中旬，共和党全国代表大会在旧金山举行，意料之中的是，戈德华特在第一轮投票中就获得了提名。尼克松以共和党前任旗手的身份，被选为负责向所有党代表们介绍戈德华特的简历。尼克松认为这是一个弥合共和党内的分裂的绝佳机会，他为此精心准备了一篇慷慨激昂、振奋人心的演讲。

他特别挑出了斯科兰顿、罗姆尼、洛奇和洛克菲勒几位初选落败的人物，说他们是本年参加竞选中让共和党感到骄傲的人物，他说："在这次大会召开之前，我们有些是戈德华特派的共和党人，洛克菲勒派的共和党人，斯科兰顿派的共和党人，洛奇派的共和党人。现在，大会召开了，决定已经作出，我们就都是努力争取巴里·戈德华特当选美国总统的共和党人了。……如果真有那么一些人，只是准备来这里看戏、散步、划船的，那么，针对他们，我将引用巴里·戈德华特 1960 年的一句话以作奉劝：'共和党人，让我们壮大起来，一起去干吧！'——我相信我们终将在 11 月取得胜利。"

为了给戈德华特在初次以被提名者的身份出现在大会上制造一种戏剧

性气氛，同时也为了能让全国人民越过新闻记者的报道而亲耳听听并作出判断，他用激昂的语气高呼："今晚，请你们看看这一位先生，在接下来的30分钟里，请听听他的讲话。把批评他的过分苛刻的评语忘掉吧！把他的朋友的溢美之词忘掉吧！记住，这是一个实事求是的时刻。请根据他的实际情况去作出判断。请你们自己作出这一决定，而不是听凭别人的语言来作出决定！"

最后，尼克松用自己十分得意的口才把戈德华特隆重介绍出场："这位就是赢得'保守派先生'称号和自豪地佩戴上这一称号的人。经此次全国代表大会决定，他此时是'共和党先生'了，也就是他，通过这次历史上最伟大的竞选运动之后，将成为'总统先生'——请大家来见见巴里·戈德华特！"

尼克松的这番演讲完全达到了自己预期的效果，台下的各派系皆大欢喜，当戈德华特走向讲台的时候，得到了长时间的热烈欢呼、鼓掌叫好。尼克松欣慰地看着这个即将与民主党人约翰逊PK的人，心中充满期待：总算到了给共和党医治内伤和把所有人都团结在总统候选人身边的时候了！

结果戈德华特一张嘴，就让尼克松目瞪口呆，恨不得一头撞死在当场。

戈德华特似乎没有怎么被尼克松刚才的这通以团结为主题的演讲打动，他的讲话让在场的人感到坐立不安。他说："凡是全心全意跟我们在一起的，我们表示欢迎；至于那些对我们的事业漠不关心的人，在任何情况下，我们也不打算请他们加入我们的队伍。"刚才还被尼克松煽动得热血沸腾的党员们，除了那些支持戈德华特的人还在欢呼狂叫之外，至少有半数的人都被惊呆了，这位还没当上总统的人，就已经在自己的阵营里宣布闹分裂了，他要把这些原本站在自己立场上的人赶跑，从党内撵出去！但是戈德华特还在喋喋不休："保卫自由的极端主义不是罪恶！在追求正义中所表现出来的温和态度不是美德！"这些话简直够让约翰逊高兴得喝上两壶的！看哪，共和党的候选人在自己拆自己的台呢！

尼克松坐在主席台上，郁闷得脸都绿了！他此刻只觉得哭笑不得，这个戈德华特，就算约翰逊不参加竞选，这个总统的位子，也给他自己今晚的一番演讲给送到九霄云外去了！而且尼克松苦心经营、精心准备的为共和党愈合分裂的药方，也完全白费了，戈德华特不但把这个伤口撕得更大，而且还撒了一把盐，使劲地揉了进去。

看着在台上手舞足蹈地演讲着的共和党总统候选人，尼克松心里说：你这个不可救药的白痴！你的目标是把整个党团结起来，同时让它整个向右转！这样即便今年输给了约翰逊这个肯尼迪的小跟班，但是却依然可以在国会和各州席位上扳回来一点点，接着我们在1966年的竞选时就可以再争取几个新席位，那样不管是谁来竞选1968年的总统，共和党都还有优势可言。现在就因为你，一个呱呱乱叫的傻瓜，现在恐怕没有人认为，共和党能争取到下任总统的位子了。

当然，尼克松考虑的范围，也包括自己在内。

不出尼克松所料，林登·约翰逊这个本来就喜欢玩政治的家伙，在戈德华特的这番演讲之后，高兴得手舞足蹈。他一把薅住戈德华特使用的"极端主义"这个词，牢牢地系在了对方的脖子上，走到哪都要揪出来大加笞伐一番，穷追猛打。

同样被戈德华特的表演气歪了鼻子的，还有尼克松的老上级艾森豪威尔，这个呆在葛底斯堡养老的将军也坐不住了，他决定召开一次党内领导人的"最高级会议"，强制要求戈德华特改掉他那句"极端主义"，命令他就是装，也要装出一副党内团结的样子来，以让媒体好好地宣传宣传。

8月12日，宾夕法尼亚州赫尔希市内的老赫尔希饭店。所有共和党内部的高层人士都到位了，记者们也早早地占好了位子，闪光灯、摄像机挨挨挤挤，占据着所有有利的视角。白发苍苍的艾森豪威尔、一脸假笑的尼克松坐镇两旁，中间坐着戈德华特与他的竞选助手、纽约州众议员比尔·米勒。

尽管尼克松之前已经对其做足了工作，戈德华特还是抽筋似地进行了一场具有典型个人特色的演出。他提出了自己原本就争议纷纷的说法，即：他准备考虑给战场军事指挥官以使用战术核武器的控制权。而当记者问到关于对德政策的时候，戈德华特的回答让艾森豪威尔打了个寒战，他说："我认为德国创立了以实力来维护和平这一现代化的概念。"

这番讲话被媒体冠名为"赫尔希精神"的讲话，一时间闹得舆论沸沸扬扬。艾森豪威尔在此次会议结束之后，在返回葛底斯堡的路上说了一句："在这次会议之前，我总以为戈德华特只是老顽固。现在我知道了，他就是一个大笨蛋！"

"赫尔希精神"的出炉，让所有经验丰富的政治家们都意识到，戈德华特已经完蛋了。他的整个竞选活动笼罩着一片愁云惨雾，从前那些兴致勃勃的全国性的领导人们躲起来看好戏；洛克菲勒及其大部分支持者完全袖手旁观；罗姆尼则抛开了总统竞选的事情，专心去竞选密执安州的州长去了；而艾森豪威尔已经在那次记者招待会上被戈德华特的愚蠢给吓着了，静静地呆在葛底斯堡，心无旁骛地钓鱼。

大概唯一还在为戈德华特奔走竞选的人，就剩下尼克松自己了。看到自己为这样一个愚蠢得不可救药的家伙而努力，尼克松很是沮丧，但是更让他感到恐惧的，是共和党内部支离破碎的人心。他咬着牙，走遍了 36 个州，旅行了 5 万多公里，进行了 150 多次演讲，同时还要为很多共和党新人助选，募集款项，为他们摇旗呐喊。

尽管尼克松累得死去活来，共和党还是在 1964 年 11 月的总统大选中一败涂地，约翰逊以压倒性优势获胜。而且更加惨不忍睹的是，共和党在众议院丧失了 37 个席位，参议院丧失了 2 个席位，各州议会丧失了 500 个席位以上。更加不幸的是，在这一年进入政坛的共和党新人，虽然得到了艾森豪威尔和尼克松的大力支持，依然多数落败。

选举结束后的第二天，洛克菲勒就跳了出来，试图在此次灾难中捞点战利品。他发表了一个声明，要求把戈德华特及其追随者逐出共和党，并且间接地把尼克松这样的支持过戈德华特的人也逐出党外。

洛克菲勒的这种卑劣做法引起了尼克松的怒火，他立刻召开了一个记者招待会，先赞扬了戈德华特的勇敢顽强的战斗精神，同时强调"不能指望那些过去分裂了党的人，将来还能再次把党团结起来。"最后，尼克松指名道姓地指责洛克菲勒就是一个专门拆台和闹分裂的小人，现在全国各地的共和党人都非常讨厌他，除了纽约，他不能在别处当党的领袖。

这次记者招待会掀起了轩然大波。很快，越来越多的共和党领导人物站到了尼克松的一边，同时要求所有人"冷却"1964 年的竞选问题，不要再纠缠于窝里斗，从而团结一致，准备在 1966 年卷土重来。

## 6 1966 年卷土重来
RICHARD MILHOUS NIXON

1964 年的竞选，共和党遭到空前的失败，党内极度混乱，分崩离析。

一股悲观的情绪笼罩着共和党人。但是尼克松却没有被这种悲观的气氛所感染，他看到了希望，因为他看到了约翰逊总统的软肋。

虽然约翰逊在这次大选中获得了压倒性的胜利，然而他只不过一部分靠着肯尼迪的余荫，一部分占了现任总统的光，一部分靠着团结的民主党，还有一部分是因为对手太愚蠢。因此随着时间的流逝，尼克松看到民主党内开始形成了一种政治气氛，要把约翰逊从他的位置上拉下来，并迫使他不参加 1968 年的总统连任选举。在大城市里，约翰逊的江湖习气和德克萨斯人特有的粗野作风，让越来越多的人开始讨厌他。英国新闻记者亨利·费尔利就在 1965 年访美之后写道："美国知识分子以嘲笑和辱骂约翰逊总统为乐，这让我感到非常怪异和厌恶。"

如果知识阶层反感的只是约翰逊无伤大雅的行为举止，那么美国广大公众对约翰逊的不满，原因就更为严峻了。大城市中日益升级的黑人贫民区的暴力行为，以及大学校园里日益增长的骚乱，让大部分美国人感到惶惶不安。约翰逊政府曾经承诺要大包大揽地解决这些社会问题，但是事实却让他成了众矢之的。甚至连自由主义倾向很浓的东部新闻界也开始批评约翰逊的执政能力了。

于是尼克松看到，必须抓住这个有利的时机，在 1966 年中期选举中重振共和党。但是要做到这一点，当务之急就是把已经人心四散的共和党先行团结起来。

要团结这个党，尼克松就必须做到两件事：一定要对党内的左翼和右翼领袖接管全党的企图保持警惕；一定要让广大党员深信，前程很有奔头！

尼克松知道自己应该挑起这个吃力不讨好的担子，他的经验告诉他，虽然这种工作很难搞又烦人，而且一不小心还会引火烧身，因为他将要帮助的人还包括自己的政敌洛克菲勒、罗姆尼和里根。但是在尼克松看来，他们的胜利将使共和党的基础得到扩大，自己也有机会在 1968 年的总统大选中获得好处。

没错，尼克松又开始考虑竞选总统的事情了。他虽然明知这样会让帕特和女儿们感到为难，但是在纽约从事律师职业的经验却明明白白地告诉他，他除了政治生活和为公众服务之外，没有其他类型的生活可以选择。虽然他的律师事业如今正红红火火，但是与参加总统竞选相比，让他没有丝毫的成就感。他曾经半开玩笑地对他的朋友们说，如果他以后只能干律师这行的话，就会在 2 年后精神崩溃，4 年后告别世界。只有他自己明白，这句话根本不是开玩笑。

1965 年 1 月 9 日，是尼克松的 52 岁生日，帕特和女儿们为他举行了一个小小的家庭生日宴会。

当天深夜，捧着一块帕特亲手烘烤的蛋糕，尼克松默默地坐在自己的书房里。52 岁了，他有点自嘲似地咧咧嘴。往事一幕幕地、潮水般地涌到眼前，他曾经辉煌过，但是也曾经失败过，还失败得那么难堪。如今已经鬓角生霜，他还能接着干吗？

这时，他再一次想起了自己的偶像温斯顿·丘吉尔。1929 年，温斯顿·丘吉尔已经 55 岁，还失去了下议院领袖的职位，同时代的大多数人已把他一笔勾销了。但是，十几年后，丘吉尔卷土重来，成为英国首相，他没有因为别人的否定就主动退出。

想到这儿，尼克松一阵激动，他抽出一张黄色的便笺纸，写下了他的"1965 年的新年决心"：

1. 制订出宏大的目标。

2. 制订每天的作息时间。

3. 要有短暂的假期。

4. 了解自己的一切弱点。

5. 更好地利用时间。

6. 开始写书。

7. 每天打打高尔夫球或进行其他日常锻炼。

8. 就带有挑战性的国内外问题写文章和发表演说。

看着自己潦草的笔迹，尼克松再一次陷入了沉思。再度竞选总统，从哪儿着手呢？他深深地吸了一口气，仔细地理清着自己的思路。

首先，在共和党 1966 年重振信心之前，他不能表现出任何企图在 1968 年竞选总统的意图，否则就是死路一条。尼克松心里明白，在组织得到恢复、所有被提名者拥有信心参选之前，他自己不能作出任何这方面的承诺；但是他既然已经下定决心要在 1968 年卷土重来，一味地为党服务，而不做出自己的计划、不利用自己现有的优势，同样也是很愚蠢的。

接着尼克松开始估计争取 1968 年总统提名的有利和不利因素。他习惯于先考虑不利的因素：

首先，1960 年、1962 年接连两次的失败，让他给公众造成了一个"输家"的形象，这可是所有政治家的大忌。而 1962 年那次大骂媒体的"最后一次记者招待会"，又给他扣上了一顶"输不起"的帽子。

其次，政治基金的缺乏。尼克松此时虽然从律师事务所中赚了不少钱，加上他所出版的书的版税以及其他林林总总的稿费，他此时已经拥有了 6 位数的收入。但是他家住的公寓太昂贵了，每年的保养费就高达 1.2 万美金，两个女儿都进入了大学，而且由于前些年在华盛顿生活得过于俭朴，尼克松回到纽约之后，下决心要让妻女过上滋润的生活，让帕特不要再节衣缩食，而是放开手脚过日子，因此，他虽然收入不少，但是依旧没有多少余钱，更别提进行一次庞大的总统竞选的费用了。

最后，也是最让尼克松头痛的是没有政治基地。纽约是洛克菲勒的地盘，尼克松在纽约的共和党圈子里是一个不受欢迎的人物。他的根基在加利福尼亚，但自从竞选加州州长失利之后，在那里已没有共和党的"机器"愿为他工作。这简直是史无前例的状况。

接着他想了想有利的因素：

其一，尼克松多年来在共和党内的苦心经营，使得大多数共和党的基层组织对他抱有好感。而且在共和党选民对总统提名的民意测验中，尼克松名列前茅。1966 年夏，盖洛普民意测验表明，尼克松与其最接近的竞争者亨利·卡波特·洛奇相比，几乎以二比一的优势领先。

其二，无论报界是否喜欢尼克松，但尼克松本人却是最具新闻价值的人，只要他举行记者招待会，听众总是挤得水泄不通。他旅行所到之处，当地电视台总要对他的讲话和露面进行报道。这在无形之中扩大了尼克松的影响。

其三，也是最重要的有利因素，就是尼克松对自己的坚强信念以及丰富的政治经验，这才是最有意义、最具实质性的优势。他在政治领域内的背景、经验，以及在外交政策领域方面的精准眼光和策略，都给予他自己以充分的信心。

为了达到自己的目标，尼克松决定踏踏实实地好好干。从 1965 年初到 1966 年竞选开始的这段时间，尼克松一边当律师，一边奔走各地，为共和党候选人摇旗呐喊，发表演说。总计行程 12.7 万公里，跑了 40 个州，向

400 多批人讲过话，还为共和党筹集了 400 万美元以上的捐款。

在这漫长激烈的政治旅程中，尼克松不放过任何可以抨击约翰逊内外政策的机会。他抓住了两个尖锐的不得人心的问题，一个是针对国内政策的，即约翰逊政府所宣扬的"伟大的社会"的施政方针；另一个是针对外交问题的，也就是纠缠了美国人民多年的越南战争。

约翰逊担任总统后，冥思苦想要找出一个新奇的政治口号来团结人民，他觉得英国政治思想家格雷厄姆·沃拉斯所著的《伟大的社会》书名很有新意，便用它来作为施政的口号。1964 年 5 月 22 日，约翰逊在对密执安州大学的毕业班学生演讲时说："在你们的时代里，我们不仅有机会走向富裕的社会和强大的社会，还能攀登'伟大的社会'的高峰。"这就是约翰逊"伟大的社会"口号的诞生。

其后，约翰逊对这个计划作了充实和具体化。他增加就业机会、社会保险和救济，增加教育、卫生投资，开发落后地区。这个计划使比较多的穷人得到了社会救济，失业率也有所下降。但是，这个计划多是空喊口号，向选民作了一些事实上做不到的许诺。在尼克松看来，"伟大的社会"让约翰逊跌进了无法自拔的陷阱，是不可饶恕的做法。"它没有鼓励人们靠努力工作去实现这些目标，恰恰相反，当人们由于没有作出努力而未能马上实现目标时，他们倒显得既不耐烦，又怨气冲天。"而且约翰逊这样做的动机也值得商榷，尼克松后来评论说："那些'伟大的社会'的废话，只不过是花钱的借口，以便把钱投入所有的项目中，以满足他那些自由主义的支持者。约翰逊所做的事情，多数出于政治原因。他是个彻头彻尾的政治动物，他曾经告诉我，'人们支持你不是因为他们喜欢你。只有当你能够为他或者对他做些什么有用的事情，你才能够得到他的支持。'他在生活中一直遵循着这个信条。"

针对这些，尼克松在一些演讲中，呼吁听众做林肯式的共和党人，即在关心人民方面像个自由派，而在遵守法治方面像个保守派。为了弥合这两派对共和党造成的破坏，他高呼："如果自由派意味着把一切都交给联邦政府，那么我就不是自由派；如果保守派意味着倒拨时钟，否定实际存在的问题，那么我就不是保守派。"同时他还要彻底打碎戈德华特竞选时给共和党戴上的"消极党"的标签，并充分发挥共和党作为少数党的优势——能在地方一级实行有效的领导。同时，尼克松还代表共和党，严厉谴责种族主义，但对于黑人运动中的积极分子和人权极端分子，他同样给予了批评。而对于当时美国年青一代出现的抛弃道德传统、叛逆的社会和两性行为，虽然他同样表现出忧心忡忡，但是他更呼吁广大公众与其哀叹，不如理解。

在对待越南战争的问题上，尼克松指责约翰逊政府扩大了侵越战争，引起国内恶性通货膨胀，加重了人民的经济负担。当时的美国青年人不愿到越南当炮灰，纷纷逃避兵役，工人运动、反战运动此起彼伏，约翰逊政府穷于应付。

但是尼克松并不是反战派，他只是指责约翰逊政府在这个问题上"蒙骗"了人民。约翰逊没有告诉美国公众，国家在越南卷入的程度有多深，虽然他曾经说过："我们不准备把美国青年送到离家 9 000 甚至 1 万英里的地方，去干该由亚洲人自己干的事。"但是他却进一步扩大了战争，而且也没有将此次战争的必要性给人民解释清楚，他没有告诉全国人民，这场战争将会是多么艰苦和多么费钱；他也没有解释清楚，美国参战的意义不仅在于维护南越的独立，而且更深层的目的在于挫败中国和苏联的"侵略"。这样就引起了反战力量更深的愤怒和人民的怀疑。尼克松在一次演讲中说："我以为约翰逊总统必须向全世界和南越人民说清楚，我们的目标是建立一个自由和独立的南越，我们不求报酬，也不会对侵略者讲绥靖。"

1 月 26 日，尼克松在纽约的销售经理人俱乐部演讲中，抨击政府的越南政策时说："企图掩盖越南战争实际牵涉到的问题的真相，是危险又愚蠢的。"他要求用海军和空军轰炸共产党在南越的供应线，摧毁越共在越南和老挝的中间集结地带，把战争打到北越去。

尼克松还组织了一个私人的政治班子，他延揽了莫里斯·斯坦斯、艾尔·科尔和彼得·弗拉尼根为他筹集政治活动资金，他的秘书罗斯·伍兹和帕特每天忙碌十几个小时，帮他处理来往函件、电话、演讲邀请，他还请来了《环球民主报》的青年社论作家帕特·布坎南来为他作研究、起草演讲稿的工作。

到了 1966 年初，尼克松更加忙碌了，他还拉来了律师事务所中的同事托姆·伊万斯和莱恩·加门特、约翰·西尔斯来帮助他。与此同时，他的筹款人员还建立了 3 个委员会，为主的一个叫做"1966 年国会竞选委员会"。

# RICHARD MILHOUS NIXON

1966 年 10 月 25 日，恰好在选举前两周的时候，约翰逊与南越总统阮文绍，以及澳大利亚、南朝鲜、新西兰、菲律宾、泰国的领导人在马尼拉发表了联合公报，宣布有条件撤军。

当时的尼克松正在竞选途中，他立即作出反应，在最短的时间内搞到这份公报并通宵分析之后，他向布坎南与秘书罗斯口述了自己的想法，让布坎南按此写成初稿，发表于 11 月 3 日的《纽约时报》。

在这篇长文中，尼克松攻击马尼拉会议，尖锐地指出："相互撤军的结果是，等于把南越的命运交给越共和南越的陆军去支配……南越陆军没有了美国的顾问、空中配合和后勤支持，是对付不了共产党游击队多久的。假如北越人继续为共产党游击队提供后勤支持，'相互撤军'的结果肯定是共产党取得胜利……""假如这种推论正确的话，那么我们在马尼拉会议上就已经把一种决定性的军事优势权给主动葬送掉了。"

尼克松的这篇讨论文章引起了大规模的讨论和研究，报界开始对约翰逊的动机大加嘲讽，鸽派说马尼拉公报是好战主义，而主战的鹰派则指责它接近于分期投降。

已经被无休止的党派斗争、舆论攻击搞得牢骚满腹的约翰逊一下子被激怒了，他似乎忘记了之前他与尼克松在白宫的一番私人谈话，当时两人还互相拍着膀子表示，党派斗争并不指向个人，而是像法庭上的律师一样，在公开场合彼此掐得要死，可是离开法庭之后立刻就可以扎堆喝酒。

约翰逊在 11 月 4 日举行的记者招待会上，暴跳如雷地攻击尼克松，似乎要狠狠地发泄这几年来在任时不得意的情绪："我不想就马尼拉的一次外交政策会议同像尼克松先生那类老搞竞选运动的人展开什么辩论。他的任务就是每隔两年在 10 月份故意找他的国家和政府的岔子。如果你们回顾一下他过去的历史，你们就会知道我并没有说错。当他在政府担任官职时，他也从来没有真正认识和理解周围发生过什么问题。"

约翰逊越说越恼火，他开始渐渐把矛头上升到人身攻击的程度，他接着说："你们记得艾森豪威尔曾说过，如果你们能给他一星期左右的时间，他才能想得起来尼克松替他出过什么主意。此后，他在加利福尼亚暂时获得了一个立足点，你们看到了那边的人是怎样对待他的。接着他横跨全国到了纽约，然后他又回到旧金山在一旁等待着，希望戈德华特一跌跤他就可以候补上。可是戈德华特并没有跌跤，现在他却跳出来议论那次会议，而他显然对这次会议既没有很好研究又不了解情况。"

听到这里，记者们一时间似乎怀疑自己的耳朵听错了，心想总统怎么能犯这么明显的记忆错误呢？戈德华特何时成功过？就连约翰逊的夫人都不由自主地摇了摇头。

接着，约翰逊为马尼拉公报的内容进行了辩护，最后说："我们不说在这里有意把它搞乱，而且也不该把它同国内的竞选运动扯在一起。如果企图这样做，只会使人们失去选票而不是获得选票。我们不能因为想把水搅浑而叫人们去送死。当侵略、渗透和暴力都停止了，没有一个国家会愿意把占领军留驻越南。尼克松先生为了捞到一两个选区而不惜留下那种印象，这对国家没有什么好处。"

约翰逊似乎出了个人的一口恶气，但他这番发泄，反而帮了尼克松的大忙，使其再次成为全国瞩目的焦点。

艾森豪威尔先生坐不住了，当年的那个口误一直让他对尼克松心怀愧疚，现在这个疯疯癫癫的德克萨斯佬又惹了老家伙的心病，于是他立刻发表了一项声明，称赞尼克松是"美国有史以来最有见识、最有能力和最为勤勉的副总统之一"。

共和党国会竞选委员会也在选举日的前夕，把全国广播公司分配给它的半小时电视时间让给尼克松使用。这是尼克松自1960年以来在全国观众面前露面的唯一机会，他决心好好地利用这次机会。

事实证明，尼克松再一次以优秀的演讲天赋，为自己打了一个漂亮的翻身仗。他说："我在上星期受到了美国总统对付其政敌的前所未有的、极端野蛮的人身攻击。我要作出答复，但不是为了自己，而是因为这种攻击危及了一项伟大的原则。这就是有权表示不同意见的原则，有权表示异议的原则。也就是说，有权对任何一个政府官员表示不同意见，即使这个官员是美国总统。"

尼克松点到为止，转而对共和党的国会议员候选人大加吹捧，为他们拉选票。临到末了，又非常高姿态地对约翰逊的攻击表示了理解、宽容和大度。

这次讲演，尼克松成功地扩大了自己在共和党内的政治影响，提高了在共和党内的政治地位，同时恢复了他作为富于战斗精神的竞选活动者的声誉。

两天后，尼克松心旷神怡地听取了共和党在中期选举中的成绩，他们大获全胜：在众议院净增 47 个席位，参议院净增 3 个席位，此外还增加了 8 个州长和 540 个州议会席位。

这次胜利，使尼克松的名字与共和党的胜利连在了一起，为他 1968 年东山再起奠定了牢固的基础。同时也把"最后一次记者招待会"遗留下来的不良影响冲淡了许多。他认为这是一个良好的开端和吉祥的兆头，一切似乎都呼唤着尼克松，支持他全力投入到 1968 年的总统竞选。

## 7 备战 1968 年总统大选
RICHARD MILHOUS NIXON

1966 年 11 月 6 日，尼克松在美国广播公司的"Q&A（问题和回答）"节目中出现，当主持人皮尔·劳伦斯问他何时开始自己的竞选活动时，尼克松发表了令人吃惊的答复："这次选举之后，我要至少休假 6 个月，在这半年的时间里，不过问政治、不发表任何政治演说。"

这一招立刻让很多尼克松的支持者迷惑不解，他们并不知道，尼克松在玩一手极其高明的、以退为进的牌。

其实对于 1968 年的总统竞选，尼克松早已成竹在胸。但他并不急于投入竞技场，而是准备在政治上静候时机。

从传统的做法上来看，尼克松此时应该借着共和党 1966 年竞选大捷的东风，抓紧时间把自己争取总统候选人的消息公开。但是尼克松却想使出一步险棋，以求出奇制胜，他的确要参加 1968 年的总统大选，但是不到最后一分钟，他是不会揭开"参加还是不参加"这个谜底的。

尼克松先是拖家带口前往比斯坎岛，在那里度过了一次轻松愉快的短暂假期。除了看书、游泳和闲聊之外，不考虑任何与政治有关的事情。当他回到纽约之后，彼得·弗拉尼根和莫里·斯坦斯找到尼克松，他们告诉他，如果他要当 1968 年的总统候选人，那么现在就到了该采取行动的时候了。因为共和党内部的其他候选人已经开始蠢蠢欲动。罗姆尼的行动或明或暗；里根的支持者正谈论着要不要把戈德华特的保守派重新抬出来；洛克菲勒也没闲着，时刻准备坐收渔利。如果尼克松再这样静坐下去的话，恐怕要不了多久，他的支持者都会被那些候选人给挖空了。

但尼克松此时还不想公开自己的竞选打算,因为他看到目前这样做:一方面可以给自己留有很大的独立空间,可以自由行动;另一方面,媒体对他的猜测会引起新闻界持续不断的注意,如果他过早揭露谜底的话,大家都会失去兴趣了。但是尼克松还是同意了弗拉尼根和斯坦斯的一个建议:先建立一个拥护尼克松当总统的俱乐部,开始进行一些低调的组织和筹款工作。

第二年1月7日至8日,尼克松在纽约的沃尔多夫饭店开了一个计划会议,会上有他的老朋友和最亲密的顾问鲍勃·芬奇(此人原在副总统尼克松手下工作多年,里根任加利福尼亚州长时,他是副州长)、鲍勃·霍尔德曼、私人秘书罗斯·玛丽·伍兹、律师事务所的高级合伙人约翰·米切尔(此人对搞政治极有天赋,有一个神通广大的政治关系网),以及默里·乔蒂纳、埃利希曼等老伙计。

尼克松开门见山地说:"我不打算跟我最老的朋友和最亲密的顾问再忸怩作态了,我要你们为制订明年争取共和党总统提名的计划开始行动起来。"他同时解释说,"我这'不过问政治的6个月休假'是一个精心设计的计划,尽管我舒服地躺在那里,但你们却得拼命把事情办好。我们要胜利,就得比其他候选人更卖劲地干,把工作做得更好。"

会后,尼克松即着手成立一个私人的政治班子,为投入竞选做好准备。他拉来了《纽约先驱论坛报》首席社论撰稿人小雷蒙特·卡·普赖斯为他捉刀代笔,又邀请了一位年轻的广告经理德怀特·查平当他的私人助理。

一切安排妥当之后,尼克松正式停止了一切政治活动,他决定出国作一次环球旅行,以进一步了解世界的最新形势,从而增加自己在外交方面的知识,以便在竞选总统时派上用场,同时还能给选民一个"国际政治家"的形象,并且保证他在当了总统之后,在外交方面干出点漂亮的成绩来。

尼克松总共进行了4次旅行,3月访问欧洲和苏联,4月访问亚洲,5月访问拉丁美洲,6月去非洲和中东。一位华盛顿律师,名叫罗伯特·艾尔斯沃思的前堪萨斯众议员帮助尼克松暗地里进行着这个还没有放到台面上来的竞选运动,同时帮助他游说国务院并安排各次行程,还亲自陪同尼克松进行了第一次访问旅行。陪同尼克松进行第二次旅行的是雷·普赖斯,第三次旅行陪同的是尼克松的朋友贝比·雷博佐,最后一次陪同尼克松的是帕特·布坎南。

在 1967 年的这几次访问中，尼克松会见了各国领导人，并亲眼看到了美国所面临的各种问题、机遇和危险。通过此行，他还对中国的态度有了微妙的变化。当他在罗马尼亚与尼古拉·齐奥塞斯库总书记见面时，表示"越南战争停止之后，可以逐步采取措施使我们（美国）和北京的关系正常化起来"。对此，齐奥塞斯库表现出了谨慎的兴趣和乐观。

当尼克松访问亚洲时，许多国家领导人，包括曾经反对美国改变对华政策的人，都向尼克松表示，如果在越南战争结束后，美国还打算在亚洲建立持久和平并使亚洲的自由国家生存下去，那么中美两国之间必须建立起某种新的、直接的关系。

访问结束后，尼克松于 6 月 24 日回到纽约。他在 7 月的波希米亚园林中，发表了一通自认为最精彩、最满意的演讲，在此次演讲中，他谈到了自己在这几次旅行中所获得的结论以及所思考的对外政策。

这次湖边演讲是为了纪念赫伯特·胡佛而举行的。尼克松抓住了这个难得的机会，在那些来自全国各地的最有影响力和权力的人们面前，坦言了自己的观点。他谈到了世界各地的各种变化与冲突，探讨了美国在进入 20 世纪最后三分之一时间所要面临的危险和机遇；他主张应援助发展中国家和同盟国，鼓励私营企业而少支持政府经营的企业。

他还谈到了苏联，认为应该鼓励苏联与东欧进行经济往来。在总结发言的时候，他说："世界的希望寄托在美国的身上，这个世界的和平与自由能否幸存，有待于美国的领导……只是在一个领域里还存在问题，即美国是否还具备民族气质和坚韧不拔的精神，从而能够让我们把这一漫长而困难的斗争进行到底？"其实这些也是在 1968 年总统竞选中争论的中心问题。

1967 年 10 月，尼克松还在《外交季刊》发表了《越南之后的亚洲》一文，强调亚洲对美国的重要意义，还谈到了美国的对华政策。文章内容显示，长期以来顽固反共、坚持对中国实行孤立政策的尼克松，其对华政策有了明显的改变，也为尼克松担任总统后缓和对华关系埋下了伏笔。

尼克松在文章中说："有些人主张承认亚洲大陆的很大部分，甚至延伸到大陆以外的岛国，为中国的'势力范围'。另一些人要求用先发制人的战争把这种威胁一笔勾销。很清楚，这两种方针对美国或对美国的亚洲盟国都是不能接受的。还有人认为我们应该和欧洲强国，甚至包括苏联在内，结成反华同盟。除了因苏联参加而产生的明显问题之外，这种方针势必含有欧洲对抗亚洲，白人对抗非白人的成分，从而可能在其余非白人的世界中，尤其是在亚洲，造成灾难性的后果……只有当非共产主义的亚洲国家在经济上、政治上、军事上变得如此强大，使它们不再成为诱使中国进行侵略的目标，这时才能说服北京的领导人应该把他们的精力从对外转向对内。只有到了那个时候，才能够和大陆中国开始对话。"

1967 年下半年，尼克松拜访了大部分共和党的州长。虽然对方都热切地想要知道尼克松是否会参加竞选，但是尼克松还是大放烟幕弹，只说："我正在考虑参加初选，想听听你的意见。"尼克松这招玩得圆熟老辣，他明白，经过上次戈德华特那次出丑般的竞选，他们都不愿为某个候选人承担义务，但是尼克松这样的表现，却卸下了双方的心理负担，既能给予自己充分的表现空间和时间，也能给对方充分的余地来考虑是否支持自己。

其实，共和党在南方各州的政治领袖心里，是宁愿支持里根，而不是尼克松。但是，如果尼克松可能获胜，他们也转而会支持尼克松。

对自己是否会获得共和党总统候选人提名，尼克松信心十足。1967 年的每一次盖洛普民意测验都表示，尼克松会是共和党提名中第一个被挑上的。10 月，探索总统竞选风向的盖洛普民意测验第一次表明，尼克松已跑在了约翰逊的前面，比分是 49% 对 45%。

日历渐渐翻到了年底。在 1967 年圣诞节的夜晚，尼克松把妻子和女儿们招呼到一起，进行了一次长时间的讨论。尼克松的女儿们都已经长大成人，大女儿特里西娅在芬奇学院读四年级，小女儿朱莉已是史密斯学院二年级的学生，而且正与艾森豪威尔的孙子戴维爱得如胶似漆。尼克松现在必须征求他生命中的 3 位成年女性的意见了。特里西娅说："爸爸，你如果不参加竞选，你的生活就太空虚了。"而朱莉则对父亲说："爸爸，1960 年的时候，你就应该是总统了，现在为了国家，你还必须这么做。"

尼克松又把眼睛转向帕特，心中并不轻松。帕特说，虽然我们在纽约的生活非常满意，但是不管你作出什么决定，我都会继续帮助你。

在这次家庭聚会之后，尼克松又迟疑不决地思考了很久，他避开家里那热闹温馨的节日气氛，躲到了比斯坎岛的别墅里，与他的朋友们进行了深入而痛苦的讨论。尼克松最后终于明白，不能再这样犹豫不决了，因为政治对于他而言，并不只是一种可有可无的职业，而是他的生命。因此，1968 年 1 月 9 日，尼克松 55 岁生日那天，他在家人聚会上正式宣布，参

# RICHARD MILHOUS NIXON

加总统职位的角逐。

1968年2月2日下午，尼克松在新罕布什州曼彻斯特的假日酒家，举行了一场记者招待会，正式开始了竞选总统的活动。他走到话筒前说："先生们，这可不是我的最后一次记者招待会！"

在记者们的笑声中，尼克松向共和党内部的候选人发出了挑战，尤其是针对洛克菲勒本人。他说，下一届共和党总统候选人的提名决不能在烟雾腾腾的小房间里密定了，而是要在"初选的烽火"里诞生。

尼克松之所以对还未宣布参加竞选的洛克菲勒这样说，是因为他非常清楚，那个站在跳来跳去的罗姆尼背后并提供支持的人就是他。

越南战争问题是这次初选中压倒一切的问题，国内的反战呼声一浪高过一浪，尼克松不再像过去那样鼓吹战争了，他在每一次竞选演说中都保证道："新领导将在太平洋地区结束战争，赢得和平。"

最近的盖洛普民意测验结果表示，尼克松比罗姆尼领先了40%，比洛克菲勒领先了14%。但是尼克松也不敢怠慢，因为他知道，稍微一个疏忽，就可能重蹈从前失败的覆辙。

参加总统竞选的尼克松在进行演讲。

正当尼克松满头大汗地在一些城镇进行竞选演说的时候，消息传来，罗姆尼宣布退出竞选！洛克菲勒玩的这招早就在尼克松的估计之中，但是让尼克松感到真正吃惊的，是3月12日夜，他听到了自己的得票率为78%，这表明即使没有罗姆尼的参与，人们也没有倒向洛克菲勒，这可让那些为洛克菲勒出谋划策、摇旗呐喊的人气青了脸。

接下来在美国各个州的初选，尼克松都取得了初步的胜利。在共和党全国代表大会快要召开前的 7 月 18 日，应尼克松的要求，病榻上的艾森豪威尔发表了一篇认可尼克松为总统候选人的声明："争论如此激烈，时代如此动荡，以致我决定打破我个人的先例，在召开全国代表大会之前，发表对一位总统候选人的认可声明。……我支持提名理查德·尼克松为我党竞选美利坚合众国总统职位的候选人。我之所以这样做，不仅因为我赞赏他在我任总统期间对美国作出的卓越贡献，更重要的是，因为我钦佩他的个人品格：才智出众，机敏泼辣，果断有力，热情饱满，尤其是他的忠贞不渝。我认为如果能在 1969 年 1 月把迪克·尼克松选入白宫，那对美国的安全、繁荣和国力以及世界和平事业都是最为有利的。"

不出所料，艾森豪威尔的这篇声明威力巨大，成功地遏制住了洛克菲勒和里根对尼克松的进攻。

洛克菲勒上蹿下跳，他先是宣布自己退出竞选，吸引了不少注意力，然后不久又跳出来再次高调投入竞选。他凭借巨大的财力，在全国范围内进行一场庞大的广告宣传竞选活动，花了近千万美金，企图以此来影响舆论。里根没有洛克菲勒那么大张旗鼓，而是扭扭捏捏地召集自己的力量，他的主攻力量主要放在南部各州，他想以自己的风度和口才赢得众人的好感，直到 8 月 5 日最后一刻才粉墨登场。

共和党代表大会即将在 8 月 1 日于迈阿密海滩召开，尼克松的竞选班子也在疯狂地战斗着，他们把设在纽约与华盛顿的尼克松竞选办公室迁到了迈阿密的希尔顿饭店。

整个竞选办公室由一位名叫埃德·摩根的律师牵头，负责接待工作，他还领着 30 多名志愿人员，在迈阿密国际机场弄到了一套房子。每当他们打听到一位代表的旅行计划，就提前做好准备，殷勤接待，以赢得他对尼克松的支持。

当某共和党代表夫妇刚走下飞机舱梯时，这些工作人员就会高举"欢迎×××夫妇！迈阿密热爱尼克松的代表们向您致敬！"的标语向他们欢呼，租来的铜管礼乐队也在一旁吹吹打打，奏起欢迎的曲子。接着就是一辆装有尼克松头像的汽车免费接送他们到达早已准备好的饭店，然后陪同他们在当地游玩。但他们绝对不会想到，这些欢迎队伍同时也准备好了另一套欢迎版本，如果他们不支持尼克松的话，标语就会改为："滚，滚，

×××夫妇!"当然也不会有免费的接待汽车和饭店房间。

尼克松的竞选工作人员还想出了派发大会门票作诱饵的点子,吸引迈阿密的共和党人来为尼克松竞选活动帮忙,以至于落后一步的洛克菲勒和里根都很难找到帮忙的人手。

吸取了上次在电视上栽在肯尼迪手里的教训,尼克松此次对电视新闻报道极为重视。高级顾问鲍勃·霍尔德曼以及顾问小组的其他成员,观看了尼克松在过去几年里各种各样的正式或非正式场合中被拍摄下的旧电视新闻剪辑,经过对每一个镜头的分析,他们发现场面越自然,尼克松应付得越好。因此,他们建议尼克松不仅在记者招待会以及有学生参加的公开提问会上,甚至即便是在出钱买下的政治节目中,也要广泛地利用问题解答会的形式。

与此配套,霍尔德曼精心设计了很多视觉噱头来吸引电视媒体的注意,比如:他租借大象来表演节目,还组织表演杂技的艺人、大批年轻貌美的姑娘,来鼓动大家为尼克松投票;不仅如此,竞选班子为了获得黑人代表的选票,还特意请来著名的黑人篮球运动员威尔特·张伯伦,不惜斥重金为其购买服饰行头、租住高级饭店,在尼克松的接待采访中抛头露面。因为张伯伦身材极为高大,在代表大会中特别引人注意,从而以此来象征黑人支持尼克松。

一切努力都没有白费。8月7日晚,尼克松以692的总票数,击败了洛克菲勒与里根,光光彩彩地赢得了共和党的总统提名。在一片欢呼的掌声中,尼克松走向了讲台,宣布以共和党总统候选人的身份,参加1968年11月的总统大选,进而面临着与民主党总统候选人汉弗莱与独立党总统候选人华莱士的决战。

根据1960年以及1962年的经验,尼克松一点也不敢松懈,他知道成百里者半九十,前面的道路更长、更艰辛。

## 8 "迪克,以后得叫你'总统先生'了"
RICHARD MILHOUS NIXON

1968年紧随尼克松宣布参加总统竞选的还有一位阿拉巴马州前州长乔

治·华莱士，他原先是民主党人，这次却以美国独立党的资格参加总统竞选。华莱士这个半路上杀出来的程咬金颇让尼克松挠头，因为他此次参加竞选的主题就是"法律与秩序"，这样就与尼克松的主张重合了。而且华莱士胆子大、敢说话，他说了很多尼克松想说而不敢说的话。华莱士严厉谴责都市骚乱，反对示威游行，大骂新闻记者是"削尖了脑袋"的无耻之徒，辱骂"下流的无政府主义者"以及"虚伪的知识分子"。同时，华莱士这种极端保守的观点在美国南部各州非常受欢迎，这样就抢了尼克松不少地盘。另一方面，投华莱士的选票大部分属于民主党人，因此，在南部地区，如南、北卡罗莱纳、佛罗里达、田纳西、弗吉尼亚、肯塔基等尼克松的战略基地，尼克松的竞选班子采用了"尽量压低华莱士的得票数"的策略。为达到这个目的，他们向可能投华莱士选票的选民提出一个非常有力的口号：反正华莱士赢不了，别浪费你们的选票。

当尼克松在共和党内部一路顺风顺水地过关斩将、迈向总统候选人时，约翰逊却遭到了己方阵营的打击。第一个跳出来向这个德州汉子挑战的，竟然是一个戴着金边眼镜、文质彬彬的书生，来自明尼苏达州的民主党自由派参议员尤金·麦卡锡。此麦卡锡非彼麦卡锡，他曾经在明州的圣汤姆斯学院当过讲师，并且是一个坚定的反战主义者，受到很多人的支持。麦卡锡集结了一批很有能力的优秀年轻人，全力对抗约翰逊的新罕布什尔州民主党机构。因此他在民主党 3 月 12 日的预选中，竟然以 42% 的选票几乎扯平了约翰逊的 49% 的支持率，可以说漂亮地打响了第一枪。

横空出世的麦卡锡打了约翰逊一个措手不及，让后者大为震惊。结果约翰逊就把全部注意力集中在了麦卡锡的身上。但是螳螂捕蝉，黄雀在后，新罕布什尔州的投票结果，大大刺激了一个人，他早就垂涎约翰逊的总统宝座而不能如愿，如今看到一个名不见经传的麦卡锡就打得约翰逊手忙脚乱，不禁也宝剑出鞘，现身选坛。这个人就是已故前任总统约翰·肯尼迪的亲弟弟、前任司法部长、现任国会议员罗伯特·肯尼迪。罗伯特·肯尼迪已经从老家马萨诸塞州迁居到了纽约，并在这里被选入联邦参议院。与他的亡兄一样，他凭借着肯尼迪家族雄厚的经济实力和丰富的政界资源，立刻杀出一条血路。他宣称他将"结束越南和我国一些城市的流血事件，弥合我国和全世界黑人和白人、富人和穷人、年轻人和老年人之间的分歧。"

但是一些正直的反战自由派分子认为，肯尼迪这招非常不光彩，因为他这么做其实是在窃取麦卡锡的劳动果实，坐收渔利。自由派的《纽约邮报》专栏作家默里·肯普顿指责肯尼迪"一直等到约翰逊'血染新罕布什尔'之后才'跑下山来打死老虎'，根本不算什么好汉"。

3月31日，尼克松原来准备在这天晚上向全国发表一通关于越南战争的广播演说，并提出对越南战争的看法。然而约翰逊总统却突然出手，打乱了尼克松的计划，他在当晚发表了一个电视广播讲话，首先详细讲述了他为战争降级所作出的努力，同时强调他本人要为了和平而献身。他动情地说道，自己不能把每天的工作时间，哪怕是一个小时，浪费在为个人服务的党派活动上。因此，约翰逊最后声明："我将不谋求也不接受我党要我再当一任总统的提名。"

尼克松有点郁闷，怎么这么多人都挑这一年半途而废呢？先是罗姆尼，接着是洛克菲勒，现在又是约翰逊。眼看着这些劲敌一个一个地退出，尼克松的感情颇为复杂，不知道是该为政敌减少而高兴，还是该为挑战不足而遗憾。

麦卡锡与肯尼迪一路追杀，在印第安纳、内布拉斯加、加州等地，肯尼迪都获得了胜利，只有俄勒冈州让肯尼迪吃了点亏。然而当一切都在如火如荼地进行中时，1968年6月4日，在洛杉矶大使饭店庆祝肯尼迪夺取加州胜利的酒会上，一个约旦移民挤到罗伯特·肯尼迪的身边，朝他的脑袋开了两枪，几个小时之后，约翰·肯尼迪的悲剧再次在罗伯特的身上重演。6月6日，几百万群众悲哀地送走了这个被杀害的年轻人，所有的总统候选人默契地把竞选活动停了几周。

4月27日，民主党争夺总统候选人的阵营中又出现了新的挑战者：现任副总统休伯特·汉弗莱，他曾经是明尼苏达州参议员，约翰逊就任总统后，汉弗莱就任副总统。当约翰逊宣布退出竞选后，他转入幕后，全力支持汉弗莱。因此，汉弗莱成了尼克松的又一劲敌。

杀害罗伯特·肯尼迪的枪声，打乱了民主党竞选运动的进程，把它搞得一团糟。很多曾经追随肯尼迪的人一时间群龙无首、茫然失措，有些转投了最后才参加竞选的南达科他州参议员、自由派的乔治·麦戈文。

而尤金·麦卡锡，虽然赢得了新闻界的普遍同情，但是政界已经认定他不会获胜，因为各州推选出来参加民主党全国代表大会的代表们，绝大多数都支持汉弗莱作为民主党的总统候选人。

8月26日，民主党全国代表大会在芝加哥召开。经过第一轮投票之后，汉弗莱得到1762票，麦卡锡得到601票，而麦戈文只得到可怜的146票。经汉弗莱推荐，大会同意缅因州参议员埃德蒙·马斯基作为副总统候选人。这次民主党代表大会充斥着吵闹、争论和指责，然而其猛烈程度却远不及发生在外面街道上的"战斗"。

各种反战组织从8月初开始就渐渐聚集到芝加哥，打算在民主党代表大会的时候，给他们点颜色看看。这些示威者牵来了一头120多磅重的猪，他们叫它"毕加索先生"，声称它才是他们选出来的总统候选人。芝加哥市长戴里为此忙出一头汗，他组织了严密的安全措施，下令宵禁，禁止游行示威，但是这样只能加剧警察与示威者之间的冲突。大大小小的冲突时有发生，直到汉弗莱被提名的当晚达到了高潮。新闻媒体的镜头拍摄下了当时的一幕：全副武装、手挥警棍的警察呈楔形冲进示威者的队伍，把能逮住的一些示威者拖进囚车，夹杂在叫嚷、惨叫中的还有年轻女性们的尖叫声……这样的镜头持续了近20分钟，全国人都目瞪口呆地坐在电视机前盯着，不少人都喃喃地说："民主党完蛋了！"

此时没有人比尼克松更想偷笑的了，他看着民主党的窘相，心里简直乐开了花，他估计民主党至少得花上3个月的时间，才能弥补这次大会骚乱所造成的损失。

9月份的盖洛普民意测验表明，尼克松的支持率为43%，远远领先于31%的汉弗莱和19%的华莱士。

尼克松这次的竞选已经与1960年的情况有了天壤之别。在霍尔德曼的帮助下，他精心录制了电视宣传片，在全国各地的竞选分部都设置了带有录音的节目，只要选民在这里以录音方式向尼克松提出问题，总部的答案库就会由电脑自动选出答案，打印之后由签名器签名，最后邮寄给提出该问题的选民，似乎每一封信都由尼克松自己签名发出。这一切都做得滴水不漏，让每个选民都获得了一种亲切、贴心的感受。

尼克松还拒绝了任何形式的公开辩论，虽然他精于此道，但是在这种选民观念严重分裂的情形下，他无论是支持还是反对某一观点，都会得罪一些人。

尼克松还宣称自己已经做好了结束战争的计划，但是为了不妨碍正在巴黎进行的和平谈判，他现在不便公布。他承诺会任命新的司法部长，以恢复法律和秩序；他还赞成批准禁止核扩散的条约；他承诺改善工商业，减轻赋税。尼克松在竞选活动开始阶段受到了热烈的欢迎，当他的车队穿过曾经发生过冲突示威的芝加哥商业区时，50多万人跑出来迎接他，发出欢呼的口号声。

与尼克松的情况相反，整个9月，汉弗莱都被笼罩在民主党大会骚乱的阴影中，无法脱身，他成为那些厌恶约翰逊政府以及反战分子们的最佳攻击对象，而且约翰逊似乎已经放弃了他这个副手，躲在白宫里不吭声；而作为副总统，汉弗莱得担负着越南战争降级的失败；发生在芝加哥的冲突更让他雪上加霜，很多支持者都弃他而去，"甩掉汉弗莱"的口号如影随形。有一次他在作演讲的时候，听众发出的巨大的嘲笑、谩骂声几乎把他的眼泪给挤了出来。

但是汉弗莱也不是个平庸之辈，他咬着牙四处奔走、呐喊，他巡回旅行于新泽西、特拉华、密歇根、路易斯安那、德克萨斯、宾夕法尼亚、科罗拉多以及加利福尼亚等州，最多的一次他在一天之内进行了9次演讲。9月30日，他还在盐湖城发表了一次全国电视讲话，辩解自己在越南战争问题上与约翰逊没有牵连，并许诺说，一旦他当选总统，第一件大事便是结束越南战争，取得体面的和平。

这些锲而不舍的努力没有白费，汉弗莱的拥护者逐渐增多，在竞选演说中刁难他的人也开始减少。10月中旬的民意测验表明，华莱士的支持率在下降，汉弗莱的支持率急剧上升，而尼克松的支持率则有点停滞不前，于是这场战役的火药味开始史无前例地浓烈了，因此，美国历届总统选举中所使用的肮脏手段也就层出不穷。

每当尼克松开始演说的时候，就会有一些闹事分子出现在台下，他们大喊下流的口号，搅乱尼克松的声音。他们还喜欢扔石头和臭鸡蛋，企图把尼克松轰下台。更有甚者，麦克风和照明设备的电缆常常会被偷偷爬到讲台下面的人割断。

尼克松当然知道这些事都是什么人组织的，他忍无可忍，要求负责竞选旅行的总管埃利希曼去找保安部门来，或者建立一支打手队，狠揍那些职业捣乱者。

埃利希曼担心这样做会被指控为制止"合法的反对者"，因此大多数时间只是请求当地警察。当然，有时候要付钱。

为了掌握汉弗莱的竞选活动秘密，乔蒂纳雇佣了一个"记者"打入汉弗莱的竞选活动内部，每天把汉弗莱的竞选人员、汉弗莱及其夫人、内部工作问题和私下议论都详详细细地报给乔蒂纳，为尼克松的竞选决策提供参考。

1968 年 1 月 31 日，尼克松与汉弗莱的竞选进入白热化。这一天，尼克松夫妇与他们的竞选伙伴——马里兰州长斯皮罗·阿格纽夫妇将在纽约的麦迪逊广场公园同时登上讲台。纽约州是尼克松能否获胜的关键州之一，他买下了这次集会的电视节目的播映时间，并做广告以吸引电视观众收看实况转播。

为了确保电视观众在荧屏上只看到热情的支持者，尼克松竞选班子的埃德·摩根想出了一条妙计。他印发了大量的入场券，把尼克松的支持者安排在电视摄影机显眼的位置，并在公园门口设卡。那些有捣乱嫌疑的人，就让其从右门进（右门通往外面的大街），而友好的人则从左门进。如果有人返回入口处抱怨，负责人就一边道歉，一边把他带到附近的办公室，然后请他耐心等待。直到公园挤满了人，入场口关闭之后，那些等在接待室的人回到公园后发现，座位已满。

这样，在尼克松发表演说时，会场上仅仅出现了两块反对标语牌，而且还是在不起眼的角落。电视观众看到的只是拥挤的人群，以及对尼克松的欢呼声。

然而就在当天下午，约翰逊政府与北越的巴黎会谈有了突破，他已决定对北越实行全面停炸。这无异于在尼克松的竞选活动中丢下了一颗重磅炸弹，因为尼克松的竞选保证就是停止越南战争。既然约翰逊政府已经下决心停战，那么汉弗莱在竞选中的地位就更有利了。而且这也动摇了尼克松最有效的竞选口号"民主党领导无方，不能赢得持久和平"。

在约翰逊发表全面停炸北越的声明之后，大批犹豫不决的选民转向汉弗莱，尼克松又一次几乎陷入万劫不复的境地。

幸亏南越总统阮文绍在这关键时刻发表了一项声明，宣布他的政府不参加约翰逊提议的那种谈判，就是这一无心插柳，竟然帮了尼克松的大忙。

阮文绍的声明公布于 11 月 2 日，离大选不到 3 天，尼克松在德克萨斯的一次群众集会上，抨击约翰逊政府进行了一次没有计划的、糟糕透顶的外交行动，使得和平前景变得并不光明。

# RICHARD MILHOUS NIXON

11 月 4 日，各种消息显示，尼克松与汉弗莱的差距极小。尼克松不由得想起 1960 年自己在势均力敌的情况下败在肯尼迪手下的情景，不禁咬紧了牙。他决心拼了老命也要做一些尽可能对选票有影响的事。为此，尼克松不顾他的顾问们的反对，在这一天花钱买下了连续 4 个小时的电视节目时间，进行最后的竞选演说。

11 月 5 日，大选之夜。

尼克松一家与他的竞选班子在纽约沃尔多夫大厦里度过了紧张不眠的一夜。下午 6 时，美国东部和中西部投票结束，晚上 8 点 45 分，尼克松以 41% 比 36% 领先，晚上 10 点，汉弗莱与尼克松在全国的统计数字持平。此后，数字交替上升，午夜时，汉弗莱在总票方面领先了 60 万张。尼克松的额头冒出了细细的汗水。

经过激烈的拉锯战，11 月 6 日早上 8 时 30 分，美国广播公司宣布了最终的得票数，尼克松赢得了这场选举。11 点 30 分，汉弗莱给尼克松打来了认输电话，体面而痛苦地承认了自己的失败，并祝贺尼克松当选为美国总统。

这次选举的结果，尼克松得 301 票，汉弗莱 191 票，华莱士 45 票。选民投票的结果是：尼克松 31 770 222 张，汉弗莱 31 267 744 张，华莱士 9 897 141 张，分别占总票数的 43.4%、42.7% 和 13.5%。根据美国宪法规定，如果没有一个总统候选人获得过半数票的支持，总统选举就由众议院裁定。但众议院却是由民主党控制着的，假如尼克松与华莱士的得票合起来没有超过 50%，那么他们都没有希望入主白宫了，而汉弗莱却有希望。结果显示，尼克松与华莱士的得票共 56.8%，险些惨败。

但是国会依然掌握在民主党手中，尼克松成为美国 120 年以来，第一位刚执政时国会两院都控制在反对党手中的总统。

当尼克松来到沃尔多夫—阿斯里亚饭店的舞厅时，激动不已地对几百名守候了通宵的支持者说："8 年前我因相差无几的票数被人击败，今年我以相差不多的票数打了胜仗。我要说——打胜仗可比被人击败畅快得多！"

在听众的欢呼声中，尼克松心潮起伏，他接着说："伟大的哲学从来就不是一种没有失败的哲学，但却是一种没有畏惧的哲学。不论是男是女，既然已经投入战斗，就要勇往直前，这才是最重要的！"

尼克松做到了，他终于用自己的胜利，洗刷了 8 年来缠绕着他的耻辱。

接下来的几个月，他回到纽约，开始忙于着手筹建新的政府，并准备与约翰逊政府交接工作。

12 月 22 日，尼克松家又办了一桩喜事。尼克松的小女儿朱莉与艾森豪威尔的孙子戴维喜结连理。总之，1968 年，是尼克松最为幸福的一年。

1969 年 1 月 19 日夜，尼克松与夫人帕特登上了约翰逊派来的专机，被接到了华盛顿，度过了他作为平民的最后一个夜晚。当他正在最后一遍润色自己第二天的就职演讲稿时，电话铃声响了起来。尼克松拿起听筒，传来的是艾森豪威尔神清气爽的声音："嗨，迪克！明天是你大好的日子啊，我真诚地祝福你！"接着，老爷子顿了顿，补充一句，"我唯一遗憾的是，这是我最后一次叫你迪克，以后就总得叫你'总统先生'了！"

# RICHARD MILHOUS NIXON

# RICHARD MILHOUS NIXON

# 第五章

# 笑傲政坛（1969—1972）

在中国的一周里，尼克松享受了中方的热情招待，他品尝了中国美食、美酒，登上了长城，参观了故宫，观看了《红色娘子军》和体操、乒乓球表演，游览了杭州西湖和上海。而基辛格则在夜以继日地与中方代表讨论、起草上海公报的内容。

尼克松这次访华的最大成果，就是经过艰苦谈判才达成的联合公报。

# RICHARD MILHOUS NIXON

## 1 白宫，我们的新家
### RICHARD MILHOUS NIXON

1969 年 1 月 20 日清晨，尼克松很早就醒了，他双目炯炯，毫无睡意。这时，他身边的帕特在梦中翻了一个身，尼克松俯下头去，吻了吻妻子的额头。

帕特睁开惺忪的睡眼，微笑着说了一句："早安，总统先生！"接着又沉入了梦乡。

尼克松心中激动不已，他悄悄走下床，赤着脚站在窗前，看着晨曦中渐渐苏醒的美国政治心脏——华盛顿，从今天开始，他就是这个国家的领导人了！

两个小时以后，尼克松与帕特用过了简单的早餐，参加了在国务院礼堂举行的祈祷会，接着就直接前往白宫。

白宫的北门廊下，站着林登·约翰逊夫妇。按照传统，尼克松夫妇与约翰逊夫妇在红厅用了咖啡和面包卷。接着，尼克松夫妇与前任总统夫妇驱车前往国会大厦，举行就职典礼。

严冬的华盛顿，寒风凛冽。在通往联邦国会大厦的宾夕法尼亚大街两旁，挤满了等候参观总统就职典礼的群众，以及准备抗议越战和尼克松上台的示威队伍。从北卡罗莱纳州布雷格堡营地紧急调来的美国陆军空降第82 师的部分官兵和警察，则黑压压地肃立着，随时准备镇压示威群众，保护总统车队通过。

中午 11 点半多的时候，总统的车队缓缓地驶进国会大厦。精神抖擞的尼克松在夫人的陪同下，走出总统防弹轿车，他身穿一套剪裁得体、设计精美的礼服套装，而即将卸任的约翰逊总统、竞选失利的汉弗莱副总统则跟在他的后面。

国会大厦东门外的台阶上已搭好了典礼台，坐满了政府、国会内外的达官贵人们。共和党人的脸上洋溢着得意的笑容，他们等待了 8 年，才再次以主人的身份来到这里；而民主党人却不得不挤出尴尬的假笑，心有不甘但却得不失体面地应付这一切。在座的政客中，除了内政部长人选希克尔暂时未能获得国会批准而缺席以外，其他所有的内阁部长以及官员都来到了会场。

# RICHARD MILHOUS NIXON

典礼台前排正中的位置摆着一座讲坛，面对观众的台面上，装饰着一枚放大了的美利坚合众国总统印章。这枚印章象征着美国总统的权力：正中一只双翅展开的雄鹰，左爪执箭，右爪紧握橄榄枝，周围环绕着50颗星星——代表美国建国后逐步扩张形成的50个州。

尼克松刚从汽车里露出头来，就引发了一片耀眼的闪光和喀嚓喀嚓的混乱声响，让他不由自主地眯起了眼睛。原来这是那些早就等候好了的镜头，所有的主流新闻媒体的一流摄影师和记者都到场了，他们争先恐后地为美国新一届领袖摄下光辉的形象。尼克松虽然一直对媒体喜欢不起来，但是今天却是例外，他是以一个成功者的形象出现的，而且他此刻任何一个微小的动作和表情都会被记录在史册之中。尼克松想到这里，平日里对媒体的反感早就烟消云散。"不过是一群追咬食物的秃鹫"，尼克松心里想着，脸上却摆出了一副标准的笑容，而且不能给人洋洋得意的感觉，要谨慎、要谦恭、要亲切、要自信……尼克松不停地叮嘱自己。

军乐队高奏起美国的国歌《星条旗》，总统就职典礼开始了。牧师致祈祷词，祈求上帝保佑美国，保佑尼克松总统。接着，副总统阿格纽在参议院共和党领袖弗雷特·德克森的主持下，首先举行了副总统的宣誓仪式。

轮到尼克松夫妇了，尼克松拉着帕特的手，与美国最高法院首席法官厄尔·沃伦一起，来到讲坛前。

厄尔·沃伦主持总统宣誓仪式。第一夫人帕特站在讲坛的正面，面朝国会广场，手里捧着那本陈旧的《圣经》，这本由尼克松之母所有的米尔豪斯家族家传的《圣经》，当时就在帕特的手里，而且在1953年、1957年两度见证过尼克松宣誓就任副总统时的场景。这次尼克松要宣誓就任总统了，帕特捧着的，还是这本《圣经》。

按照之前尼克松选择好的，帕特把圣经翻到伊赛亚书第二章第四节："他们将把剑锻制成犁，把长矛锻制成修树勾剪。各族不再向他族举起刀剑，他们都不再学习征战。"尼克松左手按着《圣经》，右手庄严举起，在沃伦法官的带领下，逐字宣读美国宪法规定的美国总统就职时的一句誓词："我将忠实履行美国总统的权力，并将尽最大努力维护、保护和捍卫美国宪法。"

宣誓结束后，尼克松温柔地扶着帕特，送她到第一排荣誉席前坐下，然后深深地向她鞠了一躬。此时，礼炮响了，轰隆隆21声，宣告着尼克松成为美国的新一任总统。

尼克松准备发表就职演讲了。他十分清楚，他所要面对的，是约翰逊政府留下的一个烂摊子；成功赢得竞选，并不意味着辉煌的顶点，从今往后，等待着他的，几乎是无穷无尽的挑战。

为了准备这篇演讲稿，尼克松翻阅了从前 36 位总统所有的就职演说，字字推敲，并请来著名的三大"笔杆"：威廉·萨菲尔、帕特里克·布坎南和雷蒙德·普赖斯，数易其稿。面对国内强烈的反战情绪和垄断资本不同利益集团之间的明争暗斗，尼克松这篇演说的主题就是：和平。他以低沉而坚定的语调缓缓地说："历史上的每一个时刻都是它宝贵和独特的转瞬即逝的时刻，但是有些时刻则突出地成为开端的时刻，在这样的时刻确定的方针会决定几十年或几百年的面貌。现在就能成为这样的时刻。"

接着，他讲了自己的伟大抱负："由于世界人民希望和平，世界的领袖们害怕战争，现在这个时代第一次成为有利于和平的时代。……历史所能授予的最大荣誉，是和平缔造者的称号。这种荣誉，现在正在向美国招手——这就是出于把世界最终引出动乱的深渊，而登上人类自文明伊始以来所梦寐以求的和平之高峰的机会。……我们陷入了战争，需要和平；我们陷入了分裂，需要团结。"

他发誓将把"我在职的期间内，会把我的精力和全部智慧贡献给国际和平事业。""让我们定下这样的目标：在那些不知道什么叫和平的地方，使和平成为受人欢迎的东西；在那些和平不巩固的地方，使和平巩固起来；在那些和平只是暂时存在的地方，使和平成为永久的东西。"

最后，尼克松说："我们经历了美国精神的漫漫长夜。但是，当我们瞅见朦胧初露的曙光的时候，让我们不要诅咒尚未完全消失的黑暗，让我们促进光明的到来。"

演讲结束后，约翰逊与尼克松在《向元首欢呼》的乐曲声中离开典礼台。

前总统约翰逊一脸的如释重负，但也带着一点微微的失落与屈辱感，他乘上直升飞机前往安德鲁空军基地，在那里最后一次让总统专机"空军一号"，把他带回故乡德克萨斯。

约翰逊是走了，可是他给人民留下的不满与愤懑正等着尼克松。

尼克松坐着总统专车，前往白宫上任。这种专车装备着透明防弹玻璃顶篷，可以随时开启，让总统从座位上站起来接受人群的致意。而官方的摄影师们则会录下这种场面，供总统竞选连任时使用。但这一天，特工人员却早早地把顶篷关上了。

原来，就在尼克松演讲中大谈"和平"的时候，一群真正盼望和平的示威群众，正站在宾夕法尼亚大街两旁等着他。军方使出了九牛二虎之力，也没能驱走这些人。于是当尼克松的车队刚刚驶上宾夕法尼亚大街第12号大街的时候，就有大批的示威群众"恭候"着他。这些人中有人高高地挥舞着抗议标语牌，有些人穿着模仿尼克松总统的服装，戴着涂抹了白粉的面具，把尼克松打扮成一个滑稽的小丑，有的人则齐声高喊："结束越南战争！""尼克松政府是百万富翁的政权！""胡—胡—胡志明，民族解放阵线必胜！"还有人挥舞着越共的旗帜……突然，人群中爆发出一阵尖叫，接着，一阵由棍棒、石头、酒瓶、爆竹汇合而成的"暴雨"纷纷往尼克松的车队打来，有些砸中了车身，反弹得老远。

看着街道两旁拼命推挤示威群众，并撕扯越共旗帜的军警们，尼克松面无表情地坐在车里，攒了一肚子气。

过了几秒钟，汽车就转入了第15号大街，气氛一下子变了。在华盛顿旅馆、财政部大楼门前，挤满了欢呼喝彩的人群。这时一直气鼓鼓的尼克松特意下令，让特工人员打开汽车顶篷，放心地携着帕特的手，站在汽车里，接受人群的拥戴。

汽车驶入了白宫，尼克松一家正式在这里安家落户了。当晚，尼克松全家围坐在白宫西大厅的沙发上时，帕特环顾一周，发出了一声由衷的感叹："这样的家可真不错！"

白宫既是一座国家政治历史博物馆，同时也是一个温馨的家。它占地18.3英亩，由外表呈白色的主楼和后加的东、西两翼楼组成，郁郁葱葱的花卉树木与绿茵茵的大片草坪环绕在它的周围，一道铁栅栏将这一切团团围住。

白宫的主楼是第三、四层，总统夫妇及其亲属生活在这里，每一任女主人都会根据自家的风格和品位来装饰这里的房间。由于尼克松夫妇的家乡是加利福尼亚，因此在就职典礼前，帕特已经用典型的加州色彩：黄色、金色和蓝色把这里装扮一新。尼克松的小女儿已经出嫁，因此只有大女儿特里西娅陪伴尼克松夫妇住在白宫里，直到1971年她结婚。

白宫是一个奇异的家，在这里，随处都是历史。尼克松夫妇的房间里

# RICHARD MILHOUS NIXON

尼克松倘佯在白宫欢迎的人群中。

本来安置着一张约翰逊总统使用过的大床，四根床柱周围环绕着帐幔。但是尼克松喜欢简洁的风格，结果工作人员从库房里抬来了一张样式朴素的床，然后告诉尼克松，在这张床上面，曾经躺过杜鲁门和艾森豪威尔。

尼克松的女儿特里西娅居住的房间曾经属于约翰逊的一个女儿琳达·约翰逊。四楼上的日光浴室曾经是肯尼迪的孩子们的教室、约翰逊两个女儿的游乐室，现在则是尼克松家人的聚会室。

白宫的两翼是办公区，东翼是接待区，132 个富丽堂皇的房间里陈列着几万件名贵的艺术品，同时供总统的工作班子和第一夫人的工作班子办公。

白宫的西侧楼原本是应西奥多·罗斯福的要求新添的，因为罗斯福有6 个子女，他们还喂养了不计其数的各种各样的宠物：猫、狗、浣熊、小马、小熊甚至是蛇。西侧楼现在已经是一幢三层的小办公楼，一楼是总统的椭圆形办公室、内阁会议室以及一间外号为"罗斯福室"的会议室。

椭圆形办公室由帕特亲手布置，铺了蓝、金相间的色彩浓艳的地毯，摆着金光闪闪的沙发，配以金色的窗帘，显得温暖而严肃。根据尼克松的要求，原先被约翰逊挂上的富兰克林·罗斯福的肖像画被撤了下来，换上了乔治·华盛顿的肖像。根据白宫的传统，新任总统可以根据个人喜好，选择挂在内阁会议室里的前任总统肖像，尼克松选择了艾森豪威尔、伍德罗·威尔逊和西奥多·罗斯福。

尼克松喜欢自然而俭朴的办公环境，他在与白宫一墙之隔的老行政大楼里找了一间同样大小的办公室，这里后来被记者们称为"尼克松偏僻的小办公室"。帕特在这里摆设了尼克松最喜欢的书、纪念品、家人照片等等，这让尼克松可以更自如、更轻松地在这里工作和思考国家大事。

尼克松晚饭后喜欢到白宫三楼的"林肯起居室"里办公，林肯的秘书约翰·海、约翰·尼古拉就曾在这里办公。帕特同样把这里布置得温馨而舒适，尼克松最喜欢的一张棕黄色丝绒旧安乐椅和脚凳就摆在这里。

经过二十几年的惨淡经营，尼克松一家除了搬进白宫大院以外，随之而来的还有普通人难以企及的待遇和权力。

美国总统的年薪在当时是 20 万美元，扣除所得税与附加税以后，剩下 8.7 万美元，似乎并不多，但这只是一个表面数字。仅仅是为总统夫妇服务的勤杂人员，如厨师、医生、助理等就多达数十人，而且大多是同行业内顶尖的人才，他们的工资是不归总统个人支付的，而是由国库开支。

此外，总统还有一支专用车队，包括专供总统使用的林肯牌和凯迪拉克牌防弹轿车，以及 20 辆水星牌黑色轿车，全部由政府提供、军人驾驶。总统的专用飞机包括三架波音 707 客机，一架洛克希德喷气式卫星飞机，以及若干架直升飞机，则全部由政府和空军提供。总统专机"空军一号"，由一架波音 707 改装而成。还有一架专门运送总统的装甲防弹轿车的货运飞机。除此之外，还有总统专用游艇，由海军提供并维护；总统别墅——马里兰州卡托克廷山上的戴维营，由海军陆战队管理。

白宫内还有配套设施完善、装修精美的健身房、室内游泳池、网球场、高尔夫球场、美容美发室等等，所有的管理、维修费用加在一起，每年约需 1.55 亿美元以上，都从政府的腰包里掏。总统夫妇享受所有这些待遇都是完全免费的。

真正让尼克松动心的，就是总统的权力。美国联邦一级的立法、行政、司法机关之间，按美国宪法规定实行分权制，但联邦政府的行政机关则权力高度集中。总统既是政府的最高首脑，又是武装部队的总司令，不对国会负责，直接对选民负责。政府各部部长、联邦法院法官均由总统提名、国会参议院通过的方式任名。各部部长的罢免权握在总统手中，国会无权过问，就是对号称三权分立的另外两权——立法与司法，总统的权力也相当大。国会通过的所有法案，大部分由总统提出，并且必须经总统签署才能成为法律。总统不同意，即可予以否决，或乘国会休会时搁置不理，使之过期成为废案。根据宪法，国会两院如能凑够三分之二的多数票，可以对总统的否决进行否决，从而使法案不经总统签署而生效。但总统在国会里可以影响和左右一批议员，要拼凑出三分之二的票来对总统的否决进行否决，往往十分困难。

尼克松看着工作人员忙忙碌碌地在身边穿梭、工作，心中充满了难以言喻的骄傲感。他是美国建国以来第一个担任美国总统的加州人。尽管他出身微贱，是个杂货店老板的儿子。但如今，他背靠着美国新兴的西部、南部垄断资本集团，手里握着整个国家最大的权力，很快就可以一展宏图大业、抒写心中的抱负了！

在白宫度过的第一个夜晚，是漫长而难眠的，尼克松只睡了 4 个小时就醒来了。1 月 21 日清晨 6 点 45 分，尼克松总统走进私人浴室简单地盥洗、剃须了一番。这时他记起去年 11 月份拜访约翰逊的时候，曾经见过一个隐蔽的保险柜。

他走过去打开保险柜，乍一看好像是空的，随后才发现顶上一格有个薄薄的文件夹，里面是情报部门在前一天，也就是约翰逊担任总统的最后一天，提交的关于越南形势的报告。

尼克松匆匆翻阅了一下，他看到了最后一页上写着伤亡数字：截至 1 月 18 日为止的一周内，美军阵亡 185 人，伤 1 237 人。从 1968 年 1 月 1 日到 1969 年 1 月 18 日，共阵亡 14 958 人，伤 95 798 人。他默默地合上文件夹，放回原处。

## 2　艰难的印度支那大退却
RICHARD MILHOUS NIXON

尼克松在总统竞选期间，包括执政期间，都曾经表示过他的一种观点：美国可以在内政方面自治，并不需要总统。美国需要的只是一个能胜任的内阁来管理国家的内部事务，而总统主要是用来制定对外政策的。

# RICHARD MILHOUS NIXON

在组织自己的政府工作班子时，尼克松曾经拍胸脯说要组织一个"由共和党人、民主党人和无党派人士组成的政府……包括我能在国内、政府中、劳工界等所有方面能找到的最优秀的男女"。然而当他向自己看中的人才伸出橄榄枝时，却没有几个民主党人肯接：华盛顿州民主党联邦参议员亨利·杰克逊拒绝出任国防部长；黑人领袖惠特尼·扬拒绝担任住宅与城市发展部长；汉弗莱以及前驻法大使、肯尼迪的连襟兄弟萨金特·施莱弗、黑人领袖爱德华·布鲁克参议员，都拒绝担任美国驻联合国大使……于是尼克松不得不组建了一个清一色的共和党政府班子：比尔·罗杰斯出任国务卿。他是尼克松的老朋友，曾在艾森豪威尔政府任司法部长，尼克松认为只有罗杰斯才能与自己在敏感的内外政策问题上共事，并担负起管理国务院的重任。威斯康星州的众议员梅尔文·莱尔德任国防部长。尼克松的竞选得力干将约翰·米切尔担任司法部长。

为了保证国会能顺利通过内阁的任命，尼克松举荐了这些共和党的上层人物担任内阁职务。然而真正对尼克松拥有巨大影响力和拥有巨大权力的却是他的白宫班子，他们被人们戏称为"条顿族的三条汉子"、"德国总参谋部"、"柏林墙"、"国王的侍从"等等。

有意思的是，同样是出身爱尔兰裔，肯尼迪执政时手握重权的人，大多是姓奥康纳、奥布赖恩这样带有明显的爱尔兰血统色彩的家伙，不厚道的华盛顿新闻记者们则戏称他们是"爱尔兰黑手党"；而尼克松虽然也是爱尔兰裔，却明显偏爱日耳曼风格的手下，看看他随从们的姓氏：基辛格、霍尔德曼、埃利希曼、舒尔茨、克兰丁斯特、克莱因、齐格勒……因而被别人取那些绰号也就不足为奇了。

尼克松的加州老乡鲍勃·霍尔德曼被任命为白宫办公厅主任，责任是检审文件，然后送尼克松决定。但他同时还是椭圆形办公室的门房，有人来了，能不能见总统，得由他决定。这就无形中得到了巨大的权力，也引起了很多人的妒忌与不满。

约翰·埃利希曼则担当了尼克松的国内事务首席顾问，主管白宫国内事务委员会。有时即使是内阁阁员们的意见，埃利希曼也是很难听进去的。

对霍尔德曼与埃利希曼的重用，人们并不感到意外，因为他们是尼克松最忠实的亲随，他们在尼克松最倒霉的日子里也没动摇过对他的忠诚和信任。

最让人们惊讶的是尼克松对一个敌方阵营里的人物所付出的诚意和信任，这个人就是鼎鼎大名的亨利·艾尔弗雷德·基辛格博士，哈佛大学的政治学教授。

尼克松为了把基辛格挖到自己的手下来，颇费了一番心机。基辛格曾是一个十足的洛克菲勒集团的人，20世纪50年代中期，基辛格就担任洛克菲勒兄弟基金会主办的一系列对外政策研究工作的主持人。在洛克菲勒与尼克松竞选共和党的总统提名人时，基辛格就是洛氏的幕僚之一，一边担任哈佛的教职，一边给洛克菲勒出谋划策。

而尼克松对洛克菲勒的怨恨早就不是一天两天了。尼克松出身寒微，通过个人奋斗一步一步地艰难跋涉在政途上，而洛克菲勒家族却仗着比别的家族更能代表美国东海岸权势集团中的共和党名流，所以对尼克松始终带点蔑视。而尼克松最恨的就是这群仗恃着祖宗家业、生来就比别人条件优越的家伙，因此，在尼克松挑选部下时，绝不挑选生于富豪之家的人。

但是尼克松偏偏对基辛格情有独钟，频频以各种诱饵，企图把他从洛克菲勒手下挖来。基辛格一开始还能做到忠贞不贰，但是架不住尼克松的"求贤"诚意，当尼克松多次就外交政策征询他的看法时，基辛格就有点半推半就了。

尼克松的这种诚意来自于基辛格的一本著作：1957年出版的《核武器与外交政策》一书，尼克松感到，这就是他最需要的人才，而且自己的新政府需要这种著名的知识分子来装点。经过一段时间的软磨硬泡，基辛格终于改变了从前对尼克松的许多书生般的偏见，担任了国家安全事务助理。

美国知识界的反应总的说来是热烈的。有一部分人听到理查德·尼克松即将入主白宫的消息不禁大为震惊，直到看他聘用了基辛格之后才略为安心；但也有一些人仍然很反感，不理解像基辛格这样的一个受到尊敬的知识分子，为什么要投靠一个老奸巨滑的政客？较普遍的看法是，新总统选人才的眼光很独到，证明他出手练达，而且共和党人很少能有这种见识！

尼克松对自己能把这位教授从哈佛挖出来而得意非凡，对他来说，和基辛格搭上关系简直是出奇制胜的漂亮招数，因为突然任命一个与尼克松素无瓜葛的人出任重要顾问，不但出乎所有政治分析家的意料，而且还证明了自己的魅力，即能够把基辛格这样的人从洛克菲勒手里挖出来的魅力。

# RICHARD MILHOUS NIXON

尼克松就任美国总统 1 个月之后，也就是 1969 年的 2 月底，他就离开华盛顿，进行了一次为期 8 天的欧洲访问，他此行的目的除了自己作为一届新任的总统，向欧洲盟国表示友好以外，而且还希望能以自己在国外受到的热烈欢迎和礼遇，来冲淡一些民众对于越南战争的注意力，并对国家的新政府恢复信心。其实尼克松心里最想搞明白的，是法国总统戴高乐对越战的看法。在尼克松看来，戴高乐手里就握着解决越南问题的关键和建立中美关系的钥匙。

尼克松与戴高乐进行了为期 3 天的会谈。在中国问题上，戴高乐表示："不应该让他们（中国）怒气冲冲地与世隔绝。西方应该力图去了解中国，接触它、影响它。"而且戴高乐已经看到，"你现在承认中国，总比将来中国强大后再被迫这样做要好。"在越南问题上，戴高乐建议尼克松结束战争的唯一办法就是尽快进行政治问题和军事问题的谈判，同时制订一个"不过分仓促的"撤军时间表。最后，尼克松暗示戴高乐，他愿意直接与北越对话。

但是北越领导人以一次军事行动答复了尼克松，他们在 2 月猛烈攻击了一个南越的军事基地。尼克松勃然大怒，决定以牙还牙。

在 10 天后的记者招待会上，尼克松表示："我们并没有鲁莽地向前推进，但是这不能把我们采取的忍耐和克制的态度理解为软弱的表现……如果他们继续进攻，我们将作出适当的反应。"结果当天下午，尼克松又收到了北越进攻非军事区的消息，而且在越共的攻击下，美军在三周内损失了 1 140 人。于是他下令，秘密轰炸位于柬埔寨与越南交界的越共根据地。

3 月 17 日，B-52 轰炸机轰炸了柬埔寨境内的共产党庇护所。此次秘密轰炸在五角大楼的代号为"菜单"，不同的目标定名为不同的餐次，比如对第一区的袭击就是著名的"早餐行动"。这次轰炸成为尼克松执政期间对越战的一个转折点。

轰炸行动由于发生在柬埔寨境内，因此越共无法向国际上提出抗议，因为他们一直否认在柬埔寨驻军。此次行动过后，美军在越的伤亡数字略有下降。

但是在 3 月 26 日，让尼克松一直提心吊胆的事情发生了，《纽约时报》、《华盛顿邮报》、《纽约时报》和《新闻周刊》都纷纷刊登了对柬埔寨的秘密轰炸行动的报道。一石激起千层浪，本来就激烈反对战争的美国民众愤怒不已，掀起了一波又一波的反战示威，一时间搞得尼克松焦头烂额。

针对这种外交和国家安全事务的泄密事件不断发生，尼克松简直暴跳如雷，他召见了联邦调查局局长胡佛和司法部长米切尔。胡佛提出了防止泄密的三项措施：调查泄密嫌疑者的背景、进行跟踪以及秘密电话窃听。从此以后，每发生泄密事件，基辛格就将一份嫌疑名单交给胡佛，尼克松则授权胡佛采取包括窃听在内的所有必要措施。

4 月 14 日，朝鲜北方击落了一架从日本基地飞往韩国的美国 EC-121 侦察机，机上 31 名军事人员全部死亡。尼克松得到消息后的第一个反应就是对朝鲜北方进行军事报复，然而包括国务卿罗杰斯在内的很多人都表示反对，因为从前正是出于这种军事报复的原因，约翰逊总统才将美国拖入了越战的泥潭而无法自拔。

于是尼克松与基辛格进行了深入的密谈，他们商量了几种办法：一是对朝鲜北方的一个军事机场进行报复性军事袭击；二是派战斗机保护，继续进行 EC-121 的侦察飞行。尽管基辛格赞成第一种方式，但是在 18 日举行的记者招待会上，尼克松还是选择了第二种方案。

但是大出尼克松意料之外的是，国防部却自作主张，取消了事发之日到 5 月 8 日之间的美军在太平洋和地中海的空中侦察飞行。尼克松又惊又怒，只能把一肚子怨气撒在越南战场上，于是下令再次执行"菜单"轰炸，来一次"午餐行动"。

秘密轰炸所造成的军事压力以及尼克松反复要求谈判所造成的舆论压力，让尼克松洋洋得意，他满怀信心地在 3 月份向内阁承诺，战争将在一年内结束。他主动提出了谈判要求，建议恢复非军事区作为南越与北越的边界，并提出美国和北越的军队要同时从南越撤出。南越总统阮文绍也提出，要以政治解决和自由选举问题，向北越提出谈判要求。

但是北越不为所动，他们坚决要求：政治问题和军事问题不可分开，美国军队必须单方面撤出；要进行认真谈判，阮文绍必须先行下台。

其实与北越的和谈工作，自 1968 年 5 月就秘密开始了。但是用基辛格的话来说，双方取得的唯一共识，就是谈判桌从圆形改成方形。1969 年 3 月 22 日，尼克松派出了亨利·洛奇为首的美国代表团，与春水为首的越南代表团，在巴黎进行了首度秘密谈判。但是由于分歧太大，双方不欢而散。

5月8日，在巴黎谈判的第16次全体会议上，北越提出了一个《十点全面解决办法》，其中包括要求美国和他国军队无条件撤出越南，取消南越傀儡政府，南越的武装力量由越南自行解决，越南通过人民普选成立联合政府等内容。对此，尼克松作出了回应。他在思考了一周之后，在白宫发表电视讲话，提出了"第一个越南全面和平计划"：美方与越南同时撤军；美方同意让北越参加南越的政治生活；南越保证在国际监督下举行自由选举并接受选举结果；美方提出确切的撤军时间表；在国际监督下停火等内容。

6月8日，在与阮文绍进行了长时间密谈之后，尼克松宣布：美国立即从越南撤出2.5万名军人，并考虑在未来的几个月内进一步撤军；撤军进度根据三项标准即南越武装部队的训练和装备进度、巴黎会谈的进度以及北越的活动水平而确定。

尼克松的这个"撤军进度标准"，是根据梅尔·莱尔德的"战争越南化"建议而来的。莱尔德建议，美国可以通过训练、装备和鼓励南越人，来填补美军撤出之后留下的缺口。

7月25日，尼克松来到关岛的一个军官俱乐部。在这里进行的非正式记者招待会上，尼克松阐述了他对亚洲政策的一些看法，比如：美国将继续承担业已承担的条约义务，但是除非出于美国自身的切身利益，不会承担任何新的义务；美国只准备向那些愿意承担责任，以自己的力量来自卫的国家提供物资和军事经济援助；如果一个核大国对美国的盟友或者友国发动侵略，美国将动用核武器进行反击。这次讲话就是著名的"关岛主义"讲话，后改称"尼克松主义"。尼克松发出了明确的信息：美国将从印度支那退却，并只在亚洲承担有限责任。这一消息立刻引起了国内的热烈反应，不少人错误地理解为，"尼克松主义"是美国退出亚洲的方案。然而尼克松却非常清楚，"尼克松主义"不过是美国留在亚洲并继续发挥作用的一个漂亮说法。

尼克松在向河内发出和平信号的时候，与基辛格一起背着国防部长和国务卿，弄出了一个所谓的"鸭子吊钩"计划，也就是一个将战争升级的计划。它旨在轰炸河内、海防和北越的其他重要地区，并在北越的港口、河流布雷，摧毁北越的水利系统以造成水灾，甚至入侵北越并选择使用核武器来摧毁北越支援南方的"胡志明小道"。

尼克松对这个"鸭子吊钩"计划的截止日期，定在 1969 年的 11 月 1 日，也就是约翰逊总统停止空中轰炸的一周年。他以这个"最后期限"作为要挟，一直逼迫北越在和约方面作出让步。

9 月中旬，尼克松再次发表声明，表示会在 12 月 15 日前再撤出 3.5 万人的军队。他说："前后撤出了 6 万军队是一个重大的让步，因而，进行有意义的谈判的时刻已经到来。"他尽力向外界表明一种姿态：他撤了军、停止了轰炸并承认越南自由选举的结果，现在就看北越自己如何选择了。

两天以后，尼克松在联合国大会开幕式的讲话中说："争取和平的时刻已经到来，我以和平的名义强烈要求诸位——126 个国家的代表——作出你们最大的外交努力，说服河内认真地参加结束这场战争的谈判。"

尼克松一再地让自己的内阁发出"最后期限"的警告，然而，胡志明在去世前一周给他回复的信件，则把尼克松逼到了尴尬的死角，胡志明在信中采用了毫无让步、冰冷决绝的态度，他说："美国必须停止侵略战争，从南越撤出军队，尊重南方人民和越南民族在没有外来影响的情况下，自行解决问题的权利。"这下，尼克松要么食言而肥，取消所谓的"最后期限"；要么就必须面对战争升级所引起的巨大压力和尖锐批评了。

9 月 20 日，尼克松派去北越的法国说客桑特尼来信说，当他与北越的新总理范文同谈及尼克松对和平的热切希望时，范文同略带讥讽地回答："我看得出来，他们已经说服了你。但是我们却不能轻易地听信他们的话，只有实际行动才能让我们信服。"

看着日历一页一页地翻过，尼克松的压力也越来越大。他知道，要让北越信服他的"最后通牒"，他就必须得到国内民众的坚强支持，然而看看白宫外人山人海的示威群众，尼克松意识到这样的希望越来越渺茫了。

## 3 "一二三四，傻×战争快去死！"
RICHARD MILHOUS NIXON

尼克松自从上任以来，就一直面对着来自国内舆论和民众的巨大压力，一致要求他无条件并最短时间地从越南撤军。而尼克松的这种所谓"越南化"的缓慢撤军方式，以及一直未见成效的痛苦而漫长的巴黎和谈，让美国国内的情绪极度失望甚至是憎恨。这样就掀起了美国历史上从未有过的、绵延不断的巨大反战示威运动，全国各地的各种暴力事件，诸如冲突、抢劫、纵火、罢工、罢课……层出不穷。而各种声势浩大、全民动员的反战运动在 1969 年底，终于达到了最高峰，尼克松也几乎成为美国历史上遭到最严厉的抨击、批评以及反对的总统。

1969 年 7 月 2 日，纽约的反战妇女组织销毁了那里的征兵档案材料；7 月 6 日，广大反战妇女为和平而组织起来的成员乘飞机到多伦多大学去会见 3 名越南妇女代表；两个城市的市长向尼克松请愿，要求停止把他们的年轻人派往越南；7 月 15 日，示威群众模拟入侵了路易斯堡；8 月 28 日，一个"支持越南和平的企业行政人员"组织来到白宫，通知政府"蜜月已经过去"；9 月 3 日，200 余名心理学家在白宫外举行反战抗议示威，指责这场战争是"我们时代的疯狂行为"……尼克松手忙脚乱地应付着这些反战声浪，但是一场更巨大的反战运动正在酝酿之中。

8 月，抗议运动的领导们宣布，要从 10 月 15 日起，每月举行一次示威活动，这就是后来著名的"暂停正常活动"。

但是尼克松本人是从经济大萧条时代成长起来的，他完全靠自我奋斗获得了高等教育和法学教育的机会，因此他本人非常反感这些在经济优越时代出生、成长起来的年轻一代从不"对自己有机会接受高等教育而心怀感激"，反而这样"浪费时间和精力"，甚至是采用极端的暴力破坏行动。所以当记者在 9 月间询问他对"暂停正常活动"的看法时，尼克松的话里充满火药味："不错，我知道各个大学里以及全国已经产生并且继续产生反对越南战争的行动。就这种行动来说，我们是预料到的。但是，我无论如何不会受到它的影响。"

尼克松的话可以说是火上浇油。10 月份的第一周，加州伯克利大学、宾夕法尼亚大学以及尼克松的母校杜克大学等几十所高等学府内发生了骚乱。除了青年学生，社会著名人士也纷纷加入到反战的行列中来。国内引人注目的反战领袖、参议院外交委员会主席富布赖特打破沉默，宣布即将举行一系列有关越南问题的听证会，他认为已经上任 9 个月的总统依然没有兑现大选期间所作出的停战承诺；10 月 9 日，耶鲁大学校长金曼·布鲁斯特和该市市长理查德·李一起发表了要求无条件撤离越南的声明；10 月 10 日，包括哥伦比亚大学、纽约大学、普林斯顿大学、康奈尔大学、芝加哥大学、麻省理工学院等在内的 79 位著名院校的校长联名写信，要求尼克松总统制定一个明确的撤军时间表；10 月 13 日，著名黑人领袖惠特尼·扬发表了措辞强烈的声明，指责这场战争造成了"道义和精神上的枯竭，并且加剧了国内的种族问题。"

面对攻势如潮的国内反战声浪，尼克松不可能完全无动于衷，何况他此时正在加紧幕后的和谈以及"最后通牒"行动，而这种巨大的、旨在迫使尼克松结束战争的舆论压力，正在严重威胁着尼克松的幕后工作，并给予北越以自信与希望，这就让尼克松的"截止日期"的威慑力大大削弱了。为了继续给北越施加压力，尼克松必须采取一些行动来遏制国内的反战声浪。

于是就在 10 月 15 日即将在华盛顿举行的"反对越战大示威"前夕，10 月 13 日，罗恩·齐格勒宣布，尼克松将于 11 月 3 日向全国发表关于越南问题的重要演说。尼克松此举，一方面要引起国内舆论的犹豫和讨论，猜测他究竟是企图破坏反战示威，还是真的迫于压力要重新考虑对越政策，另一方面他还能让北越重新考虑是否利用美国国内的混乱来浑水摸鱼的做法。

10 月 15 日，有 25 万人赶来华盛顿，参加了这次"反战大示威"，示威活动没有采取激烈的暴力形式，而是平和地表达了人民的意愿。

尼克松为了表明自己的态度，他挑选了一封大学生的来信，并给予了公开回复。来信中写道："人民选举了你，你是他们的总统，你的职务对人民负有一定的责任。请允许我恭敬地建议总统重新考虑你原来的判断。"

尼克松答复道："如果一位总统——无论是哪位总统——让示威者来规定他的方针，他就会辜负所有其他人对他的信任。不论是什么问题，如果让政府的政策在大街上制定，那就会破坏民主的程序。这样做就会把决策的权力交给吵嚷得最凶的人，而不是交给大多数人，不是交给论据最充分的人……这样做就等于是听任各个集团通过大街上的对抗而不是在投票箱前来检验自己的力量。"

10 月的反战示威结束之后，全国的注意力都集中在尼克松将于 11 月 13 日发表的演讲上。在白宫的总统社交秘书怀特·查平所提交的一份《"和平"运动与 11 月 15 日》的备忘录中，他提醒总统注意，11 月 13 日的演讲，会直接影响到下一次大型反战示威，也就是将于 11 月 15 日举行的第二次反战示威。此时的华盛顿已经挤满了从全国各地赶来参加游行示威的人群，白宫、国会山和市内繁华地段到处是人和标语。夜晚，成千上万的人举着一支支蜡烛，无言地从白宫前走过。他们很安静，但这无声的人与火的洪流，令政府透不过气来。新闻界扯开嗓门出面赞扬抗议者，并强烈要求撤军。

为了引起最大程度的外界猜测，从而吸引公众的注意力，尼克松没有透露任何与 11 月 13 日演讲有关的内容，他躲进了戴维营，闭门不出，翻来覆去地修改他的演讲稿，直到 13 日当天早晨 8 点，才最终修改完成。

尼克松自认为，能够影响历史进程的演讲并不多，而自己在 1969 年 11 月 13 日所进行的这一篇"沉默的大多数"的演讲，可以列为其中之一。

沉默的大多数！这的确是尼克松一个绝妙的点子。他要对美国人中沉默的大多数讲话，他认为，现在反战的人并不是美国的多数，大多数美国人仍然沉默着。他要争取他们。

和往常一样，白宫宣布了总统讲话的消息，但又毫不透露讲话的内容。白宫新闻处挤满了索取讲稿的记者，他们什么也得不到。尼克松又一次把大众"逼"到电视机前面来。

这次讲话中最著名的一段是这样的：

"今天晚上，我向你们，我的美国同胞中的沉默的大多数提出要求，要求你们给予支持。

"在竞选总统时，我曾保证要以某种能够赢得和平的方式结束战争。我已经制定了一项使我能够实现这个诺言的行动计划。

"美国人民给我的支持越大，诺言的实现就越快；我们国内的分歧越大，敌人在巴黎谈判的可能性就越小。

"让我们团结起来去争取和平，让我们也团结起来去抵御失败。因为我们大家都应当明白：北越是不能使美国失败或丢脸的。只有美国人才能使美国失败或遭受屈辱。"

这次讲话被人们称为"沉默的大多数"。几天内，就有 8 万多份电报和信件发往白宫，还不算上电话。盖洛普民意测验表明，听了讲话的美国人当中，77% 支持尼克松。

整个美国似乎一下子都倒向了尼克松，支持这位听起来敢作敢为、无所畏惧的总统。11 月 13 日之后的几周，盖洛普民意测验表明，对尼克松全面赞同的比率上升到了 68%，这是他就任之后的最高点。

但是在尼克松自己高兴的时候，新闻媒体又一次跳出来，惹毛了他。原来在尼克松作演讲之后，媒体记者对他进行了批评和评论，《纽约时报》的专栏作家写道："总统讲话的本意似乎不是要说服反对派，而是压倒他们，于是就可能造成这样的情况，讲话只能使参加辩论的美国人进一步分裂和走向两极，而不会使敌人进行严肃认真的谈判。"

尼克松对新闻界的反感已经达到了顶点，新仇旧恨一齐涌上了他的心头，他派出了自己的副总统阿格纽，用最为尖利刻薄的语言羞辱媒体。阿格纽谩骂他们为"一批自称为知识分子的虚弱而无耻的势利小人"，攻击他们的政治后台为"情欲的寄生虫"和"思想上的太监"；接着，阿格纽又在 13 日的爱荷华州德梅因市举行演说，把矛头对准电视界，抨击他们"这一小撮自封的所谓评论家们曲解了我们国家寻求国内和平和稳定的努力"。一周后，阿格纽又攻击报纸媒体，说他们"传达公众消息的伟大工具被人垄断，控制舆论的力量日益集中在少数人手中。"……尼克松政府与新闻媒体的关系再次降到了最恶劣的地步。

然而，11 月 13 日，一场名为"新动员"的全国反战大示威正式在华盛顿开始了。当天下午 6 时，由一个年轻的寡妇带领，4.5 万人浩浩荡荡地从五角大楼所在地阿灵顿国家公墓出发，从西向东缓缓行进。在这些示威人群的身上，每人都背着一块纸牌，上面写着一个在越南阵亡的美军的名字，或者是被美军的轰炸夷为平地的越南城镇的名字。

人们手持蜡烛，为了表示自己是"沉默的大多数"，他们一言不发，默默地敲击着悲壮的鼓声，鸦雀无声地来到白宫附近。

在这里，人群的沉默被打破了，他们尖叫着、高呼着那些阵亡将士的姓名，以及被毁的村庄名字，悲愤的呼喊声久久萦绕在白宫的上空。

接着，游行队伍又来到国会山前的骑士雕像下面，把手中的标语牌纷纷投进十几口空棺材里，并在棺材上覆盖了美国国旗。

第二天，狂风大作、电闪雷鸣，雨点交织着冰雹狠狠地砸在地面上，而游行队伍依然沉默着沿着同样的路线继续行进。

第三天，示威运动达到了高潮。人们抬着那十几口棺材，前往华盛顿纪念碑。队伍打起横幅，写着："我们就是要求和平的大多数！"妇女们流着眼泪举着标语："把我的丈夫送回来！"有的标语写着："征尼克松去当兵！"……游行队伍浩浩荡荡地在华盛顿纪念碑下聚集起来，打着讽刺尼克松和阿格纽的标语，高呼着各种反战的口号。据华盛顿特区的警方估计，当天参加反战游行的人数超过了 30 万人。

在这 3 天里，除了华盛顿，波士顿、新奥尔良、芝加哥、西雅图甚至是檀香山，都举行了不同规模的反战示威。

但是这种沉默的示威抵不上 11 月 13 日演讲给尼克松带来的鼓舞，他不为所动，于 1970 年初再次加强了对北越的空中打击，"菜单"轰炸依旧继续，对胡志明小道的轰炸超过了 1969 年的日平均轰炸纪录 650 次；他还出动战斗轰炸机群攻击北越的防空基地；除了对北越的轰炸，他还下令轰炸支援北越的老挝北部。

3 月 18 日，柬埔寨的反共朗诺将军趁西哈努克亲王访苏的机会，进行了一场不流血的军事政变。这场政变引起了北越的恐慌，也影响了巴黎的和谈情况，巴黎和谈随即陷入僵局。

随着柬埔寨和越南局势的日益紧张，尼克松感到"越南化"已经达到了一定程度，于是决定采取一次对柬埔寨的军事入侵，以彻底拔掉隐藏在那里的北越力量。

他先是在 4 月 20 日对外宣布，撤军 15 万；28 日晚，南越军队在美军的支持下，分别从柬埔寨境内的两个越南基地：鹦鹉嘴和鱼钩地区进行大规模军事进攻。

4 月 30 日晚，把家人全部转移进白宫之后，尼克松在椭圆形办公室里发表了一通电视讲话，向全国人民报告了刚刚进行的柬埔寨军事进攻行动。

虽然尼克松对自己的这番军事风暴感到满意，但是全国民众却被再度激怒了。仅仅是在 4 月中旬，全国就有大约 200 个城镇出现了抗议活动。在大学校园里，愤怒的学生们开始焚烧图书馆、实验室和预备役训练设施，与武装警察的暴力冲突也在升级。4 月 30 日晚的电视讲话结束后，愤怒的学生们几乎把学校给翻转过来。而尼克松又一次火上浇油，在 5 月 1 日的五角大楼前，失口说了一句"这些闹事的学生都是一群不务正业的混混"。结果，"结束越战新动员委员会"在当天就号召全国各地举行反战示威。

学生们在学校中与武装部队发生了激烈的冲突，他们焚烧图书馆、军训中心以及尼克松的模拟人像，他们高呼"尼克松是刽子手"等口号，掀起了一轮更疯狂的反战浪潮。

惨案不可避免地发生了。5月1日夜晚，在俄亥俄州的肯特市，州立肯特大学的学生砸烂了几十辆汽车以及几家商店，还焚烧了一部《美国宪法》。骚乱持续到了5月4日中午，学生们高呼着"一二三四，傻×战争快去死"以及"打倒尼克松"等口号，在校园里集结。市长在屡劝不止的情况下，调来了107装甲骑兵团和145步兵团，施放催泪弹，试图驱散愤怒的学生。在冲突中，警卫队扔完了催泪弹之后，就开枪了。13名学生中弹，4个学生被打死，血染校园，一时间全国震惊。

死去的一个女孩的父亲，在记者的镜头前悲愤地说："我的女儿不是不务正业的混混！"无数的父母流下了眼泪，校园暴力事件也急剧增多，全国各地的年轻人像潮水一般涌入华盛顿，参加5月9日的反战大示威。

尼克松有点动摇了。他在5月8日晚举行了一个记者招待会，表明了自己的观点，并表示了对学生的理解，并请求他们也理解他这次对柬埔寨的入侵，完全是为了美国能拥有一个体面的和平。

但是众怒已起，在华盛顿纪念碑前放置的电视里，当尼克松出现时，屏幕上被涂抹了纳粹的标志。而尼克松在记者招待会上的话音刚落，示威群众就砸碎了这台电视，激起了一片山呼海啸般的欢腾！

## 4 "体面的和平"
RICHARD MILHOUS NIXON

1970年6月3日，尼克松在椭圆形办公室向全国发表了电视讲话，将对柬埔寨的入侵描绘成"是这场持久而艰难的战争中最成功的行动"、"我们所有要消灭的主要军事目标都达到了"；接着他念了一大串战利品的清单，包括1 000万发子弹、1.5万支步枪、2 000门迫击炮、1 100万磅大米等等；最后他承诺，美国会在6月30日前从柬埔寨撤出所有的军队；1971年4月30日前从越南撤回15万美军；他断言"只有这个政府才能结束战争，而且带来和平"，极力呼吁广大民众支持他。

在基辛格看来，他并不满意总统在此时承诺6月30日前撤出柬埔寨的决定，他认为美军应该在柬埔寨再坚持一段时间，以巩固在这里的胜利。尼克松何尝不是这样想的？但是他之所以没有理会基辛格的态度，一方面是被国内波涛汹涌的反战浪潮给逼得没办法，另一方面也是因为 1970 年是美国的国会中期选举年，尼克松作为少数党共和党的领袖以及国家元首，必须为自己的党派贡献一点力量。

由于选民一向倾向于将问题归咎于总统，因此在中期选举时，总统所在的党派总是会吃点亏。尼克松为了转移选民的视线，并争取那些对现实不满的民主党人、劳工阶层和下层白人，他决定把社会问题推到民主党自由派的身上。尼克松自己不露面，而是指使副总统阿格纽跳出来指东打西，他们的攻击主题主要集中在：带有偏见的新闻工具，暴动和骚乱，被惯坏了的大学生，色情业，犯罪，毒品等各种社会罪恶。

而尼克松则利用自己的总统职权，尽可能地帮助共和党。他进行了上任后的第二次欧洲访问，让美国人民看到他这个总统在欧洲是多么地受欢迎；回国之后，10 月 7 日晚，他又在椭圆形办公室发表电视声明，宣布了关于印度支那和平谈判的《五点倡议》，主张印度支那所有武装力量立刻停火；10 月 12 日，尼克松再次发表讲话，表示将于圣诞节前撤回 4 万美军。除此以外，尼克松还重温了当年巡回竞选的历史，他在 23 天内跑了 22 个州、总行程达 17 240 英里，进行巡回竞选演讲。在他的演讲中，总是将各种社会问题归罪于民主党人，如暴乱的学生、毒品泛滥、逃避兵役、纵火犯、同性恋、淫乱等等。然而他每到一地，总会受到当地青年学生的"热烈欢迎"。

其中最惊险的一次发生在尼克松的老家加州圣何塞市。当尼克松在 2 000 名抗议者的喧哗、诅咒和敲打墙壁声中结束自己的演讲，走出该市的大会堂时，石头、酒瓶、鸡蛋、西红柿等东西如雨点般地伴随着人群的咒骂声飞了过来，抗议者不停地高喊那句著名的口号："一二三四，傻×战争快去死！"尼克松不甘就这样被吓退，他面不改色地爬上汽车，高擎双臂作出他的标志性 V 字形手势。然而换来的却是更猛烈的嘲笑声、辱骂声，一块石头突然迎面向他飞来，差点击中他的面部。尼克松赶紧躲进防弹汽车，在警棍、枪支的拼命开道中，勉强离开了现场。但是他后面的车辆就没有那么幸运了，被如雨般的石头和鸡蛋砸得面目全非，躲在其中的记者和总统随员们都被碎玻璃击伤了。尼克松看着失控的场面，不禁对自己的秘书罗斯·伍兹喃喃地说道："这简直就像在加拉加斯！"

11月3日的选举结果出炉了，共和党再次失利。民主党在众议院里多得了9个席位，共和党损失了11个州长，参议院里也仍然是民主党的天下。

1971年1月18日，尼克松召集了一次参谋长联席会议，会议上他批准了一份入侵老挝的计划，旨在切断经过老挝境内通往柬埔寨的"胡志明小道"。经过反复权衡，会议决定将这次军事行动交给南越政权军队，而美国只负责提供空中掩护和炮火支援。2月8日，南越军队在美国空军和炮火的掩护下，向老挝发起进攻。在接下来的45天里，南越部队死、伤惨重。3月18日，南越军队开始了"战略退却"。于是美国人在每天晚上的电视节目里都能看到南越士兵由于撤退过急而不得不抱着美军直升飞机起落架的画面。

尼克松却很高兴，他通过电视在4月中旬向全国人民报告："'越南化'战略成功！"然而就在4月18日，越战退伍军人反战协会在华盛顿举行了蔚为壮观的游行，大批穿着军装、缺胳膊断腿的退役军人，身上绑着铁链，先后走过联邦国会、五角大楼和最高法院门前。在国会山上，那些曾经被尼克松政府表彰、颁奖的英勇战士，纷纷把自己获得的奖章向国会大楼扔去。

尼克松面对压力，却并不着急，他心里早就盘算好了。1972年又是美国总统大选年，他计划按照自己的既定战略按部就班地执行下去，这样只要能在明年11月总统大选之前彻底与河内达成和平协议，就万事大吉了，因为这将成为一件威力无比的竞选武器。

1971年10月，基辛格再次前往巴黎，与河内越共中央政治局委员黎德寿进行第12次秘密谈判。此次会谈再次因为双方的分歧过大而失败，北越依然不能接受美国支持阮文绍政府的条件。这次谈判失利再次给了尼克松轰炸北越的口实，他再次下令狂轰滥炸胡志明小道。同时他又扭头对国内民众宣布了第6次撤军计划，承诺从12月1日到明年1月底，再撤四五万人，将驻越美军的数量降到13.9万人。

1972年1月13日，尼克松进行了第7次撤军，宣布从2月初到5月1日，再撤出7万军队。尼克松在接下来的全国广播讲话中，公布了几年以来基辛格与北越进行秘密谈判的情况，并且表示美国"唯一不能考虑的方案是要求我们实现敌人推翻我们的越南盟友这一目标"。同时他还敦促河内尽快接受他关于解决印度支那问题的《八点建议》，并威胁说："如果敌人以加紧军事进攻来回答我们的和平提议，我将充分履行我作为武装部队总司令的职责，以保护我们在那里的军队。"

北越的回应果然是一片枪炮声。3月30日，北越穿过非军事区，闪电般进攻了南越的15个边界基地，几乎全歼了南越第3师；4月6日，另一支北越坦克部队从柬埔寨出击，攻占了禄宁；4月18日，北越攻占了平定省。

尼克松不甘示弱，他下令美国海军和空军从海空两路进行大规模反击。他增派了20架B-52战斗机、4个F-4战斗轰炸机中队和8艘驱逐舰；5月初，尼克松将B-52增加到900架，航空母舰增加到6艘；从5月8日到10月23日，美军对北越的空中打击已经达到了41 500架次。

尼克松实现了他一年前所提出的大规模轰炸与地面撤军相结合的主张。6月28日，他停止征召派往越南的兵力，并承诺将驻越的地面部队在9月1日前减少到3.9万人。此举大大减少了美国国内的校园骚乱，因为学生们不必再担惊受怕被征召到越南前线去了。

7月19日，基辛格再次来到巴黎，与黎德寿进行第14次秘密会谈。这次，基辛格明显感受到了由于大规模轰炸在北越人心中所造成的冲击，"他们不像5月2日那次一样傲慢了，现在我们在他们的港口布了雷，而且取消了一切轰炸限制，他们反而表现得亲切而友好。"

从7月中旬到10月上旬，基辛格与黎德寿进行了6次密谈。10月8日，基辛格在举行了关键性的会谈之后，当晚给尼克松发了电报："告之总统，今日初次会谈获得某种确切进展，请相信我们会取得积极成果的。"

10月12日晚，基辛格和黑格回到白宫，立即到行政办公大楼向尼克松汇报。

从尼克松当政的第一天起，他就与基辛格谈到了外交政策中的"三强"——中国、苏联和越南，以及美国的目标同他们都有关系。到当时为止，其中的两个目标已经达到：打开了通往中国的门路，同苏联开始有了新的关系。

因此，在基辛格汇报巴黎和谈时，他眉飞色舞地说："总统先生，看来我们连中三元了！"接着详尽地叙述了和谈的经过：黎德寿提出的新建议差不多合乎美方的要求：停火，美军在 66 天之内撤退，双方释放战俘。尚未解决的问题留待 10 月 17 日在巴黎举行的最后一次会议加以谈判解决。

基辛格还提醒黎德寿，协议必须经尼克松审阅和批准。基辛格同意 10 月 17 日在巴黎最后一次会议后去西贡三天，把协议提交阮文绍并征求他同意。然后他将于 10 月 22 日前往河内，和北越领导人一起签订协定。他随后返回华盛顿，于 10 月 26 日发表联合公告。停火将在 10 月 30 日开始，当天各方外长在巴黎签署协定。

对此，尼克松振奋不已，他从沙发里跳起来，让白宫的厨师赶紧煎几盘上好的牛排，又让人拿来一瓶拉斐特—罗特希尔德堡出产的葡萄酒，犒劳基辛格。这时他注意到，黑格的情绪有点低沉，便问他："你觉得从阮文绍的观点来看这些条款怎样？"黑格回答："对阮文绍来说这是个很不错的协议。然而，他本人对此到底会作何反应，我还没有信心。"

第二天，尼克松指示五角大楼把对北越的轰炸减到 200 架次，并下令限制 B-52 的空袭活动。基辛格则前往巴黎，参加与河内代表的最后一次会晤。

在飞机上，基辛格拿出了一张尼克松递给他的条子，里面叮嘱他："一、不要管总统大选，做你该做的；二、不能错过体面结束战争的机会；总之，做一切该做的事情以争取体面的和平，但是不要由于大选而急于求成。"

在巴黎，经南越代表团团长春水进行了一些细节上的修改后，基辛格带着这份协议来到西贡，以争取阮文绍的同意。

基辛格还给阮文绍带去了一封尼克松的亲笔信，信中说："我希望你知道，我认为我们只能接受这一协定而没有其他合理的选择余地。……我个人相信，这是我们能够得到的最好的解决方案，它也满足了我的绝对条件，即越南共和国必须作为一个自由国家而存在。"

然而阮文绍的反应非常冷淡，他先是对基辛格带来的协定挑三拣四，最后干脆整个地拒绝了这个方案，还指责美国与苏联、中国"沆瀣一气"，出卖了南越。基辛格无法说服阮文绍，这样一来，他同黎德寿郑重谈妥的那个时间表显然又必须修改了。基辛格借用总统的名义向河内发了一份表示歉意的电报，建议再次推延时间表，并提出了第三张时间表：10 月 23 日，美国停止轰炸和布雷；10 月 24 日，在河内草签；10 月 31 日，在巴黎正式签字。河内很快作出了同意的答复，这使基辛格大大松了一口气。北越方面接受了新的时间表，但是警告说："美国方面不得提出任何借口再次改变时间表。"

尼克松十分理解西贡目前的困境。显然，南越政府已对美国失去了信心，眼看要从美国"断奶"，他们承受着心理上的极大痛苦。

而且阮文绍的行为背后，也存在着各种个人、政治、外交和军事等方面的实际因素。许多美国人认为阮是个镇压政治对手的暴君，在南越剥夺了发表不同政见的权利，但是阮文绍仍然不得不对付一个由选举产生的国民议会以及形形色色的公开活动的国内政治反对派。而且在美国人撤走后，他们还得留在自己的国家里，当然不愿接受任何会使他们处于不利地位的协定。同时，阮还担心立即签订协定的军事后果，许多军事分析家认为，北越方面之所以坚持要以 10 月 31 日作为签订停火协定的最后限期，是由于他们已经秣马厉兵，要在那一日之前在南越抢占并控制尽可能多的土地。

10 月 20 日，尼克松下令开始执行"进一步加强行动计划"，用大批飞机向南越空运军事装备和补给品。如果协定在 10 月 31 日如期签订，美国就必须立即遵守关于限制物资补给的条款。因此，尼克松想在截止日期以前，尽量完成预定的越南化计划。

其实，尼克松十分清楚阮文绍会拒绝协定，之所以让基辛格去和阮文绍进行艰难的谈判，不过是一种政治手腕而已。

大选已迫在眉睫，一般人都认为尼克松可能力图在大选以前达成协议，借以在政治上对自己有利。讽刺的是，由于民主党总统候选人麦戈文的极端主义，以及拙劣的竞选手法，政治压力的效果适得其反。所以赶在大选前仓促达成任何协议都会显得动机不纯，鹰派将会指责尼克松为了利己而作过多让步，鸽派则会声称尼克松本来在 1969 年就能够取得同样条件。

10 月 26 日，河内公布了一份美越在巴黎秘密谈判时的记录，并"强烈谴责尼克松政府缺乏诚意和认真态度"，敦促美国在 10 月 31 日前签署协定，北越的一个发言人宣称："大笔一挥，和平就实现了，一切就看美国拿不拿得起这支笔了。"

尼克松派遣基辛格举行了一次实况转播的记者招待会，以答复河内的要求。基辛格在这次招待会的开场白中这样讲道："我们相信，和平就在眼前。我们相信，很快就会缔结一项协定，以总统 5 月 8 日的建议和我们 1 月 25 日建议的修正草案为基础，对双方都很公正！"

下午 6 点，黎德寿发电报建议早日恢复巴黎谈判。基辛格倾向于接受，但尼克松拒绝了。

一些观察家认为，基辛格发表了"和平就在眼前"的谈话之后，尼克松就没必要匆忙实现和平了。有人则怀疑，尼克松不仅要了北越，也要了基辛格，让他为争取在大选前完成这件大事而跑断了腿。人们越是期待，对尼克松的竞选就越有利，因为尼克松明白，答应实现和平要比仓促签订和平协定在政治上更为有利。

11 月 5 日，尼克松在电视讲话中声称，他已经与河内取得了谈判的突破性进展。

1972 年 11 月 7 日这一天，尼克松已没有了以前竞选时那种忐忑不安的心情，他充满了必胜的信心。计票结果：尼克松获 47 169 841 票，麦戈文获 29 172 767 票。60.7% 对 37.5%，尼克松赢得轻轻松松。

再次坐稳了总统的位子，尼克松派基辛格于 11 月 20 日再次前往巴黎，与黎德寿展开谈判。这次美方又提出了一大堆的修改意见，而北越则毫不相让，基辛格气呼呼地拂袖回国。

12 月 14 日，尼克松再次对越南采取军事行动，从 17 日起重新布雷，恢复空中侦察，用 B-52 轰炸北越。从 18 日起，各种美国飞机在河内上空丢下各种炸弹，仅是 B-52 就在一周内动用 1 400 架次以上。

由于自己再次当选，加上越南驻扎的美军也所剩无几，这次尼克松就无所顾忌地进行了一次被称为"石器时代的战术"的轰炸行动，其野蛮程度就连美国的西方盟友都看不下去了。而美国的空军也遭受了一定的损失，在两周内，共有 16 架 B-52 被河内击落，98 名飞行员被俘。而在过去的 7 年里，B-52 只被击落过一架。

12 月 30 日，美国停止了轰炸，基辛格与黎德寿再次聚首巴黎。1973 年 1 月 8 日的谈判出奇顺利。1 月 13 日，基辛格与黎德寿所率领的代表团坐在一起，饮酒祝辞；15 日，白宫宣布停止对越南的一切轰炸；23 日中午，基辛格、黎德寿与南越外长陈文林在巴黎共同草签了《结束战争恢复越南和平的巴黎协定》，宣布战争正式结束。

# RICHARD MILHOUS NIXON

1973 年 1 月 23 日晚，尼克松在椭圆形办公室向全世界宣布，美越已经在巴黎达成了一致协定，共同于 27 日停火。在这个简短的声明里，尼克松还对前一天过世的美国前总统林登·约翰逊表示了哀悼，大力赞扬了 250 万曾"在各国历史上最无私的事业中"服役过越南的美国军人，最后，他骄傲地表示，自己终于取得了"光荣的和平"。

美国终于艰难地从越南战争的灾难和泥沼中挣扎了出来，开始戴上一顶"体面的和平"的帽子，开始默默地治疗自己的人民在此次灾难中所受到的巨大创伤。

## 5　向中国的缓缓靠近
RICHARD MILHOUS NIXON

美国与中国的接触，从 1955 年就开始了。两国的外交官先后在日内瓦和华沙举行过 134 次会谈，但双方交换的是口号，却没有真正交换过意见。

尼克松在对中国的问题上一直颇为矛盾，他是反共斗士出身，自然对中国政府长期抱有偏见和警惕，但是眼看着中国共产党政府的根基一天比一天稳固，他又开始逐渐意识到，世界不能孤立这个有着如此众多人口的国家，但是该怎样开始接触对方呢？毕竟已经经历了这么久的隔阂，不是说打破就能打破的。

而在尼克松就任后不久，机会来了。那就是发生在 1969 年 3 月 2 日早晨，苏联和中国军队在珍宝岛的武装冲突事件。

3 月 14 日，尼克松宣布了美国的反弹道导弹计划，同时加了一句："不能忽视中国对我国人民的威胁以及一次意外进攻的危险。批准这一计划，就能够在 70 年代发生中国的核进攻时，或者来自任何其他方面的意外进攻时，将美国遭受的损失减少到最低限度。……苏联和我们一样，不愿意让他们的国家暴露在潜在的中国共产党的威胁之下，因此我认为，哪一国也不会赞同放弃这个计划，特别是在中国的威胁存在的时候。"

3 月 15 日，珍宝岛冲突加剧；中国的《人民日报》在 16 日发表文章，指责美国建立的这个耗资 67 亿美元的反弹道导弹系统，称其是"打算加紧同苏修勾结，共同保持对世界人民，特别是中国人民的核威胁、核讹诈。"

大概是由此而看到了联手对付中国的希望，苏联便建议美国一起联合对中国西部的核力量实施核打击，但是被尼克松一口拒绝。

接着，尼克松又实施了一个出乎所有人意料的决定，他指使基辛格在6月21日召见罗马尼亚大使科内尔·博格丹，表示了总统访问罗马尼亚的意愿；罗马尼亚在48小时之内就给予了欢迎的答复。

6月28日，美国总统准备第一次访问东欧国家的计划被正式宣布。苏联立即作出反应，他们以一种表明自己懂得这次访问意义的姿态，取消了勃列日涅夫和柯西金原定要参加罗马尼亚党代会的计划。

8月2日，尼克松到达布加勒斯特，受到了"数十万挥舞旗帜的罗马尼亚人的热烈接待，这次欢迎是他这次环球旅行中受到的最盛大、最真诚友好的欢迎"。尼克松在与齐奥塞斯库的会谈中提及了中国，表示美国反对苏联企图遏制中国的亚洲集体安全体系，并请齐奥塞斯库向中国转达他打算在总统任期内改善美中关系的愿望。

从罗马尼亚回国后，尼克松让基辛格找一些中国问题专家就中苏对抗问题举行一次无拘束的交谈。很长一段时间里，美国人都对苏联存有一定的同情，而认定中国是更好战的国家。然而在学者们研究过后，他们改变了这一看法。基辛格在研究过中苏边境冲突的地点之后，看到冲突地点多集中在苏联的铁路终点附近，而距离中国的任何一个铁路终点相去甚远，这一情况与苏联每次都将冲突原因归咎于中国的说法自然是矛盾的。密执安大学政治学教授、前国务院中国问题专家惠廷也把中苏边境紧张局势的加剧归咎于苏联人。他指出：一，苏联人很可能正在准备对中国的核力量发动一次先发制人的打击，因此他们沿中国边境不仅集结了部队，而且部署了导弹、飞机和坦克；二，不管苏联是否真正发动攻击，中国处在苏联"外科手术式打击"的乌云笼罩下，总是会感到受威胁的。不少著名学者如多克·巴尼特、埃德温·赖肖尔、杰罗姆·科恩、卢西恩·派伊、亨利·罗索夫斯基、乔治·泰勒、詹姆斯·汤姆森、费正清等人，也都作出了相似的判断。

这些研究结果更坚定了尼克松的想法，要接近中国，目前正是历史上的大好机会。美国理解中国所处的困境，中国由于苏联重兵压境，因而很可能欢迎美国的友好姿态。

尼克松自从那年春天开始，便一直向北京发出若明若暗的信号，可是没有得到积极的反应，但也没有挨到那种老式的痛斥。尼克松决定再拿出点更明显的诚意来让北京看看。

10月初，基辛格打电报给当时美国驻波兰大使小沃尔特·斯托塞尔，明确指示他要在最近拣一个方便的外交场合，找到最高级的中国外交代表，建议恢复华沙会谈。这份电文的内容在那样的背景下，可以说是"非常离谱"的，因为那时的中美两国人员除非撞车，否则是绝对不会碰到一起的。于是斯托塞尔感到非常棘手，一时间找不出解决办法来。他一直磨磨蹭蹭地拖着，而基辛格这边却是等得如坐针毡，一封一封电报地催。一直拖到了11月底，基辛格看见还是没有动静，气得直跳脚，他拍了一封措辞严厉的电报："要么你照办，要么我们就派愿意照办的人来办。"

斯托塞尔也挺委屈，因为中国代表雷阳一直在有意回避他。

最后，12月3日，斯托塞尔才得到机会。在一次南斯拉夫举行的招待会上，当雷阳匆匆地向主人道别后，斯托塞尔急忙飞奔下楼去追赶，趁雷阳的汽车发动前截住了他。接着发生了跟国务院发言人约翰·金第二天描述的那样，得以跟雷阳"攀谈了几句"，告诉对方美国敦请中国人进行"认真会谈"。周恩来在后来的中美会谈中提及了这次会面，还开玩笑地说，当时雷阳"差点吓出了心脏病"。

12月11日，斯托塞尔得到了雷阳的正式邀请，前往中国大使馆正式会晤。经过1个多小时的密谈，双方同意恢复华沙会谈。中国人第一次对美国一长串公开的或秘密的信号作出了善意的反应。同时也招致了莫斯科对北京的破口大骂，以战争相威胁。

1970年1月8日，北京和华盛顿同时宣布，华沙会谈将在1月20日恢复。美国国务院发言人罗伯特·麦克洛斯基奉白宫的明确指示，宣称会谈将在"中华人民共和国大使馆"内进行。这是美国发言人第一次用这个正式名称来称呼中国。

按照预定计划，中美两国外交官于1月20日在中国大使馆举行了会晤。会谈的气氛是"实实在在的"，双方都提出了互派记者、学生和科学家的新方案。并且决定在2月20日再度会晤。

2月18日，尼克松本人又发出了一个信号，他向国会提出了一个题为《70年代的美国对外政策——争取和平的新战略》的特别报告。其中使用了中国"伟大而生气勃勃的人民"、"有天赋和有教养的人民"之类的友好言语，文中还保证美国要"尽力采取同北京改善实际关系的步骤"。报告明确表示美国不会在中苏冲突中袒护任何一方，美国也不会搞两大国家主宰世界的阴谋。这份报告暗示，美国不再将中、苏两国当作同类敌人去对待，尼克松自己则将这份报告视为"对华主动的第一个认真的公开步骤"。

在这两次正式会谈中，双方在阐明各自的立场、表明改善两国关系的愿望的同时，在两个问题上取得了进展：一是针对台湾，美国表示不妨碍两岸的中国人自己"达成任何和平解决方案"，这种态度可是第一次；而中国政府也采取了相当灵活的策略。二是两国代表第一次面对面地表明了愿意改善两国关系的愿望，而且希望在美国特使访问北京之前，进行更高级别的会谈。

而且在第二次会晤的时候，中方使团还作出了一个不同寻常的建议：把会谈地点移到北京举行。他们还暗示，他们欢迎由一位美国高级官员率领的代表团。虽然北京发出的措辞有些含糊，但是基辛格却非常清楚，从"大局"出发，跟中国打开关系已是势在必行的了。

1970 年 3 月 16 日，美国政府宣布，从此凡是抱有"正当"目的且持美国护照前往中国的，都可以办理批准手续。4 月 29 日，宣布在其他国家制造的非战略设备所用的美国造的零部件都可以向中国出口。这标志着美国对中国的旅行和贸易的进一步放宽。

中美华沙会谈的第三次会晤原定在 5 月 20 日举行，但是由于尼克松在 4 月 30 日派兵入侵柬埔寨，中方在 5 月 19 日公开表示，美国这样做造成了"日益严重的局势"，便取消了会晤。尼克松不得不通过"第三方"向中国人保证，美军进入柬埔寨，并不表示改变了美国政府要退出越南并同中方改善关系的愿望。7 月 10 日，在接受记者采访时，尼克松公开表示赞成在外交上承认中国。

作为对美方这一系列信号的回应，中国政府提前释放了 1958 年 10 月被捕的美国间谍詹姆士·华理柱。7 月 28 日，美国商务部宣布，批准通用汽车公司向中国出口美国制造的柴油发动机及零件和意大利产的 8 辆大型自动卸货车。8 月 26 日，美国再次宣布，取消禁止在国外的美国石油公司给装载非战略物资进出中国的船只加油的禁令。

1970 年 10 月 1 日，在天安门城楼检阅台上，76 岁的毛泽东笑容满面，他身边紧挨着站着一个高鼻深目的老外，他就是埃德加·斯诺。官方摄影记者的镜头记录了一个清晰的信息：毛泽东许可了向华盛顿接近的行动。这是一个不需要翻译也能让尼克松和基辛格明白的信号。

10月初，尼克松对《时代》杂志的记者说："如果说我在死以前有什么事情想做的话，那就是到中国去。如果我去不了，我要我的孩子们去。"

10月26日，齐奥塞斯库访问美国，他到达的当晚，尼克松在祝酒词中指出罗马尼亚具有同"美国、苏联、中华人民共和国"都有良好关系的特别地位。一位美国总统把中国称为"中华人民共和国"，这是一个意味深长的外交信号。苏联大使多勃雷宁没有放过这个字眼，他随后打电话问基辛格这个用语的涵义。后者幽默地回答："这哪有什么特殊意义，难道苏联不也是这么叫的吗？"

尼克松还会见了巴基斯坦领导人叶海亚·汗。通过"巴基斯坦渠道"和"罗马尼亚渠道"，尼克松再次向中国转达了美国希望与中国进行高层对话的愿望，甚至有可能会派出基辛格本人，他希望中国人了解美国是要同中国和好的，并准备同中国签订某种贸易协定。

中国领导人对尼克松的口信作出了积极的反应。周恩来通过"罗马尼亚渠道"向白宫表示：鉴于尼克松已经访问过布加勒斯特和贝尔格莱德，那么北京也欢迎他；周还通过"巴基斯坦渠道"向基辛格带口信说中国"一直愿意并且一直在设法通过和平的方式进行谈判……为了讨论撤出中国领土台湾的问题，尼克松总统的一位特使将会在北京受到热忱的欢迎"。基辛格与尼克松密谈之后，也很快通过巴基斯坦驻美大使进行了答复，表示在北京进行高级会谈是有益的，而且不仅限于台湾问题，还可以包括其他问题的谈判。

于是，这样一条拐弯抹角的、连接北京与华盛顿的"专线"就建立起来了。其中来往信件多数由基辛格亲自草拟，而且到达中方则往往是由毛、周亲笔批复；后来基辛格回忆说，这些信件写得"越来越热乎了"。

1971年初，美军发起了入侵老挝的蓝山军事行动；尼克松小心翼翼地强调：我们在老挝的干预不应被解释为威胁中国。2月25日，尼克松在向国会发表的第二个对外政策报告中，以书面方式再次使用了"中华人民共和国"这个正式称呼。2月26日，基辛格在一次电视播送的答记者问中说道："尽管战火暂时又燃烧起来了，但那是同脱身的进程分不开的……"基辛格接着重申了尼克松的保证：美国正在退出印度支那。

# RICHARD MILHOUS NIXON

3 月 14 日，周恩来就印度支那和中美关系等问题同一位驻北京的欧洲外交官谈道，中国已作出了一项重大决定，要跟美国领导人开始进行高级别的对话。

4 月 6 日，毛泽东看到"大参考"上登载的各国通讯社纷纷报道中国乒乓球世界冠军跟美国乒乓球员、嬉皮士科恩交朋友的消息。当晚，他与周恩来讨论之后，决定让美国乒乓球队打头阵，为尼克松或他的特使来北京创造一个良好的气氛。

第二天上午 10 点半，中国乒乓球代表团负责人宋中向美国乒乓球队的副领队拉福德转达了正式邀请。尼克松获悉后又惊又喜，立即批准接受邀请，中方作出的响应是发给几名西方记者签证以便于进行采访球队的访问活动。

4 月 10 日，9 位乒乓球运动员、4 位乒协人员、2 名家属和最后一刻才得到签证的 3 名记者走过了罗湖桥口岸。他们是自 1949 年新中国成立以来第一个正式进入这个历史古国的美国代表团。

事后，基辛格评论说："这整个事件是周恩来的代表作。跟中国人的所有举动一样，它有许多层意义，象征着中国已承担了和美国改善关系的义务；而更深一层的意义是：由于这些运动员不可能代表政治倾向，这样中国就可以在根本无需刺激美国评论界的情况下表明它的真意。"

而《时代》则总结说："这'乒'的一声全世界都听到了。"

4 月 21 日，周恩来通过巴基斯坦渠道向美国发出了重要口信：要想根本上恢复中美关系，就必须就台湾和台湾海峡撤军问题进行高级会谈。他重申了愿意公开接待美国总统特使如基辛格博士或国务卿，甚至是美国总统本人来北京直接会晤。

经过慎重研究，尼克松反复斟酌了多个人选之后，还是决定把这个使命交给基辛格，并让他为北京之行做好准备，他说："我相信一个能够进出巴黎而不被人发现的人，也一定能够进出北京而不被人察觉。"

6 月 2 日晚 8 时许，巴基斯坦驻美国大使带来了一封写明周恩来意愿的信，在这封被基辛格称为"自二战结束之后美国总统收到的最重要的信"中说："周恩来总理建议基辛格博士最好将来华时间定在 5 月 15 日到 20 日之间，地点可在北京，由伊斯兰堡可直飞北京不公开的机场。……会谈连同空中来往，约需三四天。……鉴于基辛格博士的行动难于严格保密，也可考虑公开身份来华。如仍需保密，中华人民共和国政府当严格保密。……周恩来总理热切期待基辛格博士来北京会晤。"

读罢信的尼克松起身跑到白宫二楼的家庭小厨房，倒了两杯白兰地，与基辛格共饮庆贺。碰杯前他对基辛格说："这杯酒是为了祝贺我们能够收到这封信和享受今晚这个难忘时刻我们政策所收到的成果。让我们为今后的世世代代干杯，他们可能会由于我们所采取的行动而有过上和平生活的更好的机会！"

## 6 基辛格访华
RICHARD MILHOUS NIXON

1971 年 6 月 30 日，白宫新闻秘书在例行的新闻发布会上宣布：尼克松总统将派遣国家安全事务助理基辛格于 7 月 2 日至 5 日前往越南南方去执行一项调查事实的任务；随后基辛格将前往巴黎与布鲁斯大使进行磋商；基辛格在前往巴黎的途中将对泰国、印度和巴基斯坦进行一系列访问和会谈。

然而只有基辛格和尼克松自己知道，此行还有两个秘密任务：一是秘密访问中国的"波罗"行动计划；二是与河内领导人黎德寿在巴黎进行秘密会谈。

7 月 6 日，距离基辛格秘密访华还有 3 天的时候，尼克松在国内旁敲侧击地为其造势。他来到堪萨斯城，向中西部 11 个州的编辑和广播人员发表演说："在今后的 5、10 或许 15 年之内，世界上将会出现五个强大的超级经济力量：美国、西欧、苏联、大陆中国和日本。……这五大力量将决定世界在本世纪最后三分之一时间里的经济前途，而且由于经济力量成为其他力量的关键因素，所以这五大力量也将决定整个世界在本世纪最后三分之一时间里的其他方面的前途。"他还指出，由于中国与外界的隔绝，很多观察家看不到中国的潜在力量，但是任何灵敏的外交政策都不能忽视这股巨大的潜在力量。"因此我觉得本届政府必须采取最初的步骤以结束大陆中国孤立于世界大家庭之外的情况。"

7 月 1 日黎明时分，基辛格带领着自己层层遴选的同伴乘上一架拥挤不堪的飞机开始了一生中最重要的旅行。

基辛格此次选择的伙伴包括：约翰·霍尔德里奇，职业外交官，是国家安全委员会中分管东亚问题的中国问题专家；迪克·斯迈泽，职业外交官，是分管越南问题的专家；温斯顿·洛德，曾在国务院和国防部工作，现任基辛格特别助理，主管最敏感的问题，是基辛格的亲信和密友。

基辛格先后访问了西贡、曼谷、新德里，每天 6 个活动，日复一日，守口如瓶，让记者们的兴趣大减。当他于 7 月 8 日抵达巴基斯坦首都伊斯兰堡时，跟前只剩下 3 个记者了。而现代外交史上最著名的遁身好戏即将开锣。

由于"行程表"公布基辛格在巴基斯坦只停留 48 小时，因此他到达之后就开始"肚子疼"。对此，叶海亚总统便在晚宴席上邀他到位于纳蒂亚加利山上的总统别墅去"休养"，而且坚持说在穆斯林国家里，要由主人的意志而不是由客人的意志来决定在哪里休息。然而基辛格手下的一个特工人员立即派人前去考察。结果半夜 12 点钟，这位特工打电话来说该处宾馆不宜于居住。基辛格哭笑不得，只好把这位倒霉的特工扣留在纳蒂亚加利，直到他从北京回来为止。

7 月 9 日凌晨 4 点，基辛格和随员们乘坐巴基斯坦的军用车，由外交秘书苏勒坦·汗陪同驶往查克拉拉机场，基辛格还特意戴上了一顶大沿帽和墨镜。一架巴基斯坦国际航空公司所属的波音 707 飞机已经在军用区等候多时，飞机由叶海亚总统的私人驾驶员驾驶。基辛格自己的飞机则停在民航区，刚好遮住那架波音飞机，但如果有什么记者路过这里，就可一眼看到它。

由于基辛格之前并没有向自己的保安人员说明此行的目的地，因此当基辛格的随身特工杰克·雷迪和加里·麦克劳德钻进飞机，看到迎面而来的"中共"人员时，俩人的脸都变色了。在机舱内迎接基辛格的是中国外交部美大司司长章文晋、翻译唐闻生、外交部官员王海容、礼宾司唐龙彬。两位特工从来没有碰到过这么棘手的情况，只能忠实地履行自己的义务，在基辛格呆在北京的几十个小时里，寸步不离基辛格身边，即使是在与周恩来面谈的时候也一样。他们还负责看管两个沉重的公文包，即使吃饭和游览的时候都紧抓着不松手。

这两个公文包里面，装着基辛格对此行的所有准备。他是个谈判老手，明白作为谈判代表不仅应当知道所谈问题的技术方面，而且应当知道其中的细枝末节。他必须对目标和达到目标的途径有明确的概念；必须研究谈判对手的心理和目的。迟疑不定的印象会招致对方的含糊其辞或寸步不让；在谈判桌旁如果还需要经常去查阅文件就有损谈判的权威。

基辛格还与尼克松共同研究了将在中国举行的谈判中会遇到的问题，如：对台湾的政策问题，北京在联合国的席位问题，美军撤出印度支那的问题，华盛顿和北京关系正常化的步调问题等等。两人共同起草了基辛格准备同周恩来会谈的第一次发言稿，以及他可以代表总统接受的 10 种不同的公报草案。除此之外，还有厚厚的一本中国历史、文化和现状的参考材料。

当飞机飞越白雪覆盖的喜马拉雅山时，基辛格的心情像突然回到童年一样，每一分钟都在经历宝贵的冒险，从而使生命更加富有意义。窗外旭日东升，曙光初照，把天空映得一片通红，银白的雪峰巍然高耸，与那玫瑰色的天空相映，景色分外壮丽。

映衬着窗外的壮观美景，机舱内一片暖意融融。中美两国的官员围着一张桌子闲谈，似乎两国从未中断过联系一样。仿佛还在昨天，中美两国在公开场合总是痛骂对方；可是现在却一点也感受不到这样的气氛。

正当基辛格在飞机上与北京代表们相谈甚欢的时候，他留在巴基斯坦的人员正在忙碌地为他此行放着烟幕弹。一队没有基辛格在内的伪装车队，行驶了 3 个小时，行程 50 英里开到纳蒂亚加利。在这个车队里乘坐的有法国大使、基辛格的助手戴维·霍尔珀林、两个特工人员以及一位巴基斯坦副官 M·M. 艾哈迈德。基辛格的另一个助手哈尔·桑德斯留在伊斯兰堡与巴基斯坦官员讨论双边问题，并处理紧急事件。第二天上午 9 时（那时基辛格抵达北京差不多已有 24 小时），基辛格的助手戴维·霍尔珀林从纳蒂亚加利打电话到伊斯兰堡，说基辛格要多休息一天，并取消一切约会。他还打电话给基辛格乘坐的那架飞机的驾驶员，要求他发电通知飞行计划要进行一些改动。他还要求大使馆发电报到其余各个要访问的地点，告诉他们基辛格修改了日程表。

7 月 9 日星期五，北京时间中午 12 时 15 分，基辛格乘坐的飞机在北京郊外的军用机场降落。前来迎接的有叶剑英元帅、黄华、韩叙以及译员冀朝铸。

# RICHARD MILHOUS NIXON

当天下午，周恩来和基辛格就在所住的宾馆开始了第一次会谈。在周恩来两旁的是叶剑英元帅、黄华和章文晋，基辛格的班子是霍尔德里奇、斯迈泽和洛德；他们全都在特工人员雷迪和麦克劳德的监视之下。基辛格面前摆着那本厚厚的情况汇编，而周恩来面前只是一张纸，上面简单地写着几行讨论问题时的发言大纲。

在基辛格停留在北京的 48 小时之内，他与周恩来一共进行了 17 个小时的会谈。他们那种谈笑风生的气氛，简直像两位教授之间进行政治哲学对话一样，几乎把这场会谈的严重性质给掩盖了。在基辛格看来，如果会谈失败，一方将继续陷于孤立，而另一方将加剧其国际上的困难。如果这次使命流产，就会增加中国的危险，因为苏联无疑将会受到鼓励。美国现任政府在国内将声誉扫地，从印度支那的撤退也很容易变成一场溃败。

经过两场彬彬有礼、暗藏机锋的较量，双方终于就基辛格此行的关键问题达成了一致：尼克松总统将于 1972 年 5 月以前访问中国。原本周恩来建议尼克松在夏天时来访，但是基辛格表示这样一来会与总统大选相距过近，恐怕引起不必要的误解。于是周恩来将日期改为春天，基辛格对此表示了同意。

7 月 10 日晚 10 点，基辛格与周恩来再次会晤，并起草了基辛格这次访问的联合公告。较晚的时候，黄华带来了一个公报的草稿，这个草稿立即引起争论。基辛格说明了他们所关心的原则和国内的要求——他们不愿表现得像是在恳求这次邀请；台湾不能作为唯一的议程。很明显，双方都不愿显得是屈居下风而不得不恳求对方；双方都盼望得到积极的结果；如果暗示会谈议程只对单方面有利，那对谁都是不利的。

7 月 11 日 9 时 40 分，会谈重新开始，在必须启程的最后时刻之前谈了 3 个半小时。当天黄华提出的草案与基辛格的要求异常接近，只需改一个字。

起草工作完成之后，在附近房间等候的周恩来立即出现。他与基辛格确定了今后联系的地点在巴黎，并由沃尔特斯将军与中国驻巴黎的大使黄镇接头。

7 月 13 日下午，基辛格一行秘密返回查克拉拉机场。为了继续之前的烟幕弹，基辛格在舒尔坦的陪同下，故意兜了一圈，然后从纳蒂亚加利通往伊斯兰堡的道路上返回。巴基斯坦的官方消息报道说，基辛格已经恢复健康，从疗养地返回。基辛格当晚就坐上了他的那架专机飞往巴黎。

太平洋时间 7 月 13 日晨 9 时，基辛格到达加利福尼亚州埃尔托罗海军陆战队空军基地。艾尔·黑格前来迎接。直升飞机将基辛格送回圣克利门蒂，尼克松早已迫不及待地在机场等候。

此时尼克松已经知道基辛格此行大获成功，因为基辛格在飞往德黑兰的途中就用约定好的代号"尤雷卡"（意即"想出来了"）告诉了他。他收到这个信号后异常激动，在回电"再三"向基辛格表示感谢，并跟基辛格开玩笑说他回来之后可以休假一天，并对他们的保密工作大加赞扬。

7 月 15 日，太平洋时间下午 2 点 45 分（东部时间 5 点 45 分），白宫发出了一个含糊的通知，说 5 个小时之后总统要对全国的电视广播网发表一项"重大声明"。20 分钟后，美联社就发了号外："尼克松总统将于今晚 10 时 30 分对全国电视广播网发表一项'重大声明'，题目保密，白宫拒绝事先透露。"

下午 5 点 45 分，基辛格和总统乘直升飞机从圣克利门蒂飞往洛杉矶。尼克松走进了设在伯班克的全国广播公司的播音室，接下来的 7 分钟，他发表了一篇简短的演说：

> 晚上好！我今晚之所以要求占用这个电视时间是为了宣布我们争取建立世界持久和平的工作中所取得的一项重大进展。
>
> 正如过去 3 年中我曾多次指出的，如果没有中华人民共和国和它的七亿五千万人民参加，就不可能有稳定和持久的和平。因此，我在几个方面采取了主动，以求打开建立我们两国间更正常关系的大门。
>
> 为了达到这一目标，我派遣我的国家安全事务助理基辛格博士在他最近的环球旅行期间去了北京，并与周恩来总理会谈。我现在读的这个公告，将在北京和美国同时发表：
>
> "周恩来总理和尼克松总统的国家安全事务助理基辛格博士，于 1971 年 7 月 9 日至 11 日在北京进行了会谈。获悉，尼克松总统曾表示希望访问中华人民共和国，周恩来总理代表中华人民共和国政府邀请尼克松总统于 1972 年 5 月以前的适当时间访问中国。尼克松总统愉快地接受了这一邀请。"

# RICHARD MILHOUS NIXON

中美两国领导人的会晤，是为了谋求两国关系的正常化，并就双方关心的问题交换意见。

预料公告发表之后将不可避免地引起推测，我想尽可能讲明我们的政策背景。我们谋求与中华人民共和国建立新关系的这一行动，决不会损害我们的老朋友的利益。这一行动不是针对其他任何国家的。我们谋求与所有国家的友好关系。

任何国家都可以成为我们的朋友。我之所以采取这一行动是因为我深信，缓和紧张局势以及美国与中华人民共和国之间良好的关系，将对所有国家有利。

正是本着这种精神，我将去中国一趟——我深切希望这将成为争取和平的一次旅行，不仅是为我们这一代人的和平，而且也是为了我们共有的这个地球上的子孙后代的和平。谢谢大家，祝你们晚安。

当尼克松总统念完这篇公告，电视镜头马上转向了在场的评论员们，向全国观众直播他们的评论。但是这些平素伶牙俐齿、反应机敏的家伙全都怔住了。荧光屏上出现一位编辑，他目瞪口呆、瞠目结舌地盯着镜头，什么也说不出来。全美国都惊呆了，全世界也是。

素来喜欢营造戏剧效果的尼克松简直太满意了！随后的几天，白宫几乎被来自世界各地的贺电给淹没了，新闻界也是一片此起彼伏的赞扬声。无数人出面献计献策，有人要总统在一次出访中同时访问北京和莫斯科；而阵营不同的人则提出了自己最得意的方案要总统执行，如结束越战、扩大贸易等等。愿意支持尼克松政策的人从来没有像现在这样踊跃、这样令人应接不暇。尼克松的嘴巴简直咧得要开花了！

以前，内阁要员们很喜欢去台湾旅游，但一夜之间他们都以公务为由，迫不及待地要访问北京了。参众两院议员们的建议像洪水般地涌了过来，都想到北京去，甚至还有一位夜总会的歌星也请他的代理人想办法提出申请，去中国各地的夜总会巡回演出。当被告知中国没有夜总会时，此人还满嘴嘟哝，写信抱怨说这是难以置信的借口！

对尼克松来说，宣布访华是一大快事，让他一下子成了世界新闻的中心人物，夺得了政治上与外交上的主动权。而基辛格则从小有名气的总统幕僚一跃而成为世界级的政界明星，得意地承担起了为尼克松访华作准备的辛苦工作。

1971 年 10 月 16 日，基辛格开始了第二次代号为"波罗二号"的访华任务，为尼克松的访华做准备。这次他不必再像演间谍影片一样鬼鬼祟祟地进入中国了，他此次是光明正大、被欢呼簇拥着、坐着"空军一号"大摇大摆地访华，比上次又光彩又舒服。

基辛格的第二次访华，经过与周恩来的反复磋商，终于起草完成了一个求同存异的联合公报草案。在台湾问题上，经过艰苦的拉锯战，公报最后这样表述道："美国认识到，在台湾海峡两边的所有中国人都认为只有一个中国，台湾是中国的一部分。美国政府对这一立场不提出异议。"

除此之外，双方还敲定了尼克松来访的确定日期：1972 年 2 月 21 日，为期一周。

## 7 尼克松的北京之行
RICHARD MILHOUS NIXON

尼克松盼望已久的北京之行终于要付诸实施了。

他在出发之前，进行了极为认真的准备：一本本厚厚的参考资料，收录了有关这次访问的主要目标以及有关已和中方商定的议程中各项议题的文章，研究了中国在各个议题上可能采取的立场，以及总统可以自如加以引用的论据。另外还有基辛格在 7 月和 10 月同周恩来所有谈话的分类摘录；对毛泽东和周恩来为人的长篇分析，由中央情报局和基辛格班子里的中国问题专家理查德·索罗蒙编写；西方中国问题学者写的文章和书籍中的长篇节录，这些学者包括埃德加·斯诺、罗斯·特里尔、丹尼思·布拉德沃思、费正清、P.菲茨杰拉德、斯图尔特·施拉姆和安德烈·马尔罗等人。除此之外，尼克松还特邀了早在 20 世纪 30 年代就与中国领导人有交情的法国作家、哲学家马尔罗来到白宫，当面请教与中国领导人打交道的经验。尼克松极其仔细地阅读了所有的参考资料，他像惯常那样把论据一一铭记在脑子里，以达到在与周恩来会谈时能够轻松流利地讲出来，同时又自然随意得仿佛是信口闲聊的印象。

# RICHARD MILHOUS NIXON

1972年2月17日，尼克松一行离开安德鲁斯空军基地，飞往北京。快到达目的地的时候，尼克松从舷窗向外眺望，时值暮冬，田野里一片灰黄。

而此时的北京机场却有点冷冷清清，停机坪上空无一人，气氛冰冷。前夜抵达的一小批美国记者，在刺骨的寒风中跺着脚，同时焦急地等待着。一位记者打趣说："这是尼克松参加劳联—产联大会以来受到的最高接待了。"此时也看不见中国的领导人。另一个记者问中国译员："周恩来在哪儿？"译员神秘地说："就在附近。"

很快，蓝白色的机身冲开晨雾出现在低空。机舱里的卫士长跟地面上的保卫人员进行了例行的无线电联络。

飞机接近机场了，场面霎时发生了变化。星条旗与五星红旗冉冉升起，迎风招展。一队由中国人民解放军各军种组成的350人仪仗队，身穿笔挺军服，出现在停机坪上。周恩来总理率领着为数不多的欢迎人员向座机走去。

尼克松第一个出现在机舱口，他没有戴帽子，头发在风中簌簌抖动着。跟着他走下来的是美国第一夫人帕特，她穿着一件带皮领子的红色大衣，不知道是不是为了迎合中国人的审美风格。

尼克松走下舷梯，率先伸出手，与周恩来握手。用尼克松自己的话说："当我们的手相握时，一个时代结束了，另一个时代开始了。"

尼克松的这个动作被定格成为一个历史性的画面，永远地留在中美两国建交史上的一页。其实他的这一举动是美方特意安排的，是为了弥补国务卿杜勒斯曾经在巴黎拒绝与周恩来握手的那个芥蒂。同时尼克松还专门交代自己方面的人，当他与周恩来握手时，镜头里不能出现其他的美国人，以防转移公众的注意力。

在机场上，没有发表讲话，没有各国外交官，没有中国"群众"挥舞纸旗、花束。这是一个简朴的欢迎仪式，标志着这两个国家从敌对走向缓和的过程中的一个中途站。周恩来和尼克松检阅了仪仗队，然后隐入黑色轿车，前往钓鱼台。在车队返回钓鱼台国宾馆时，周恩来对尼克松说："你的手伸过世界上最辽阔的海洋来和我握手，25年没有交往了啊！"

关于此次尼克松访华的内容，《人民日报》1972年2月22日头版进行了详细的报道。全文如下：

标题：毛泽东主席会见尼克松总统

副标题：同他进行了认真、坦率的谈话。基辛格博士、周恩来总理等参加会见

**新华社一九七二年二月二十一日讯** 毛泽东主席今天下午在中南海会见美国总统理查德·尼克松，同他进行了认真、坦率的谈话。

美国方面参加会见的，有总统国家安全事务助理亨利·基辛格博士。

中国方面参加会见的，有国务院总理周恩来，外交部礼宾司副司长王海容和翻译唐闻生。

标题：美国总统尼克松昨日到达北京

周总理设宴欢迎尼克松总统和夫人

副标题：周恩来、叶剑英、李先念、郭沫若、姬鹏飞、吴德等我国领导人到机场迎接

导语：在宴会上，周总理和尼克松总统先后祝酒；宴会前，周总理等会见尼克松总统和夫人以及随行人员

**新华社一九七二年二月二十一日讯** 美利坚合众国总统理查德·尼克松，应中华人民共和国政府邀请前来进行访问，今天上午乘专机到达北京。

尼克松总统的夫人帕特里克·尼克松陪同前来访问。

随同尼克松总统访问的其他正式成员有国务卿威廉·罗杰斯，总统国家安全事务助理亨利·基辛格博士，总统助理罗·霍尔德曼，总统新闻秘书罗纳德·齐格勒，总统军事助理布伦特·斯考克罗夫特将军，负责东亚及太平洋事务助理国务卿马歇尔·格林，总统副助理德怀特·查平，总统特别顾问约翰·斯卡利，总统特别助理帕特里克·布坎南，总统私人秘书罗斯·玛丽·伍兹小姐，国务院司长艾尔弗雷德·詹金斯，国家安全委员会高级工作人员约翰·霍尔德里奇，基辛格博士高级助理温斯顿·洛德。随同来访的还有非正式成员二十二人，技术人员和记者。

前往机场迎接的有：国务院总理周恩来，军委副主席叶剑

英，国务院副总理李先念，人大常委会副委员长郭沫若，外交部部长姬鹏飞……

上午十一时三十分，尼克松总统和夫人等走下飞机，周恩来、叶剑英、李先念、郭沫若、姬鹏飞、吴德等我国领导人同他们握手，表示欢迎。

首都机场上悬挂着中国国旗和美国国旗。乐队奏美国国歌和中国国歌。尼克松总统由周恩来总理陪同检阅了中国人民解放军陆、海、空三军仪仗队。

然后，尼克松总统和夫人一行，由周恩来总理等陪同，乘车前往宾馆。

**新华社一九七二年二月二十一日讯** 国务院总理周恩来今天晚上在人民大会堂宴会厅举行宴会，欢迎美国总统理查德·尼克松和夫人。

宴会厅里悬挂着美国国旗和中国国旗。宴会开始时乐队奏美国国歌和中国国歌。周恩来总理和尼克松总统先后在宴会上祝酒。席间，乐队演奏了《大海航行靠舵手》、《美丽的阿美利加》等中美两国乐曲。

在此我们仍然引用《人民日报》的有关报道内容，来讲述尼克松的访华日程。

**标题：** 周恩来总理同尼克松总统举行会谈

**新华社一九七二年二月二十一日讯** 国务院总理周恩来同美国总统尼克松今天下午举行了会谈。

美国方面参加会谈的有，国务卿罗杰斯、总统国家安全事务助理基辛格博士、总统新闻秘书齐格勒、负责东亚及太平洋事务助理国务卿格林、总统特别顾问斯卡利、国务院司长詹金斯、国家安全委员会高级工作人员霍尔德里奇、基辛格博士高级助理洛德、基辛格博士的秘书皮诺小姐、国务院翻译弗里曼。

中国方面参加会谈的有，军委副主席叶剑英、国务院副总理李先念、外交部长姬鹏飞、外交部副部长乔冠华以及有关方面负责人和工作人员熊向晖、章文晋、韩叙、王海容……

在中国的一周里，尼克松享受了中方的热情招待，他品尝了中国美食、美酒，登上了长城，参观了故宫，观看了《红色娘子军》和体操、乒乓球表演，游览了杭州西湖和上海。而基辛格则在夜以继日地与中方代表讨论、起草上海公报的内容。

尼克松这次访华的最大成果，就是经过艰苦谈判才达成的联合公报。联合公报刊载在《人民日报》1972 年 2 月 28 日的第一版上，全文收录如下：

标题：联合公报

导语：新华社上海一九七二年二月二十七日电　中美双方二十七日在上海就联合公报达成协议。公报全文如下：

应中华人民共和国总理周恩来的邀请，美利坚合众国总统理查德·尼克松自一九七二年二月二十一日至二月二十八日访问了中华人民共和国。陪同总统的有尼克松夫人、美国国务卿威廉·罗杰斯、总统助理亨利·基辛格博士和其他美国官员。

尼克松总统于二月二十一日会见了中国共产党主席毛泽东。两位领导人就中美关系和国际事务认真、坦率地交换了意见。

访问中，尼克松总统和周恩来总理就美利坚合众国和中华人民共和国关系正常化以及双方关心的其他问题进行了广泛、认真和坦率的讨论。此外，国务卿威廉·罗杰斯和外交部长姬鹏飞也以同样精神进行了会谈。

尼克松总统及其一行访问了北京，参观了文化、工业和农业项目，还访问了杭州和上海，在那里继续同中国领导人进行讨论，并参观了类似的项目。

中华人民共和国和美利坚合众国领导人经过这么多年一直没有接触之后，现在有机会坦率地互相介绍彼此对各种问题的观点，对此，双方认为是有益的。他们回顾了经历着重大变化和巨大动荡的国际形势，阐明了各自的立场和态度。

中国方面声明：哪里有压迫，哪里就有反抗。国家要独立，民族要解放，人民要革命，已成为不可抗拒的历史潮流。国家不分大小，应该一律平等，大国不应欺负小国，强国不应欺负弱国。中国决不做超级大国，并且反对任何霸权主义和强权政治。

中国方面表示：坚决支持一切被压迫人民和被压迫民族争取自由、解放的斗争；各国人民有权按照自己的意愿，选择本国的社会制度，有权维护本国独立、主权和领土完整，反对外来侵略、干涉、控制和颠覆。一切外国军队都应撤回本国去。

中国方面表示：坚决支持越南、老挝、柬埔寨三国人民为实现自己的目标所作的努力，坚决支持越南南方共和临时革命政府的七点建议以及在今年二月对其中两个关键问题的说明和印度支那人民最高级会议联合声明；坚决支持朝鲜民主主义人民共和国政府一九七一年四月十二日提出的朝鲜和平统一的八点方案和取消"联合国韩国统一复兴委员会"的主张；坚决反对日本军国主义的复活和对外扩张，坚决支持日本人民要求建立一个独立、民主、和平和中立的日本的愿望；坚决主张印度和巴基斯坦按照联合国关于印巴问题的决议，立即把自己的军队全部撤回到本国境内以及查谟和克什米尔停火线的各自一方，坚决支持巴基斯坦政府和人民维护独立、主权的斗争以及查谟和克什米尔人民争取自决权的斗争。

美国方面声明：为了亚洲和世界的和平，需要对缓和当前的紧张局势和消除冲突的基本原因作出努力。美国将致力于建立公正而稳定的和平。这种和平是公正的，因为它满足各国人民和各国争取自由和进步的愿望。美国支持全世界各国人民在没有外来压力和干预的情况下取得个人自由和社会进步。美国相信，改善具有不同意识形态的国与国之间的联系，以便减少由于事故、错误估计或误会而引起的对峙的危险，有助于缓和紧张局势的努力。各国应该互相尊重并愿进行和平竞赛，让行动做出最后判断。任何国家都不应自称一贯正确，各国都要准备为了共同的利益重新检查自己的态度。

美国强调：应该允许印度支那各国人民在不受外来干涉的情况下决定自己的命运；美国一贯的首要目标是谈判解决；越南共和国和美国在一九七二年一月二十七日提出的八点建议提供了实现这个目标的基础；在谈判得不到解决时，美国预计在符合印度支那每个国家自决这一目标的情况下从这个地区最终撤出所有美国军队；美国将保持与大韩民国的密切联系和对它的支持，美国将支持大韩民国为谋求在朝鲜半岛缓和紧张局势和增加联系的努力；美国最高度地珍视同日本的友好关系，并将继续发展现存的紧密纽带；按照一九七一年十二月二十一日联合国安全理事会的决议，美国赞成印度和巴基斯坦之间的停火继续下去，并把全部军事力量撤至本国境内以及查谟和克什米尔停火线的各自一方，美国支持南亚各国人民和平地、不受军事威胁地建设自己的未来的权利，而不使这个地区成为大国竞争的目标。

中美两国的社会制度和对外政策有着本质的区别。但是，双方同意，各国不论社会制度如何，都应根据尊重各国主权和领土完整、不侵犯别国、不干涉别国内政、平等互利、和平共处的原则来处理国与国之间的关系。国际争端应在此基础上予以解决，而不诉诸武力和武力威胁。美国和中华人民共和国准备在他们的相互关系中实行这些原则。

考虑到国际关系的上述这些原则，双方声明：

——中美两国关系走向正常化是符合所有国家的利益的；

——双方都希望减少国际军事冲突的危险；

——任何一方都不应该在亚洲—太平洋地区谋求霸权，每一方都反对任何其他国家或国家集团建立这种霸权的努力；

——任何一方都不准备代表任何第三方进行谈判，也不准备同对方达成针对其他国家的协议或谅解。

双方都认为，任何大国与另一大国进行勾结反对其他国家，或者大国在世界上划分利益范围，那都是违背世界各国人民利益的。

双方回顾了中美两国之间长期存在的严重争端。中国方面重申自己的立场：台湾问题是阻碍中美两国关系正常化的关键问题；中华人民共和国政府是中国的唯一合法政府；台湾是中国的一个省，早已归还祖国；解放台湾是中国内政，别国无权干涉；全部美国武装力量和军事设施必须从台湾撤走。中国政府坚决反对任何旨在制造"一中一台"、"一个中国、两个政府"、"两个中国"、"台湾独立"和鼓吹"台湾地位未定"的活动。

美国方面声明：美国认识到，在台湾海峡两边的所有中国人都认为只有一个中国，台湾是中国的一部分。美国政府对这一立场不提出异议。它重申它对由中国人自己和平解决台湾问题的关心。考虑到这一前景，它确认从台湾撤出全部美国武装力量和军事设施的最终目标。在此期间，它将随着这个地区紧张局势的缓和逐步减少它在台湾的武装力量和军事设施。

双方同意，扩大两国人民之间的了解是可取的。为此目的，他们就科学、技术、文化、体育和新闻等方面的具体领域进行了讨论，在这些领域中进行人民之间的联系和交流将会是互相有利的。双方各自承诺对进一步发展这种联系和交流提供便利。

双方把双边贸易看作是另一个可以带来互利的领域，并一致认为平等互利的经济关系是符合两国人民的利益的。他们同意为逐步发展两国间的贸易提供便利。

双方同意，他们将通过不同渠道保持接触，包括不定期地派遣美国高级代表前来北京，就促进两国关系正常化进行具体磋商并继续就共同关心的问题交换意见。

双方希望，这次访问的成果将为两国关系开辟新的前景。双方相信，两国关系正常化不仅符合中美两国人民的利益，而且会对缓和亚洲及世界紧张局势作出贡献。

尼克松总统、尼克松夫人及美方一行对中华人民共和国政府和人民给予他们有礼貌的款待，表示感谢。

在周日晚进行的最后一次宴会上，尼克松心情舒畅地宣称："这是改变世界的一周。……今后我们要做的事情，是建造一座跨越22年敌对情绪的桥。"接着，他向周总理祝酒说，"今天晚上，我们两国人民把世界的未来掌握在我们手中了。"

尼克松向毛泽东赠送了一件礼品，是一套象征和平的瓷制天鹅，重250磅，市价约25万美元；还有一件是赠给中国人民的两头麝牛，名叫米尔顿和马蒂尔达。而作为回礼，美国人民得到了一对大熊猫——兴兴和玲玲。

# RICHARD MILHOUS NIXON

尼克松在周一早晨离开上海，于当晚 9 时到达华盛顿，受到了凯旋英雄式的欢迎。2 月 29 日，詹姆斯·赖斯顿的专栏文章标题为《尼克松先生极盛之时》："他（尼克松）为对华政策树立了一个遵从常识的典范，一个正确外交的典范。"

## 8 与勃列日涅夫交锋
### RICHARD MILHOUS NIXON

1969 年 10 月 12 日，在基辛格进行第二次访华任务的前几天，华盛顿与莫斯科分别发表了一个联合公报，声称美国和苏联领导人将于 1972 年 5 月举行最高级会谈。这条消息在美国舆论界又激起了一阵声浪，几个月前是基辛格秘密访华，现在尼克松又悄没声息地打苏联的主意了。《底特律自由新闻报》称"永远令人惊讶的尼克松从帽子里又变出一只兔子"。《华尔街日报》则说，尼克松即将在北京和莫斯科举行的两次最高级会晤，"反映出多年来任何一位总统对世界政治所持的最乐观的看法"。

1972 年，当尼克松从北京返回华盛顿，结束了他那"改变世界的一周"之旅后，立即开始着手准备 5 月份的莫斯科之行了。

5 月 20 日，星期六，"空军一号"离开华盛顿，途经奥地利的萨尔茨堡前往莫斯科。飞机起飞后，基辛格来到尼克松的机舱，兴高采烈地说："这应该是有史以来最伟大的一次外交成就！三个星期以前，谁都预言这次首脑会议要取消，可是今天我们却在赴会的路上。"

22 日，莫斯科沐浴在淡淡的春光里，教堂的穹形圆顶在阳光下闪闪发亮。下午 4 点，"空军一号"在伏努科沃机场着陆，滑入贵宾停机坪。

与 2 月份北京机场的那个俭朴的欢迎仪式不同，苏联主席尼古拉·波德戈尔内和总理阿列克谢·柯西金，率领一队苏联高级官员到机场欢迎尼克松总统。列昂尼德·勃列日涅夫却没有出场。莫斯科卫戍部队的一支仪仗队整队肃立，精神抖擞。一大群新闻记者和摄影记者爬上临时搭的平台，拼命拍摄这一历史性的画面。

波德戈尔内和柯西金向"空军一号"座机走去，舱门打开，尼克松和夫人帕特出现在机舱门口。记者们的镜头摄下了波德戈尔内和尼克松握手、检阅仪仗队和演奏国歌的场面。

尼克松与苏联领导人的这次最高级会晤，两年前就已经开始筹备了。1969 年 2 月 17 日，尼克松刚就任总统职务不久，就在白宫的椭圆形办公室里会见了苏联驻美大使多勃雷宁。后者向尼克松亲口传达了一个苏联领导人的口信，表达了进行最高级会谈的意愿。尼克松表示这样级别的会晤必须进行仔细周详的准备，而且还列举了一系列包括中东问题、越南问题、军备控制问题以及柏林问题等与美苏关系密切相关的问题。为了绕过国务卿罗杰斯，尼克松还暗示多勃雷宁，有什么问题可以直接先找基辛格。

在尼克松罗列的这一串问题中，苏联最感兴趣的是军备控制问题。在多年的你追我赶之后，苏联已经有些力不从心，不能再陷入新的一轮军备竞赛了。而尼克松则希望苏联在越南以及中东问题上助美国一臂之力。这样就让尼克松在美苏关系上一直坚持"联系的原则"，强调限制战略核武器会谈的同时要"能够促使悬而未决的政治问题取得进展"，而不能"利用一个方面的合作当作在其他方面谋求单方面利益的安全阀"。因此，基辛格每次与多勃雷宁见面都敦促苏联出面帮助解决越战，而对方在这个问题上总是躲躲闪闪。

为了加紧这种敦促的力量，尼克松于当年 8 月访问了罗马尼亚，并受到当地人民和政府的热烈欢迎。在与齐奥塞斯库会谈时，尼克松打了"中国牌"，表示愿意与中国缓和关系。

果然，消息传到克里姆林宫之后，苏联人坐不住了。他们派多勃雷宁拜见尼克松并宣读了一份苏联政府的备忘录，其中表示了对目前美苏关系的不满，以及表示对美中缓和关系的警告。最后，多勃雷宁表示，苏联愿意确定限制战略核武器会谈的日期。

于是，美苏的限制战略核武器会谈正式在 1969 年 11 月 17 日拉开帷幕。但是双方在持续一年多的谈判中，在协议的范围问题上分歧严重，谈判一直陷于僵局。

1971 年 1 月 9 日，尼克松亲笔给苏联领导人勃列日涅夫写了一封私人信件，强调双方要在限制战略核武器的谈判中达成协议，必须把进攻型核武器与防御型核武器联系起来。两周后，多勃雷宁从莫斯科带回了苏联领导人的意见，苏方建议当年夏天举行两国的首脑会谈，并表示有可能会按照美方提出的办法商定限制战略核武器的协议。

新一轮的限制战略核武器谈判在 3 月 15 日的维也纳举行。4 月份，美国与中国开始的"乒乓外交"增加了苏方的压力以及美方的谈判地位，美苏谈判的进程也随之大大加快。

5 月 12 日，多勃雷宁向基辛格递交了苏联关于限制核战略武器的最新方案，苏联方面作出了重大让步，同意将限制进攻型核武器问题列入谈判的议程。20 日，尼克松在白宫新闻发布室里宣布美苏限制核武器谈判"在打破僵局方面有了重要进展"。

在美苏关系的发展过程中，中美关系的进程一直在间接地发挥力量。当 1971 年 7 月基辛格秘密从北京访谈归来并宣布尼克松即将访华之后，苏联立即作出反应，在业已拖了 16 个月的关于柏林问题的"四国谈判"中作出让步。9 月 3 日，美国、苏联、英国、法国四国签订协定，苏联不再坚持取消其他 3 国在西柏林的占领制度，转而同意"四国政府将互相尊重各自的和共同的权利与责任，这些权利与责任仍然不变"；同时保证让西柏林和联邦德国之间的交通通畅，不再进行限制和封锁；同意联邦德国"可以对西柏林常住居民实行领事服务"，联邦德国缔结的国际协定和协议，根据规定的手续可以扩大应用于柏林西区；联邦德国"可以在国际组织和国际会议上代表柏林西区的利益"。

美苏在限制战略核武器谈判和解决柏林问题方面所取得的进展，直接加速了两国进行首脑会谈安排的进度。同年 10 月，就有了本文开头两国同时宣布进行首脑会谈的联合公告。

尼克松一行到达莫斯科后，就被安置在克里姆林宫。在当晚的招待宴会上，尼克松在祝酒词中，以典型的基辛格方式提到战争。他强调说："核大国有严肃的责任在任何危机中采取克制态度，并采取积极的行动避免直接对抗。"他还重申他在 5 月 8 日讲话中提出的要点说，这些核大国有责任"影响陷于冲突或危机中的其他国家，使他们的行为变得温和些"。

第二天上午，在尼克松与勃列日涅夫、柯西金、波德戈尔内、葛罗米柯、多勃雷宁举行的第一次会谈中，尼克松决定一开始就定下他打算在这次首脑会议的整个过程中使用那种坦率的调子。因此他一开口就表示："我想讲一点苏联朋友可能由于客气而不愿出口的话，我知道我是以非常强硬、注重冷战和反共出名的。"

# RICHARD MILHOUS NIXON

柯西金冷冰冰地说："不久以前，我也听到这种说法。"

"固然我对我们的制度有坚定的信仰，"尼克松接着说，"不过同时我也尊重那些同样坚定地信仰他们自己的制度的人。两个社会制度不同的大国一定是有可能在这个世界上共同生存和合作的。但是，靠脆弱的感情或者靠掩盖实际存在的分歧这种办法是做不到这一点的。"

当天下午，尼克松和基辛格同勃列日涅夫和他的美苏事务顾问安德烈·亚历山德罗夫就限制战略核武器问题举行了两小时会谈。其实这种高级会谈往往只是一种外交姿态，许多文件都已经事先拟定好了。因此在5月30日的全部会谈结束时，美苏双方签署了：《美苏联合公报》、《美苏相互关系原则》、《美苏关于限制反导弹系统条约》和《美苏关于限制进攻性战略核武器的某些措施的临时协定》等9个文件。在所有的文件中，双方都保证尽一切努力避免军事冲突，防止核战争，在相互关系中保持克制，用和平方式解决争端并决定成立美苏贸易问题委员会等。

6月1日，尼克松和基辛格在华盛顿又一次受到了凯旋英雄般的欢迎。尼克松在国会两院的联席会议上发表讲话说，这次美苏首脑会谈"为世界上两个最强大的国家之间建立一种新型关系奠定了基础"。他在谈及通过此次首脑会议签署的种种双边协定时说，它们标志着"两个主要核国家向共同克制和限制核武器的时代逐出了第一步"。

1973年2月，基辛格再次应中国政府的邀请访华。同月，勃列日涅夫就写信给白宫表示，希望再次进行美苏首脑会谈，以商定诸如：签订不使用核武器条约；讨论中东问题；进一步达成限制战略核武器会谈协议；签订贸易和经济协议以及在科技、卫生、和平利用核能等方面的协议；讨论两个德国关系，并就欧洲安全和欧洲共同均衡裁军举行会谈等问题。

尼克松站在三个大国组成的三角形尖端上，沾尽了由于中苏矛盾而带来的光，他简直得意得无可名状，他决定继续将这种渔翁得利的战术玩下去。

3月17日，尼克松举行临时记者招待会，宣布中美两国将于5月1日在对方首度互设联络处。苏联立刻不甘落后，邀请基辛格于5月4日访问莫斯科，为下一次首脑会议作准备。

1972年6月16日，勃列日涅夫的飞机在安德鲁斯空军基地降落，开始了他对美国的第一个为期9天的访问。尼克松与勃列日涅夫分别于华盛顿、戴维营和圣克利门蒂进行了会谈。这次会谈之后，两国又签订了《关于进一步限制进攻性战略核武器谈判的基本原则》和《美苏关于防止核战争协定》、《美苏农业协定》等13个文件。勃列日涅夫时不时地流露出对中美两国军事合作的忧虑，在圣克利门蒂会谈时，他就曾说中美两国签订军事协定"就把问题搞乱了"。

由于尼克松自己在圣克利门蒂拥有一所别墅，便在自己家中为勃列日涅夫设了一次家宴，晚间勃列日涅夫就在尼克松的长女特里西娅的房间里休息。每次想到勃列日涅夫那种熊一样的壮汉被安置在一间贴满了粉紫色碎花壁纸的女性房间里，尼克松就觉得好笑。

当晚10点多，当尼克松穿着睡衣躺在床上看书时，原本已经喝得醉醺醺的勃列日涅夫突然出现，并把他拉到书房里说："我睡不着，总统先生。"

尼克松回答说："好啊，这倒是我们认真会谈的好机会。"

于是在接下来的3个多小时里，两人交换了关于中东问题的意见。勃列日涅夫坚持要求双方达成协议：以色列军队从它所占领的领土上撤走，承认国界，船只可自由通过苏伊士运河，解决方案必须有国际保证。他还威胁说，如果不签订一个原则协定，他就不敢保证战争不会再度爆发。尼克松则严守阵线，他明白，如果接受这些原则，可能就会重蹈一年前苏联在以色列的覆辙。就在一年前，苏联由于同意美国在中东实现"军事缓和"而被复仇的埃及人赶了出来。因此在《联合公报》上专门就中东问题写了一句："双方在此问题上都阐明了各自的立场。"

4个月以后，中东果然爆发了战争。埃及、叙利亚在阿拉伯国家的支持下，突然袭击以色列，使其损失惨重。然而美国很快成为以色列的后援，迅速反攻埃及，对开罗造成了威胁。苏联紧急通知基辛格访苏进行"紧急磋商"；10月22日，联合国安理会通过了美苏联合提出的《关于中东战争就地停火》的提案。虽然埃及、以色列当即宣布停火，然而以色列依旧在美国的支持下反扑。苏联对此表示了不满并调派军队支持，但是当尼克松以美苏关系的艰难成果作为威胁时，勃列日涅夫再次妥协。两个超级大国避免了一次正面对抗。

1974年6月，当尼克松与勃列日涅夫再次以大国首脑的身份进行第三次会谈时，他的情形已经不同往日。由于受水门事件调查的影响，尼克松的总统宝座已经风雨飘摇了。虽然双方努力通过此次会谈来吸引一些正面宣传，还签署了一系列协定，如《美苏联合公报》、《美苏关于限制反弹道导弹系统条约议定书》、《美苏限制地下核武器试验条约》等10个文件。勃列日涅夫还与尼克松约定在年底前，在某个"中途客栈"进行一次"微型最高级会晤"，以求在限制进攻性核武器方面达成某些协议。但是，他们都想不到，尼克松已经等不到进行这次会晤了，因为他就要失去进行这种会晤的资格。

# RICHARD MILHOUS NIXON
## 第六章
## 折戟水门（1972—1974）

　　录音带内容被曝光之后，尼克松身边的助手们都惊呆了。黑格、圣克莱尔、律师们和白宫的办事人员们……这些一年多来积极地为他奔走、忙碌的人们发现，自己信任的总统竟然是个骗子！他们一直相信他满口的自我辩白之辞，对他的表演深信不疑，但是他却从一开始就在撒谎。他欺骗了他的顾问们、助手们，以及他的家庭和整个美国！

## 1 "水门"的背景和白宫"管子工"
RICHARD MILHOUS NIXON

美国著名电影《阿甘正传》中有一个片段，在华盛顿水门饭店入住的阿甘给饭店保卫处打电话说，在他窗户对面的饭店房间里有几个人黑灯瞎火地打着手电筒不知道在找什么东西，手电筒的反光闹得他睡不着觉。对方表示会去查看到底出了什么问题，阿甘说了一声谢谢就把电话挂断了。

镜头一晃就是两年之后，阿甘身边的电视机里，尼克松正在向全国人民进行辞职演说，他面色沉重地看着镜头，说："我谨辞去美国总统的职务……"

虽然阿甘这个人物是虚构的，历史上并不存在这么一号人物。但是电影所讲述的这一段故事却是墨迹淋漓地书写在史册上。"水门事件"不仅仅是美国总统尼克松一生永远都无法抹去的污点，它同时还是美国人民心中永远的痛处。"水门"所揭示的是美国一位总统动用行政权力干涉执法并侵犯公民隐私权的事实，这让美国人愤而群起攻之，掀起了一场前所未有的政治和舆论风暴，将尼克松这位曾经给美国带来荣耀也带来耻辱的总统赶下了台，让他成为美国历史上第一位也是唯一一位未经弹劾就主动辞职的总统。

而"水门事件"所带来的话题和思考，也一直持续到今天。那些曾经显赫一时但最后身陷囹圄的白宫显贵们，那些抓住线索、坚持不懈地挖掘真相的记者们，那个一直神秘莫测、当了30多年美国人茶余饭后兴奋谈资的幕后爆料人"深喉"，以及那个凭空消失的18分钟白宫录音带里到底有什么内容……这些都成为美国历史上经久不衰、引人入胜的话题。一切故事以及疑云，都要追溯到1972年6月18日那个星期天。

尼克松当天正与他的老友贝比·雷博佐在佛罗里达比斯坎岛上度假。当天上午，尼克松进屋喝咖啡时，看到桌面上放着刚送来的《迈阿密先驱报》，便随手拿起来翻阅。头版中间一条窄窄的小报道吸引了他的注意，那篇报道的标题是《企图窃听民主党总部，几个迈阿密人在哥伦比亚特区被捕》。报道说，今天凌晨2点30分，坐落在华盛顿水门公寓的民主党全国委员会总部有5个人被捕：其中3个是古巴人，1个疑似美籍意大利人，还有 1 个名叫詹姆斯·麦科德的人。被捕时他们都还带着外科手术用的橡皮手套，身上搜出了电筒、复杂的偷窃工具和电子窃听器等。"戴着橡皮手套的古巴人在民主党全国委员会总部安装窃听器？"尼克松撇撇嘴，把它当作一个普通的低级玩笑，就把它抛到了脑后，接着去看体育版了。

第二天晚上，在返回白宫的途中，尼克松接到了亲信之一、白宫办公厅主任霍尔德曼的电话，在电话里霍尔德曼向总统报告了一个坏消息：昨天新闻里那群闯入民主党全国委员会的事件涉及"争取总统连任委员会"（以下简称"争委会"）中的一个工作人员。这个被捕的倒霉家伙名叫詹姆斯·麦科德，从前是中央情报局（以下简称"中情局"）的保安官员，现受雇于"争取总统连任委员会"，作为房屋、文件、人员方面的安全顾问，讽刺的是，他的职责之一就是防止共和党人受到民主党人的窃听。除此之外，在被捕的人身上，还搜出了一些百元钞票，显然是"争委会"付给的劳务费。

尼克松当时的反应很冷静，首先，从政多年的他已经对这类事情见怪不怪了，他只是立即要求霍尔德曼赶紧把"我们的人"从此事中洗脱干净；其次，他觉得这件事"争委会"干得太蠢了，蠢得让尼克松相信这件事不会吸引太多人的注意力。"派几个古巴人去窃听民主党的总部"，简直是开玩笑！

当时在水门饭店里"干活"的人不止被捕的 5 个，还有两个与麦科德身份相同的人，由于躲在旁边的房间里，幸运地没有被当场抓获。他俩分别是"争委会"的财务顾问戈登·利迪和前中情局特工霍华德·亨特，他俩才是执行此次"水门任务"的头脑，同时也与麦科德一样，都曾经是白宫的"管子工"小组成员。

尼克松混迹政界多年，他早就知道，其实这种搞窃听的小把戏一直在所有人的眼皮子底下进行着。史蒂文森窃听过肯尼迪的电话，肯尼迪家族对林登·约翰逊搞过窃听，约翰逊曾在尼克松的私人飞机里安装过窃听器……就像《华盛顿邮报》所说的，这种做法"在过去的历届选举中并不少见……同一政党的候选人互相窃听更是常事。"

那么尼克松的小班子是什么时候开始玩这种肮脏把戏的呢？这还得从尼克松登上总统宝座不久的 1969 年春天下令秘密轰炸柬埔寨的时候说起。

在那时，尼克松为了追求一种退出越南战争的"体面和平"，一再拖延撤兵的时间，同时还经常性地采取轰炸打击来威吓对方。因此，类似轰炸柬埔寨之类的军事行动也是一种政治上的战略手段，是谈判桌后的"表达"，本应做到绝对地保密。但是，神通广大的记者们总是能从白宫或者五角大楼的犄角旮旯里挖出爆炸性新闻来，因而导致诸如轰炸柬埔寨的"菜单行动"、4月1日国家安全委员会提交的对越政策研究报告、胡志明去世后的美国单方面停火措施、"鸭子吊钩"计划等等的泄密事件屡屡发生，让美国数次陷入与北越谈判的被动局面，这让尼克松多次大动肝火、暴跳如雷。他想知道新闻报道中出现的"尼克松政府某人士"究竟是谁。尼克松和基辛格都感到政府里面有一些官僚在挠他们的脚心，于是决心要找出向新闻界"泄密"的人。

于是，尼克松对当时的联邦调查局局长埃德加·胡佛下令，对所有有泄密嫌疑的官员进行电话窃听。随后，这个计划扩大到甚至包括了新闻记者。联邦调查局一共窃听了17人的电话，但是从未收到任何效果。尼克松不得不无可奈何地说："真笨，简直是一群饭桶！"

在这期间，尼克松还亲自出马，绕过联邦调查局，任命白宫的亲信窃听著名专栏作家约瑟夫·克拉夫特。克拉夫特以前是支持尼克松的，现在却在他的专栏中反对战争问题和基辛格的和平谈判。由于联邦调查局声称克拉夫特的电话"无法窃听"，因此尼克松派出了大将埃利希曼，而埃利希曼找来了手下一个叫约翰·考尔菲尔德的侦探。考尔菲尔德雇用了一个曾在联邦调查局工作的人，名叫约翰·拉根；另一人名已不可考。据说，这两人顺着梯子从克拉夫特家的墙上爬过去，给克拉夫特的电话安装了窃听器。然而几周后，他们除了听到女佣人叽哩呱啦的外语之外啥也没听到。

泄密的人一个也未发现。可是，却无意地、不知不觉地为"水门事件"开了先例，即派秘密雇佣的白宫人员，而不是联邦调查局的官方人员搞电话窃听。

1970年5月肯特州立大学事件标志着尼克松人生的一个转折点，这是他走下坡路并滑向"水门事件"的开始。尼克松对联邦调查局这样的情报和调查机构彻底失望了，在他看来，联邦调查局没有发现泄漏军事秘密的人、没有发现共产党人对反战组织的支持……总之，它没有干过任何有益的事情，而且胡佛还切断了联邦调查局和中情局的联系。

尼克松明白，他不能再依靠中情局了。而且糟糕的是，他对来自华盛顿的许多其他情报机构的军事情报都不信任了。

1970 年春，一个名叫汤姆·休斯顿的国防部情报局陆军军官从海外任职归来后，参加了白宫的工作班子。他概述了整个情报系统存在的一些问题，并特别提到这些人员之间完全缺乏合作与协调的现象。他竭力主张立即召开一次有各情报机构的首脑参加的会议，而总统应在这次会议上好好地训斥这些头头脑脑们，告诉他们制订出可行的、有效的计划，而不是引起辩解和争论。当他的建议被尼克松捏在手里时，得到了尼克松的欢迎，因为休斯顿所说的正是尼克松所想的。

根据休斯顿的建议，中央情报局、联邦调查局、国防部情报局和国家安全委员会的首脑，于 6 月 5 日举行了会议。尼克松在会议上要求他们组成一个特别工作组，制订出一个能收到效果和解决问题的计划，并指定汤姆·休斯顿作为白宫工作人员参加他们的工作。这就是众所周知的"休斯顿计划"的来由。可事实上，提交总统并得到他批准的这个"休斯顿计划"并不是汤姆·休斯顿本人制订的，而是由所有情报机构组成并由埃德加·胡佛任组长的特别工作组制定的。

这个报告中建议进行许多非法活动，诸如偷拆信件、窃听电话和破门入室等，而它的一个副本留在尼克松一个亲信、白宫法律顾问约翰·迪安的保险箱里，成为了"水门事件"中的一个炸弹。当约翰·迪安向社会公布这份报告时，引起了极大的轰动。

不过这个报告遭到了歪曲，给人造成了一种错误的印象：仿佛尼克松力图将一个名不见经传的白宫人员安插在指挥所有情报机构的位置，以便于自己接管，达到罪恶的政治目的。事实却并非如此。具有讽刺意味的是，休斯顿报告并非政府的一项新政策，多年来这一直是官方的政策，直到林登·约翰逊于 1966 年才停止。然而更讽刺的是，联邦调查局、中情局和其他机构所进行的某些活动从未停止过，即使是 1966 年也一切照旧，甚至当总统在椭圆形办公室和各情报机构的首脑见面开会时，这些活动也仍然在进行，只不过这些情报机构的首脑一点都没有让总统知道而已。

而胡佛的确曾表示对整个"休斯顿计划"的极度愤慨，还向约翰·米切尔抱怨了一通。于是当米切尔把他的批评意见告诉尼克松，5 天之后，"休斯顿计划"便被放弃了。尽管没有执行，但休斯顿计划却给情报机构带来了明显的新的威胁——它们担心白宫的"干预"会导致它们权力的丧失。

休斯顿计划未能执行，却给"五角大楼文件"泄密事件做足了铺垫。兰德公司"思想库"的雇员丹尼尔·埃尔斯伯格公布了一份五角大楼文件，在此之后，尼克松的反应是默不作声。他认为毕竟这些文件涉及的重大事件都是肯尼迪和约翰逊执政时期而不是他执政期间的事，而且这些文件也不重要。

但基辛格却警告他说："总统先生，这表明你是一个软弱的人。"他的话刺激了尼克松的痛处，"一个白痴居然可以任意公布这个国家的一切外交秘密，这件事本身就会损害你在苏联人心目中的形象，破坏我们执行外交政策的能力。如果其他国家感到我们无法控制内部的泄密问题，那么它们永远也不会同意和我们进行秘密谈判。"

于是，尼克松对刊登文件的报纸和埃尔斯伯格本人发动了反击，并提出了对他们的刑事诉讼。接着，他发动他的"三员大将"采取行动：霍尔德曼、埃利希曼和科尔森。

尼克松把霍尔德曼叫到他的办公室，说："从今以后你就是我的最高执法官。鲍勃，那些该死的东西，我想要国务院每一个接触机密的人员都接受测谎检验。"他还命令霍尔德曼去臭骂和警告每一个内阁成员和情报机构首脑，如果今后不堵住所有泄密码漏洞，就统统撤职。

但是国务院有数以千计的人员，而且这样做只会让新闻记者更加兴高采烈。霍尔德曼赶紧说："总统先生，可不能那样做。他们的人数太多了。国务院会闹翻天，而我们会受到报纸严厉的批评。"

"我他妈才不在乎呢，我就要这样做。这个政府的泄密事件中有一多半都是这些混蛋在后面支持搞的。我要一劳永逸地制止他们再这样做。"

最后，只有几个国务院高级官员接受了测谎检验。尼克松为了采取一条更迂回的途径，选择了既头脑敏锐又擅长搞阴谋诡计的约翰·埃利希曼。

此时，尼克松已经不指望靠着联邦调查局和中央情报局来找出白宫和政府其他部门的泄密漏洞并堵塞它们了，但他仍然决心做一些事情。因此，他告诉埃利希曼："如果我们不能从这个糟糕的政府中，找到任何人为我们出点力来解决这个可能是我们遇到的最严重的问题，那么我的老天爷，我们就得自己干了。我希望你就在白宫这里建立一个小组，让参加小组的人避开盯梢的密探，查明情况，想出如何堵塞泄密的办法。"

这正对埃利希曼的胃口，他的毕生梦想就是能成为中情局的局长。于是，他回头就开始招兵买马，指定他自己班子里的埃吉尔·克罗和基辛格班子里的戴维·扬格成立一个"特别调查小组"，以执行总统的命令。这两个人在行政办公大楼的地下室里找了一间小办公室开始办公，因为他们的任务是设法堵漏洞，所以很快就获得了一个名叫"管子工"的绰号。

可能是惦记着不让肥水流了外人田，查克·科尔森也来插上一手，建议雇用霍华德·亨特来加强"管子工"的力量。

查克·科尔森外号"野人"，他是推行尼克松的"强硬"政治的演出者。他常常被发觉要么蛮横地闯进，要么偷偷地溜进一些本来该由白宫高级官员或内阁阁员管辖的政治领域。但是科尔森都不在乎，他只听尼克松一个人的。

尼克松在给科尔森安排工作的时候曾说："我们现在遇到了一股反政府的势力，而我们是非同它们进行斗争不可的。为了堵塞这些漏洞并防止将来再发生未经许可的泄漏事件，你怎么去干我都不管，需要怎么干就怎么干吧！我不希望你对我讲你为什么不能完成这个任务的理由。如果任何一个人都可以跑出来泄漏他想泄漏的文件，那么这个政府就不能存在下去，就不能发挥作用……我希望知道究竟是谁在后面指使这种勾当的，我希望尽可能进行最全面的调查。我不要托辞，我要的是成果。我希望完成这个任务，不管付出多大的代价。"

不久，科尔森手下的两名"管子工"利迪和亨特在偷窃给埃尔斯伯格进行心理分析的医生档案时，被尼克松的政敌们发现了。不久，"管子工"被解散，亨特在科尔森手下从事特别计划，利迪则成为"争取总统连任委员会"的法律顾问，兼负责竞选活动情报工作。

从"管子工"解散到"水门事件"发生前的一段时间，各方面的情况显示，尼克松对于大选已经是胜券在握。他认为自己已经渡过了竞选的急流险滩，正平稳地朝着连任总统的港口驶去。然而他没有意识到，他的船舱内部已朽烂了。

再把视线折回到"水门事件"发生的第二天，1972年6月18日。尼克松得知此事之后，他把霍尔德曼叫进自己的办公室，问："关于民主党全国委员会总部的荒唐消息是怎么回事？为什么会有人去闯进全国委员会总部呢？真正的货在候选人总部，不在全国委员会。"他顿了一下，"找找马格鲁德，看看他知道些什么。"

马格鲁德是白宫班子派到"争委会"工作的人。霍尔德曼从他那里了解到，被捕的麦科德是利迪的人。接着，埃利希曼又打电话来说，被捕的古巴人身上带着霍华德·亨特签了字的支票。

利迪和亨特都是科尔森的人，如果因此牵涉到科尔森，那么就会牵连到总统！

霍尔德曼担心地问埃利希曼："科尔森怎么说？"

"关于水门的事他什么也不知道，他已有好几个月没有见着亨特了。"

"他觉得结果会怎么样？"

"我不敢想。如果科尔森老兄和这场小纠纷有牵连，那咱们可就有得忙了。"

## 2 幕后的忙碌
RICHARD MILHOUS NIXON

在白宫和"争委会"总部，尼克松的亲随们忙忙碌碌地转移或销毁了一切与水门事件有关的材料。霍尔德曼从白宫档案中撤走了全部有关材料；白宫顾问约翰·迪安打开了亨特位于白宫行政大楼办公室里的保险柜，从里面取出了4个步话机、一个催泪毒气罐、4副手枪套、伪造的国务院电报、一个装有五角大楼文件的文件夹、由中情局搞到的埃尔斯伯格的简介、关于民主党参议院爱德华·肯尼迪的丑闻报告……马格鲁德也协助转移了一份"水门文件"，把它藏在了家里。

而已经被警方定为涉案人员的亨特在案发不久就匆匆逃往加利福尼亚的一个朋友家中；利迪则销毁了手头所有与己有关的证据以及相关文件，包括他手头上的一些百元钞票，干完这些事情之后，他既没有躲起来也没有逃走，而是决定拒绝与警方合作，拒绝回答任何联邦调查局人员的讯问。

尼克松竞选班子的另一个负责人米切尔之前就派利迪去找新任的司法部长理查德·克兰丁斯特，要他保释被捕的麦科德。但是克兰丁斯特不仅当即予以拒绝，而且还通知司法部的刑事司司长亨利·彼得森，要他不可在水门案件中徇私枉法。不得已之下，米切尔只得向公众发表声明说，麦科德是一家私营保安装备的老板，"几个月以前受到'争委会'的雇用，以协助他们安装安全系统。……需要讲明的是，麦科德与很多主顾都有来往，他们的关系我们并不了解；此次事件既不是为我们干的，也不是经我们同意的。这些报道让我们震惊。在我们的竞选活动和选举过程中，是没有这种活动的，我们决不允许或纵容这类活动。"

尼克松本人则开始动用手中的行政权力，干涉水门事件的继续扩大和合法调查。他与自己的助手们反复商量之后，决定先想办法转移公众的注意力。由于被捕者中有几个古巴侨民，亨特从前在中情局又从事过颠覆古巴政权的猪湾事件，因此，白宫将此事解释为："古巴人为了自己的民族利益而进行窃听活动。"为了让这个解释更可信，尼克松还命手下在佛罗里达州的古巴流亡者中建立一个古巴人委员会，让这个委员会出面筹款，为被捕的古巴人打官司。

同时为了阻止联邦调查局对水门事件的调查，6 月 23 日，尼克松命令霍尔德曼在白宫约见了中情局局长理查德·赫尔默斯以及新任副局长弗农·沃尔特斯将军，要他们去找联邦调查局代理局长帕特·格雷，警告他不要深究此事件，同时更不要追问那些闯入者身上携带的金钱的来历。随后，迪安又找到了沃尔特斯将军，暗示他总统希望中情局能出面保释被捕的 5 人，也就是说，总统希望中情局能把这个闯入案的罪名挑在自己肩膀上。

沃尔特斯思前想后，觉得这样做就会有损中情局"超越政治之上"的名誉。于是他找到了格雷，但是没有按照白宫的吩咐，而是自作主张地警告格雷：总统的助手们为了某种可疑的目的想要同时利用联邦调查局和中情局。

格雷的日子也不好过，他手下的联邦调查局探员们向他汇报说，有人在掩盖这个案子，希望他去警告总统。

6 月 28 日，埃利希曼把格雷叫进了白宫，两人来到了迪安的办公室。迪安将亨特保险柜里的东西拿出来给格雷看，并且告诉他：这是一个"政治炸弹"，"永远别让它见天日"！

几天后，尼克松将格雷提名为联邦调查局的局长，并且承诺不让联邦调查局卷入政治斗争。得到消息的格雷在 7 月 3 日，把那些"亨特保险柜里的东西"统统销毁了。

有了尼克松的默许和支持，他的下属们更加无所忌惮，这就加速了总统宝座的坍塌。在"争委会"里，米切尔一直主持着所有的对策会议。"争委会"决定，把所有的线索停止在利迪身上，然后掐断，由利迪来承担所有的责任。为此他们从窃听活动的经费来源上入手，重新编造拨给利迪的经费数目；同时用钱堵住几个被捕人员的嘴。这笔贿赂金通过亨特的妻子转交给狱中人的家属。

与此同时，迪安则受命设法阻挠对水门案的调查。他设法加入了联邦调查局对 8 名白宫助手的调查工作，同时他还获取了大部分联邦调查局关于水门案的调查报告。此外他还劝说司法部的刑事司司长亨利·彼得森，不要传讯科尔森、戴维·扬、查平等 5 名白宫班子成员出席负责水门事件的联邦大陪审团的审问，而是让他们在另一个房间里提出证词，以避免陪审团直接向他们提出问题。

当白宫班子们忙里忙外的时候，尼克松又在公众面前施放烟幕弹。在 8 月 29 日的一次竞选连任记者招待会上，他说："现在已经有联邦调查局、司法部、大陪审团、总审计局、众议院银行与货币委员会等 5 个机构在进行着水门案件的调查，我也已经命令白宫对这些调查予以全面合作。……除此之外，在我们自己的班子内部，在我的指导下，总统顾问迪安先后对一切线索进行了全面调查，看看是否有白宫成员或政府官员卷入的情况。我可以明白无误地告诉大家，他的调查显示，白宫、本届政府中没有一个现在受雇的人员卷入这一荒唐事件。……竞选委员会主席米切尔自己就在进行调查。在他辞去主席职务后，接任者克拉克·麦格雷戈仍会继续调查。……这一切调查都值得赞扬，因为我们希望把这一切弄个水落石出。"他最后说，"在这类事件中，真正令人痛心的不在于发生了这类事，因为在竞选中一些过于热心的人总会做些错事。如果有人企图把这类事掩盖起来，那才是令人痛心的。"

初期的掩盖活动效果不错。虽然在水门事件发生后的第二天，民主党就对"争委会"提出了诉讼，索求 100 万美元的赔偿，但是这个案子却被白宫成功地"摁住"了。

9 月 15 日，联邦大陪审团对利迪、亨特和被捕的 5 人提起了诉讼，但是没有再牵扯到别人。在案件调查中，马格鲁德和斯特罗恩等人都通过作伪证而蒙混过关，尼克松大大地松了一口气。当天下午，尼克松把迪安叫到了椭圆形办公室，表扬了他一番，同时又交代他三件任务：一是搜集民主党政府期间的窃听事件，以证明水门窃听无非是政治斗争的惯例；二是编一份在水门事件上专给政府找麻烦的人员名单，等尼克松获得连任之后再狠狠地收拾他们；三是捏造出一份关于水门事件的调查报告来，结论必须与总统在 29 日的发言相符。

11 月 7 日是总统大选的日子，尼克松以 60.7% 对 37.5% 的绝对优势再度当选总统。正当尼克松及其亲随们的庆酒祝贺之声不绝于耳之时，危机也开始向他们悄悄地逼近。

12 月 8 日，美国航空公司的 553 次班机坠毁于芝加哥米德韦机场，45 名乘客中有 30 名死亡。说巧不巧，死者中竟然有霍华德·亨特的妻子，在她紧抓着的包里发现了 1 万美元的现金！据她的家人解释，她是专门前往芝加哥购买一家假日饭店的营业权的。但是，她从哪里弄来这么多钱？众所周知，亨特一向不富裕，曾经为了凑足 2 000 美金购买一家广告公司而焦头烂额；而且这笔发现在亨特太太尸体身上的现金，与水门案被捕人员身上发现的现金一样都是百元面额的。事实上，这笔钱只不过是白宫通过"争委会"付给亨特的一大笔"封口费"的一部分。亨特自从被捕以后，就成了一个索钱的无底洞，他给迪安写带有暗语的黑信要钱，同时还坚持索要总统的特赦保证。要到了这些，亨特才合作地对报界闭上了嘴，没有咬出"更上面"的人。

但是亨特太太的"意外"像一粒火星，重新点燃了让白宫班子累得死去活来才几乎撂灭的水门案，这颗火星让全国民众以及司法部门的兴趣重又炽热地燃烧起来。

而且与此同时还有一股力量在暗地里撺掇，那就是没有被白宫收买的前中情局雇员麦科德，他看出了尼克松想让中情局来背黑锅的意图，便不断给中情局局长赫尔默斯写匿名信："我将不时告诉你新的消息。"这是 6 月 30 日的第一封；接下来是 12 月 22 日的第二封："有很大压力企图将全部活动的责任推给公司（暗指中情局）。"这封是写给原中情局的朋友的；1973 年 3 月，在法院审讯进入尾声时，他又在给约翰·赛里卡法官的信中写道："审讯期间并没有指明其他卷入水门行动的人"；"审讯期间有人作伪证"；"有人使用政治压力迫使被告服罪并保持沉默"。这封信件最终在法庭上被当庭宣读，并成为报纸争相报道的内容。

调查水门案件的联邦检察官们重新召集大陪审团，开始了新一轮的审问。

1973 年 1 月 8 日，利迪、亨特、麦科德等 7 人因"水门事件"而被审讯。

1 月 18 日，审讯埃尔斯伯格。

国会参议院也在 2 月 7 日以 77 :0 的绝对多数票决定成立一个特别调查委员会，以对刚刚结束不久的总统竞选活动进行彻底的调查。北卡罗莱纳州参议员萨姆·欧文担任了这个由 7 名参议员组成的委员会的主席。委员会制定了一个法律小组，准备进行听证会。

2 月 28 日，参议院就批准帕特里克·格雷任联邦调查局局长举行听证会。让总统失望的是，格雷把联邦调查局的原始档案材料交给了委员会，而在每次听证会的时候都会扯上迪安，从"水门事件"发生后到 1972 年 9 月间曾与格雷见过 33 次面，而且还让其看了联邦调查局掌握的全部有"水门事件"的档案材料。

很自然地，司法委员会要求迪安出席作证。虽然迪安援引行政特权拒绝出席作证，但是他深知事态的严重——白宫严实的天地开始崩裂了。

3 月 21 日，尼克松与迪安作了一次长谈。俩人各怀鬼胎，迪安想要尼克松明白目前的危险处境，并给自己这个了解"水门事件"最详细情况的人以豁免权；尼克松则想弄明白亨特在向调查人员交待他的活动时，有没有间接地涉及到自己。同时，尼克松要霍尔德曼为亨特筹款。迪安谈过话后，明白尼克松只是担心司法机关通过亨特的活动而追查到白宫，却决不会给自己弄豁免权。尼克松最后要迪安起草一份报告，表明白宫并未牵连在内，他对迪安说："必须写得非常笼统概括，明白吗？别他妈的把那些事说得那么具体。"

迪安在努力争取总统给予豁免权失败之后，开始致力于自保，决定投奔司法部，以他手头上的大量资料来为自己争取到豁免权。

案件调查人员则以豁免权为诱饵，引诱迪安上当。于是迪安豁出去了，他把"休斯顿计划"的绝密报告交了出来，接着又交待了"管子工"们潜入埃尔斯伯格的心理医生诊所事件。这下，霍尔德曼与埃利希曼都被牵扯了出来。

尼克松决定丢车保帅，他一个一个地把这些曾经忠心耿耿追随他的人踢出了白宫，以求自保。4 月 17 日，尼克松发表声明，他已重新下令调查"水门事件"的真相，并宣布不能给予现任或前任的政府高级官员以豁免权，他们将出席欧文委员会的听证会。他还表示："如果行政部门或政府中的任何人被联邦大陪审团依法起诉，我的政策就是立即停止他的职务，如果他被判有罪，就自动解除他的职务。"

4月19日，马格鲁德承认自己犯了伪证罪，向检察官坦白了一切事实，并咬出了米切尔和迪安。迪安随即发表声明："有人希望或者认为我将成为水门事件中的替罪羊。谁要相信这点，谁就不了解我，不了解事实真相，也不懂得我们的司法制度。"

但是霍尔德曼和埃利希曼都没有迪安看得透，他们迟迟不愿辞职，因为他们始终对尼克松忠贞不贰。但是4月29日这天，尼克松在戴维营迫使他们签署了辞职信，直到这一刻，埃利希曼还没有放弃对尼克松的幻想。

4月30日夜，尼克松发表电视讲话，宣布了霍尔德曼、埃利希曼、司法部长克兰丁斯特和总统顾问迪安都已经辞职，他暗示这些人虽然一直是他忠实而亲密的同事，但是却在水门事件中对他隐瞒了真相。从这一天起，尼克松已经把白宫中所有与水门丑闻有牵连的人都扔了出去，认为此时已经万事大吉的他却万万没有想到，更严峻、更致命的挑战已经在不远处等着他，直到把他也赶出白宫。

## 3 白宫录音带
RICHARD MILHOUS NIXON

在将迪安、克兰丁斯特、霍尔德曼、埃利希曼等人踢出白宫之后，尼克松立即再次改组政府。他将原国防部长艾利奥特·理查森调任为司法部部长；将继任赫尔默斯之后的中情局局长詹姆斯·施莱辛格调任五角大楼，任国防部长；提拔施莱辛格在中情局的副手威廉·科尔比为局长；提名堪萨斯城警察局局长克拉伦斯·凯利为联邦调查局局长，填补格雷4月份辞职后留下的空白；启用原基辛格的副手、现任陆军副参谋长亚历山大·黑格将军为白宫办公厅主任；在民主党人的压力下，尼克松请出原国防部长梅尔·莱尔德和原总统顾问布莱斯·哈洛出山，担任总统顾问；任命原国防部法律顾问弗雷德·巴兹哈特为总统法律顾问，同莱恩·加门特一起处理包括水门在内的法律问题。

# RICHARD MILHOUS NIXON

尼克松坐在床上阅读报纸。

5月份，为了得到参议院允许自己担任司法部长的批准，理查森委任了一个有广泛调查和传讯权力的水门事件特别检察官，他选择的是哈佛大学法律教授阿奇博尔德·考克斯。考克斯迅速组建了一支人数多达80人的调查班子，开始着手搜集证据。

与此同时，欧文委员会的公开听证会也于5月17日正式召开，全国人民都守着电视机，急不可耐地等候那些与水门事件有关的当事人，出面讲述与此有关的一切细节。

尼克松的鼻子快气歪了。他原本打算通过辞掉霍尔德曼和埃利希曼等人以及改组政府，能够转移公众的视线，让人们不再关注水门这件"小事"。然而现在一切似乎都白费了，他重新回到了事件的漩涡中心。

现在他所面临的最大挑战就是应对即将在6月开始的电视转播的欧文委员会听证会，具体地说，就是他要想办法对付约翰·迪安的出席作证。

尼克松最初的韬略是抢在迪安前面先发制人，试图与那些已经泄漏出来和即将泄漏出来的有关水门事件的不法行为划清界限，唯恐迪安在听证会上作出不利于他的证词。于是他于1973年5月22日发表声明：

"第一，我事先不知道水门闯入事件；第二，我既没有参与也不知道事后可能发生的掩盖真相的行为；第三，任何时候我都没有授权向水门被告提供行政宽赦，也不知道有过任何这样的许诺；第四，在我亲自调查之前，我不知道向水门被告提供金钱的任何事情；第五，任何时候我都没有试图、也没有授权他人试图在水门事件中牵连中央情报局；第六，在我亲自进行调查之前，我不知道有闯入埃尔斯伯格的心理医生办公室一事，是我明确授权将这一信息提供给伯恩法官的；第七，我既没有授权也没有鼓励我的手下人从事非法或不正当的竞选活动。

尼克松在进行此番声明之前，可能还意识不到这种谎言会带给他今后多么大的冲击和影响，他此刻唯求自保，但是他没有发现，那些被他"弃车保帅"策略而抛弃的亲随们，几乎都能够出面证明，他说的这番话，除了第1条以外，全部都是谎言。霍尔德曼和埃利希曼可以证明第2—7条是假；科尔森可以证明第3、5、7条是假；米切尔可以证明第4、7条是假；西格雷蒂、马格鲁德和查平可以证明第7条是假；迪安则可以证明除了第1条以外的所有谎言。

在5月22日的声明中，尼克松还承认：政府批准过一些窃听事件。企图以此来抵消迪安的证词所产生的冲击波。他承认了1969年开始的以防止泄密而进行的窃听，以及休斯顿计划与"管子工"建立等过程。为了对这些行为进行辩护，他表示这些都是出于国家安全的理由，合法而且必需；他还举出了一些前任总统们的先例来证明自己的清白。

除了进行这种公开的声明以外，尼克松还安排了一系列重大活动来转移公众的注意力。他于5月24日为越战战俘们在白宫举行了盛大晚宴；6月中下旬，他在白宫、戴维营和自己的别墅中安排了与苏联领导人勃列日涅夫的第二次最高级会谈。在这段时间内，欧文委员会暂时中断了水门案件的公开听证会。

但是让尼克松咬碎牙根的是，就在勃列日涅夫返回苏联的当天，也就是6月25日，欧文委员会复会，并且继续进行迪安的电视听证会。全国公众迫不及待地返回电视机前，等待着水门事件的进一步发展。这不能怪尼克松，要怪只能怪这件事牵涉到的人太惹眼、太引人注目了。这群平日里衣履光鲜、派头十足的白宫大人物们，平时都个个指点江山、身处金字塔的最顶端，现在则不得不一个接一个地站在听证席上，老老实实地在电视机前交待种种见不得人的阴谋诡计、白宫秘闻，实在是超过了任何精彩的电视剧乃至好莱坞电影。

这场声势浩大的"演出"总共进行了 37 个日夜，新闻界铆足了吃奶的力气集中轰炸着观众的视听极限，电视实况转播总共超过 320 个小时，每周平均有 22 个小时在转播有关水门事件的电视新闻实况、评论专辑。迪安个人的曝光率最高，超过了 20% 的时间。

迪安在听证会委员们的面前以及电视镜头前详细讲述了他所知道的一切与水门事件相关的事实，然而由于他所坦白的内容与尼克松在 5 月 22 日所进行的声明完全对立，同时也缺乏可靠的证据，何况他一直坦然承认自己深卷其中，因此非常容易受到白宫的指控，也非常容易被白宫戴上"掩盖活动背后决策人"的帽子。

迪安说 1972 年 9 月 15 日与总统进行的一次谈话，从谈话中得出的印象是尼克松充分了解迪安的掩盖活动。而尼克松一再说过，在 1973 年 3 月 21 日迪安告诉他出了大问题以前，他对于掩盖活动毫无所知。因此，迪安的证词引起委员会的极大兴趣。

参议员霍华德·贝克的一句问话"总统了解些什么情况？他是什么时候了解到的？"后来成了听证会上的一句名言。

尼克松这时拿出了一批不利于迪安的证据，将其提供给了欧文委员会里的共和党人，以便为难迪安和驳斥他。然而细心的委员会成员和工作人员发现，尼克松的辩护班子提供的证词并不像是随机、偶然间记录下来的只言片语，而是来源于一种非常完全的记录。工作人员于是前去询问了当时正担任联邦航空管理局局长的白宫前助手、霍尔德曼的老同学亚历山大·巴特菲尔德。

经过反复盘问之后，7 月 16 日在水门事件委员会面前，巴特菲尔德吞吞吐吐地表示，为了记录下谈话与电话往来内容，尼克松总统在 1971 年就下令在他的白宫办公室里安置了录音系统，总统手中目前握有的白宫录音带里包括迪安证词中提到过的所有谈话。关于迪安是否在撒谎这一大争论，可以靠总统自己保存的录音带来解决。

"总统窃听自己的办公室！"这个消息一公布，举国震动。调查的中心于是自然而然地转到尼克松与"水门事件"有关人员的谈话录音带上。

# RICHARD MILHOUS NIXON

白宫的录音带，除了巴特菲尔德以及安装窃听装置的专家以外，只有尼克松、霍尔德曼以及霍尔德曼的一个助手知道白宫安装有自动录音装置的事，就连尼克松最信任、最器重的外事专家基辛格，对此也不甚了了。而事实证明，这几盒秘密的录音带，成了尼克松脖子上的绞索。

其实白宫录音带并不是为了便于历史学家研究史料，而是专门给总统自己使用的。也就是说，当来访的外国政治家乃至他自己的内阁官员或顾问所发表的言论同他们与总统私下谈话的内容有矛盾时，总统就会参考录音带。当尼克松在1971年安装录音系统时，他的主要目的就在于此。另外的用处就是为他提供个人使用。

当然，他的前任总统林登·约翰逊安装录音设备也不单纯是为了保存史料。约翰逊政府的一些秘书就专职负责笔录约翰逊的录音带里的内容。一个激动人心的小故事足以解释总统们安装录音设备的真正原因。

约翰逊一向讨厌罗伯特·肯尼迪，后者告诉记者的话常常与他和总统间的真实谈话有出入。于是，约翰逊决定利用椭圆形办公室里的录音系统使罗伯特难堪。

他把肯尼迪叫到椭圆形办公室，按了办公桌下面的录音机开关，录下他们谈话的内容。结果谈话出奇地顺利，让他非常兴奋，肯尼迪浑然不觉自己已经入彀，讲了很多自投罗网的言论。

约翰逊兴高采烈，他终于抓住肯尼迪的小辫子了！会谈话音还没落，他就迫不及待地命令速记员笔录下录音带的内容。但是当速记员戴上耳机时，除了嗡嗡的杂音以外什么也听不到。录音设备失灵的消息气得约翰逊用拳头使劲捣桌子，后来他才发现肯尼迪早就识破了他的伎俩，是有备而来。原来他在口袋里放了一个扰频器——一个微型无线电发报机，当他笑嘻嘻地与猴急的约翰逊"聊天"时，这个发报机彻底干扰了窃听器。

当然，约翰·肯尼迪和林登·约翰逊都有白宫谈话的录音。但是就肯尼迪来说，这事连他最亲近的顾问特德·索伦森和麦克乔治·邦迪都不知道。

毫无疑问，总统们都宣称完全是为了记录史实而搞录音的。但真实的情况又怎样呢？恐怕研究总统们的学者不会捞到什么油水，或者像黑格将军在讨论"水门事件"的物证时曾说的那样：充其量只能捞到一点"稀粥"。毫无疑问，在允许学者们分析的白宫录音带中，只有会议和政治家式的言论不会有肮脏的水门式的政治讨论，不会有总统说的脏话，当然更不会有提到窃听或其他阴谋诡计的内容！

但是当尼克松在 1968 年听说约翰逊装有录音设备时，他非常震惊。于是他进入白宫的第一批总统决定之一，就是拆除约翰逊安装的全部电子设备。所以在尼克松椭圆形办公室内的谈话，在 1971 年 2 月以前一直没有录音。如果到 1976 年 11 月为止仍然没有录音，尼克松本来可以光光彩彩地任职到他总统任期的最后一天。那么他为什么决定仿效前总统，把他的谈话录音呢？

导致尼克松批准使用录音系统的主要动力，是他希望准确地录下他与外宾、政府官员和他自己的工作人员会见时所谈的一切。他看到有时他们的谈话内容会被有意无意地歪曲或误解，而这样的一种记录可以让他放下心来。除此之外，录音系统不仅完整地、准确地留下记录，而且还看不见，这样可以使来访者和顾问们同总统谈话时不会感到拘束。因此，在一次尼克松和霍尔德曼的会谈中，他决定安装录音系统。

"水门事件"前的某天，巴特菲尔德走进霍尔德曼的办公室说："录音带快要堆积成山了。很明显，谁也不会坐下来听听所有的录音，这要花几年的时间。所以我猜想你大概会把它们打成文字吧。否则，日积月累，就要成为无法完成的任务了！"

霍尔德曼当天向总统提出了这个问题："你想不想着手把录音带笔录下来？"

"绝对不要。"尼克松激烈的口吻让霍尔德曼大吃一惊，他在任何时候都不愿把它们变成书面记录。除了他自己以外，他永远不会让任何人听那些录音。他接着补充说，"我甚至从来不愿让罗斯·玛丽·伍兹听这些录音。"说到这里，尼克松抬起头来看看霍尔德曼，"嗯……也许你也能听这些录音，不过再没有别人了。"

正是这个录音系统，使尼克松难以摆脱他在"水门事件"发生后曾经力图掩盖真相的嫌疑。

## 4 无冕之王与神秘的"深喉"
RICHARD MILHOUS NIXON

在水门事件的追查过程中，起到决定性力量的，不仅仅是司法部门，还有更深刻的党派斗争以及其他复杂的政治背景。

水门闯入事件并没有真正能够煽起公众的情绪。虽然《华盛顿邮报》和《纽约时报》对"水门事件"报道了好几个月，但是盖洛普民意测验仍显示尼克松的声望达到了空前高的地步。可以说，当时的尼克松已是20世纪最使民主党人和官僚机构感到害怕的一位总统，他的权力达到了顶峰，把政府牢牢地控制在自己手中。

1973年1月1日，《美国新闻与世界报道》刊登了一篇连任总统尼克松改组美国政府的文章：《尼克松进行改组的目的》。

原来，尼克松在连任后不久就立即开始着手改组新政府，媒体将总统调整政府职责范围的这种方式叫做"经营管理层的革命"。文章指出，他把受过4年尼克松工作方法训练的可靠的白宫助手安排在政府工作部门的关键职位上的目的是：让政府按照他要求的方式工作，在他任总统的第二届任期里，尼克松下决心对庞大的联邦官僚机构进行更为有效的控制和政策指导。

如果尼克松的改组计划实现了，而且他继续当总统，局面会是怎样的呢？华盛顿的"内部人"都会不寒而栗。于是害怕尼克松的人再也忍受不住了，突然之间像一个熟透了的果子从树上掉下来一样，1973年1月末，"水门事件"来了一个大爆发。

华盛顿有四大权势集团，按其重要性的顺序排列是：

一是新闻界。

二是官僚机构。

三是国会。

四是情报系统。

在1973年1月，所有这四大集团都受到当时在美国人民心目中威信最高的那位总统的威胁。在接下来的3个月里，它们对白宫宣战了。看到尼克松由于"水门事件"而处在一种易受攻击的地位，各界人士都先后醒悟过来了。某些系统醒悟得早，例如情报系统；其他系统如新闻界，除了《华盛顿邮报》和《纽约时报》等少数以外，都醒悟得比较晚。但是，当新闻界大规模转向"水门事件"时，所有其他3个权势集团都相形见绌了。到最后，把尼克松搞垮的所有力量中，新闻界是头一号，它的力量超过了其他3个权势集团的总和。

在美国社会，新闻传媒界的力量一向是不容置疑的，由于言论自由等基本人权受到美国政府的极力维护，舆论界一直能站在一个独立而清醒的位置，对政府、社会、文化界指手画脚，并能在需要的时候发挥无穷大的威力。因此，媒体和记者们一直拥有一个"无冕之王"的称号，以暗示他们在这个社会中所拥有的强大而潜在的力量。

可以说，尼克松在水门事件中一直左冲右突、手忙脚乱，与媒体的作对有很大的关系。长期以来，这位民望甚高的总统却无法与新闻界搞好关系，反而总是一再交恶。在尼克松的心目中，媒体一直是他的敌人，不可信任。

在越南战争中，以及尼克松为了结束战争而采取的鹰派式的行动，使新闻界再次聚集起来反对他。尼克松那好斗的本性让他进行了反击，他利用了他的副总统斯皮罗·阿格纽发表了煽风点火的演说，谩骂、攻击控制着全国的通讯系统、以纽约和华盛顿为总部的东部权势集团。

阿格纽说少数权势人物控制着全国的通讯系统是有道理的。当时新闻媒体的势力之大，无论在过去和现在都是令人望而生畏的。总统的一篇重要的政策性演说是高级政府官员花费了好几天甚至好几个星期进行讨论的结果，但演说在电视上刚播送完，就被电视新闻评论员们不假思索地嘲笑讥讽一番。难怪新闻界总是让尼克松肝火上升。

白宫班子已经对尼克松同报界结仇而造成的磕磕碰碰的局面习惯了。旦凡有哪个记者惹尼克松不高兴，他就会让自己的手下去"整"对方，比如：敢于评论白宫公主特里西娅的记者被勒令打电话道歉；不准批评过尼克松的记者参加随行新闻记者团、乘坐空军一号专机……甚至直接警告《华盛顿邮报》的业主、白宫的主要对头凯蒂·格雷厄姆说："不准那个混蛋《邮报》派人参加特里西娅的婚礼。"这些琐碎的报复性命令都让霍尔德曼大伤脑筋，虽然可以仗着总统的权力暂时如愿，但也可以从中看出报界同尼克松之间的僵硬关系。

不出所料，首先对尼克松连任造成公开威胁并作出反应的是新闻界。《华盛顿邮报》在水门闯入案发生的第一天就在报纸的头版刊登了相关报道。这迫使白宫发言人齐格勒不得不在第二天发表声明宣布亨特与白宫早已脱离关系，同时还表示："我不愿代表白宫就一件三流窃听案发表评论。这不是什么属于政治范围内的事……我瞧不起《华盛顿邮报》搞的那种新闻报道，那种下等的新闻报道。"而米切尔则对一名记者恨恨地咒骂凯蒂·格雷厄姆："她看起来会让人把她的奶头塞进挤奶器里去！"

在《纽约时报》、《时代》和《新闻周刊》等杂志以及偶然也包括电视网的参加下，《华盛顿邮报》的两名记者伍德沃德和伯恩斯坦不肯善罢甘休，他俩接连好几个月反复揭露"水门事件"，坚持不懈地追踪报道，终于让整个事件的内幕大白于天下，甚至最终导致尼克松总统的辞职。

其实单凭记者的力量是不足以搞到那么多线索的，一直有一位神秘的线人在秘密地帮助他们，透露大量内幕，提供线索、指点迷津，并告诉他们"从那些钱入手"，比其追踪尼克松竞选资金的来源，最后揭开真相。他们之间的合作完全称得上是一部精彩的特工电影。《华盛顿邮报》编辑霍华德·西蒙斯就以情色电影的名称，将这位著名而神秘的线人取绰号"深喉"。

"水门事件"的意义不仅是政治上的，对新闻事业而言也是里程碑式的。它不但确立了《华盛顿邮报》以及伍德沃德、伯恩斯坦两人的地位——《华盛顿邮报》一夜之间崛起成为与《纽约时报》相当的大报，伍德沃德及伯恩斯坦则凭借着优秀的职业操守成为全美国消息最灵通的记者之一，尤其是在以他们 1974 的著作《总统班底》改编的同名电影于 1976 年上映后。总之，"深喉"和伍德沃德他们以挽救了美国命运的英雄形象从此深入美国公众人心，激励了好几代人。

"深喉"究竟是谁？这位白宫版《无间道》主人公的真正身份是美国政治和新闻界几十年来最大的秘密，伍德沃德和伯恩斯坦坚持他们会保守秘密直到他去世或被他同意公诸于众。

但《名利场》杂志在 2005 年 5 月 31 日的一篇爆炸性报道揭开了困扰美国人民 30 多年的谜团：当年的联邦调查局副局长、现年 91 岁的马克·费尔特出面承认，自己就是"深喉"。随后，伍德沃德和《华盛顿邮报》证实了这一点。然而，如同谜底被揭穿之后产生的反应一样，"深喉"的曝光并没有完全满足人们的好奇心，相反却激起了更热切的期望，因为费尔特和伍德沃德他们简单的声明根本无法说明缠绕于人们心中几十年的大量疑惑，人们盼着费尔特和伍德沃德能尽快地给出更加详尽的解释。伍德沃德先于 2005 年 6 月 1 日在《华盛顿邮报》刊载文章，简单解释了他和"深喉"之间从认识到合作的过程，一个月后又推出了《神秘人："水门事件""深喉"的故事》一书。

费尔特 1913 年出生于爱达荷州，1942 年加入 FBI 后平步青云。他开

# RICHARD MILHOUS NIXON

始在德克萨斯州休斯敦分部工作，在打击犯罪方面成绩斐然。20 世纪 60 年代，费尔特升入 FBI 华盛顿总部。他办事干练，深得胡佛赏识，很快被提升为他的左膀右臂。70 年代，相貌英俊的费尔特经常代表 FBI 向媒体讲话，一度深受民众欢迎。

1970 年，还在美国海军服役的伍德沃德前往白宫递送文件，偶然结识了费尔特，两人交换了电话号码。此后伍德沃德成为记者，费尔特则被埃德加·胡佛提升为联邦调查局的二号人物，期间两人偶尔电话联系，但是费尔特从没向伍德沃德透露过任何敏感信息。

扭转历史的小小因素发生在"水门事件"发生前一个月，胡佛去世，二号人物费尔特被视为理所当然的接班人。而他自己在 1979 年撰写的《FBI 金字塔》（FBI 即美国联邦调查局）一书中，承认当时自认升职有望，"我的业绩良好，我想我等到了绝好的机会。"但最终，尼克松还是坚持在 FBI 中插入"自己人"，任命司法部助理部长格雷将军担此重任，凌驾于费尔特之上。白宫企图控制联邦调查局的举动令费尔特大为光火，他便成为 FBI 中抗议白宫阻挠调查的官员之一。

觉察到其中一些疑点的伍德沃德多次试图联系费尔特。费尔特虽然一度提醒他"水门事件"将会升级，但拒绝在电话中谈论，因为他担心电话被窃听；最后费尔特同意面谈，但是要求在一处秘密车库直接见面。双方的联络暗号是：如果伍德沃德想要与"深喉"见面，就搬出一个插着红旗的花盆放到阳台上；而如果"深喉"有重要情况的话，会在当天的《纽约时报》上作暗号，然后投送到伍德沃德家门前的邮箱中。"深喉"与伍德沃德一共进行了 7 次这样的见面，不过伍德沃德表示，费尔特从没提供过具体信息，他唯一做的是证实了由其他人提供的信息或提供了有待考察的新线索。"水门"事发之后，伍德沃德再次找到费尔特。因为只有伍德沃德、同事卡尔·伯恩斯坦和《华盛顿邮报》时任总编本·布拉德利知道"深喉"是谁，所以他们约定费尔特在世期间绝不公开谜底。

"深喉"还多次被险些曝光：1976 年，费尔特被一个大陪审团召去作证——但那次调查的事情与水门事件无关，期间一名陪审团成员突然问费尔特："你是否就是'深喉'？"费尔特答道："不是。"司法部的一名官员斯坦利·波廷杰则提醒费尔特："你可是发过誓的。"不过波廷杰接着又说，由于这个问题是在调查范围外，"我们可以收回这个问题，你可以不回答这个问题。"这时费尔特满脸通红，赶忙请求"收回问题"。费尔特这番极不自然的表现，使得波廷杰断定他就是那个神秘的"深喉"。不过波廷杰事后并没有把费尔特的"深喉"身份曝光，他只对伍德沃德说了这件事。

白宫曾经追查过"深喉"，尼克松本人都曾经怀疑过费尔特。不过，费尔特始终否认自己向《华盛顿邮报》提供过情报。"帕特（帕特里克的昵称），我从没有向任何人泄露任何事情，"费尔特曾经这样告诉他的新上级帕特里克·格雷，"他们都错了！"

"水门"事件发生后的第二年，1973 年，尼克松离职的前一年，费尔特从 FBI 辞职，全身而退。然而在过去的几十年里，费尔特无数次被疑为是"深喉"，不过他从来没有承认过。

1974 年，费尔特曾被一名记者"逼到墙角"，追问他到底是不是"深喉"。费尔特没有直接说"不"，而是说"不论'深喉'是个真人还是几个人的'集合体'，我不认为这个问题永远没有答案。"1997 年《华盛顿邮报》中关于"水门事件"的回顾性报道中，曾简要提到费尔特，但没有点破谜底。

1999 年，尼克松辞职 25 年之后，想从费尔特——"深喉"的嘴里掏出真话的记者们仍然无功而返。只有伍德沃德，是唯一可以到费尔特位于加利福尼亚州的寓所里探望他的人。

30 多年来，美国人一直在几个可能是"深喉"的人中猜来猜去，直到 2005 年，他本人在《名利场》中主动站了出来。

关于费尔特的动机，有人认为他为了把国家从不公正中挽救出来，不惜冒个人风险，属于"美国英雄"；有人则认为他是出于对 FBI 的忠诚，因为尼克松总是试图将其控制在自己手里；但也有人认为他泄漏秘密仅仅是不满尼克松没有让他当上 FBI 局长。伍德沃德则认为他的动机有三：一是保护 FBI 的欲望，二是对尼克松政府的厌恶，三是体验秘密"游戏"的刺激。

从客观角度来看，"深喉"的出现并不是一个偶然现象，他与美国媒体的密切合作体现了尼克松政府树敌过多、得罪了除行政部门以外的所有权势集团，致使他们"同仇敌忾"地对付尼克松。尼克松太迷醉于个人权力，他拼命四处安插亲信的行为，就破坏了华盛顿长期以来存在的一种势力平衡，导致四面八方一齐向他施压。国会成立了欧文委员会、新闻机构无孔不入的调查曝光、官僚机构如同"深喉"之流的不停泄密着从联邦调查局的文件一直到尼克松个人的报税单等等情报。到了 1973 年 3 月 21 日，白宫已经陷于新闻界、情报系统、国会和官僚机构的重重包围之中，被一片杀气腾腾的刀光剑影所包围。

## 5 众叛亲离和"消失的 18 分钟"录音带
RICHARD MILHOUS NIXON

　　得知尼克松拥有白宫办公室录音带之后，7 月 17 日，参议员欧文代表水门事件特别调查委员会写信给尼克松总统，要求他交出调查所涉及的 5 盘录音带和其他有关的白宫文件。尼克松坚决地表示了拒绝。

　　7 月 23 日，欧文委员会一致投票通过，发传票到白宫，传调录音带及其他材料。当日，特别检察官考克斯发出了传票，传调相关的 9 盘录音带。3 天后，白宫再次拒绝了这一要求。

　　于是，欧文委员会和特别检察官都找到最高法院法官赛里卡，要求他作出相应的裁决，迫使白宫交出所传调的录音带和文件。但是尼克松依旧援引自己的"行政特权"，为自己的拒绝加以辩护。

　　8 月 7 日，欧文委员会的公开听证会结束了。尼克松在戴维营里猫了一个礼拜，弄出了一份针对水门听证会的声明。15 日，尼克松出现在全国电视屏幕前，再次声明自己与水门事件无关，否认了他在处理水门事件的过程中以及竞选过程中有任何不正当行为。这次公开声明的内容与 5 月 22 日的声明几乎如出一辙，他再次举起了自己作为总统的"行政特权"，表示自己是清白的，而且即便录音带能够证明他的无辜，他也不会公开这些录音带。他表示："是时候把这件事（水门案件）交给法院了！由法院来决定有罪还是无罪。我们其他的人应该腾出时间来处理更为重要的国事。"他再次表示自己从未、也绝没有打算过掩盖什么事实："我始终努力揭露事实真相，将事实提交给有关执法当局，以伸张正义。"

　　8 月 29 日，赛里卡法官作出了公正的裁决，他判定总统一方败诉，命令白宫立即交出录音带；他还要求，这些录音带先送达法院，由他事先听过之后，删掉享有豁免权的部分，然后再交给考克斯率领的大陪审团。

　　尼克松拒绝执行赛里卡法官的命令，他决心把案件打到上诉法院去。

　　9月11日，特别检察官与总统双方的律师在上诉法院进行了法律辩论。上诉法院一开始希望双方能达成妥协，但是在一番艰难的谈判之后，双方都无法说服对方的律师，于是暂时休庭。经过慎重的考虑，3周后，上诉法院于10月12日判决，以3∶2的票数支持赛里卡法官的判决，理由是多数法官都认为"总统也要受到法律的约束"。

　　就在上诉法院坚持赛里卡法官的原判时，尼克松又撞上一桩麻烦事，这次给他惹祸的人不是别人，是他的副总统阿格纽。

　　原来早在这年6月，负责调查巴尔的摩政治腐化事件的巴尔的摩美国地方检察官办公室通知了司法部长理查森，他们已经发现了对副总统阿格纽不利的证据。检察官发现，阿格纽从60年代初以来就利用职权，以合同来交换承包商的佣金，而且在他1967年任马里兰州州长、第一任美国副总统期间，仍然存在收受贿金和礼品的现象。1973年8月1日，地方检察官办公室正式建立了一个证据确凿的专案组，通知阿格纽因受贿、勒索、阴谋、偷税等问题接受调查。

　　此事对于尼克松来说，无异于火上浇油。他并没有对阿格纽施以援手，仅仅表示支持共和党议员弹劾副总统，以免去阿格纽被司法部起诉。阿格纽怒火中烧，他跑回加州，并于9月29日的洛杉矶共和党妇女集会上发表讲话，大肆攻击司法部刑事司司长彼得森，说他在水门事件的调查中表现无能，以至于必须再任命一名特别检察官。这番言论戳到了尼克松的痛处，他命令手下警告阿格纽闭上嘴巴。

　　最后阿格纽不得已，辞去了副总统的职务，免除了被起诉的命运。但是他一直对尼克松没有积极为他辩护而耿耿于怀，从此再也没有与尼克松来往，形同路人。俩人的最后一次见面，是在尼克松自己的葬礼上。

　　尼克松在阿格纽辞职之后，任命了新的副总统——杰拉尔德·福特。现在肯站在尼克松身边为他挡子弹的亲信们几乎都离开他了。

　　上诉法院于10月12日的宣判给了尼克松一周的时间来作出选择：要么从命，乖乖交出录音带；要么向最高法院提出上诉；要么与特别检察官达成妥协。10月15日，白宫办公厅主任黑格奉总统之命，将理查森召进白宫，向他摊牌：总统是绝不会交出录音带的，也不会向最高法院上诉。总统唯一愿意做的，就是他自己为赛里卡法官写出录音带的"摘要"，然后罢免考克斯的职务以处置传讯问题。

　　理查森对此的反应是严词拒绝，他表示自己曾经向参议院作出了承诺：既不会以任何方式干涉特别检察官，也不会撤换他的职务，除非他严重失职。何况考克斯并没有犯错，如果他必须解雇考克斯，那么他自己也不得不辞职。

　　黑格赶紧两头哄，试图说服尼克松和理查森通过第三个方案，就是由第三方来鉴定录音带，然后交给法庭一份"摘要"，删去享有豁免权以及不相干的内容，并推荐由密西西比州联邦参议员约翰·斯坦尼斯来执行这个任务。但是这种劝说没有成功。

　　10月19日，尼克松召开新闻发布会，会上宣布他将按照斯坦尼斯的办法来解决目前的困境。他宣布斯坦尼斯已经同意检查白宫录音带的摘要，欧文委员会也同意这种做法。接着，尼克松宣布了对考克斯的命令："虽然我不愿侵犯特别检察官的独立性，但是我认为有必要命令他，作为行政部门的雇员，不得再按司法程序索取总统谈话的录音带、笔记和备忘录。我认为即将提交法院的文件足以满足特别检察官的合法要求，也可以对那些可能犯了罪的人进行控告。而且我相信我今天采取了这些行动之后，美国即将摆脱由录音带所引起的犹豫不决和官司不断的痛苦。"当天，理查森就收到了一封总统的亲笔信，要求他命令考克斯不得再索取任何白宫文件。

　　第二天，考克斯发表了电视讲话，他解释了自己不能服从总统命令的原因，同时也指出尼克松不服从法院的命令。他坚持表示：只有任命他的司法部长才能给他下达命令。

　　理查森自然拒绝执行白宫的命令，他走进白宫，当面向尼克松辞职；而顺位继承理查森职位的副司法部长威廉·拉克尔肖斯，也被命令解除考克斯的职务，于是拉克尔肖斯也面见总统，辞去了职务；当这个任务交到了司法部第三号人物罗伯特·博克的头上时，他退无可退，只得从命。

　　当晚8点半，白宫发言人齐格勒在白宫新闻发布室里宣布：解除考克斯的职务，理查森和拉克尔肖斯业已辞职，撤销水门事件特别检察官办公室，其工作移交司法部。

　　当齐格勒面无表情地宣布上述内容时，整个国家沸腾了。各大电视网立刻中断了所有正在播出的节目，插播相关报道。在新闻评论员的口中，尼克松已经与希特勒无异。由于当晚刚好是周六，于是这次事件便被命名为"星期六大屠杀"。宗教界、新闻界以及曾经支持过尼克松的出版界，都愤怒得发狂了，极力批评这次的做法；大学生们再次走出校园，游行集会，表示谴责。而公众的反应更加强烈，抗议电报像暴风雪一般涌进华盛顿和国会，一位国会议员心有余悸地表示："好像堤坝决口一样啊！"而另一位议员则向记者表示，在他收到的 1 000 多封信中，只有不到 10 封信是支持尼克松的。

几大著名法学院院长联名请愿，要求国会弹劾总统。众议院议长艾伯特将这些请愿书转交众议院司法委员会，指示他们着手"考虑"是否应该提出弹劾的必要性。10 月 23 日，国会已经有 21 项弹劾动议在各种不同的讨论阶段进行。10 月 30 日，众议院司法委员会表决，已有向总统发传票的权力。11 月 15 日，众议院投票决定，拨款 100 万美元，开始进行对总统的弹劾。

面对国会的压力，尼克松于 11 月 1 日，宣布任命了一位新的特别检察官。这位由黑格推荐的新检察官名叫里昂·贾沃斯基，是德克萨斯州休斯敦的著名律师，曾任美国律师公会会长。贾沃斯基接手了考克斯征调录音带的要求，继续敦促总统交出录音带。很快，白宫为了应付越来越沉重的压力，不得不交出了那 9 盘录音带。

接着，尼克松开始打起了人情牌。他一方面进行电视讲话，表示自己无意辞职，并且将继续"每天工作 16～18 个小时"；同时他邀请了大多数众议员和参议员到白宫，与他共进早餐或鸡尾酒会。在短短的一周之内，尼克松一共邀请了 241 名共和党人、46 名民主党人。但是这些国会议员们却没有几个被他感动，众议院多数党领袖指责他"企图拍未来大陪审团的马屁"；就连他长期以来的支持者、前共和党总统候选人戈德华特都站出来说："他唯一将我们弄到这儿（白宫）来的一次，就是当他把自己的驴子陷入沟里，而要我们为自己把它弄出来的时候。"

而且民众也对他的这些表演不予理会，所有的注意力依旧集中在那几盘录音带上。10 月 30 日，就在白宫任命新检察官的前一天，总统律师巴兹哈特通知赛里卡法官说，检察官索要的谈话有两次没有录音。于是公众很快就了解到，那被传调的 9 盘录音带中，已经有两盘不存在了，而这两盘录音带正是迪安在 4 月 15 日与总统的谈话内容；更糟糕的是，几周之后，白宫不得不透露出：1972 年 6 月，尼克松与霍尔德曼的一次关键性谈话中有一段长达 18 分钟的内容，已经被"不小心"洗掉了。

消息一出，再次引起一片哗然。公众再次被尼克松的无赖做法激怒了，尽管后者不断地在电视上、公开场合表示："我没有撒谎！"但是相信他的人，已经越来越少，而要求弹劾他的呼声，却越来越强烈了！

下面我们附加出那个神秘消失的 18 分钟录音带内容。

这次尼克松与霍尔德曼的交谈，发生在水门闯入事件后的第三天。他们起先谈的是关于政府和竞选事务中的一些不大重要的事，然后转入了水门事件。在那之后又谈起一些日常的琐碎事务，整个谈话差不多 1 个半小时。

然而，就因为这 18 分钟内容的录音被洗掉了，很自然引起人们对这个时间是如何度过的、说了些什么话等产生了浓厚的兴趣。后来经过法庭审讯、法律调查和技术分析等等各种努力，都没有结果。最后还是靠霍尔德曼本人的回忆，才曝光了那短短十几分钟的谈话内容。

尼克松：关于闯入民主党全国委员会总部的事，你有没有听说牵涉到白宫的什么人？

霍尔德曼：没有牵涉到谁，马格鲁德说是"连任委员会"的利迪自己干的。而且亨特几个月前就离开这里了。

尼克松：可是我对科尔森不放心。

霍尔德曼：为什么？

尼克松：联邦调查局已开始进行调查，而有一点我是清楚的，如果联邦调查局质问起科尔森，那我可吃不消。

霍尔德曼：科尔森告诉我他是清白的。亨特不拿他的钱已有好几个月了，而且科尔森甚至连看都没有去看过他。

尼克松：如果科尔森顶不住了就会谈到总统。你知道，几个月来我一直催促科尔森，要他在休斯敦那笔交易上把拉里·奥布赖恩抓住。科尔森告诉我他想尽办法也要把我要的材料搞到手。他们去窃听的不正是奥布赖恩的办公室吗？这后面又是谁呢？科尔森的人亨特，天哪！

霍尔德曼：但是，马格鲁德连提也没有提科尔森……

尼克松：他会提的。

霍尔德曼：他为什么会提呢？

尼克松：是科尔森给他打了电话才把整个行动搞起来的，而电话是从他妈的这个白宫打的，当时亨特和利迪就和他坐在一起，我真希望联邦调查局不来检查办公室的工作日记，别把这件事同亨特和利迪在科尔森办公室会面这件事联在一起。

霍尔德曼：我得把科尔森找到这儿来。

尼克松：不用啦，我亲自和他谈过了。他说他是无辜的。科尔森说亨特和利迪在时他根本没有提奥布赖恩（笑），根本没有提，只是笼统地谈了谈怎样让他们的情报计划得到上级批准。

霍尔德曼：我还是不信……

尼克松：所以我假装相信他，并说我不知道究竟是谁发了疯要跑进民主党全国委员会总部。你觉得科尔森有可能把实际情况都讲出去吗？

霍尔德曼：有可能。我想马格鲁德是在把责任一股脑儿地往科尔森身上推……

尼克松：如果科尔森以我的名义打的电话，他就不会这样做了。我不喜欢这类事。我们控制不了，我们不知道究竟是谁在说谎……我看我们不管怎么样都得硬着头皮干。其实我们最好是采取攻势。

## 6 挥别白宫
RICHARD MILHOUS NIXON

面对越来越汹涌的批判浪潮，尼克松选择了抵抗，是更顽强更大胆的抵抗。他取消了发表传调录音带摘要和用来支持他最近公开声明的各种文件的计划。而他的律师巴兹哈特发觉这位主子越来越难伺候，便黯然离职，建议总统另觅英才。于是在 1974 年初，尼克松就聘请了一位著名的波士顿律师詹姆斯·圣克莱尔担任他的水门事件特别顾问，准备与整个国家打一场法律硬仗。

1974 年 1 月 30 日，尼克松发布了一篇国情咨文，表述了他的立场：他相信他已经将特别检察官"结束其调查、对罪犯起诉而且洗刷无辜者所需要的一切材料"都交了出去，他愿意与调查人员充分合作，但是他又补充道："我将遵循自从乔治·华盛顿到林登·约翰逊以来的历届总统所遵循和捍卫的先例，决不做任何削弱美国总统职位的事情。"几天后，尼克松通过圣克莱尔告诉贾沃斯基，拒绝交出任何录音带和文件。因此，贾沃斯基不得不再次发出传票，并决心与总统对簿公堂。

众议院的表决结果很快就出来了，投票比例以 410 ∶4 票的绝对多数授权司法委员会传调包括总统在内的任何人证和物证。

3 月，由委员会首席法律顾问约翰·多尔带领的法律班子汇编了所有的证据，并且获得了特别检察官已有的白宫录音带和文件的复制品。几天后，上诉法院继续维持赛里卡法官的原判，准许司法委员会使用由大陪审团提供的有关尼克松的证据，这些证据是从大陪审团在调查霍尔德曼、埃利希曼、米切尔、迪安等人时搜集到的。司法委员会继续向白宫索要更多的录音带，但是遭到了白宫的再次拒绝。

4 月 29 日，尼克松再次出现在电视荧屏上，他决定告诉公众他准备干些什么。在他的身后，有一堆高高的、捆得整整齐齐的蓝色文件夹。他指着这些文件夹告诉观众，这里面包括从 1972 年 9 月到 1973 年 4 月间总统谈话的 46 次、总共 1 200 多页的文本，现在要将它们向公众和众议院司法委员会公开。尼克松诚恳地看着镜头说："凡是总统个人了解和做过的事……这些材料，以及那些已经公开了的，将全部得到澄清。"

司法委员会拿出了已经掌握的总统谈话录音带，与尼克松此次交出的文本相比对，结果发现有很多蹊跷之处。白宫文本在总统发言的部分，都不像录音带里表现的那样不堪，而且其中还有大段的删节，没有给出说明；而这些不翼而飞了的部分，正是最为重要和关键的。在所有的白宫文本中，一共有多达 1 800 处标有"听不见"、"没有情报价值"这样的空白处的注语，而且这些空白都出现在总统与埃利希曼和霍尔德曼的谈话中，人们对此极为恼火。

对于这样一份被美化和"保护"过的文本，司法委员会显然是非常不满的。委员会主席彼得·罗迪诺发表了一篇绵里藏针的声明："我们并没有传调经过编辑的部分总统谈话的部分文本的白宫版本。我们并没有传调在我们的调查需要什么以及和我们调查有关这个问题上总统所作的解释。我们也没有传调在我们听任何证据之前的一个律师的辩解！"

## RICHARD MILHOUS NIXON

5月1日，司法委员会在未书面通知尼克松的前提下使用表决的方式，拒绝了这些经过加工的文本，并声色俱厉地斥责尼克松拒不服从传调的行为。

5月15日，司法委员会又发出了两张新的传票，索取各种白宫文件，以及另外11盘录音带。但是尼克松表示，他既不会服从这些传调，也不会服从今后可能发出的这一类进一步的传调。

5月30日，司法委员会向尼克松发出警告：假如继续蔑视委员会的传调，那么这种蔑视行为本身就会受到弹劾；而假如继续扣押证据，那么则让委员会有理由认为，这些被传调的内容能作出"不利的推论"。随后委员会继续向白宫递出传票，并所取更多的录音带，以借此对白宫施加压力。

在法院这边，特别检察官贾沃斯基也在向尼克松发动着进攻。4月18日，贾沃斯基就通过法院向尼克松发出了48盘录音带的传票；尼克松在5月1日向赛里卡法官提出动议，请求宣布这张传票无效。而赛里卡在对尼克松的请求进行了秘密听证之后，在20日宣布支持贾沃斯基的传调，要求尼克松交出48盘录音带。尼克松再次拒绝了这次传调，并且把官司打到了最高法院。最高法院在5月31日开始听审这个案件，7月8日开始，贾沃斯基与总统的律师圣克莱尔在最高法院展开了激烈的辩论。

7月24日，最高法院首席法官伯格宣读了贾沃斯基要求白宫交出64盘录音带的最终裁决。这个案件的官方称谓为：美利坚合众国控诉美国总统理查德·尼克松。法院的最终判决是以8票对零票一致裁决美国总统败诉。首席法官伯格表示：行政特权不能"凌驾于在对罪犯进行公正审理时的必须遵守正当法律程序的基本要求之上"，他命令尼克松即刻交出贾沃斯基要求的所有录音带，并交给赛里卡法官。

虽然尼克松对最高法院的判决暴跳如雷，满口咒骂由他本人亲自委任的大法官们，可是面对法庭的一致判决，他毫无办法，只能勉强让圣克莱尔交出了录音带。

就在这一天，众议院司法委员会的公开辩论也通过电视直播的方式在全国人民的眼皮子底下展开。3天后，当尼克松正在圣克利门蒂附近雷德海滩的海洋中游泳的时候，司法委员会以27：11的多数票，通过了对总统尼克松的第一款弹劾，控告尼克松企图掩盖水门案，触犯了阻挠司法罪。在投赞成票的人中，有6名共和党人。

# RICHARD MILHOUS NIXON

当天晚上，尼克松一直独坐到深夜，力图弄清他所面临的形势和应采取的最好行动方针。他面临的选择只有两种：辞职或不辞职。如果不辞职，继续留任总统，最后失败的结局必然是肯定的，尼克松将成为美国历史上第一个被弹劾并被判犯有刑事罪的总统。

2 天后，委员会又以 28∶10 的多数票通过了对总统尼克松的第二款弹劾，控告尼克松滥用职权、破坏宪法，犯下了足以进行弹劾的罪行。这次又有 7 名共和党人投了赞成票。

1 天后，针对尼克松的第三款弹劾在票数接近的情况下被通过，控告尼克松总统拒绝尊重委员会的传票。公开辩论预定于 8 月 9 日举行。此时的尼克松要么决定辞职，要么届时等候参议院裁决，这样的话，还得拖上6 个月。

谁都看得出来，尼克松的总统宝座此时已经摇摇欲坠了。

枪毙尼克松的总统身份的最后一枪，来自于一盘由尼克松不得不最后交出的录音带之中。最高法院的判决，让特别检察官拿到了最有力的证据：一盘录有 1972 年 6 月 23 日尼克松与霍尔德曼交谈的录音带。在这份录音之中，清晰地显示了尼克松如何明确地指使他的助手，命令中央情报局制造一次"国家安全"行动，并且尽力阻挠联邦调查局插手水门事件的内容。这盘录音带录制的时间，恰好是水门闯入案发生后的第 6 天。录音带明确无误地显示了尼克松不但指使手下人掩盖水门事件，而且动用手中的行政职权利用一个政府机构阻挠另一个政府机构调查犯罪行为的事实。

这段谈话内容被曝光之后，尼克松身边的助手们都惊呆了。黑格、圣克莱尔、律师们、白宫的办事人员们……这些一年多来积极为尼克松奔走、忙碌的人们发现，自己一向信任的总统竟然是个骗子！他们一直信任他满口的自我辩白之辞，对他的表演深信不疑，但是他却从一开始就在撒谎。他欺骗了他的顾问们、助手们，以及他的家庭和整个美国！

而全国舆论更是一片谴责和臭骂！其实，"水门事件"发生之后，当它的真相逐步明朗的时候，新闻界对尼克松的抨击就没有停止过，说尼克松有精神病、吸毒、酗酒、任意驱车外出、天不亮就打电话等谣言不胫而走。

8 月 6 日，尼克松召开了最后一次内阁会议。会议结束之后，尼克松在椭圆形办公室里会见了基辛格。尼克松先是对他过去几个月的支持及他对外交政策问题的处理表示非常感谢，接着尼克松又说："我认为我必须辞职。"基辛格回答道："总统先生，作为你的一个朋友，我不得不同意这是最好的选择。如果你决定斗争下去，一直斗到参议院，你会被他们啄死，而且会在审判中进一步受辱。在这种情况下，我国的外交政策也无法执行下去。一个总统像你这样最近两年来在政治上受到的攻击，这是一回事，但一个总统接受半年的审讯而且留任机会充其量也没有什么把握，那么就是另外一回事了。"

基辛格走了以后，尼克松叫人来统计了一下国会中支持他的票数的最新情况。情况和他预料的一样糟糕，如果他决定留任和战斗下去，参议院里只有 7 个人会支持他，而国会的共和党领导人已经要求共和党前旗手戈德华特亲自把他们对情形无望的估计告诉了他。

接着，尼克松把黑格和齐格勒叫到行政办公室来："现在局势发展得很快，所以我认为宁快勿慢。"他说，"我已决定，在周四晚辞职。我要毫无怨恨、不失尊严、体体面面地辞职。"黑格勉强安慰他说："这个出路将是值得尊敬的，就像咱们的对手们不值得尊敬一样。"

尼克松深知黑格心口不一，因为他已经对自己失望了。在一片尴尬的沉默中，尼克松难过地说："唉，我把事情搞糟了，搞得真糟，是不？"

没有人回答他。

第二天，尼克松在椭圆形办公室向基辛格交代了一系列他离开以后亟待解决的外交问题，简略地谈了通知他国政府以及专门打电报给中、苏、中东各国领导人的问题。并向他们保证，尼克松离开政治舞台并不意味着美国外交政策的改变。他们并不了解福特。

一刹那，尼克松眼前飘过一串画面，周恩来在北京的办公室里接到这个消息会怎么想？毛泽东对这个消息又会怎么想呢？此时，勃列日涅夫应该还在酣睡吧？而在开罗、特拉维夫、大马士革、安曼……几周前，他还以和平缔造者的身份接受着那里人民的欢呼和赞美，现在他已经因为政治丑闻而不得不辞掉总统职位了。

尼克松很快收回思路，这不是多愁善感的时候。他嘱咐基辛格："亨利，你必须留在这儿，为杰里继续执行我和你开始做的事情。全世界都需要我们释除他们的疑虑，我的辞职并不会改变美国的政策。你能消除他们的疑虑，杰里也需要你的帮助。正像我要走是没有疑问的一样，你一定得留下，那也是一点没有疑问的。"

# RICHARD MILHOUS NIXON

1974 年 8 月 8 日晚 9 点差两分，尼克松走进椭圆形办公室，向全国公众发表电视演说，宣布辞职。在演说中，他承认自己在判断上的错误，并就他对他人造成的伤害表示歉意。他回顾了自己的成就和对美国未来的期望，但是并没有承认自己的过失和罪行。在他看来，这次被击败只是一个政治失败，而且他此时辞职，如同他从前努力为国家所奉献的那样，是为了"美国的利益"。

第二天上午 9 点半，尼克松来到白宫东厅，对白宫工作人员讲了一番发自肺腑的话。他环顾四周，很多人泪流满面。努力克制住自己的感情后，尼克松首次从个人角度向这些为他努力工作却又失望的人讲了话。他动感情地回顾了自己的一生、父母，这个从遥远偏僻的小镇来到国家权力顶峰的杂货店主的儿子，在这幢房子里说出了最后的感触和尚未熄灭的斗志：

> "当我们某个亲爱的人去世的时候，当我们竞选失利的时候，当我们遭到失败的时候，我们认为一切都完了。像西奥多·罗斯福说的那样，我们认为，光明永远离开了他的生命。
>
> "事实并非如此。这常常只是一个开端。年轻人应该知道这个道理，老年人也应该知道这个道理。它必须常常支撑着我们，因为伟大的时刻并不是在你万事如意的时候来到，当你受到一些打击、一些失望，当悲哀来到的时候，伟大的时刻才来到，你才真正受到考验。因为只有在你到过最深的山谷之后，你才能知道爬上最高的山是多么壮丽的情景。
>
> "要永远尽你所能，永远不要气馁，就永远不要小看自己，永远要记住别人可能恨你，可是那些恨你的人是不会胜利的，除非你也恨他们，而那样，你也毁了你自己！"

在尼克松走进白宫的第 2027 天，直升飞机载着尼克松及其家人从白宫起飞，向安德鲁斯机场飞去，"空军一号"在那儿等着送他们返回加利福尼亚老家去。看着渐渐远去的白宫，尼克松的眼里噙满了泪水。

这日中午，福特宣誓就任美国总统，他宣布："美国这场漫长的噩梦，已经过去了。"

# RICHARD MILHOUS NIXON
# 第七章
## 不屈的晚景 （1974—1994）

　　"不管你被打倒多少次，都要从地上爬起来，即使伤痕累累、满面鲜血。倘若你还想活下去，就必须站起来，继续搏斗！如果你还有所信仰、有所追求，如果在生活和事业中还有什么你愿为之拼搏的目标，那么最大的考验就是在你遭受挫折、身处逆境之时。记住！当你被人打倒在地，你必须站起来，重新开始战斗！"

# RICHARD MILHOUS NIXON

## 1 痛苦的沉寂
### RICHARD MILHOUS NIXON

1974 年 8 月 9 日下午，尼克松一家乘坐的飞机在美国西海岸的加利福尼亚埃尔特罗海军陆战队航空基地降落。几十年宦海沉浮，尼克松再次回到了自己的家乡。

走出舱门，尼克松迎面看到的是欢呼的人群和笑脸，这让在华盛顿挨了那么多砖头和口水的他突然之间都有些不习惯了。接着，他伸展双臂，作出了自己的代表性动作：一个大大的 V 字，象征胜利。虽然一个在丑闻中辞职的总统此刻作出这种手势有些讽刺，但是毕竟精神可嘉。

进行了短暂的感谢致辞之后，尼克松在妻女的陪伴下，登上了一架普通的军用直升飞机，飞往他在圣克利门蒂的别墅。

呆在圣克利门蒂的尼克松，过着一种近乎隐居的生活，他致力于使自己适应新的环境。在这里的第一个周末，尼克松是在老朋友——银行家查尔斯·雷博左和纽约的百万富翁罗伯特·阿普拉纳尔普的陪伴下度过的。他们进行了一些没有什么实质内容的彻夜长谈，虽然解决不了什么问题，但尼克松确实得到了一些安慰。雷博左极力劝说尼克松搬到佛罗里达去，阿普拉纳尔普则敦促他去纽约。

可尼克松的睡眠一直不好，现在已是疲惫不堪，他哪儿也不想去，只想好好休息一下，以便放松那过分紧张的身心。第二天下午，在尼克松住宅外埋伏了一夜的 20 多名记者被骗到拉古纳参加一个毫无意义的记者招待会，他乘机和雷博左驱车同往北边的戴纳公园，那是 39 年前尼克松和帕特第一次约会的地方。

他们随后又沿着太平洋海岸公路到了欧申赛德，这是一段风景优美、不对外开放的沙质海滩，由海军陆战队管理。尼克松披上一件印有总统纹章的蓝色风衣，甩掉鞋子，赤着脚，独自在海边漫步了很久很久。

不一会，帕特和特里西娅带着食物也来了。他们在海边铺上毯子，席地而坐，共进午餐。尼克松久久地凝视着那滚滚的海浪，漫不经心地嚼着一块三明治。

第二天，在那座原来被称为"西部白宫"的组合式建筑里，齐格勒正等着从华盛顿赶来的比尔·格利。格利是一名军人，从 1967 年以来就一直在白宫工作，任白宫军事办公室主任。这是个官小权重的位置，总统的大部分后勤事务都由他管理，包括通讯和交通事务；同时，他还负责照看前总统们，满足他们的需要。目前他有许多琐事需要处理：连接圣克利门蒂和白宫的大通讯网需要拆除并运回华盛顿；几十名工作人员需要重新安排；发放尼克松离任总统津贴的事情他也得考虑。不过，最让格利担心的是和这"老头子"直接打交道。尼克松非常注意细节，往往为一些微不足道的官僚作风暴跳如雷。格利料到此行会比较麻烦，所以他带来了一件重要的"礼物"以博老头子的欢心。

在尼克松离开白宫的早晨，当他在东厅和工作班子告别时，格利悄悄地溜进了白宫的总统官邸，转移了 11 箱东西。根据箱子的重量，格利猜里面都是最敏感的文件和记录。他没有告诉白宫的任何人，就把这些东西运到了安德鲁斯，然后装上了那架空军星座飞机。那天早上，他就是乘这架飞机来到加州的。现在，这几箱东西已堆在他的汽车后座上了。

但是这次格利没有见到尼克松，被齐格勒挡了驾，只好又匆匆地赶回华盛顿。此时在华盛顿，黑格以及其他尼克松的旧部都在给福特施加压力，要他归还所有尼克松的文件。而福特手下负责处理尼克松旧文件的助手本顿·贝克尔则警告福特说，如果这么做，"历史将把这看作是进行掩盖的最后一次行动，所有这些东西都会在圣克利门蒂被付之一炬的。"

8 月中旬，格利又来到圣克利门蒂。这次他没有费什么事就见到了在办公室里等待他的尼克松。后者看上去很沮丧，眼窝深陷，眼睛里满是血丝，似乎几天没睡，行为举止也显得很紧张。当格利进来时，他正在向黑格抱怨他们阻挠了他的文件运输。

他怒气冲冲地嚷道："这些狗杂种，到底想把我怎么样？"

格利说："他们在踢你的屁股呢。这些人管你叫'骗子'。"

尼克松怒气冲冲地喊叫道："我不愿和这帮该死的杂种们打任何交道。我有权享受其他前总统享有的一切。这些混蛋，你是知道我怎么安排约翰逊的，还有肯尼迪和杜鲁门。我是怎样对待他们的？这些该死的，我也应该得到同样的待遇。我旅行的时候需要军用飞机。我对别人做了很多，我也指望福特给我同样的安排。我要有通讯设施和医务人员。总之，其他前总统所有的东西我都要有。"他接着对格利嚷嚷起来，"真见鬼，你告诉福特，我指望他为我提供这一切。"

尼克松越来越激动地嚷着，他坚持要知道他那些文件和录音带现在怎样了。格利回答说不知道。尼克松说："好，你只需告诉那些狗杂种，我会保持沉默的。我不在报刊上发表任何言论，也不对福特和他的政权加以评论。但是，该死的，我要他们知道我还在这里，并指望他们为我做些事情，他要按时给我送政府工作简报，还有其他一些我应得的待遇。"

几天以后，尼克松接到了福特从华盛顿打来的电话。新总统对老总统还是尊敬的，甚至仍然称尼克松为"总统先生"。他在电话中向尼克松宣布：他得提名纳尔逊·洛克菲勒为副总统。

尼克松当即表示满意，他表示福特选了"一个重要的人物来担任一项重要的工作"，洛克菲勒的名望和经历都会在外交事务上对新总统有所帮助的。

但是在充满友好气氛的电话挂断之后，尼克松却开始大发雷霆。他恼火福特公然不和他事先商量这件事，而且他根本不满意这个所谓的"合适"人选。如果共和党内有什么人让尼克松讨厌的话，那就是洛克菲勒了，不管是在政治观点还是在为人方面，都是如此。他还两次阻挠尼克松的总统提名，当尼克松住在纽约的时候，洛氏还怠慢、藐视过他，这些都加深了相互间的仇恨。

趁着余怒，尼克松立即给萨克拉门托的里根打电话。里根也很讨厌洛氏，俩人狠狠地抱怨一番之后，挂上了电话。然而这一通话却由里根的助手辗转捅给了某记者，几天之后，报纸就披露了这一消息，却大大地增加了批准洛氏为副总统的可能性。

屋漏偏逢连夜雨，各种打击接踵而至，尼克松不得不痛苦地接受他已不再是国家元首的事实了。有一次，他给留在白宫的助手打电话，但他被告知要等一会儿，这在以前是不可想象的。还有一次，一个原来忠实于他而现在是福特部下的人通过电话告诉尼克松："现在最恨你的人恰恰是那些当年最为你卖力的人。"不仅如此，原来属他专用的卡萨帕西菲卡崖下的海滩也对外开放了，游人来来往往，尼克松想要找个清静地方散步得开车到30英里外的彭德尔顿营去。有一次当他驱车前往那里时，途中有一辆装满了年轻人的汽车追上来，其中一人向尼克松打了个侮辱手势。而当他们返回时，原来竖在圣克利门蒂市界上的写有"西部白宫所在地"的牌子不见了。原来在尼克松从华盛顿赶回来的第一个周末，这牌子就落入破坏公物者之手。

而 8 月 26 日发生的一件事更让人叹息。一直受尼克松崇敬的查里斯·林德伯格去世了，尼克松想给他的遗孀写封吊唁信。但他翻遍了办公室却找不到一张信纸，因为所有的纸张都印有总统纹章。尼克松叫助手去找些只印有他本人名字的纸，但也一无所获。助手回来后，从书桌上拿起一张记事纸，当着前总统的面剪去了印有总统纹章的纸头，嘴里说着："喏，这就是新的现实。"

不过在外人面前，尼克松反应很快，思路敏捷，表达清楚，精神处于最佳状态。"告诉你吧，"他的一名情绪低落的助手在喝酒时对记者说，"我们要有他的一半信心就好了。"

但私底下，尼克松就完全变成另外一个人。他反应迟钝，精疲力尽，无法长时间集中精力，拒绝和人接触。他办公室的门紧关着，不理睬电话铃声。在这里，躲着一个孤独、疲惫、与世隔绝、悲伤沮丧的前总统。

因此，当格利再次来到圣克利门蒂准备与尼克松讨论人事问题时，被他这些明显的变化给吓了一跳。而他带来的也不是好消息。

格利告诉尼克松，政府不会按尼克松要求的那样为他提供旅行用的军用飞机，而且白宫已有人嘀咕，尼克松应负担一部分乘空军一号回加利福尼亚的费用。

尼克松一言不发，过了好一会儿，他才问："是谁策划要我付钱的？福特，还是他的助手？"

格利保证说福特没有参与此事，是那些助手们。

"唉，如果那些杂种想要，我就付好了。"尼克松沉默了好一会儿，接着他拉开抽屉，"我想送你一件纪念品。"但他摸索了半天，抽屉是空的。他不自然地笑了笑，叫助手取来一块总统手表。

尼克松亲手把手表递给格利："我非常感谢你的帮助，现在不会再有什么事情可以进一步伤害我了。但和我来往的人都是会因此受到伤害的，你应该牢记这一点。新闻界还不会善罢甘休，虽然我已辞职了，但他们的目标是把我送进监狱。我希望你明白。"

在离开白宫的前一天深夜，尼克松曾故作轻松地对助手们开玩笑说：

# RICHARD MILHOUS NIXON

"进监狱并不是世界上最可怕的事情。本世纪里最好的政治作品都是在监狱里写成的。"但是当玩笑现在已经快要变成事实的时候，尼克松可就有点不寒而栗了，他对一个朋友说，如果把他带回华盛顿审讯的话，他是笑不出来的。

对霍尔德曼、埃利希曼和米切尔的审判在 9 月份进行。8 月 22 日，众议院司法委员会公布了有关水门事件调查的最后报告，详细罗列了一系列证据，证明尼克松利用权力阻挠司法达 36 次，曾"默许、鼓励、指导、唆使、亲自帮助编造"伪证，以不正当手段利用联邦调查局、中情局和国内收入署等部门滥用职权。众议院以 412 :3 的惊人票数通过了这份报告，同时，美国律师协会也在全国代表大会上一致通过了一项决议，要求法律得到公正实施，不得偏袒。也就是说，要把尼克松推上法庭。

随着日期的临近，要尼克松到华盛顿一起受审的呼声越来越高，盖洛普民意测验表明，56％的人支持将尼克松送上法庭。尼克松陷入了一种从未经历过的前途未卜、琢磨不透的境地之中，这比监狱还要折磨他，使他生活在巨大的阴影之下，痛苦万分，度日如年。尼克松打电话恳求一位参议员："不要让贾沃斯基把我和霍尔德曼、埃利希曼放在一起审判。我经不起更多的折腾了。"

对于新总统福特来说，处理尼克松文件就已经是一个烫手山芋了，现在如果尼克松再受到起诉，整个国家都会被再度拖进这个没完没了的噩梦里。留任白宫的莱恩·加门特提出马上赦免尼克松的请求，他暗示尼克松的精神和身体已经极度恶劣，甚至可能会有生命危险。很多共和党人也倾向于特赦尼克松，参议员共和党领袖休·斯科特说，尼克松已经受到足够的惩罚了。甚至连洛克菲勒都站出来为尼克松说好话。现在唯一能拯救尼克松的，只有福特。

讽刺的是，尼克松从来就看不上福特，他一直认为福特不是当副总统的料，甚至连候补都排不上，当初尼克松更看好罗纳德·里根或者约翰·康纳利。而福特既没有里根的迷人形象，也没有康纳利的顽强斗志。他只是个反应迟钝的烂好人，他在理解周围人的行为动机方面尤其糟糕。《华尔街日报》称他是"忙忙碌碌的共和党的老黄牛。他言谈中常用陈词滥调，可见他的思想也不会有多新鲜。"这家报纸甚至挖苦他"连嚼口香糖和放屁这两件事都不能同时进行。"

　　而福特能有今天，也纯粹出于运气，由于原来的副总统阿格纽辞职，他才坐上了这个国家的第二把交椅。当初尼克松很不情愿地作出这个决定，甚至不愿亲口告诉福特他就是副总统的候选人。尼克松为此窝火了很久，当他把一支钢笔送给白宫法律顾问雷德·布兹哈特时，附了一张条子说："这就是那支在福特提名书上签字的该死的笔。"

　　但是福特却始终对尼克松忠心耿耿。他曾走了几十万里路，在40个州的500多次集会上反复地说着有利于尼克松的话："我们是25年的朋友。他是我的朋友，我相信他是清白的。"他不听劝告，甚至不顾这种做法给他带来的政治上的不利影响，一直为尼克松辩护到最后一分钟。即使是1974年7月25日晚众议院司法委员会在全国电视上解释为什么要投票弹劾尼克松时，福特还在印第安纳州的慕尼斯集会上高呼："我从心底里相信美国总统是清白的、正确的！"

　　9月8日，福特总统向全国发表电视公告说："同胞们，我做了一个决定。我已经肯定我这样做在理智上和道义上都是正确的，我认为有必要马上把这个决定告诉你们。"

　　"……现在，我，杰拉尔德·福特，美利坚合众国总统，根据宪法第二条第二款授予我的特赦权力，给予查里德·尼克松全面的、无条件的、绝对的特赦。赦免理查德·尼克松在1969年1月20日到1974年8月9日期间所犯下的，或可能犯下的，或参与的一切有损于国家的罪行。"

　　而尼克松为了获得特赦，写了一个十分不情愿的悔过声明："我被告知，福特总统将给我一个全面的特赦机会，将对我在任美国总统期间所做的一切可能引起指控的行为都给予赦免。我接受特赦是希望他那富有同情心的举动有助于我们的国家从'水门事件'的困扰中摆脱出来。现在，在加利福尼亚，我对'水门事件'的看法和以前大不一样了。那时，我处于此项事件的中心，对此戒备重重。同时还得应付总统职务所要管的那些无穷无尽的日常事务。

　　"现在来回顾一下那些在我头脑中仍是一团乱麻的事件、决定、压力、人事等问题，有一件事情我是看得比以前清楚了，那就是在处理'水门事件'上，我没能拿出快刀斩乱麻的决心。

　　"我在'水门事件'上犯的错误给我深深热爱的国家和我最最崇拜的总统职位带来了极大的损害。我因此而产生的遗憾和痛苦是无法诉诸笔墨的。

## RICHARD MILHOUS NIXON

"我知道很多公正的人们都相信我在'水门事件'上的动机和行为是有意的自私，是违法的。我现在懂得了是我自己的错误和判断上的失误促成了这种看法，而且事实似乎还在证明这种看法是正确的。

"我处理'水门事件'的方法是错误的，这一点将在我的有生之年永远地折磨着我。"

## 2 著书挣钱付账单
RICHARD MILHOUS NIXON

逃脱囹圄之灾的尼克松，此时没有多少心思去想美国人民或是历史怎样评价他，他着急的是要尽早开始工作，因为在付给国内税务署几十万拖欠款后，尼克松家的银行户头几乎是空的。而且，由于尼克松刚刚大病初愈，他还欠了医院 2.3 万美元的住院费；应付各种法律诉讼费，估计需要50 万美元；此外，他还需补缴各种税金近 15 万美元，向加利福尼亚州补缴收入税 7.5 万美元。他在太平洋沿岸的别墅每年仅财产税就需要 3.7 万美元。国会还大大削减了他用于政府过渡费用的拨款，目前仅剩 6 万美元来支付他那 20 多名助手的工资，这是远远不够的。尼克松还有一个爱好就是煲电话粥，仅仅在圣诞节期间，他就打了 200 多个长途电话，光电话费一项就数目惊人。尼克松现在必须想法子挣钱养家糊口了。

尼克松虽然是律师出身，然而此时他的身体、环境和声望已经不允许他再以律师的身份出来赚钱了。而且他担心可能受到所属律师协会的纪律处分，他已经分别向加利福尼亚州律师协会、最高法院和纽约州律师协会递交了辞呈，希望能体体面面地辞去自己的律师资格。但是这些辞呈都受到了或多或少的阻挠。

他递给加州的辞呈一开始就没有被通过，因为辞呈中没有提到当事人自己是一项纪律调查的对象。于是尼克松不得不再次写了一遍，小心翼翼地在辞呈的开头写道："我，理查德·尼克松，正面临着一项调查，谨此辞去加利福尼亚州律师资格。"方才通过。

而最高法院考虑到尼克松已经有好几年没有从事律师工作，同时他已经表达了自己不再从事律师的愿望，便在接到辞呈 10 天后批准了尼克松辞去律师资格的请求。

最麻烦的是在纽约州。纽约州律师协会不仅拒绝接受尼克松的辞呈，而且向法院对他提出了诉讼，要求开除他的律师资格，理由是尼克松没有承认自己的任何错误。不但如此，尼克松还面临着一大堆的诉讼问题，仅8月份一个月就有30多个诉讼案件在等着他。两名曾经在基辛格手下工作过的国家安全委员会前成员莫顿·霍尔珀林和安东尼·莱克提出了最严重的指控，由于他们曾经在1969至1971年受到电话窃听，因而控告尼克松与基辛格侵犯了他们的隐私权。两年后，纽约州高级法院法官以4比1的票数作出裁决，同意纽约州律师协会剥夺尼克松律师资格的诉讼请求，尼克松在纽约的律师生涯就这样不体面地结束了。

不过幸运的是，有些机灵的出版商们已来建议尼克松写作了。不过在所有的出版商中尼克松只对欧文·保罗·拉扎尔感兴趣，后者没有像其他出版商们一样许诺大量的金钱，只是答应尽力而已。齐格勒查看了这方面的各种不同的建议，最后和拉扎尔取得了联系。8月31日，拉扎尔来到卡萨帕西菲卡。

"快手拉扎尔"作为经纪人几乎和他的委托人一样有名。他个子不高，厚颜无耻，卖过许多并不存在的产品，而且从来不看那些使他赚了大钱的书。这位秃脑壳、尖耳朵、戴着厚厚黑边眼镜的小人有一种"神奇的天赋"，一位和他打过交道的人评价说：他能"在你后边进入转门，但能在你之前出来"。拉扎尔的委托人都是颇有名气的，从小说家杜鲁门·卡波尔、作曲家科尔·波特，到剧作家莫斯·哈特等等，而且他们都欣赏拉扎尔的这些本领。虽然他的外表离奇古怪，做法又极端不合常理，但是他为委托人争取预付款的本事是天下无双的。现在，拉扎尔又来向尼克松卖弄自己的这些本事了，但他没有对尼克松详细说明他能争取多少或他将如何争取预付款。

最后拉扎尔许诺的数目让尼克松非常满意——250万美元，把尼克松回忆录的版权出让给纽约华纳平装书公司，稿酬分期支付，首付款17.5万美元，立即支付。但是有两个条件：一是不许讨价还价；二是要让出版商充分相信，尼克松对"水门事件"的描写是坦率和实事求是的。如果尼克松在这一点上要滑头的话，那双方就趁早撒手，拉扎尔可不干这种事。尼克松当时微微一笑，对拉扎尔深沉地说："你放心，我不会那样做的。"

接下来，他们又讨论了书的内容和销售情况。按照拉扎尔的想法，尼克松最好把他当总统的每一天都写出来。尼克松也同意了。

"整个的经过，所有的一切，毫不歪曲。"他自言自语地说。接着尼克松又问："这本书会畅销吗？"

"那就要看你的了。只要你认真写，肯定畅销。你毕竟是自林肯以来最有争议的总统啊！"

听到这儿，尼克松笑了。

两人密谈了 3 个小时，达成了协议，他们起身握了握手。拉扎尔甚至被尼克松给感动了，他原以为尼克松会处于一种怨气冲天、牢骚满腹的状态。没想到对方竟然毫无这种表示，而且外表和精神都很好。在过去，拉扎尔其实从来没有喜欢过当总统时的尼克松，可眼下他不得不承认，他虽然被打败了，却不失为一条硬汉。临走时，拉扎尔一本正经地说："告诉你，有一种办法可以使你挣到比写书还多得多的钱。"

"什么办法？"尼克松问。

"把你的身体捐给哈佛医学院。"

随着心情的渐渐好转，尼克松的身体也日渐一日地硬朗起来，尽管看起来仍然有些苍白和憔悴。他变得很容易疲倦，早睡晚起，24 小时里常常有一半的时间是在床上度过的，这样的生活在他从前是不可想象、也不可饶恕的。因此尼克松常常会因为自己睡得过多而烦躁恼怒。于是他开始制订严格的作息习惯，每天早晨 8 点半左右，他会像从前在白宫一样，一丝不苟地穿着黑色的西服套装，打着纹丝不乱的领带，从家里走出来，沿着车道走几百米，穿过海岸警卫队基地的南门，来到用构件装配的用作办事处的一个小平房里"上班"。

这个地方虽然可以俯瞰美丽的太平洋，从前是西部白宫的中心地带，但是现在已经非常萧条。尼克松每天在这里工作 6 个小时，多数时候用来写回忆录。他翻阅自己从前担任总统时的文件，摘录下录音带里的谈话和回忆，把回忆录的摘要和笔记记录在黄色的纸簿上。前白宫撰稿人弗兰克·甘农带着一两个助手在这里陪着他工作，帮助他整理文件和撰写回忆录。"下班"后，尼克松沿着早晨的路线走回家，在游泳池中游游泳，接着就抱着电话听筒，不停地给他从前的熟人打电话。

尼克松撰写回忆录的生活是平静而冷清的，除非女儿们在家，或者雷博左和阿普拉纳尔普来访，家里会显得热闹一些以外，平时都只有尼克松和帕特两个人。他们总是静静地吃完晚饭，看一会儿电视，然后尼克松就回到卧室休息。

除了撰写回忆录以外，尼克松还在朋友的帮助下，积极寻觅其他的挣钱机会。3月23日，即将入狱的霍尔德曼接受了一次电话采访，由此获得了10万美元的报酬，这给了尼克松很大的灵感。于是他的几个助手们开始四处张罗着电视网采访的业务，但是由于尼克松狮子大开口，一张嘴就要25万美元，而且公众对于霍尔德曼的访问反应冷淡，因此一时间还没有哪家电视网肯出这样的高价。

直到第二年的8月9日，尼克松辞职一周年的日子，电视记者戴维·弗罗斯特与他进行了一次会谈，商定制作了一部多集的电视访问节目，这个活儿又是那个神通广大的拉扎尔为尼克松拉来的。会谈中，尼克松决定接受弗罗斯特的独家采访，分12次录制，每次2个小时，所有的访问内容将被制作成4集、90分钟/集的电视节目；尼克松不得控制节目的编辑制作权；弗罗斯特负责筹措制作资金并插出节目；在节目播出的3个月内，尼克松不得出版自己的回忆录。与这些条件相呼应的，是客观的报酬，尼克松将从中得到60万美元，外加全部利润的20%分成。

尼克松与律师在反复研究了6个小时之后，终于在上面签了字。弗罗斯特当即签了一张20万美元的支票，作为预付金。

然而，当第二天弗罗斯特在媒体上宣布了这则交易之后，却得到了媒体对此一致的冷嘲热讽。《纽约时报》的编辑记者们尤其不高兴，他们发表社论说："难道'行政特权'就是谁出高价就卖给谁吗？""在拒绝到国会的有关委员会和审理与水门案件有关案件的联邦法院作证后，前总统尼克松现在却与人达成一项交易，同意在一系列电视采访中'说出一切'，这些谈话还将被制作成片子，在1976年选举后播放。"在这篇怒气冲冲的社论里，还攻击尼克松说，如果他觉得已经到了"说出一切"的时候，那么国会的有关委员会或者是大陪审团，会向他提供更好的讲坛。

1977年1月，尼克松开始就弗罗斯特的采访做准备。如同从前准备记者招待会一样，尼克松的助手们提出了所有他们能想到的问题，然后协助尼克松准备答案，而且还进行事先的"彩排"演练。

此时尼克松的回忆录已经完成了三分之二左右，许多问题可以直接按照回忆录的内容来回答，实在吃不准的，就打电话咨询当事人。弗罗斯特在距离圣克利门蒂不远的地方，租了一套房子作为采访室，安装了录像设备，做好了一切采访的准备。

3月23日，采访首次进行。弗罗斯特提出的第一个问题，不出尼克松所料，是有关水门录音带的。弗罗斯特问："几乎所有美国人和全世界的人都要我问你，'你为什么不把录音带烧掉'？"尼克松早就胸有成竹，但是依然装出一副意外的表情，"思索了一会"，才用20分钟的时间详细回答了这个问题。

这个电视节目制作完成之后，分别在5月4日、12日、19日和25日分四次播出，每集90分钟，内容几乎包括了尼克松从政以来的所有重大国内外事件，包括：越战、中美关系、美苏缓和、中东问题、缓解国内分歧、阿格纽辞职等，当然，还有水门事件。此节目从播出的第一集开始，就创下了很高的收视纪录，将近有5 000万人观看。在其后的盖洛普民意测验表明，69%的人仍然认为尼克松在掩盖罪行，而72%的人认为他犯有阻碍司法和其他应该受到弹劾的罪行，反对他再次出任公职的人数比例高达75%。

而尼克松的回忆录初稿在8月份完成，这份稿子竟然有150万字！华纳平装书出版公司没有办法，只得想了一个移花接木的法子，把回忆录精装本的版权以22.5万美元的价格卖给更有编辑经验的葛罗赛特—邓拉普出版公司，让他们出力整理初稿，而自己则靠出版平装本赚钱。

葛罗赛特—邓拉普出版公司费了九牛二虎之力，整整工作了2个月，每天工作12个小时，放弃周末休息，与尼克松的助手们埋头苦干，删除了原稿中三分之二的内容，才最终将这本记载着尼克松一生的光荣与梦想、痛苦和耻辱的书整理润色，成书出版。

## 3 再度访问中国
RICHARD MILHOUS NIXON

经过一段痛苦的隐居生活，尼克松又渴望与外界接触了。他是一个天生的政治动物，政治才是流淌在他血管里的燃料。

在尼克松的办公室里，悬挂着他与毛泽东、周恩来三人合影的巨幅照片。打开中国的大门可以说是尼克松在外交方面最辉煌的成就，他对中国是一往情深的。即使他的下台也不能阻碍他重访中国，唯一需要解决的问题是什么时候、以什么方式访问。

自 1972 年他首次访华至今，中美关系的进程十分缓慢，这让他耿耿于怀、大伤脑筋。有一次尼克松站在峭壁上俯视着太平洋，向中国的方向眺望着，对身边的人说："根基毕竟太浅了……有许多工作有待完成，可是，没有时间……"他的声音低了下去，"我没有时间去做。"

几乎从尼克松辞职的那天起，他就为第二次的中国之行做着准备：他花费大量的时间阅读中国历史，潜心学习中国的文化和传统。而中国人也没有忘记他这个辞职总统，他回到加州没几天就收到了周恩来的电报，表达了对尼克松始终如一的良好祝愿，同时还表达了欢迎他再次访华的愿望。两个月后，当尼克松因患静脉炎住院时，毛泽东还亲自打电话问候，并告诉尼克松，他是历史上最伟大的政治家之一，中国在任何时候都欢迎尼克松来访。

从此，尼克松与这两位中国领导人就一直保持着联系，有时通过书信，有时借助中国驻华盛顿联络处主任黄镇充当信使。

1974 年 7 月，福特前往芬兰，旨在签署赫尔辛基协议。这让中国十分恼火，毛泽东通过黄镇又带来了语气更为迫切的邀请：如果尼克松的身体状况允许的话，毛泽东希望尽早见到他。

这份邀请正中尼克松的下怀，他马上给基辛格打电话表示，只要福特不反对，他想在 9 月份前往中国。然而，基辛格回答他，如果辞职不满一年的前总统在现任总统福特访华之前再度访华的话，只会让新政府感到难堪。基辛格的考虑还是很有道理的，尼克松当即同意再等一段时间，并且还同意会在确定新计划之前与基辛格商量，不过他暗示这种等待不会太久。基辛格太了解尼克松的心思了，他很快致力于调解福特与中国之间的关系，于是就有了 11 月 29 日福特前往北京为期一周的访问行动。

但是中方还在生福特的气，因此福特的这次中国之行有点黯淡无光，而且中美两国建立大使级外交关系的进度太慢，这也让中国对福特政府不满。很明显，福特受到了冷淡的对待，新任副总理邓小平还警告他，不要信任苏联人。在同美国记者进行的个人谈话中，中国官员毫不掩饰对里根强硬路线的赞赏。而福特本人评价他的中国之行却是："没有什么消极作用，起了许多积极作用"。

与此同时，中国人正积极地与尼克松接触着。他们准备先邀请尼克松的女儿女婿：朱莉和戴维访华。福特访华返回美国几天之后，中国就电话询问朱莉夫妇，是否愿意"和我们的领导人单独会见？"这意味着中国将在没有福特政府官员的场合下会见他们，无疑这绝非一次寻常会见，朱莉夫妇马上就点头答应了。

朱莉和戴维在 12 月 29 日凌晨飞抵北京，带来了尼克松给毛泽东和周恩来的亲笔信。他们与毛泽东进行了面谈，但是周恩来此时已经生命垂危了。毛泽东的健康状况也堪忧，但是他依旧思路清晰、头脑敏锐，他再次向朱莉和戴维强调了希望尼克松访华的意愿。

朱莉和戴维在华期间受到了破格的礼遇，"这对不担任政府高级职务的人来说是前所未有的。"中国甚至为他们举行了新年午宴，由邓小平主持。而朱莉夫妇的告别宴会则是由黄镇主持的，他在祝酒词中引用了尼克松的一句话："离任以后，我才发现谁是真正的朋友。"并且黄还说，"中国人民是不会忘记他们的老朋友的。"他还托朱莉夫妇给尼克松带回了一件礼物——一只装在精美丝盒里的生日蛋糕。

收到礼物之后的尼克松喜出望外，他已经在一年内接到了 4 次从中国传来的邀请，而且福特已经访华归来，没有什么耽搁的理由了。但是当时的福特正忙于竞选连任总统，尼克松此时访华必将引起轰动，势必影响福特的选举，因此他决定在中国正式宣布以前绝口不提此事。

尼克松的口风果然把得很紧，他只是若有若无地向格雷和基辛格透露了一星半点，而且也完全不是肯定的口吻，因此对方都没有在意。

然而就在 2 月 5 日下午，中国驻美联络处副主任韩叙，按事先约定出现在斯考克罗夫特的办公室里，拿出一份北京即将发表的公告副本，其中说毛泽东已邀尼克松访华，而尼克松"愉快地"接受了邀请。他将于 2 月 21 日，即尼克松首次访华 4 周年之际，乘坐中国专机到达北京。一切似乎都明公正道，然而再过 3 天，新罕布什尔州的共和党人就要去投票站选举共和党的总统候选人了。

这下，尼克松可把包括白宫、新闻界等在内的所有政界人士都激怒了。福特一开始简直不敢相信，但是随后的愤怒取代了一切，尼克松显然漠视必然产生的政治后果。在新罕布什尔州的竞选中，由于特赦尼克松，福特已经落后于里根，如果这时再与尼克松闹翻，对福特来说，无异于是一场灾难。

基辛格的盛怒比福特有过之而无不及。尼克松给他打电话解释，中国通知他的时间仅提前了 36 小时。基辛格压根不信，他告诉福特，中国人从来没有这样办事的先例，只能是尼克松在撒谎，意图当然是让他们出丑。斯考克罗夫特则狠狠地咒骂着尼克松，福特反倒转过来平息他们的怒火。可一切都为时已晚了，因为次日一早，福特就要到新州去做本周末的竞选露面了。

幸好，福特的新州之行很顺利，只是随行的记者提到了尼克松的中国之行。福特尽量岔开话题，他说尼克松只是平民，只是个人旅行而已。一个记者问："尼克松的中国之行会对现总统的竞选产生不利影响吗？"福特微微一笑道："可能会。"

新闻界可没有福特的肚量，他们把尼克松此行描述为"一种卑劣的行为"。专栏作家约瑟夫·克拉夫特说，尼克松此举使人们更加清楚他为什么会得到"'诡计多端的迪克'这一绰号"。玛丽·麦格罗里则在《华盛顿明星报》上撰文写道："要是换成任何人都会把这件卑鄙肮脏的事推迟到杰拉尔德·福特在新英格兰的初选获胜后进行，因为在那里福特正面临着罗纳德·里根的强有力挑战。问题在于，是让中国人失望还是让杰拉尔德·福特失望？理查德·尼克松的抉择准确无误地偏向了中国。对他来说，中国人能为他做得更多。毫无疑问，正是杰拉尔德·福待使他免于被起诉，免于受审判，免于可能的监禁生活，免于受到比'判断失误'更严厉的指责。然而，尼克松又对福特做了些什么呢？"

《华盛顿邮报》的戴维·布罗德评论说："此人真是无耻之极，他惯于利用并且败坏他曾经是其中一分子的每一个机构和各种关系，他的种种臭名昭著的行径已经昭然若揭，无需评论了。但是，尼克松如此轻率地一意孤行，他以其不可思议的北京之行再一次向人们表明，此人在人生战场上为了给自己捞到哪怕是一丁点好处，就什么事都干得出来。"

《全国评论》杂志的威廉·巴克利写道："中国人显然并不清楚现在的尼克松已经不是哪一方面的领袖了。他对共和党的影响已经微乎其微，甚至不如霍华德·科塞尔了。……他唯一可用的伎俩就是：谄媚阿谀。"

# RICHARD MILHOUS NIXON

而共和党内部人士也看不惯了，戈德华特在参议院发言建议司法部，根据洛根法案中关于禁止公民个人与外国进行谈判的条款对尼克松进行起诉。

尼克松则通过给《时代》周刊专栏作家威廉·萨菲尔的一封信替自己辩解："1972 年我访问了中华人民共和国，这是因为我认为要想有太平洋地区和全世界的持久和平，就必须在美中之间建立起一种崭新的、建设性的关系。我相信在今天，这样一种关系比 4 年前更为重要了。我期待着再次会见中国领导人。……我回来以后，将把全部时间花在回忆录的写作上。"

接下来，尼克松没有再理睬任何言论。13 天以后，尼克松在帕特、布沦南、两名通讯联络专家、15 名特工人员以及他的海军看护兵罗伯特·邓恩的陪同下，离开圣克利门蒂乘车前往 50 英里外的拉克斯机场。他走下汽车和几个中国官员握手后，挽起帕特的胳膊，不慌不忙地登上了中国民航 707 飞机。

飞行了 18 个小时后，尼克松在当地时间下午 10 点 16 分到达北京。他面带微笑走出飞机，挥手站立着，向迎候他的人群致意。机场上没有 4 年前迎接他的军乐队，没有彩旗和仪仗队，只有挥动着塑料花的 300 名群众。但还是铺了红地毯，迎接他的也不是周恩来，因为周已于 1 月 8 日去世；邓小平也由于在周逝世后的动乱中被打为"走资派"正被软禁。迎接尼克松的，是相貌和蔼、身材魁梧的华国锋——新任命的代总理，这是他首次在重要场合公开露面。

这次北京之行，尼克松依然受到了中方的热烈欢迎，他再次拜访了重病缠身的毛泽东，还与北京街头的普通市民亲切交谈。人民大会堂宴会厅破例为他这位前总统举行了国宴，宴会上的热烈气氛使尼克松处于断断续续的回忆之中。这里的一切都和当年一模一样：一样的布置，一样的尊敬，一样的礼仪，就连餐桌上的十道菜也和当年一模一样。军乐队演奏的《草堆里的火鸡》和《美丽的阿美利加》也一样，茅台酒还是一样的香醇和火辣。

宴会临近结束时，尼克松以俨然总统的口吻发表了一通祝酒词，他说："全世界人民的未来取决于我们两国为世界各国的安全稳定，以及为人类的和平事业而作出的通力合作。而这种合作必须是可靠的，可能的，并且是富有决心的。"然后，显然为了针对 1972 年的上海公报，他继续说道，"当然，或许有人以为单凭签署一个原则性的声明，或举行一次外交会议就能带来世界的永久和平，这一看法未免过于天真。"

他的这一番讲话第二天就惹了麻烦，白宫认为这是对他们的指责。就在那晚的例行新闻发布会上，新闻秘书内森宣布尼克松只是以个人身份访问的"平民"，他的声明并不比任何其他人更有分量。但他的这番话马上使正在新州作竞选巡回旅行的福特陷入窘境，当福特在一所中学作竞选露面活动时，一个学生问道：如果尼克松真的只是一个平民，那福特"为什么不像对待其他美国公民那样让他受到控告，而要特赦他呢？"福特一下子面红耳赤："前总统很不光彩地辞职了，"他冷冷地答道，"这对他来说，是个很严厉的惩罚。"

尼克松则依旧兴高采烈地继续他的访华旅行，他离开北京后又访问了桂林和广州。2月29日，尼克松离开中国，返回洛杉矶。

尼克松的此次中国之行，虽然没有4年前那样轰动和辉煌的外交效果，但是却大大改善了他在国内的政治生存环境。自从被赶下台之后，他第一次成为报纸头版的正面报道对象，几乎所有的报纸都在头版刊登了尼克松与帕特访问中国的照片。美国人看到，被他们遗弃的尼克松却在国外依然享有受尊敬的地位。

基辛格显然也得出同样的结论。尽管他还在生气，不过他已确信白宫和国务院发表的新闻公告只会强调尼克松的个人作用。最后，基辛格在一个新闻发布会上说："我们当然希望了解尼克松此行的性质与结果。"这与他和福特在过去两周里所说的调子显然不同。福特本人则尽弃前嫌，因为他在新罕布什尔州共和党的初选中意外地取得了胜利，尽管他仅以不到1 400票的微弱多数战胜了里根，然而毕竟胜利了。此时福特也可以用更加温和的口吻谈论尼克松了。

回到圣克利门蒂寓所没几天，尼克松接到了基辛格打来的电话。他首先为不能亲自拜访尼克松表示歉意，因为在竞选尚未结束时他这样做只会使福特难堪。接着他要求尼克松提供一份访华情况的详细报告。

3月22日，尼克松已经向总统国家安全顾问斯考克罗夫特递交了报告，一式两份，分别交给福特总统和基辛格。福特的评论是：尼克松的报告"既十分有趣又十分有用"。

# RICHARD MILHOUS NIXON

## 4 千秋功罪任凭说
### RICHARD MILHOUS NIXON

　　1990 年 7 月 19 日，加利福尼亚州约巴林达镇，在尼克松诞生的那栋属于尼克松父亲的、曾经极为普通的民房外，聚拢了所有名动美国政界、史册留名的大人物，几位在世的美国总统，除了唯一的民主党人卡特借故未露面以外，全都到来了：布什、福特、里根以及他们的夫人们；以及来自世界各地的 1 000 多名新闻记者。人群中还有很多张熟悉的面孔：霍尔德曼、伍兹、齐格勒、布坎南、芬奇、斯坦斯、西蒙、罗杰斯、基辛格、舒尔茨、黑格……彼此微笑、交谈着；天空不时滑过直升飞机巡逻的轰鸣，地面上设置了最为严密的保安措施，到处安插着警察和目光锐利的便衣特工。

　　当尼克松挽着帕特的胳膊出现的时候，人群中爆发出一阵热烈的欢呼。原来，这次被当地媒体称为"政治上的奥运会或奥斯卡"的聚会，是为了庆祝尼克松图书馆的落成而举行的。

　　按照 1955 年通过的总统图书馆法，国家档案局被授权接受并管理任何私人投资建设的用于保管总统文件的建筑。尼克松图书馆不是严格意义上的总统图书馆，馆中陈列的除了尼克松个人所写的几本书和部分涉及他个人和家庭的文件之外，没有严格意义上的总统文件。这些文件由于众所周知的原因仍然在国家档案局的保管和控制之下。尼克松与国家档案局打了十几年的官司，也没有打赢，唯一的成果就是，尼克松成功地阻挠并延缓了这些文件对大众公布的时间。

　　尼克松图书馆里其实没有什么书，即使是一点不多的藏品，也不是对所有的公众都一视同仁地开放。比如像鲍勃·伍德沃德这种揭露过水门事件的"不负责任的记者"，就不会在这里受到欢迎。但是尼克松依然呼吁更多的人来参观他的图书馆，因为这里虽然没有什么书籍，但是却可以看到经过尼克松指导加工和精心编辑过的故事。这样，当人们参观完尼克松图书馆之后，就会得出一种结论和印象：尼克松是和平的缔造者，是一个伟大的总统，甚至是 20 世纪最伟大的总统。

　　在尼克松图书馆的揭幕仪式上，几位共和党的总统都发表了简短的讲话。福特回顾了自己在 20 世纪 40 年代末在国会与尼克松开始交往的历史，极力赞扬尼克松的个人勇气，称赞他是欧洲共产主义垮台的主攻手；好莱坞演员出身的里根则赞美尼克松说，"世界因为他而成为更安全和更美好的地方"，感谢上帝使他成为一名"世界政治舞台上的重量级演员"；而布什则表扬尼克松是"美国中产阶级的典范"，说他是一位"深爱正派善良、默默无闻的美国人民"中的一员，他最后说，"历史将对你说，'这是一位真正的和平建筑师'！"

轮到尼克松上台讲话了，他环顾四周、百感交集。这几位刚刚盛赞过他的总统们，平时里虽然经常征求他的意见，但是自从他下台以来，一直都尽量避免在公开场合与他接触，更不用说这样毫无遮掩地赞美他了；作为共和党的元老，他从万夫所指、人人喊打的境遇中挣扎出来，终于能够正式归队了；而眼前的媒体记者们，曾经在水门事件中如此不遗余力地挖他的黑幕，但是经过了这么些年的苦心经营，终于也与他握手言和了……看着四周的无数笑脸以及家乡父老的热切眼神，他心里一阵激动，带着一副从未有过的自豪、幸福和满足的神情，走上讲坛。

与其他几位总统不同的是，尼克松没有使用讲稿。大概是对自己的口才过于自信了，平时口若悬河的尼克松此时心情已经激动得不能自已，以至于讲话时都有些语无伦次。他似乎忘记了曾经被艾森豪威尔多次介绍给听众的历史，说："我曾经无数次被介绍给世界各地的听众，可是接受多位美国总统的介绍，这还是第一次。"他提到了在场的四位第一夫人，便告诉场内的听众，对于一位妇女而言，"没有一项职位或职业比成为第一夫人更重要"。他还温情地回顾了他与帕特参观过许多有趣的地方，拥有许多难以忘怀的经历，"但是"，他强调，"没有任何经历比得上此刻，在朋友的热烈欢迎之中，再次回到故乡加利福尼亚的怀抱中。"

他甚至搞错了自己的年龄，反复将 77 岁说成 70 或 71 岁。他说："从约巴林达到白宫，要走很长的一段路。我相信美国梦，因为在我的一生中，我看到它成为了现实。"他希望年轻一代美梦成真，但是他警告他们，在生活中也会遇到失望、遭受挫折，"失败固然可悲，但是最可悲的是，一个人终其一生不知胜利和失败为何物！"

尼克松的白发在微风中轻轻飘动，他的演讲被一阵阵掌声、欢呼声所打断。尼克松的眼眶湿润了，无论他是飞黄腾达、还是跌落深谷，这些淳朴的加州父老都没有减少对他的热爱与支持。他结束演讲时，乐队高奏美国国歌《星条旗》，会场内的所有人都情不自禁地跟着齐声高唱起来。5万只彩色斑斓的气球挨挨挤挤、飘上天空。

一个月以后，伊拉克军队一夜之间侵占了科威特，长达数月的海湾危机爆发了。尼克松性情不改，他依旧是武力解放科威特的坚决拥护者。尼克松认为，那种关于反萨达姆战争是争取民主的战争的说法是虚伪的，因为他认为埃米尔"一旦重返他在科威特的王宫，他仍将是一位独裁者"。尼克松提出的战争理由非常简单明确：一是要防止"一个国际歹徒"控制世界40％以上的石油；二是要证明美国对侵略者的警告是言而有信的。他甚至还主张授权中央情报局刺杀萨达姆，他说，如果此时他依然当政，他就会如此行事。而在笔者编著本书时，萨达姆已经被宣判并执行了绞刑，付出了巨大的人力、物力、财力以及无数生命的代价，终于换得了这样一个结果，不知尼克松此时在天之灵会作何想法。

1991年，苏联发生了"8·19"事件，很快地，尼克松出版了他的第9本著作：《只争朝夕：美国在只有一个超级大国的世界上面临的挑战》。在本书中，尼克松写道："在出现1989年、1990年、1991年的动荡局面以后，到了美国重拨它的地缘政治罗盘的时候了。"他认为，虽然冷战已经结束，但是"许多新的政治和经济问题有了新的重要性"。美国"必须最优先考虑的事情是重新确定美国的全球使命和重新制定美国的战略"；苏联的终结将使美国成为世界上唯一的超级大国，因此美国必须"抓住时机"，继续起到卓越的全球作用；他还告诫美国不要再退回到孤立主义，但是强调说："我们没有足够的力量来根据我们的形象重新塑造世界。"他力主在"使用理想主义和开明现实主义"的基础上制定政策。

正如借用了毛泽东的诗句作为书名，尼克松在本书中也大谈中国。他重申"中国成为全球性重量级国家是不可避免的"，中国"不但已经成为一个关键性的政治角色，而且可能在今后几十年里成为重要的全球性经济强国"，"美中关系所牵涉的利害关系太大，不能以感情用事来代替对外政策"，不能"孤立中国"，而应当"同中国重新建立一种工作关系，以便在所有共同利益的领域里向前迈进"。尼克松还在本书中对"和平演变"中国出谋划策，他主张通过"增加美国在中国的经济参与、促进和平的政治变革、使中国为地缘政治上的不负责任行为付出代价"，以及"提高台湾的国际地位"等手段来达成对中国的和平演变。

让尼克松又惊又喜的是，他在《只争朝夕》一书中所作出的预言，没想到这么快就得到应验了：12 月 25 日，戈尔巴乔夫宣布辞去苏联总书记职务，克里姆林宫降下了以镰刀斧头为标志的苏联国旗，升起了俄罗斯的三色旗。尼克松看到，虽然苏联目前正在发生历史性的变革，然而美国内部的政治家们却在为下一届总统职位而打骂得不亦乐乎，完全丧失了对国际事务的热情。

更让他失望的是，在整个总统竞选过程中，无论是总统候选人还是普通公众，都很少关注外交问题。以他的前任助手布坎南为代表的孤立主义思潮影响渐增，有些对外政策专家认为，前任的布什总统不仅没有大声支持对外援助和增加对前苏联的援助，而且除了对海湾战争的赞美之外，他根本就不谈对外政策了。

而最后赢得总统宝座的克林顿，他的得胜口号不是他在全世界"促进民主"，而是"将人民放在第一位"、"像激光束一样关注经济"等主张。于是尼克松在大选一结束，就立刻在《纽约时报》上发表评论文章，建议克林顿的新政府重新安排俄罗斯债务，向其提供大笔临时贷款，鼓励西方私营企业向俄罗斯大规模投资，并任命高级官员专责援助俄罗斯计划。

11 月 17 日，尼克松打了整整 12 年的一桩官司终于落幕。华盛顿哥伦比亚特区联邦上诉法院裁定，由于政府在 70 年代因水门丑闻而攫取的尼克松的总统文件和录音带，根据宪法第 5 条修正案，即"非经补偿"，政府不得攫取私人财产的条款，判处尼克松有权从政府获得补偿；有趣的是，几天前，尼克松的老伙计、前国家安全事务助理基辛格也结束了一桩近 20 年的官司。原告是从 1969 年被基辛格下令窃听家庭电话的前国家安全委员会工作人员莫顿·霍尔珀林，基辛格向莫顿表示了公开的道歉，于是莫顿收回了这起针对基辛格的诉讼。

1993 年 6 月 22 日，尼克松的发妻、陪伴他走过了 53 个年头的帕特，在忍受了肺癌的长期折磨后，于家中逝世。她临终弥留之际，丈夫尼克松与大女儿特里西娅、小女儿朱莉都陪伴在她的身旁。

帕特的父亲，一个普通的矿工，就死于肺病。而且不为公众所知的是，帕特一直有抽烟的习惯，而且烟瘾还很大。因此就增大了她罹患肺病的几率。

帕特的去世给尼克松带来了巨大的打击。这些年的风雨辗转、艰辛劳苦，帕特都默默地陪着尼克松走了过来，没有向任何人抱怨过。无论是尼克松站在辉煌的顶峰，还是被世人唾骂的窘境，帕特都微笑着、端庄地站在尼克松的背后，给予他无私的支持和继续战斗的力量。

帕特是一个沉静、爱好低调生活的女性。有一次记者采访她，问："你是否曾经鼓励你的丈夫从政？"帕特回答："我不会的。我不会选择鼓励他从政的，因为这样就会从你的丈夫身上看到太多你所不愿看到的东西。这种生活并不容易。"在尼克松漫长的政治生涯中，帕特不止一次地表现出了对政治的厌倦，她极度渴望能与丈夫和女儿们过一种平静、普通的正常生活，然而命运一次又一次地把她推到了无可奈何的位置。她还曾向好友透露，普通人根本无法忍受与尼克松共同生活，因为"迪克是一个不懂情调的家伙"。他经常半夜从床上爬起来口述日记、听录音带或者撰写回忆录，这常常让帕特半夜惊醒。她也不止一次地在私底下表现过对白宫这种"玻璃缸一样的生活"的厌倦和憎恨，曾有一位尼克松的助手在尼克松辞职当天，在椭圆形办公室外听到帕特在里面对尼克松大喊："你毁了我的一生！"但是尽管如此，帕特依旧尽了最大的努力，去适应一个第一夫人的身份，扮演一个受人尊敬的女性形象。

在离开白宫的十几年中，帕特在圣克利门蒂过着一种近乎隐居的生活，她养花弄草、听音乐、看书、独处，甚至不接家中的电话。但是她一直出现在《家政》杂志每年评出的 10 名"最受钦佩的妇女"之列。她去世那天，克林顿总统在白宫发表评论说："我认为，美国民众真的欣赏她在身为第一夫人期间所表现出的尊贵。我希望所有美国民众为尼克松全家祈祷，我也相信大家会这样做。"前总统布什和里根也都分别发表讲话，赞扬帕特的高贵气质和多年来对抗病魔所表现出的勇气。

6 月 26 日，尼克松在约巴林达的尼克松图书馆为帕特举行了葬礼，并将她安葬在尼克松故居后的玫瑰园里。

帕特去世后，尼克松的身体更加虚弱，也更加苍老了。但是他始终未曾放弃对世事时局的关注。让他欣慰的是，8 月 9 日，华盛顿特区美国地区法官发布了一项禁令，禁止国家档案局进一步公开他的录音带资料，同时裁定，档案局在未将与政府事务无关的所有尼克松私人材料和个人材料归还尼克松本人之前，档案局负责人不得公开更多的录音材料。这项禁令对于痛失爱妻的这位风烛残年的老人来说，无疑是一个巨大的安慰。

同时让尼克松感到欣喜的是，他与新总统克林顿之间，建立了一种独特的、互利合作的关系。克林顿的外交经验比较稚嫩，他借助尼克松深厚的声望和见识，来树立自己在外交领域方面的地位；而尼克松又可以借助这位年轻总统的东风，体面地再次接近权力的核心，同时恢复自己的名誉。因此这两位年龄、党派、知识背景、人生机遇都差异极大的两任领导人，以一种奇妙的力量走到了一起。他们经常拿出当年的恩怨当作今日的笑谈：克林顿曾经参加过抗议尼克松的反战示威，并试图逃避兵役；他的妻子希拉里曾在众议院司法委员会里工作，为弹劾尼克松而贡献过力量……当年被尼克松称为"不务正业的混混"的一代人，如今已经位居国家力量的主流。

1994 年 4 月 18 日晚，尼克松在家中突患中风，病情经抢救一度得到缓和，但是 19 日再度恶化。21 日，他陷入了昏迷，他的女儿们和他的老友比利·格雷厄姆牧师，一直陪伴在他的身旁。22 日晚 9 点零 8 分，尼克松在医院的病床上，平静地走完了他传奇而坎坷的一生。

最后引用尼克松最喜欢说的一段话作为本书的结尾：

> 一个人被人打败并不意味着他从此就完蛋了，当然，如果他认输并退出的话，那么他是真的完蛋了。然而我的哲学是——无论你被击倒多少次，你都要从地上爬起来。即使你伤痕累累、满面鲜血，倘若你还想活下去，就必须站起来，继续搏斗！如果你还有所信仰、有所追求，如果在生活和事业中还有什么你愿为之拼搏的目标，那么最大的考验就是在你遭受挫折、身处逆境之时。当你被人打倒在地，你必须站起来，重新开始战斗！

# RICHARD MILHOUS NIXON

## 附录　尼克松大事年表

1913 年 1 月　尼克松出生于美国加州约巴林达镇

1917 年　患严重肺炎，险些夭折

1930 年　与初恋情人奥莱尔·弗洛伦斯·韦尔奇相爱，并进入惠蒂尔学院，主修历史学

1934 年　以优异的成绩从惠蒂尔学院毕业，并进入杜克大学主修法律

1937 年　以全校第三名的成绩毕业，同时被提名为全国法科优等生联谊会的会员

1937 年 9 月　在旧金山参加了宣誓仪式，成为一名 24 岁的年轻律师

1940 年 3 月　向帕特求婚成功；6 月，结为佳偶

1941 年　被选为 20—30 俱乐部的主席、惠蒂尔学院校友会主席、杜克大学加利福尼亚校友会主席、奥兰治县城市联合会主席，并成为惠蒂尔学院评议会最年轻的成员

1942 年 1 月　尼克松获得华盛顿物价管理局的聘请，带着帕特前往那里工作

1942 年 8 月　尼克松被送往罗德岛匡赛特角的海军军官学校受训，成为了一名海军中尉

1944 年 7 月　尼克松结束自己的海外勤务工作，奉调回国

1945 年 11 月　尼克松当选惠蒂尔选区的共和党众议员候选人

1946 年 11 月　击败民主党候选人沃勒斯，当选为加州众议员

1948 年夏　审理希斯案件，蜚声政坛

1950 年 11 月　当选加州参议员

1952 年 8 月　当选为副总统候选人，成为艾森豪威尔的副手

1952 年 9 月　发表"棋盘讲话"，回应攻击自己的"基金事件"

1953 年 1 月　宣誓就职美国副总统

1953 年 10 月　与帕特一起出访远东各国

1956 年 11 月　与艾森豪威尔再度携手连任

1958 年　出访南美，遭遇群众攻击，险些命丧异乡

1959 年 7 月　出访苏联，与赫鲁晓夫激辩

1960 年　参加总统竞选，与肯尼迪直面交锋，黯然败退

1962 年　参选加州州长竞选，失败落选

1964 年　为共和党候选人竞选总统摇旗呐喊，但是再次失败

1966 年　参加国会中期选举，并带领共和党大获全胜，为他 1968 年的总统竞选铺平了道路

1968 年 11 月　当选为美国总统

1972 年 2 月　尼克松亲自出访中国，并签署中美《上海公报》

1972 年 11 月　击败民主党候选人，成功连任总统职位

1972 年 6 月 18 日　水门事件开始浮出水面

1973 年 1 月　与越南达成停火协议，终于将美国从战争泥沼中艰难拖出

1974 年 7 月　因 "水门事件" 被三次弹劾

1974 年 8 月 8 日　因 "水门事件" 被迫辞职，离开白宫

1976 年 2 月　再度出访中国

1977 年 8 月　《尼克松回忆录》初稿完成

1990 年 7 月　尼克松图书馆在惠蒂尔建成

1993 年 6 月　帕特去世，给尼克松带来沉重打击

1994 年 4 月 22 日　尼克松患中风，病重不治，溘然辞世

# 重要参考文献

1. 《"下课总统"尼克松》苟晓东编著　中国戏剧出版社，2005 年

2. 《孤独的白宫岁月：近距离看到的尼克松》（美）理查德·里夫斯著；蒋影译　经济日报出版社，2004 年

3. 《角斗场上：成功、失败、振作》（美）理查德·尼克松著；郑志国等译　世界知识出版社，2003 年

4. 《尼克松文集》（美）理查德·尼克松著　世界知识出版社，2003 年

5. 《理查德·尼克松》金海编著　辽宁人民出版社，2002 年

6. 《遗恨水门——尼克松传》（美）莫尼卡·克罗利著；文波译　时代文艺出版社，2002 年

7. 《透视新世界》（美）理查德·尼克松著；刘庸安等译　中国言实出版社，2000 年

8. 《真正的战争》（美）理查德·尼克松著；萧啸，昌奉译　世界知识出版社，2000 年

9. 《冬天里的尼克松》（美）莫尼卡·克罗利著；杨仁敬等译　江苏人民出版社，2000 年

10. 《不再有越战》（美）理查德·尼克松著；王绍仁等译　世界知识出版社，1999 年

11. 《六次危机》（美）理查德·尼克松著；黄兴等译　世界知识出版社，1999 年

12. 《超越和平》（美）理查德·尼克松著；范建民等译　世界知识出版社，1999 年

13. 《真正的和平》（美）理查德·尼克松著；钟伟云译　世界知识出版社，1999 年

14. 《领导者》（美）理查德·尼克松著；尤勰等译　世界知识出版社，1997 年

15. 《1999：不战而胜》（美）理查德·尼克松著；王观声等译　世界知识出版社，1997 年

16. 《毛泽东·尼克松在 1972》陈敦德著　解放军文艺出版社，1997 年

17. 《敢为人先尼克松》黄金树著　学苑出版社，1996 年

18. 《从巅峰到低谷：尼克松 1990 年回忆录》（美）尼克松著；方华文等译　陕西人民出版社，1991 年

19. 《权力的见证：尼克松顾问自白》（美）埃利希曼著；柳蓉等译　新华出版社，1985 年

20. 《和平的幻想：尼克松外交内幕》（美）肖尔茨著；邓辛等译　商务印书馆，

1982 年

21. 《尼克松回忆录》上、中、下册（美）尼克松著；马兖生、裴克安、伍任等译 商务印书馆，1979 年

22. 《百年中美关系》熊志勇著 世界知识出版社，2006 年

23. 《让历史昭示未来：中美关系史纲》王东，闫知航著 东方出版中心，2006 年

24. 《中国崛起与中美关系》丁松泉著 中国社会科学出版社，2005 年

25. 《中美关系风云录》周溢潢著 山西人民出版社，2003 年

26. 《跨越太平洋：中美关系》苏文杰著 中国物资出版社，1999 年

27. 《中美关系史：1949～1972》陶文钊主编 上海人民出版社，1999 年

28. 《战后历任美国总统就职演说和当前中美关系基本文件汇编（英汉对照）》张辛民，郑淑贞编 新华出版社，1987 年

29. 《中美外交关系之研究》余坚著 正中书局，1975 年

30. 《中美外交关系》李抱宏著 台湾商务印书馆，1972 年

31. 《美国总统全书》（美）威廉·A. 德格雷戈里奥著；周凯等译 社会科学文献出版社，2007 年

32. 《美国总统青少年时代》现代教育出版社，2005 年

33. 《美国总统全传：百年风云录》林涛等编著 时事出版社，2004 年

34. 《双刃剑：性格如何塑造和毁灭了美国总统》（美）罗伯特·肖甘著；张峰译 北京出版社，2001 年

35. 《驴象之争 200 年：美国总统选举制深度透视》王帅等编著 经济日报出版社，2001 年

36. 《美国总统的婚恋》杨家祺编著 当代世界出版社，2000 年

37. 《军人出身的美国总统》杨家祺编著 知识出版社，1997 年

38. 《美国总统轶闻大观》 （美）德格里戈里奥著；李申等译 中国青年出版社，1990 年

39. 《由水门事件说起》陈增爵等编著 明窗出版社有限公司，2005 年

40. 《水门事件真相》陆鸣编译 七十年代杂志社，1974 年